钱颖一

清华大学经济管理学院教授、院长（2006—2018）

清华大学文科资深教授

西湖大学校董会主席

生于北京，祖籍浙江。1977级清华大学数学专业本科毕业。毕业后留学美国，先后获哥伦比亚大学统计学硕士学位、耶鲁大学运筹学/管理科学硕士学位、哈佛大学经济学博士学位。之后任教于斯坦福大学、马里兰大学、伯克利加州大学。2006—2018年任清华大学经济管理学院院长。2018年起任西湖大学首届校董会主席。

学术荣誉包括：2012年当选为世界计量经济学会（The Econometric Society）会士（Fellow），2018年当选为清华大学首批文科资深教授；获得2009年度孙冶方经济科学奖、2016年度首届中国经济学奖。研究领域包括：比较经济学、制度经济学、转轨经济学、中国经济、中国教育。中文著作包括：《现代经济学与中国经济改革》《现代经济学与中国经济》《理解现代经济学》《钱颖一对话录：有关创意、创新、创业的全球对话》。

大学的改革

第四卷·学子篇（本科生）

钱颖一 著

中信出版集团 | 北京

图书在版编目（CIP）数据

大学的改革．第四卷，学子篇．本科生 / 钱颖一著
．-- 北京 : 中信出版社，2021.5
ISBN 978-7-5217-3045-6

Ⅰ．①大…　Ⅱ．①钱…　Ⅲ．①高等教育－教育改革－研究－中国　Ⅳ．① G649.21

中国版本图书馆 CIP 数据核字（2021）第 060570 号

大学的改革（第四卷 · 学子篇 · 本科生）

著　　者：钱颖一
出版发行：中信出版集团股份有限公司
（北京市朝阳区惠新东街甲 4 号富盛大厦 2 座　邮编　100029）
承 印 者：北京通州皇家印刷厂

开　　本：787mm × 1092mm　1/16　　印　　张：29.75　　字　　数：468 千字
版　　次：2021 年 5 月第 1 版　　印　　次：2021 年 5 月第 1 次印刷
书　　号：ISBN 978-7-5217-3045-6
定　　价：128.00 元

目　录

第三章　2012—2016 学年

第四章　2016—2018 学年

第二编 双学位本科生与院长共品下午茶

第五章 2008—2013 学年

第六章 2013—2018 学年

引　言

我是清华大学1977级“文革”后第一届大学生，1981年从清华提前本科毕业后留学美国。从2002年起，我在清华大学经济管理学院担任特聘教授，并从2006年9月起担任学院院长，于2018年8月卸任，历经四届共12年。基于我在清华任教和担任院长的经历，我在2016年9月出版《大学的改革》“第一卷·学校篇”和“第二卷·学院篇”，又在2020年6月出版《大学的改革》“第三卷·学府篇”。这三卷书共收集了我在2002年至2018年，主要是在2006年至2018年担任院长期间的文章和讲话311篇。

在我担任清华经管学院院长期间，每学期定期举办一个活动，叫作“院长与学生共品下午茶”，简称“院长下午茶”或“下午茶”。“下午茶”由学生自由报名参加，每次时长两至三个小时。在“下午茶”上我与学生面对面毫无拘束地自由对谈，所谈话题也没有限制。在我担任院长的12年间，一共举办了106场“下午茶”活动，其中本科生40场，研究生66场。《大学的改革》第四卷和第五卷就是“下午茶”活动中我与学生对谈的实录，由此定名为“学子篇”。其中第四卷是本科生卷，收录“下午茶”32场共32篇，第五卷是研究生卷，收录“下午茶”51场共54篇。“学子篇”两卷共收录“下午茶”83场86篇。

贯穿《大学的改革》五卷的是我对大学改革的基本思路，包括一个主题——“大学为学生”，以及两项内容——“实践现代教育理念”和“建立现代大学制度”。在阐述教育改革思想的同时，这五卷真实记述了教育改革行动。它既是一套理念上“为何改革”的书，更是一套实践中“如何改革”的书。在这个意义上，它是中国教育领域中一套独特的书。

第四卷和第五卷在两方面不同于前三卷。其一是侧重点不同：因为是

“学子篇”，所以后两卷聚焦于两项内容的第一项——“实践现代教育理念”。其二是文字风格不同：前三卷是我的文章和讲话，所以场合正式、主题聚焦、行文连贯；而后两卷记录的是我与学生的对谈交流，是非正式的场合，话题随着现场学生的提问行走，口语性强。其实也正是这个特点使得这两卷具有前三卷没有的吸引力，那就是真实、朴实、现实。如果说大学教育管理者的文章和讲话总能看到的话，这种类型的与学生对谈就少见了，这也就有了它的额外价值。

“下午茶”中对谈的内容广泛，话题多样，看上去零碎，但是它有三条反复出现的主线横贯于两卷之中。

第一，传播现代教育理念。我的教育理念就是大学为学生，为学生的一生。教育要回归学生本身，回归人本身。学生进入大学是一个自我审视、自我发现、自我实现的个性发展过程。教育是为学生打开多扇窗，点亮学生的心灵，让学生认识自己，认识世界，寻找适合自己的发展方向。因此，大学要为学生创造自由、宽容、多元、共生的环境。学生在大学不仅仅是为了学习知识，更重要的是训练大脑会思考，为此必须保持好奇心。从根本上讲，学生的问题是“三观”问题，即人的世界观、价值观、人生观问题，也是眼光问题，视野问题，人格养成问题。这种回归学生自身的现代教育理念是要使得学生在自由探索中认识自我，具有长远眼光、全球视野，因此不是短期功利主义和狭隘民族主义的人才培养观。

通过“下午茶”，我把现代教育理念传递给学生，同时获得他们的反馈，再做出进一步解释，如此反复。重要的是，这个传递过程不是灌输，不是讲抽象的概念和枯燥的教条，而是通过具体事例在三个维度上展开：回忆清华的百年历史，特别是早期历史；诠释大学的国际比较，特别是领先大学的办学经历；关注当今中国大学中的现实问题，特别是一些普遍的问题。通过一个个具体事例，我与学生共同推敲和理解现代教育的精髓、现代大学的本质，并从中吸收人类文明的精华。以这种教育理念来看国际化办学和海外交换学习，就不再是英语授课、海外交换、招收国际学生的问题，而是融入人类文明主流的问题。

第二，了解学生的真实想法。毋庸置疑，清华经管学院的学生都是精英学生。这期间参加“下午茶”的本科生以“90后”为主，也有“80后”。而研究生则以“80后”为主，也有“70后”“90后”。本科生中除了清华经管学院的学生，还有在经管学院选修第二学位的非经管学院的学生，他们来自清华的理科、工科和其他文科院系。研究生组成也非常多元，除了学术导向的博士生外，还有就业导向的专业硕士生，以及具有多年工作经验的专业硕士生。这些本科生和研究生来自国内各地区，有城市的，也有乡村的，来自各类中学，各类大学。除了国内学生，还有来自世界各地的国际学生。参加“下午茶”学生群体的广泛性和多样性造就了这两卷中信息的丰富性和普遍性。

通过“下午茶”这个渠道，我直接地、真切地听到学生用自己的语言提出自己关心的问题。对谈中我能够了解到“80后”“90后”学生关注的问题，他们的思维逻辑，以及他们的价值偏好，也就是他们的心智模式（mindset）。这是在其他正式场合不易获得的信息，是教育者必须思考的信息。与“50后”“60后”“70后”的教师不同，“80后”“90后”的本科生和研究生面临着不同的市场竞争环境和国内外政治社会生态。我通过“下午茶”深切感触到，他们在面临难得的机遇的同时，也在新型竞争压力下感到迷茫、困惑和焦虑，最后导致不少无奈的选择，甚至落入博弈论中讲的“囚徒困境”。

第三，通过与学生直接沟通把改革落实到位。“下午茶”中我与学生对谈的大量时间花在落实教育改革过程中的相互磋商。这些细节反映的是实践现代教育理念中“如何改革”的过程。改革者呈现给读者的往往是最初的改革设计和最后的改革结果。因此看上去很干净、很漂亮。殊不知改革的实际过程很凌乱、很复杂，这是每个经历过改革的人在事中都很清楚，但在事后又容易忘记和忽略的。复原这些改革过程的细节，对理解真实的改革，而不仅仅是改革初衷和改革结果，很有意义。

“下午茶”中的对谈记录了把教育改革落到实处的过程。我在这个过程中调研存在的问题，听取学生对改革方案的反馈意见，并且根据这些意见对改革方案做出解释、进行修改和补充。虽然其中不免有学生的误解和他们的惯性思维，但更多的是反映了真实问题。我们讨论的范围非常广泛，包括课程设置的合理性、教师授课的质量和授课效果、学生的职业发展规划、中国企业案例的开发、清华资源的利用等。改革落到实处就是要具体落实每一门课程，落实每一个课堂，落实每一位教师，落实每一个环节，所以要解决每一个具体问题。改革的整体结果是由无数的局部改变组成的。事实上，实践现代教育理念是一个把上述两条主线结合起来的过程：一方面需要传播教育理念，另一方面也需要理解学生的需求。

综上所述，传播现代教育理念、了解学生的真实想法、通过与学生直接沟通把改革落实到位，是“学子篇”这两卷中的三条主线。

下面概括介绍这两卷各编各章中在“下午茶”上对谈的话题。

《大学的改革》“第四卷·学子篇（本科生）”分为两编，分别为“本科生下午茶”和“双学位本科生下午茶”。我作为特聘教授在清华第一次讲授“经济学原理”课是在2002年秋季学期，选课学生主要是2001级和2002级本科生，他们大多生于1983年和1984年，都是“80后”。在我担任院长的第一年时入校的2006级，多生于1988年，已经是“85后”并接近“90后”。在我担任院长的最后一年入校的2017级，他们多生于1999年，这是20世纪的最后一年，再之后入校的就是“00后”了。由此可见，参加“下午茶”的本科生中的绝大多数是“90后”。

“本科生下午茶”的参加者是经管学院本科生。在2007级之前经管学院本科有四个专业：经济、金融、会计学、信息管理与信息系统，只招收理科生。从2007级开始改为三个专业：经济与金融（国际班）、会计学、信息管理与信息系统，文理兼收。经管学院本科生绝大部分是通过全国高考招收的学生，也有一小部分是保送生，就是通过参加竞赛或其他形式（比如外国语学校推荐）招收的学生。除此之外还有转系生，就是在二年级从清华其他院系转入经管学院的本科生。从2016年起，新雅书院面向全国高中招生，文理兼收，学生入学时不分专业，在一年级之后自主选院系，其中一些学生选了经管学院的专业，但他们的学籍和宿舍仍保留在新雅书院。学籍在经管学院的在校本科生接近 1 000 人。①

“本科生下午茶”分为四章。第一章是 2008—2010 学年②，共四篇。这两学年正值新的本科生培养方案的启动期。在此之前的 2006—2008 学年，学院已经大幅度增加英语授课和海外交换，新开设“经济与金融（国际班）”，并且在招生上下功夫。在此基础上，2008—2010 学年集中调研并出台新的本科生培养方案，整体思路是通识教育与个性发展相结合。这个培养方案从 2009 级开始实施。2009—2010 学年是值清华大学第 23 次教育工作讨论会，历时一年，我全程参加并担任本科教育改革小组牵头人。虽然清华的教育工作讨论会每五年召开一次，但这次教育工作讨论会是为 2011 年 4 月清华百年校庆做准备的一次研讨会，因此具有特殊意义。

第二章是 2010—2012 学年，共四篇。这两年主要是落实新培养方案的细节，包括请老师上课、多课堂开课、分层次开课等。落实通识教育远比落实专业教育更困难，不仅要在院外聘请教师，而且学生的学习动力是一个问题，因为通识教育的收益在将来。这期间越来越多的学生在大学三年级去海外交换学习一个学期，他们回来分享各种体验，表现出多样性的影响。我开始去中学听课，了解我们的学生在中学的学习经历，这对理解他们的基础和特征很有帮助。

第三章是 2012—2016 学年，共七篇。在 2012 级本科开学典礼上，我讲了“无用”知识的有用性，这是针对教育界中流行的我称之为“短期功利主义”的社会风气而讲的。从 2011 年春季学期开始，学院正式开出本科生必修课

---

① 除此之外，经管学院还有体育特长生班（简称“经体班”），五年制，单独招生，单独培养，教学由学校体育部与经管学院共同组织。“本科生下午茶”活动不包括经体班学生。但是学院的在校学生人数中包括经体班学生。

② 本书中所有年份都是学年概念。比如 2008—2009 学年的含义是指从 2008 年 8 月到 2009 年 7 月。

“批判性思维与道德推理”（简称“CTMR”）。CTMR 很快成为对学生影响非常大的一门课，也成为经管学院的一张名片。也是在这几年中，学院对外开放力度加大，比如邀请库克、马斯克来学院对话，邀请彼得·蒂尔、尼尔·弗格森来学院开课。

第四章是 2016—2018 学年，共四篇。2016 年 9 月，《大学的改革》“第一卷·学校篇”和“第二卷·学院篇”出版，记录了我担任院长 10 年间的教育改革。在接下来的这两年中，随着教育改革实践的进一步深化，我与学生的交流也更加深入。在这个时候，学生面临的竞争环境日趋激烈，拼学分绩、拼社工、拼实习开始成为潮流，他们心中的焦虑、纠结已经呈现，到今天发展成为一种“内卷”局面。多样选择本来是为个性发展创造条件，但是结果却导致了同质竞争，流于从众。这期间举行了我的第 100 场“院长下午茶”。

“双学位本科生下午茶”的参加者是清华大学非经管学院学籍本科生在第一学位之外选修经管学院开设的第二学位的学生。他们从本科第二年（或第三年）开始，在满足第二学位的学分和毕业设计要求后获得本科第二学位。经管学院从 2006 年开始开设经济学第二学位，简称“经双”；从 2013 年开始，恢复开设管理学第二学位，简称“管双”。① 在经管学院读双学位的本科生占全清华读双学位本科生的三分之二。经管学院双学位本科生来自清华的理科、工科及其他文科院系，覆盖面非常广，规模非常大，在后期每年录取 600 人，占全清华一年本科生的五分之一。经管学院的第二学位本科生在 1 800人左右。

“双学位本科生下午茶”分为两章。第五章是 2008—2013 学年，共八篇。在此期间，经管学院提供的双学位只有“经双”一个项目。所以这一章讨论的话题集中在“经双”学生在学习中的疑惑、对经管学院的认知，以及他们对自己所在院系的评论。第六章是 2013—2018 学年，共五篇。在此期间，经

① 经管学院曾经开设过工商管理第二学位，于 1998 年因全校本科学制从五年改为四年时停止。

管学院提供两个双学位项目，除了“经双”还有“管双”，而且在这两个项目中开设了多种方向，比如“经双”中的金融方向，“管双”中的创新创业领导力方向等。所以在这一章，参加“下午茶”的双学位学生的背景和兴趣更为多样，讨论的话题更为广泛。

《大学的改革》“第五卷·学子篇（研究生）”分为五编，分别为“下午茶”的MBA学生中文场、MBA学生英文场、硕士生场、博士生场以及高管教育学生场。研究生是指所有本科之后的学位项目学生，包括各类硕士和博士。在清华经管学院就读的研究生有3 500人左右。MBA学生中文场的“下午茶”也称为“比萨之夜”，硕士生和博士生的“下午茶”也称为“咖啡时间”。

MBA（Master of Business Administration）是我国于1991年开设的第一个专业硕士，清华是第一批试点举办学校。在2014年之前，经管学院的MBA有三个子项目：用中文授课的MBA全时班项目和在职班项目，用英文授课的全时班，即与麻省理工斯隆管理学院合作举办的国际MBA项目。从2014年开始，MBA重新划分为两个子项目：在职班用中文授课，称为清华MBA；全时班用英文授课，称为清华全球MBA，继续与斯隆管理学院合作。①

第一编是“MBA学生中文场”，分三章。第一章是2008—2011学年，共六篇。2008年正值MBA百年，学院借此时机开启MBA课程改革，在2008级试点，在2009级全面实施。教学改革是一项细致工作，特别是MBA项目，还不同于其他教学项目，因为MBA学生都有多年工作经验，经历丰富，服务要求意识高。通过“下午茶”听取他们的意见，有时是需要容忍尖锐批评的，不过这对提高办学水平很有帮助。2010年学院又启动了MBA招生改革，以使学生来源更加适合新的MBA项目培养未来领导者的目标。

---

① EMBA（Executive Master of Business Administration）项目独立于MBA项目管理，全部是在职班，要求至少八年以上工作经历，五年以上管理经历。其中TIEMBA（Tsinghua-INSEAD Executive MBA）是清华经管学院与INSEAD（欧洲工商管理学院）联合举办的国际EMBA项目，全英文授课，获得清华大学和INSEAD两个EMBA学位。

第二章是2011—2014学年，共五篇。MBA招生改革后的第一届学生在2011年秋季入学。2011年是中国举办MBA教育20周年，借此机会，学院回顾20年的成就，展望未来MBA教育的趋势。其中一个重要的发展基点是推动“学院与大学融合”，为此学院推动了多项开创性的活动，比如开启“MBA + X”双硕士学位，举办与大学融合系列论坛八次，开设“清华探究”课，创立清华x-lab，举办“校长杯创新挑战赛”，等等。也是在此期间学院率先开始了在线课程。所有这些都为MBA学生提供了新的学习机遇，包括“跨界”的机遇。

第三章是2014—2018学年，共八篇。从2014年秋季开始，中文班只有在职班。创业成为这个时期的主题。2014年学院毕业典礼邀请马云演讲，之后马斯克、扎克伯格、蒂尔、马化腾、张一鸣、沈南鹏等先后来学院参加“院长对话”活动，在学院与我对话，主题都是创新创业。学院借助清华x-lab这个平台与MBA的“整合实践项目”（IPP）对接，创新创业教育取得新的突破。特别是借助清华的理科和工科优势，以科学和技术为基础的创新创业教育展现出“大学商学院”超越独立商学院的潜力。

第二编是“MBA学生英文场”，分两章。第四章是2010—2014学年，共六篇。这一时期是在新版MBA推出之后，国际MBA项目围绕新课程体系听取学生意见，不断进行调整，以完善课程体系，提高课程质量。这一时期国际MBA学生关心双语环境的改善，增加海外交换名额等问题，以及与此相关的学院的愿景，特别是国际MBA项目的定位。

第五章是2014—2018学年，共八篇。在这一阶段，国际MBA项目与中文全时班合并升级为全球MBA项目。这时新的MBA课程体系已经趋于成熟，国际化办学更加丰富，学院开设多种具有国际高水平的外请教师讲座、课程，比如“麦肯锡全球领导力”课程、Facebook的“创新创业”课程、蒂尔的“创办新企业”课程，这些都成为全球MBA教育中的新亮点，受到学生特别是国际学生的高度评价。与此同时，一些国际学生感受到面临一个新的挑战：学习中文，因为他们想要在中国工作。

第三编是“硕士生下午茶”。这里的硕士生是指除MBA和EMBA之外的所有硕士项目的学生，称为“普通硕士”（简称“普硕”）。最开始，“普硕”学生都是从本科毕业后直接就读学术型研究生。后来有的硕士演变为专业硕士（比如会计硕士、金融硕士），也有的要求有本科毕业后的工作经验。硕士在传统上三年毕业，现在通常两年毕业。2011 年之前，经管学院硕士分为八个专业：经济、金融、会计、战略、人力资源、市场营销、技术经济、管理科学与工程。2011 年硕士项目转型后硕士专业分为五个：经济学硕士、管理科学与工程硕士、管理硕士（MiM）、金融专业硕士（MOF）、会计专业硕士（MPAcc）。其中金融专业硕士在北京和深圳两地举办，但使用同一个培养方案。

第三编含一章，第六章，覆盖 2010—2018 学年，共九篇。2010—2011 学年学院规划硕士项目转型，从 2011—2012 学年开始实施。这个转型中遇到很多具体问题，包括如何对接本科专业与四类硕士项目（会计专业硕士、金融专业硕士、管理硕士以及学术型硕士）的学习。在金融专业硕士中，还有一个特殊的问题就是深圳班，他们在深圳学习，但都到北京来找工作。由于绝大多数硕士生毕业后直接就业，因此硕士生在校期间的实习问题凸显，这对学院的硕士教育提出了挑战。

第四编是“博士生下午茶”。博士生包括两种。一种是传统式的，就是学生获得硕士学位后通过参加每年 12 月底举行的全国研究生考试成为博士生（简称“普博”）。“普博”在早期是成为博士生的唯一路径，但在后来演化出一些非学术型的“在职博士”“论文博士”等。为了回归博士的学术定位，近年来发展出另一种博士生路径，就是本科应届毕业生不参加全国研究生考试，由所在本科大学推荐在本校或外校读博士，并在读博过程中获得硕士学位（简称“直博”）。对这些免试推荐上来的应届本科毕业生，招收高校制定录取标准和规则并决定是否录取。“直博”学生不需要先读硕士再读博士，具有一步到位进入博士阶段学习的优势，也更加容易坚持学术导向。

第四编含一章，第七章，覆盖 2010—2018 学年，共九篇。博士项目的改革方向是学术导向。坚持博士项目的学术导向就是必须把控博士培养质量，其中的一个关键环节就是引入统一的、严格的博士资格考试，学生只有在通过资格考试后再经过双向选择才能确定导师。这样，第一年的博士生基础课的质量就是关键。学院的经济学、管理科学与工程两个平台较早就建立了第一年学术上严谨的基础课体系，而工商管理平台第一年的基础课体系尚待建立。博士项目改革的另一个关键点是为博士毕业生寻找教职创造条件。在中国目前的情况下，各高校，特别是研究型大学，优先招聘海外博士，造成国内高校博士毕业生寻找教职比较困难。除此之外，博士生还面临诸如博士论文选题、博士生之间的学术交流、学术研究动力等问题。

第五编是“高管教育学生下午茶”。经管学院有多种非清华学位教育项目，在此编中包括了三个项目。一是 EMBA 媒体班，是由学院 EMBA 中心举办的一年制 EMBA 课程项目。这是一个免费公益项目，招收对象是媒体界的管理人员。二是金融财务 MBA（简称“FMBA”），是由清华经管学院与香港中文大学工商管理学院联合举办的两年制硕士项目，授予香港中文大学 MBA 学位和清华大学结业证书，分为北京班和深圳班，分别在两地举办。三是清华—青腾未来科技学堂（简称“青腾班”），是由学院高管教育中心与腾讯集团的青腾大学联合举办的培训项目，招收对象是年轻的创业者。

第五编含一章，第八章，覆盖 2010—2018 学年，共三篇。因为这些项目不是清华的学位项目，所以“下午茶”对谈主题不是关于项目课程的设计问题，而是关于清华的历史、经管学院的发展，以及中国教育、创新创业等问题。

与本书前三卷一样，这两卷在各编各章中的一些内容有重合或相似。由于它们是在不同场合并针对不同学生群体的，为了保持完整性，在收录时尽量保持原样。

2021 年是清华大学建校 110 周年。谨以《大学的改革》“学子篇”两卷向母校清华致意。

钱颖一

2021 年 1 月于清华园

第一编
本科生与院长共品下午茶

第一章
2008—2010 学年

本科生与院长共品下午茶

（2008 年 12 月 4 日）

钱颖一： 我们所在的舜德楼有家书店，原来的店名是“行胜于言”。这个名字听起来有点矛盾。书店是阅读思考的场所，怎么称作“行胜于言”呢？上星期我建议书店改名为“三境书屋”。“三境”出自王国维的著作《人间词话》：

> 古今之成大事业、大学问者，必经过三种之境界：“昨夜西风凋碧树。独上高楼，望尽天涯路。”此第一境也。“衣带渐宽终不悔，为伊消得人憔悴。”此第二境也。“众里寻他千百度，蓦然回首，那人却在，灯火阑珊处。”此第三境也。

王国维是国学大师，是清华 1925 年开办国学研究院时的四大导师之一。那么，既要与“三境书屋”对仗，又要与清华大学相关，舜德楼咖啡厅应该起什么名呢？这是一道有品位的作业题，请大家回去思考。

大学本科教育的理念

钱颖一： 今天上午我去听“线性代数”课，这是 30 年前我读本科时的课程，授课的俞老师正是当年教我这门课的助教。我还记得那时《中国青年》杂志一封署名“潘晓”的读者来信，标题是“人生的路呵，怎么越走越窄”，引发了全国争论。30 年间，世道变化很快，但仍有不少课程内容和学生关注的主题没有太大变化。

清华经管学院本科生的生源优秀。怎样使学院的本科生项目居于全国领先地位，培养优秀人才，目前我们正在听取各方意见。新中国成立后，大学教育中本科教育有过几次转变。第一阶段是专业化培养，大学课程非常专业化。这在计划经济体制下有一定道理。改革开放后，开始出现“大平台培养”，在大学一年级以培养数学、英语等基础课为主，然后才是专业课程，这是第二阶段。

现在，我们要进入第三阶段，在我看来就是通识教育基础上的专业教育。通识教育应该超越数学、英语等基础课程。我们容易想到将来数学、英语更有用，就容易局限在这些比较实用的方面。下一步本科教育改革应该更加侧重素养、能力等方面，着眼于长远发展。教育要注重那些对人的思与行、身与心有长远影响的方面。这是我们大学本科教育中应该明确的方向。

学校开始重提清华国学四大导师之一陈寅恪为王国维撰写纪念碑碑铭中的那句名言——“独立之精神，自由之思想”。此纪念碑位于“一教”和“二教”之间，由梁启超之子梁思成设计。清华国学院仅存在四年，前后四届共培养近 70 位国学专门人才。1927 年 6 月国民革命军北上，王国维闻讯投昆明湖自沉，时年 51 岁。“独立之精神，自由之思想”是文科教育中非常重要的内涵。请大家思考，请老师促进大家思考。

同学们是精英中的精英，要认识到这一点，要达到更高的思想境界。我也在想，自己达到了哪一境界，之前也在做功课。学数学就要学证明细节，不然永远学不懂。数学证明过程训练逻辑思维和基本功。由此学到的思考能力、方法会留下来，并体现在各方面，而证明过程或细节很可能都会忘掉。现在让我证明一道数学题，我一下子做不出。但我知道我说话时要力求严谨，同样也能判断一个人说话是否严谨，这种能力很可能来自当年做了《吉米多维奇数学分析习题集》中的大量习题。有一次，欧洲管理教育认证 EQUIS（欧洲质量改进体系）主席曾问我们的自评报告是谁写的？说这是非英语国家写得最好的报告。那是钱小军老师写的，她是我在清华数学班的同班同学。写文章、做事虽然不是做数学题，但同样需要讲逻辑、重条理。

有些东西看上去是悖论。虽然忘记了一些具体东西，但沉淀下来的东西有用；看上去好像没有用，以后会特别有用，都属于这类。好多课程太具体，太实用，将来大多会被忘掉，毕竟将来能够记住的东西还是很少。

我希望我们的同学能思考更高的层面，有更高的境界。我们所学所想与其他院校有什么不同？有没有意识到在所学专业之外去学一些其他内容？大学本科是探索的阶段，应该把资源释放给学生。现在，学生最大的缺憾就是读书太少。应该抽时间多读书，多思考，广泛涉猎。知识是相通的，深入下去，会发现许多问题的本质是一样的。

你们每一个人读过几本非课程要求但个人有兴趣的书？大概在什么范围？上星期，我推荐了一本书《枪炮、病菌与钢铁》（*Guns, Germs, and Steel: The Fates of Human Societies*），讲述地理因素如何决定人类命运。你们看世界地图，只有欧亚大陆是横向延伸的，非洲和美洲都是纵向延伸的。虽然所有现代人类都来自非洲，但为什么欧亚文明先进，而美洲、非洲落后呢？这本书的观点是，文明（比如农业种植）容易横向（同纬度）移植，难以纵向（不同纬度）移植。所以高势能文化在美洲、非洲很难纵向传播。此外，气候也是影响因素。在现代社会之前，气候太热不利于文明发源，因为病菌容易生长，人的寿命短。这就是在北半球都是北方发达、南方落后的重要原因，因为南方太热。不在于读书的多少，而在于读什么样的书。要读令人兴奋的书。

学生：现在基本上没有看书的时间。

学术研究的动力

学生：您在海外长期求学，从事学术研究，碰到的最大困难或挑战是什么？您是怎样克服的？是什么动力推动您献身于学术？

钱颖一：从事学术活动最重要的驱动力是好奇心。好奇心离不开兴趣。陈省身曾题词：数学好玩！我对很多事不理解就想去探究，这是好奇心驱动。比如对中国现状的理解，存在多种解释，就要抱着好奇心、探究之心不断钻研。我认识很多大师，都特别有好奇心。我给2005级上的“经济学原理”的最后一堂课，就是以好奇心、想象力为主题。在2006级、2007级的“经济学原理”第一堂课上，我谈了本科生教学改革，认为真正成就卓著的人，并不是课堂上教出来的。重要的不是课堂上教什么内容，关键是要看课程能否激发学生的好奇心。

学生：好奇心难道不是某种天赋？可以后天加以培养吗？

钱颖一：人天生都有好奇心，只是小学、中学阶段把各种好奇心都压抑住了。因为功课繁重，大都依据规定程序，还有谁想自我选择路径？我想，大家都有好奇心，却因为各种各样的原因，被压抑住了。我们没有办法改变中小学教育，但在大学的四年时间中，机会的窗口是开启着的，同学们可以重新思考。

学生：是好奇心推动您从事学术研究，这是一种不服输的竞争意识。世界需要竞争才能进步。

钱颖一：人有不同选择，都可能获得极大的乐趣。对自然科学、社会科学的追求，我不愿意用“竞争”一词。的确，人需要不懈地努力，应该是一种执着吧，这才更重要。

改变学生培养模式

学生：我记得在一年前的这个时候，当时处于选择专业的岔路口。经过那次“院长下午茶”，我坚定地选择了经济学专业。学院希望我们学生成为怎样的人？用何种方式达到这个目标？

钱颖一：我每天都在思考这类问题。同学们可以走向学术道路，可以去商界、政界，可以去各行各业，我们对此没有特别的要求。在全国每年 1 100 万参加高考的学生中只有 100 多人能够来到我们学院。我们希望大家能做大学问，开拓大事业，要在自己最感兴趣的方面发挥最大潜力，在不同领域发挥不同作用，make a difference（因我不同），也就是能够有所作为。我们希望大家成为“有大用于社会”的人，不一定做多大的官，关键是世界因你而不同。

学院要改变现有的学生培养模式，以前我们在某些方面没有给大家足够的独立思考的时间和空间。我不希望将来培养的都是一个模子里刻出来的人，不希望最优秀的人最终只是一个零部件。我们周围有大量资源，我觉得没有花足够力气挖掘这些资源。

学生：目前学的太多，要求记的太多，总结的太少，回味的也太少，大家收获不大，学院有没有进一步打算来促进同学们多思考？

钱颖一：我们有一些专业课，鼓励小课堂教学。在大课方面，我们希望课程不再以灌输为主，而是以引导为主。学生压力大，与课程设计分不开，而且不同老师的教学习惯也不同。学院已有改变的强烈愿望。

学生：我刚来学院，发现资源丰富，不少有意义的事值得做，每天都在忙碌，但没有动力。

钱颖一：心态要放松。现在去想四年后的发展，对一年级的同学来说还太早。第一学期最重要的是调整好心态，完成学习方法的转变。在很多情况下，当想不清楚的时候，先放一放。

我非常不理解为什么不让学生宿舍使用电脑。后来才引出一个我原本不知道的问题。在男生宿舍里，有些同学电脑游戏打得昏天黑地，以至于不得不调换宿舍。

学生：游戏能激发男生闯荡江湖的理想，有五六个寝室通宵在打，有在武侠小说中的感觉。我当时与同学通宵在网吧打。第一个学期打游戏一般是被禁止的，第二个学期通常就默认了。于是第二个学期可能会出现报复性补偿，恶补“游戏专业课”。这是不是能解释女生比男生学习好的问题？玩游戏是压力释放的一种方式，而“网瘾”的定义是每天连续上网超过六小时。

学生：我们金融系同学打算出国读书，可是找老师写推荐信特别难。能不能搭建一座桥梁，帮助同学和老师建立联系，能不能建立更透明的系统？

钱颖一：这有一定难度。老师个人愿不愿意推荐是学院无法左右的，主要还是看老师个人。随着出国同学不断增多，老师已不再是唯一资源，也可以和国外学者共同从事研究工作，获得他们的推荐信可能更为有力。我们为什么要求二年级同学提前写一些小论文（paper）？显然，论文寄过去后，国外学者就会对你有所了解。要鼓励学生多利用这种资源。

入世与出世

学生：您刚才提到独立之精神。现在社会充满浮躁、功利之风。一年级同学也在摇摆。

钱颖一：人无法脱离社会。但相对于成年后的人生任何其他时期来说，大学本科时期是最远离社会的。大家应该珍视这一难得的好机会，在这一阶段充分发挥想象力，开发思维空间，使自己各方面得到自由发展，而先不必考虑进入社会后的很多东西。这四年即便不说是“真空”，也是和社会离得相对远一点。这段宝贵时光非常值得好好安排。否则，将来会后悔。

学生：作为一名经济学家，应该怎样平衡入世与出世的关系？对于社会，如果不做教学改革这样的工作，经济学还会有什么作为？

钱颖一：凯恩斯说过，经济学家有时要超脱，有时要务实。这一年，我在课程改革等方面花了很多时间，包括听了很多课、与同学交流。这些都牺牲了个人的学术研究，但我认为非常值得。

本科生与院长共品下午茶

（2009 年 5 月 26 日）

钱颖一：我们的这个书店叫“三境书屋”，店名源自清华国学大师王国维的人生三种境界。陈寅恪为王国维所写的碑文上有一句“独立之精神，自由之思想”，这是他的名言。这块碑是中国石林碑里的“三绝”，将清华国学院四大导师中的三位都联系在一起：梁启超之子梁思成设计的碑，陈寅恪撰写的文，纪念的是王国维。这块碑大家都去看过吧？知道在哪儿吧？特别是快要毕业的同学，一定要去看看，就在“一教”和“二教”之间。这可是清华风物中非常重要的一处。

早期清华

钱颖一：再过两年，清华大学即将迎来百年校庆。2005 级和 2006 级同学是赶不上了，2007 级同学正好在那年毕业。百年校庆对于我们来说很重要，一生只能赶上一次，至少在现代医疗条件下是这样，也许将来有可能赶上两次。

先让我们来回想一下一百年前吧，那时清华学堂还没有问世。清华学堂建立于 1911 年，在阴历四月初一、阳历 4 月 29 日（周六）正式开学。后来每年 4 月的最后一个星期日就固定成为清华的校庆日。

今年是 2009 年，一百年前的 1909 年对清华来说有什么特殊意义？我们知道清华学堂源于庚子赔款。1908 年 12 月，美国国会通过一部法律，称庚子赔款总额共计 2 400 多万美元，决定以庚子赔款的半数（约为 1 100 万美元）“还赠”中国，自 1909 年 1 月 1 日起开始实行“退款”。第一批“退款”是 1909 年拨的，所以庚子赔款“退款办学”的第一期留美学生在 1909 年正式派出。为此在 1909 年 6 月设立了游美学务处，原址在北京东城区的史家胡同。8 月清政府批准，以清华园划拨学务处，兴建了游美肄业馆。

在北京，史家胡同、史家胡同小学很有名气。当年的“庚子赔款”考试就在那里举行，如同现在高考、出国考托福、GRE（美国研究生入学考试）那样。1909 年 9 月，一共有 630 人参加了考试，考中 47 名，留美 50 名，多出来的三人是走后门的清朝高官子弟。为什么要讲这第一期呢？因为今年是“庚子赔款”生赴美留学 100 周年纪念。这叫清华“史前”时期。

在这第一期 47 个考中的人里面，有一个人叫梅贻琦。100 年前，他十多岁，考上“庚子赔款”留学美国，念的是电机，学成后于 1914 年回国，来到清华学校，成为物理系最早的教授。他后来担任清华校长，是清华历任校长中任职时间最长的一位，前后一共 17 年。最近，我看了梅贻琦写的一些东西，深深感受到他对清华产生的极大影响。

在清华学堂成立以前还有 1910 年的第二期以及 1911 年的第三期。第二期总共 400 多人参加考试，录取了 70 人。这其中包括：胡适，他后来担任过北京大学校长；赵元任，是清华国学四大导师之一；竺可桢，是浙江大学的老校长。

我们经管学院这几年招收了几十个状元。你们想想，1909 年第一期的 40 多人中就出了梅贻琦这样了不起的大家，1910 年第二期的 70 人中出了文化巨擘胡适、大学问家赵元任和科学家竺可桢。我们经管学院现在每年有 180 名左右本科生毕业，从 1980 年至今，本科毕业生也有 2 000 多人，其中有多少能跟这些人接近的毕业生？

而且，这些人考中、赴美时都是十几岁，出国后他们大多插班进入美国大学，之后再念硕士和博士，有的拿到硕士学位就回国了。前后加起来一般也就是留学 3 ~5 年，胡适算是留学时间长的，他 1910 年留美、1917 年回国，到 1919 年五四运动时就已经很有名了，时年 27 岁。梅贻琦 1909 年出国念大学，在 1926 年 37 岁时出任清华教务长，1931 年担任清华校长，时年 42 岁。

说实话，我在清华念本科的时候，都不知道这些历史。在清华学堂成立之前有这么三批“庚子赔款”考生出国。清华学堂是留学预备学校，学生先在清华园念书。那时候清华分中等科和高等科，加在一起相当于初中、高中加上两年大学预科。在清华学堂、清华学校就读后，直接留学美国大学插班读本科三年级。那时的清华就是中学加大学预科，在1925年之前没有大学本科，所以称作清华学校，英文是Tsing Hua College。

如果你们走进清华大礼堂，坐在礼堂正中间抬头看，最前方有清华最早的校徽。不知道你们有没有注意到，与现在的校徽相差无几，但Tsing Hua那两个字是分开的。原来是College，后来才改为University。是什么时候改的呢？是在1928年8月，那时正式定名为“国立清华大学”。在此之前，原本一直是个留美预备学校，直到1925年5月才成立了新制大学部。

清华本科生的“级”是怎么计算的？是从1925年开始算的。1925年入校、1929年毕业的叫“一级”，1926年入校、1930年毕业的叫“二级”，以此类推。那么1929年入校、1933年毕业就是“五级”。五级里面的人物很多。比如曹禺就是清华“五级”的。曹禺1933年毕业后又在清华读硕士。他在清华图书馆的地下室写成了名剧《雷雨》。那时他才二十三四岁。再想想看，清华在1933年就培养出这样的学生，那时办大学才几年？从1925年到他毕业的1933年，总共才办了八年。经管学院已经成立25年了。所以，凡事真的就怕比，一比就知道差距了。

我最近一次听到“五级”是在一年前。我和白重恩、李稻葵、王一江几位学院老师去拜访即将出任国务院副总理的王岐山，他主管金融，又是我们清华经管学院顾问委员会委员。他在去年（2008年）3月份上任副总理之前，已经是政治局委员。在与他的聊天中，他首先给我们上了半个小时的“清华历史课”，我深感惭愧，因为我知道的没他多。然后他说，“我父亲是清华五级毕业生，和万家宝（曹禺）是同级”。五级的那批毕业生里还有钱钟书、乔冠华等。

由此我知道，原来清华五级这么厉害，他们是清华开办本科后第九个年头毕业的人，竟出了这样一批人物。他们都是本科生，你们在座的也都是本科生。我们将来拿什么来纪念清华经管学院成立 N 周年呢？我不知道在我之前有没有人给你们讲过清华的历史，反正我上清华的时候，真的对此一无所知。

还是说说梅贻琦吧。他 1909 年到美国留学，1914 年回国，在美国待了五年，念了硕士后回到清华任物理学教授。1925 年清华学校开设大学部，他出任教务长。教务长这职务很厉害，相当于常务副校长。1931 年底他出任清华校长。他有一句名言：“所谓大学者，非有大楼之谓也，有大师之谓也。”他是什么时候说的呢？就是在他就任清华大学校长时的演讲中。这句话成为永世传诵的名言。后来清华引进了很多大师，都与他这一思想有关。

1941 年是清华建校 30 周年。那时是抗战时期，北大、清华、南开组成西南联大，在云南昆明。但这三所大学仍然是彼此独立的，各自庆祝自己的校庆。在学生学号前面，P 代表北大，T 代表清华，N 代表南开，如果是在西南联大时期入校的，则标明 A，代表联大。总之，学生的学号是不一样的。我们如果去看当年西南联大时期的教授阵容，会感到惊愕，堪称名师云集。再看那时的学生，杨振宁是 1942 年本科毕业，1944 年硕士毕业，1945 年出国，1957 年获诺贝尔奖。

1941 年，庆祝清华建校 30 年时，梅贻琦写了一篇文章《大学一解》。开篇引自《大学》的首句：“大学之道，在明明德，在亲民，在止于至善。”翻译成白话就是：大学的意义宗旨，在于明白、弘扬高尚的道德，使人除旧更新，使人的品德达到至高境界。这就是他的教育理念。

为改革本科培养方案调研

钱颖一：从去年 12 月“下午茶”到现在过去半年时间了。在这半年中，我一大半时间在着手我们经管学院的本科教学改革。我去听了很多课，包括让你们从古典文学中发现物理学精辟思想的老师的课；我也听过有 30 年教书经验的老师的课；我还听了你们明年要上的课。所以别失望，我已经给你们安排好了明年的老师，绝不会让你们再从古文里面寻找物理学精辟思想了。

下学期开始的本科培养计划将有非常大的改革。在很多方面也听取了你们的一些建议和意见。

从2005级开始，我们的英文授课增加了。我还清楚地记得，2006年10月的第一个星期二，我到李稻葵老师的6教C101课堂，宣布说从今天这堂“中级微观经济学”（简称“中微”）课开始，全部都用英文授课。从那时开始，二年级的“中微”全部改用英文授课。随后，海外交换生也逐渐增多，30%的同学可以出国一个学期交换学习，也是从2005级开始的。所以，2004级同学看到后心里很不平衡。但是所谓“有得必有失”，谁能料到，在2005级毕业的时候，碰到了“一生只遇一次”的全球金融危机。不过，别乐观地声称“再也碰不到了”，想想统计学里的“独立事件概率”吧。

接下来，2006级的同学数学课要学“数学分析”，2005级同学中想学的觉得他们幸运，不想学的感到很庆幸。从2007级开始，“英语口语”“英语写作”分开为两门课，一年级加大了英语学习力度，英语教学大面积推进。从2008级开始，我们推出了“导师计划”。我指导的本科生，我一学期至少见两次。从2009级开始，我们又会推出新的举措，待会儿我给大家介绍。

新的本科培养方案

钱颖一：本科教育的核心问题是培养什么人和如何培养。在这方面，我在思考两句话，第一句是，为拔尖创新人才脱颖而出创造优良环境；第二句是，为每一个人的全面发展提供丰富条件。我觉得，这两句话的含义非常符合科学发展观，科学发展观的核心是“以人为本”。

本科教育就是要“以人为本”。就其中的“人”来说，我的体会是需要“点”“面”结合。拔尖创新人才是“点”，每个人的全面发展是“面”。而且，要着眼于学生的未来发展，提供充分条件，这才符合科学发展观。具体来看，需要点面结合，就是既要培养拔尖创新人才，又要为每一个人的全面发展提供丰富的条件，因为不可能人人都成为拔尖创新人才。所谓全面发展，在我看来是人的整体发展（whole person development）。我就从这一思想出发，进行了新的课程设计，希望能落实下去。

以前，清华特别强调数学基础，但是我认为这还不够，明年开始会增加英语基础。我发现我们学生的中文写作普遍很差，所以我们要增加“中文写作”和“中文沟通”两门课程，这又是一个基础。我们提出的基础训练实际上就扩充为了三项：中文、英语和数学。

再有，学院明年一年级要增加一门心理学课程。课程已经设置了，但总感到还不够，要考虑到前面几届同学没有学过，所以把它作为选修课对前几届学生开放。我已邀请了我在伯克利加州大学的同事、现任清华心理学系系主任彭凯平教授来执教。心理学不能理解为心理咨询。心理学研究人的思维和行为，学习方法、思维方式等内容也都包含在内。

另外，数学课也要有一些改变。大家学习“数学分析”很辛苦，每学期两门数学课。改革后，每学期不超过一门数学课，也就是一二年级四个学期每学期至多一门数学课。但是，我们要为拔尖创新人才创造条件，因此开出数学的双学位，这不就多样化了吗？有人愿意多学点数学，通过双学位，学得就可以比别人多；如果不想学那么多，每学期就一门数学。英语课原来已经加到了八个学分，有“英语写作”和“英语口语”，每学期分别都是两学分，共四个学期。但是，我们也发现同学中有外国语学校毕业的，所以准备开一个“中级版”，你要是觉得基础英语课学得不过瘾，我们再单练，这都是考虑到人的多样性。

我们培养方案里总计 140 学分。虽然这 140 学分有很多是选修课，但目前多为限选课，比如从五门课里选三门，可以选择的空间很小。所以，我们学院这次从 140 学分中硬砍出 20 学分叫任选课——学生愿意选什么就选什么。这在全校也是首创。

新的本科培养方案分成三部分：一是通识部分，包括统一要求的思政课 14 学分和体育课 14 学分，基础技能课程中文、英语和数学，以及我们称作通识教育核心课的八个课组，跟学校的素质课程不太一样。这样一共 70 学分，构成非常宽的通识教育的基础。二是专业课有 50 学分。三是 20 学分的任选课，其中包括可以选双学位。我们和数学系谈好了，他们开出数学双学位。现在法学院也有双学位，但 2007 级同学中只有三个学生在修，法学院要求的 57 学分太多了。我们还有其他系的双学位，这是考虑到每个人兴趣都不一样。

我们这次本科培养方案改革，在清华所有学院中是第一个开展的，考虑到了大家兴趣的多样性。清华对本科教育十分重视，学校第 23 次教育工作讨论会马上就要召开，袁驷副校长说经管学院作为大学的试点学院，改革很超前，许多方案设想都已经相当成型了。我的回答是，我们拥有这么多全国最优秀的学生，他们潜力都很大，但是如果学了四年毕业后，没能做自己想做的事情，是非常可惜的。因此我们压力很大，要对得起学生。为此，学院非常用心。

关于教育理念，刚才大家听到我提出了两条。一条是要为拔尖创新人才创造环境和提供条件。过去清华的思路可是不同的。清华总是希望好学生多学点，把基础打得更扎实、更牢固。现在我们在思路上有了很大变化，主要是创造环境。而“创造环境”那句话实际上不是我先说的，邓小平早就说过。他的原话是：“要创造出一种环境，使拔尖人才能够脱颖而出。”他不说“我应该怎么培养你教育你，你要读什么书”之类的话，而是说“要创造出一种环境”。

第二条是让每一个学生都能很好地发展。这句也不是我先说的，据说是哈佛前校长说的。他说，最令哈佛大学骄傲的，不是培养了 6 位总统、32 位诺贝尔奖获得者，而是为每一个学生提供了良好的发展机会。我的一点本事就是借用人家的话，加工并传递给大家。

有关美国本科教育的两本书

钱颖一： 这半年我在思考本科培养方案的同时还读了很多相关的书。今天就给大家推荐两本书，这两本书既有中文版，也有英文版。第一本书英文版书名是 *The University: An Owner's Manual*，作者是亨利·罗索夫斯基（Henry Rosovsky），我在哈佛读博士的时候，他是哈佛经济系教授。他从 1973 年到

1984 年担任哈佛大学文理学院（Faculty of Arts and Sciences）的院长。文理学院是哈佛第一大学院，哈佛一大半教授都在这里，其他学院都是“职业学院”（professional schools）。在文理学院下面有本科生院（Harvard College）。在哈佛念本科，只有一个学院可去，就是本科生院。在哈佛，本科生不能读商学院、医学院、法学院、建筑学院等。他是经济学家，担任文理学院院长。他在这本书里的分析方式和路数我都再熟悉不过了，而书中还专门论述为什么美国这么多大学的校长、院长是经济学家。

这是一本很好的书。不过中文翻译过来的书名有点流于俗套：《美国校园文化》。一提“校园文化”，我们首先会联想到的是什么？是 20 世纪六七十年代的摇滚乐之类的东西。其实这本书讲的是很深刻的教育内容。这本书写得非常幽默。比如，作者谈到在东方的中国和日本，考大学都取决于分数高低，而在美国不同。像哈佛这样的大学都是考察综合素质后加以录取，他说这很费事，但是并不腐败。他提到一位给哈佛大量捐资的人，但哈佛最终没有录取他的孙女，结果学校就去向他做解释。他说：“你们做得完全正确，而且还帮了我一个忙。为什么呢？因为如果将来有人托我向哈佛走后门的时候，我就可以跟他说，我的孙女都没进来。”

罗索夫斯基还说：“你们也不要认为非得要上最好的大学。”回到清华，我才知道，清华如此看重“出身”，要看你本科是什么学校毕业的。他的意思是，早期学业成绩决定不了一生，第二次机会、第三次机会转化是美国教育的光荣。一个人的事业远不取决于他（她）所进的是哪一所大学……那些在各个领域内担任要职、成就卓著的人，都是从数量惊人的本科大学里出来的毕业生。因为经济学家的严谨，他还在脚注中提供论据支持这一观点。他说：“为证明这一论点，我要以哈佛大学经济系资深教授的情况为例，在 30 位正教授中，四位毕业于哈佛大学，三位毕业于伯克利加州大学，两位毕业于欧伯林学院，以下大学或学院毕业的各有一位：密歇根大学、达特茅斯学院、罗切斯特大学、里德大学、博林格林州立大学、纽约市立大学、西北大学、布朗大学、华盛顿大学、康奈尔大学、威廉-玛丽学院、麻省理工学院、康涅狄格大学、韦斯利恩大学、约翰·霍普金斯大学和普林斯顿大学等。”他列举的这么多学校，有些你们可能听都没听说过，恐怕你们申请美国学校时都不会想到。这本书很值得一读，最好读英文版。

还有一本书，英文版书名是 *Our Underachieving Colleges*，中文版翻译成《回归大学之道》，专讲美国大学本科教育，有许多建设性的批评意见，主要针对哈佛本科生，写得也非常出色。谁写的呢？是我做学生时的哈佛大学校长德里克·博克（Derek Bok），他是法学家，以社会科学家的视野，论述充分，论据翔实。我向你们介绍一下这本书的目录：第四章到第十章的标题分别是“学会表达”“学会思考”“培养品德”“培养合格公民”“生活在多元化的校园”“为全球化社会做准备”“培养广泛的兴趣”，第十一章才是“为职业生涯做准备”。而我们的教育中大概有三分之二都是为职业准备的。

这两本书都很棒，值得品味，尤其涉及本科教育方面的内容颇具参考价值，特别是博克提出本科教育应该达到八个目的。梅贻琦在 1931 年和 1941 年也都说过类似的话，想法是一致的，具体内容有所不同。

今天扯得远了一点，讲我们清华的历史，讲美国的教育传统。想想我们的教育理念、课程设置以及培养出来的杰出人物，再想想我们现在推行的这些改革，具体细致的表象之下蕴涵着深刻的思考——本科教育极为重要。其实老清华早就提出了类似的教育目标，并已付诸行动，而且大有成果，曾经培养出那么多大师。现在反思，我们实在感到愧疚，这么多聪明人进来，培养出来的人却还不尽如人意。今年 9 月份我们学院即将推出新培养方案。今天你们参加“下午茶”，听我讲讲这些故事，也会受到很多启发。也许再过几年，“下午茶”提出的问题我就难以回答了，想必层次会大有提升。我想，这就是本科教育的意义所在。

本科教育的重点在于塑造人格，要培养人的素养。这是基础性的，最重要的是，这种教育在别处无法提供。我们为大家未来的发展提供宽松环境和各种条件，道路由你们自己选择。

当前就业市场压力很大。但是如果大家一味只想着学到什么实用知识技能便于求职，那就有问题了。我刚才介绍的那本《回归大学之道》，作者博克在书中提及大学本科教育要达到的八个目的，最后一个才涉及本科毕业后的求职问题。关键是，在全中国每年 600 多万大学生中，你们是最有条件接受通识教育的一批人。在其他多数学校，主要目标是寻找实用性工作，学生必须具备一技之长。相对来讲，你们因为拥有清华大学和经管学院的品牌，已经给予你们强大的支撑。

今天，我跟我的指导学生聊天时得知，他们的学长告诉他，大学生活是这样度过的：第一年一晃就过，第二年过得更快，第三年因为到国外交换，时间就更是“快上加快”了。我想说，这四年时间足够长，重要性不言而喻，所以不要着急。

你们中有的已经是一年级学期末了，即使二年级、三年级、四年级，每一年到学期末都不晚。大家要仔细想想，该读些什么书、如何去计划、弥补自身不足等。这才是本科教育之所以重要的地方。我推荐的那两本书中多有论述，从清华传统里也多能看到。其实很多美国大学校长、院长的思想观点，在我们清华当年都已拥有并付诸实施了。

海外交换学习的意义

学生：我是 2006 级大三的学生，上学期在法国埃塞克工商学院（ESSEC）交换，回来之后我还给您发过一封邮件，关于课程改革的事情。刚才听您做了介绍，第一次听到学院课程方面的改革设想，我感觉特别“欣慰”，我觉得真的是……

钱颖一：是鼓舞？

学生：真的是，这个“痒痒”挠得特别好，非常过瘾。关于交换，我还是有那么几点想说。因为我去了一趟法国，思绪万千，我想表达以下几方面想法。第一，交换对我来讲帮助特别大。我上课，旅游，增长见识，此外在这个过程当中，能体会到作为一个中国人，作为一个清华学生，应该有所担当，负有责任。我给您发送的邮件中也提及，我们清华之所以是清华，经管学院之所以是经管学院，是因为它有一段独特的历史传承。我们大家自主能力都很强，也能规划自己的未来，但我个人理解，实际能力包含两方面：一方面指过硬的技能，包括中英文写作、团队合作等能力；还有一方面，就是知道自己是做什么来的，也即一个人的使命感。我出国交换一趟，就感到自己是有所担当的。我在邮件里就谈道，希望课程设置上多增加一点国际关系方面的内容，使自己认清身上的责任。

为什么交换有意义呢？因为走出国门，你会发现，许多事儿不是一个人自己就能办得了的，需要有同龄人，相同或不同国籍、语言、肤色的人互相协助，在这个过程中，就会觉得，自己对别人很有意义，别人需要自己，自己也需要别人。我们的教学可能偏重前一个方面能力的培养，后一个方面，我觉得略微有点欠缺，虽然也有所涉及，如卢达荣老师的“工业生产概论”那门课，在教学内容之外，还讲述了责任使命等，我受益匪浅。课程改革在这方面不足的地方可以加强，这是一个想法。

第二个想法是，既然海外交换这么有益，因此特别希望，有朝一日能看到经管学院所有本科生都实现交换。如果家里经济情况一般或者不太愿意出这笔费用的，学校是不是可以帮助解决。我个人认为，不怕他拿了钱出去在外面混，其实这没有什么，关键是要让他出去明白事儿。只要出去，他自然知道有很多可以学习。

跟我交流比较多的都是外国人，亚洲有日本、韩国、新加坡，美洲有美国、墨西哥、智利，还有欧洲的，交流都轻松愉快。比如法国有很多黑人，他们与乌干达人交流获取大量信息，跟我说他们出去一趟感觉就是不一样，不仅在于国际视角，更觉得自己要有所担当。法国埃塞克工商学院虽然是天主教学校，对学生的教育宽松，各方面都让大家广泛接触。我建议，什么时候培养计划里载明，让大三学生全部实现海外交换。这是我个人的想法。

钱颖一：看到你们有这样的经历、收获，我很高兴。海外交换学习，我希望经管学院能做到百分之百，这里绝大多数是一学期的海外交换，当然也可包括短期海外之旅，所谓短期就是七天、十天、两个星期、一个月。因为也有一些同学将来打算出国，所以并不愿意出去交换一个学期，宁愿先待在这边，大家的偏好不一样。所以我们就想，经管学院本科生要实现百分之百的海外经历，全面覆盖，其中可长可短，这样也使学生的需求多样化。

即将毕业同学的迷茫

学生：我是 2005 级大四的学生，对于我们准备“推研”（推荐读研究生）和即将离开学校的人，您有什么建议？

钱颖一：我记得你，你在大一的时候，我们在紫荆食堂一起吃过饭。我记得那时候我曾跟你说，将来学院会用英文授课。当然，我知道你们那时不太相信，但是至少我跟你在紫荆食堂说的那些，现在都做到了。我今天说的这些，等在座的人几年后再来看看是不是实现了。你说想替你们班上那些即将离开清华的同学提问？

学生：对，为那些即将毕业的同学“讨点方子”。

钱颖一：我觉得到了你们这个年龄、这个阶段，大学四年已经过去了，你们应该更知道大学是什么样的了。

学生：对于校园里的生活，有了很多体验。

钱颖一：你去了新加坡？

学生：对，新加坡国立大学。但是面临步入社会，会感到很彷徨，仿佛处在岔路口，未来充满未知。我这四年收获了很多，但不知道下一步该怎么准备。

钱颖一：这是一种很正常的心理状态，就是充满了迷茫。问题是我真的不知道说什么。我不是人生教父，无法说出什么至理名言，让你们记一辈子，说错了，会说我误导。不过，站在过来人的角度看，我觉得多年以后，一定不是你们如今想象的。你们潜力巨大，现在可能受制于自己的想象力，需要释放。如果非要我说的话，那就是一句话——解放自己的思想。

改变学分绩导向

学生：我是2007级大二的。在大一的时候，您听过我一次英语口语比赛。

钱颖一：就是讲南非的那个，是吧？

学生：对。我是来自天津的考生，相对于其他各省来说，我们那边的高考压力还算比较小。我来到清华后，一个深刻感悟就是学习等各方面压力加重了很多。我发现身边很多同学，其实兴趣爱好都相当广泛，都想做一个全面发展的幸福自由的人，但是他们都在学长一再叮咛告诫下，拼命为一件事而付出，那就是学分绩。

钱颖一：你也不得不在这方面下功夫？

学生：我还不算特别执着的，但是环顾四周，一批批同学顶着压力前赴后继，我会受到强烈波及。虽然学院有意创造一种轻松惬意的环境，但大多时候，周围同学身处的那种环境却"激励"你永远朝着某种趋于同一化的模式走下去，往往一窝蜂地做同一件事。

钱颖一：经济学上讲的"囚徒困境"，就是对所有人来说都没有好处的一种"均衡"状态。

学生：有一位学长跟我说："眼睁睁看别人都在拼命，自己偷懒不好。"我就想问一下，对此您有什么解决方法吗？还有一个问题，我以前听到过一个说法，"北大学生把北大当成精神家园，但是清华学生大多把清华当作一块跳板"。我作为清华经管的学生，觉得我们学院的学生相对来说还不错。但是，我认识很多工科学生，基本上满脑子全是自己的未来，其他方面很少思考，至于什么"精神家园"，简直无从谈起。我想问，为什么我们的大学生活要过成这样？

钱颖一：首先我要说，这个问题问得好。其次，这确实也是一个非常普遍的现象。众所周知，这样不好。但在这种竞争环境下，学一模一样的课，考一模一样的试，最后拼一模一样的学分绩，几乎所有人都一条道走到头。

在这种评判标准下，学分绩就促使大家都这么行事，到头来实际上人人都受到伤害。最近，我就在清华这里听到了一个词儿——“毁”人不倦，很有道理。每个人来此之前，个个杰出优秀、出类拔萃，可到这儿以后，经过一年两年消磨，不少人灰心丧气，自信心荡然无存。每个人都在努力进行毫无意义、毫无道理的竞争，就像《老鼠间的竞争》那本书中的描述。从个人角度，可能谁都不愿意如此。

怎么改变呢？要看根本原因是什么。最终还是游戏规则、机制问题。我们教育教学离不开机制设计，也就是，需要改变相关规则和机制。

第一，从根本上讲要多样化，使人与人之间不要比，不可比。课程设置上要更多考虑不同的发展方向，比如你喜欢数学，就可以念数学双学位。增加了多样化选择，可比性就少了。

第二，要改变原有的游戏规则，强调创造宽松环境，使每个人都能健康发展。叶圣陶曾引用过一个比喻称，教育不可比作工厂制造，而要比作农作物生长，两者之间差别很大。农作物生长特点是每种作物都不一样，要给它们提供适当的生存环境，辅以施肥、浇水，才能慢慢茁壮成长，也就是在多样化基础上，使拔尖创新人才自己“生长出来”，而不是像从前工科那样很明显地“工业制造”。所以，以后需要在理念上加以转变，不能再把学生当作“工业品”一样加工、制造。

不流于从众

学生：我是三年级经济学专业的，我想说一下，我们为什么这么在乎学分绩。我大一时学分绩不佳，不认真学习，到大二时突然意识到学分绩的重要性，就开始努力。假设我们足够自信，也像微软创始人比尔·盖茨一样，那我们也敢辍学。但我们都没有这种自信，而面临的就是学分绩将决定机会的问题，我们难免会走上“拼学分绩”的同一条道路。关于您刚刚提到的设置数学双学位，我就在想这个问题，它就可能形成“反作用”。就是大家都想学数学双学位并且发出信号，表明自己数学很棒，但是双学位名额有限，可能会造成更不公平。那些想学数学的同学，担心没有实力去拿数学双学位。只要有竞争存在，我们就必然走上这一条路。

钱颖一：竞争一向存在。在一定条件下，竞争是有效率的，但是在其他一些条件下，会出现“恶性竞争”，英文是 race to the bottom，这样的竞争就会导致无效率。总的来说，竞争还是会带来激励，但是我们希望这种激励作用是正面的，而不是摧残性的。我觉得大家也不一定非要念数学双学位，也可以念英语、法学等双学位。刚才我说创造环境很重要，现在有这么一种现象，大家都在想一模一样的问题，走同一条路，就是常说的那种从众心理或者羊群效应（herding）。我的观察是在美国大学里不存在这种现象，而这一现象在国内特别突出。我也在思考这是为什么。可能是文化因素？

学生：不完全是大学能改变的，而是价值取向的趋同。因为周围人对你的强烈期望，导致你没有勇气追求自己的志向、愿望以及新奇想法。

钱颖一：你仔细研究一下这些人的发展，不是说这么发展就一定是好的，只是大家都觉得好而已，但未必这就是对的。聪明人就会发现，这不对。

我们出国留学时，留学生大多学数学、物理等理工科，我是最早转学经济学的。后来很多中国留学生去学金融，再后面去学会计，现在又去学市场营销。问题是谁能最先发现新的不一样的、不从众的地方，实际上这样的人需要冒一定的风险，但也有新的机会。我不觉得已有的方式就是对的，这中间有很多其他机会。

你要说我们大家现在不愿意冒险，这种心理我认为确实存在，这是个问题。刚才你说，你们不像比尔·盖茨那么有信心，可当时谁又知道结果会怎样呢？所以你说的问题存在，社会是有这种现象。但我觉得，正是这样的时候，我们才能发现潜在的、别人看不到的机会，而不是都看到的情况。

学生：我原来还以为这个“院长下午茶”就是在毕业前听您讲讲话，没想到收获非常多。您提到清华那时候的思想和哈佛的教育思想。我觉得，像美国的教育制度、大学教育理念就是，进入大学的学生，在独立思想方面基本上一样，但是他们在高中时就有明确意识要上什么样的大学，今后要做什么。但是，像我们本科生就很不一样。在高中时期，或者父母受过高等教育，或者所在地区高考压力比较小等因素，导致一些学生拥有一些先天优势。但是另外一些家境比较贫困的学生，因大学之前的困苦经历导致其存在相对劣势。因此，人们先天是不一样、不平等的。在现行教育制度下，先天劣势的学生大学四年可能就浑浑噩噩地度过，有什么办法可以解决呢？

钱颖一：你的问题涉及家庭背景差异的问题。你说清华学生的背景不一样，就我自己的经验判断，美国学生的家庭生活背景差别也大，可能更大，因为他们还有种族问题，这是第一。

第二，大家在十七八岁进入大学，不管以前背景如何，大学四年都会对重新塑造人格起重要作用。当然，如果没有意识到自我塑造或者我们的教育没有跟上，那么四年后，很可能条件差异会放大，这是我们的失职。我们应该从每一位学生一进校门开始，就使他们都意识到塑造健全人格的重要性。刚才你说，有些人好像在某些方面先天有些不足，但是也要看到，他们在另一些方面存在优势，也就是说优势、劣势是相对的。另外，贫困毕竟是表面上的，而本身性格方面出现致命弱点，就会对将来人生相当不利，这是需要引起我们关注的根本方面。关键是，大家要学会自我认知，扬长避短，许多方面都是可以改变的。

学生：钱院长，我想是不是因为我们这些来到清华的人，其实都是通过一条最保险的大路走过来的，是不是我们这些人可能并不像别人所说的那样，真的就那么优秀，那么聪明？

钱颖一：在某些方面吧。

学生：在现行体制下，我们被选出来了。可能有一些在美国那种体制下被选出来的人，在中国就被埋没掉了。也许，美国的那些人会承担那个风险，但是有很多清华的学生就不愿意承担。

钱颖一：但是，我觉得你们应该有这个自信，对你们潜在的能力应该有自信。我们说中国的教育有缺陷，但美国的教授甚至都这么说，你能够从小到大最终考到这里，You must have something（你一定有些什么）。你们要有这个自信。那你说有的人差几分没考上经管学院，只考到了清华的其他学院，或者说干脆没考上清华而考上了别的什么学校。他们心理上的负担，应该更可想而知。

学生：我们从小就这样，可能形成了一种思维定式，大家都从众。

钱颖一：没错，我们从小到大的教育模式确实问题很大。

本科生与院长共品下午茶

（2009 年 11 月 20 日）

“院长下午茶”的缘起

钱颖一：你们知道“院长下午茶”的来历吗？“与院长共品下午茶”活动是学生会发起的，是 2002 级的一位学长，当年策划、组织了这一活动。他有一段有趣的经历，折射出咱们经管学院的一种职业路径。他在学生会里做一些工作，是“下午茶”的主要策划者。有趣的是，他当年参加竞选学生会主席，落选后受到很大打击。毕业后，他拿到麦肯锡的一份 offer（工作聘书），但他暂时没有去，而是前往西藏支教。第二年回北京后在麦肯锡工作。去年这个时候，他申请了哈佛商学院 MBA（工商管理硕士）和哈佛肯尼迪政府学院 MPA（公共管理硕士）的双学位。在申请哈佛商学院时，他需要回答一个问题：列举一个例子，说明过去几年从你曾经的失败中学到了什么东西。他就讲述了发生在大学二年级的这件事：他曾参加学生会主席竞选，刚开始觉得自己很了不起，缺乏谦卑的态度，其实大家并不买他的账，结果失败了，但他从中学到了很多。现在他申请到了 MBA 和 MPA。

我讲这个故事，一是我们在这里举办“下午茶”，不要忘记当年学生会的学长们，是他们提出了“下午茶”这一想法。另外，我也想通过具体的事例来说明，每个人都可以拥有不同的发展道路，我觉得这很有意思。特别是，你要意识到，受到挫折本身是一笔巨大的财富，因为你从挫折里学到的东西往往会比你在成功时学到的东西印象更深刻。

今天早上，我收到了一封邮件，是今年刚刚毕业的 2005 级的一位同学写的。她三年前在当时学生会的外联部工作时，就担任刚才那位主持人的角色。

三年前她主持了“下午茶”活动。不过，现在她已经工作了。她消息很灵通，给我发邮件说，今天下午又要举办“下午茶”了，是吗？我说，是啊。看来，我们这个“下午茶”的“传统”还是很受关注的。

有好多话想讲。本来我想把大家的问题打印出来，结果一看，好家伙，将近20页！把我吓回去了，所以就没打印出来。很多都是具体的问题。其实“下午茶”——喝茶的时间，是来谈一些轻松、有趣的问题。有些具体问题，其他在座的老师可以在其他场合回答。我想，经管这个“家庭”有这样一个“传统”，即师生之间一种近距离的交流，这很难得。

清华校庆日探究

钱颖一：再过不到一年半，清华就要百年校庆了，清华的校庆日是哪天？是每年4月的最后一个星期日。关于这个日子，背后是有故事的。

首先，不以某个日子而以某星期的某一天（第一天或最后一天）作为纪念日、节日等，是西方的传统方式。比如，在美国有很多节日都是这样的。其次，我一直听说，4月的最后一个周末是1911年清华学堂开学的日子。我读的校史里的日子是阴历四月初一，阳历就落在了4月最后一个周末。因为阴历总是在变，所以就干脆定在4月的最后一个星期日。最近，我看到一篇文章，有一位老师对此做了考证，说这日子不对，他经过考证认为清华开学是阴历三月初一，而不是四月初一。阴历三月初一？那就坏了，开学的日子就改成了阳历的3月底，而不是阳历的4月底。所以，到现在反而不知道校庆日为什么是4月的最后一个星期日了。希望百年校庆前这个难题能够得以解答。

这篇文章提到，阴历三月初一作为校庆日是有出处的。出处在哪里？是吴宓的日记。吴宓是原来清华国学院的办公室主任，他资历很深，经历了清华学堂开学。他天天记日记，存有日记记载。但他没注明是阴历还是阳历，那是考证出来的。阴历三月初一是清华学堂的开学日，这成为有文字记载的证据。所以我到现在还是不明白，当初校庆日到底为什么被确定在4月最后一个星期日。北大的开学日是 12 月 17 日，但又不是 1898 年成立时的开学日，而是 1902 年复课时的开学日。所以，北大也搞不清楚 1898 年是哪天开学的。

就这么一点小事都存在问题。可见，什么事情就怕认真，一旦认真了，就发现平常认为理所当然的事，都会存在问题。清华校庆日确定为 4 月最后一个周日的历史还不到百年，结果都搞不清楚了。清华百年校庆即将来临，所以我提出这个问题。

梅贻琦和他的《大学一解》

钱颖一：百年校庆期间，可能会有很多纪念活动。我在今年 7 月份的学院毕业典礼上，回顾了清华百年历史中的一些片段，特别讲到 1909 年、1929 年、1959 年这三年入校学生的情况。今年正好是 1909 年之后的一百年，梅贻琦就是 1909 年“庚子赔款”第一批出去留学的。

我为什么要讲梅贻琦？因为现在我们越来越认可他对清华做出的巨大贡献。他从 1931 成为校长一直到 1948 年，一共 17 年，成为清华历史上这么多任校长中任期最长的一位，应该说功劳相当大，可是过去相当长的时间内清华不提他。

梅贻琦就任校长在 1931 年，那时的清华被称作“有名气无学术”。为什么呢？因为清华 1925 年才开办大学本科，那时，全中国已经有不少大学了。清华在 1925 年之前是中学加大学预科，所以叫作“清华 College”，是 junior college（初等大学）的意思，一共念八年：六年的初中、高中，两年相当于念大一、大二，毕业后到美国插班读本科三年级，拿到学士学位，然后再接着念硕士、博士。清华 1925 年才招收第一届大学本科生，到 1931 年底，才只有三届本科生毕业。你可以想象，当时清华确实很有名气，是因为它作为一所留美预备学校办得很有名气。名气是有了，但学术水平不行。

很快，到 1941 年建校 30 周年时，清华办大学才 16 年，整体学术水平就成为国内第一了。在短暂的极为艰苦的时期内，特别是在抗战时期的西南联大，取得这样的进步尤其显得可贵。我最近在阅读校史方面的文献，读到梅贻琦当年一篇很重要的文章，叫作《大学一解》。这是他在 1941 年纪念清华建校 30 周年时写的，其中有两个关于教育的重要思想。

第一个思想是“整个之人格”教育。意思是，在大学不仅要学知识，还要学做人。我们朱镕基老院长是清华电机系毕业的，1947 年入校，1951 年毕业。电机系在 1932 年建系，他在 1992 年专门写了一封信，祝贺电机系 60 年系庆。这封信不长，讲到了电机系的 60 年，特别提到电机系的老系主任章名涛教授。章教授很早以前就说过，清华学生“应该先学为人，再学为学”。朱院长反复强调，并把它加以发挥，提出：为学要严，为人要正。这是梅贻琦在这篇文章里提出的思想，就是大学除了一般教育之外，非常强调学“为人”。

第二个思想是通识教育。当时，梅贻琦提及，关于教育有很多争论：有的说应以“专”为主，以“通”为辅；有的说应当“通专并举，通专并重”。他认为，这两个观点都不对，大学期间还是应该以“通”为主，以“专”为次。

现在想想，在战争年代，那时的环境比我们现在恶劣得多，比我们当前对实际技能的实用需要应该更高。因为，当年大学生很少，环境又异常艰苦，肯定急需一些马上能用得上的人才。20 世纪 40 年代初那会儿，在困难的抗战时期，他能提出这样的思想，很了不起。

我想，当时也不仅是他一个人，西南联大、清华大学的很多教授都有这样的办学理念。现在我们回过头来看，这种理念的影响力该有多大。清华在 30 年代以及在昆明西南联大八年的艰苦岁月里，培养出了大批优秀人才。那时的清华一年招收 200 人，西南联大招收 300 人；而现在，我们经管学院一年招收 200 人，清华大学招收 3 300 人。当年整个大学的招生人数仅仅相当于现在我们的学院。就从我们现在知道的这些名人、科学家，那些后来制造出“两弹一星”的专家中可以看到，当时确实是人才辈出。

本科教育理念的提出

钱颖一：有关拔尖创新人才问题，一直都是国家、社会非常关注的事情。最近去世的钱学森先生生前总是问，现在我们的大学怎么就培养不出拔尖创新人才呢？这是一个很大的问题。别的学校看到这个问题也就罢了，像清华这样的学校看到这种问题，就觉得好像是在说自己。也可能确实是在说自己，如果不觉得是在说自己，恐怕就有问题了。

学校正在召开的第 23 次教育工作讨论会，就探讨这个问题——清华怎么就不能够培养更多的拔尖创新人才？上学期，学校指定经管学院作为一个试点，率先进行本科教育改革，我们也觉得有这个责任。谁让你们都跑到我们经管学院来了呢，你们高考分数都太高了，都是全国最优秀的考生。所以，你们给我们造成了很大压力。

我们有责任在这方面率先思考、尝试。从上学期开始直到现在，我们试图在本科教学上，从理念、方案直到实施，形成比较系统的想法和做法。实际上，我们这一过程是连续的，并不是从今年才开始。比如，我们从 2002 年开始实施“大平台培养”，刚才我提到的那位倡导“下午茶”的同学，就是第一届“大平台培养”下的学生。从 2005 级开始，我们大幅提高了英语教学和海外交换；到了 2007 级，我们又开创了经济与金融专业，英语教学又将口语课和写作课分开；到了 2009 级，就是今年入校的新生，我们这学期又开设了“中文写作”与“中文沟通”课，下学期还要开设“心理学概论”。我就想告诉大家，这其中存在比较系统的脉络，并不是今天开一门课、明天又开一门课。

那么，这背后的脉络是什么呢？在 10 月中旬学校召开的教育工作讨论会上，我代表经管学院做了一个发言，当时有很多院长在座，文科、理科、工科都有，他们也都非常认可，觉得很正确。后来，我把那份发言稿整理成一篇文章，就是这一期《新清华》上刊登的“经管学院本科教育改革：思考与方案”。有人还把它登在了校内网上，昨天我在校内网上看到了这篇文章。

我给大家稍微介绍一下，实际上这与我刚才给大家讲的故事是有联系的。我们本科教育的理念有两条：第一条是，应该为拔尖创新人才脱颖而出创造环境；第二条是，要为每一位学生的个性发展和人格养成提供条件。既有“点”又有“面”。我们希望每一个人都能很好地发展，同时，我们也希望这中间一些同学能够更加突出。所以，提出了这样一个理念。在会上，这个理念得到了其他院系老师的高度认同。

仅强调培养拔尖创新人才是有问题的。因为第一，很难知道谁是拔尖人才，有些人在不同时期也在不断变化。第二，我们进来的这些学生整体水平都非常高，如果只关注个别人，恐怕也不是很好。所以，我们在这方面的考虑还是相当全面的。

实现本科教育理念的三大支柱

钱颖一：实现这一教育理念的具体做法，我叫作“三大支柱”。我在今年2009级本科生开学典礼上已经有过一些陈述，这里面包含一些逻辑关系。

第一个支柱就是通识教育。我们的英语课包括了口语和写作两门课，与这次增加的“中文写作”和“中文沟通”课合在一起，就形成了中文、英语、数学三项基础技能。

大家在中学都学过写作文，我们这里也有高考作文满分的同学，但考满分未必就代表中文写作能力强。高考作文存在浓厚的“八股”色彩，有很多套路，并不代表真正的写作能力。我们开设“中文写作”课，目的就在于提高写作能力。“中文沟通”课也是一样。我知道，“中文沟通”课上有一堂课会教你们怎么写邮件。千万不要小看这个问题，写邮件时错误百出的现象实在不可忽视。我至今还保存着几年前有些经管同学给我写的邮件，错误太多了。其实写邮件有很多学问。有时，有人给你发来一个附件，但是一句话都不写。我在看到这种邮件后，就立即删除。为什么？担心它是病毒。邮件是大家每天都需要接触的，可是仔细去看一看，有多少人写得合乎规范？一个人讲礼貌、有学识，通过邮件中的简单几句话就能显示出来。沟通需要站在对方角度考虑，比如我在出差的时候，有时会收到一封带有 20 兆附件的邮件。我要是下载，得多少小时啊？但是发邮件的人，从来不这么想，他脑子想都不想，就发出去了。所以，需要换位思考。

我一直认为，通识教育的核心是学习基础性、哲理性、思想性的学科和课程。大学本科教育的意义是什么？——要使人终身受用。这个条件太高了，你们看看，你们所学的东西有多少是可以终身有用的？把这根“标尺”往那里一放，就会发现好多课程都是明后天有用的，终身有用的很少。

通识课程在我们 140 学分里占到 70 学分，课程包括“生命科学导论”“物理学导论”以及新开设的“心理学概论”等。实际上，是在了解整体人类知识的教育背景下展开的。学校在 2001 年就提出了本科教育是通识教育基础上的宽口径专业教育，我们是第一个真正落实的学院。

第二个支柱是“优秀人才培养计划”。今年，学校推出了一个“清华学堂”培养计划，即清华大学拔尖创新人才实验班，简称“学堂班”。很遗憾，这个计划只面向理工科，不涵盖我们学院。这也没关系，我们可以自己干。于是，我们就设计了一个“优秀人才培养计划”，英文叫作 Honors Programs。清华的“学堂班”从一年级就开始，我们考虑到一二年级学生还没有完全想清楚做什么，所以我们是从三年级开始，这是一个不同。第二个不同，我们考虑到，学院横跨经济、管理两大学科门类，将来大家的职业选择非常丰富，跟理工科不太一样。

结合这样的特点，我们就开出了三个方向：学术方向，创业方向，领导力方向，而清华“学堂班”只有学术方向。如果将来你想做学问、念博士，在国内或者出国，可以选择学术方向；如果将来想创业，可以选择创业方向；如果想在政府、国有企业、国际组织里担任一些领导工作，可以选择领导力方向。因为我们学院有领导力中心，也有创业中心，有这么多导师，可以充分利用这些资源。这种优秀人才培养计划，是因材施教的一个具体体现，体现在我们经管就是比较灵活，不像别的院系那样，只是一条学术道路。

第三个支柱我觉得是最为重要的，这次在《新清华》上刊登的文章也着重提了这件事，就是培养学生的批判性思维（critical thinking）。我在今年的开学典礼上也讲到了这一点，这确实是思考了很长一段时间后得出的结论。我们的大学总是受到批评，怎么就是培养不出拔尖创新人才？借用我们学院杨斌书记的话说就是，培养了很多人手，但是缺乏人才，更少人物。他说，如果我们清华经管将来培养出来的全是人手，很少人才，没有人物的话，这是一件很悲哀的事。那到底怎么区别人手、人才和人物，到底是什么东西造成了这种差别呢？一种简单的观点是知识积累的不同。我觉得知识的多少恐怕不是最大的差别，这其中比较根本性的差别还是在于思维方式。

教育：从知识到思维

钱颖一：为了研究本科教育改革，在过去一年中我去听了很多课。你们经常会看到，我突然出现在你们教室的后面，比如你们的物理课、生物课。如果我不去听这些课，我就没有发言权。

我也读了一些心理学方面的书。心理学家认为，人的思维分三个阶段，即初级、中级、高级阶段。人的思维的高级阶段很重要的标志就是有批判性思维能力。在中文里“批判”这个词比较负面，尤其像我们这些经历过“文化大革命”的人，一看到“批判”这个词，就会浑身起鸡皮疙瘩。“文革”那是大批判，什么都否定，而且上纲上线，动不动就是政治问题。但是，“批判性”与“批判”是不同的。心理学家关于批判性思维有定义，就是根据证据、推理对假说进行验证，最后得出判断。批判性思维不仅是一种能力，也是一种意愿去做这种思考。

那么，什么不是批判性思维呢？首先，认为别人说的都正确。比如，中小学生的时候通常都是老师说什么就是什么，老师说过的肯定正确。再比如，认为凡是专家说的话，一定都是对的，不加怀疑，不对专家提出挑战，这一现象现在仍很普遍。再如，虽然相信教科书里可能出错，但如果是诺贝尔奖获得者写的论文，那肯定是对的。这些都是思维的低级阶段。

你们当中有同学上个学期上了李山学长的课。李山是我们学院 1981 级的本科生，毕业后曾在中银国际任总裁，随后又自己创业，经历很丰富。他主动要求并免费给你们教课，安排在“中国与世界”系列中，从阅读名著中思考一些问题。一位学生告诉我，他对学生说，他在 MIT（麻省理工学院）读博时，奥利弗·哈特（Oliver Hart），一位很有名的经济学家，他的导师，同他讲：要善于对已有的结论，不管是自然科学还是社会科学，提出怀疑、挑战。

其次，就是对什么都否定。比如“文革”时期那种“大批判”的态度，这种现象现在还能见到。事实上，这并不是批判性思维。我们特别强调要善于怀疑，而不是否定一切。

其三，觉得什么都有道理。你说这个会觉得有道理，你再说那个也觉得有道理，以至于没有办法判断哪个更有说服力。一般来说，到了大一、大二的时候，突然觉得自己知识增加了很多，已经不那么天真了，可以怀疑专家，不再迷信他们的观点了。但是出现另外一个问题，就是没有判断能力。批判性思维是可以判断出，在哪些条件下，哪个看法、观点更有道理。这就说明你跟别人不一样了，别人是“公说公有理，婆说婆有理”，分不清，而你能分清。

在今年夏天学校的一次会上，当我谈到学生的批判性思维能力缺乏这一问题时，胡和平书记就提到，不久前他陪两位美国大学校长见分管教育的刘延东国务委员。一位是加州理工学院（Caltech）的校长，一位是加州大学圣巴巴拉分校（UC Santa Barbara）的校长。其间，刘延东问他们：“你们那里有很多中国学生，他们有些什么长处、什么弱点。”两位校长回答说：“中国学生都很努力，基础都很好，特别是计算的功夫、解决问题的能力都很强。”同时他们指出的弱点是：创新能力不够，没有批判性思维。看来，这的确是一个问题。

教授传授知识相对容易。现在我们的中学就有传授解题的套路，所以学生全是解题高手。我这里有本书《高考的高分是怎样炼成的?》，后面厚厚的全是现在的高考试题。数学题我就别看了，看看语文题吧。看完后，我基本上也做不出来。我拿给我指导的几位学生看，其中有一位是四川的文科状元。我就问她："这是不是你们的高考试题？"她说："都是啊！"我说："你们都会吗？"回答："我们都会。"

除了知识传授外，教育还要培养思维能力，这一直是我们比较弱的。问题出在哪儿？一是我们的中小学教育有问题，二是我们的大学教育也存在问题。大学教育受苏联的影响太深了。你们看，当时教过我的老师现在还在教你们，当时可能苏联专家教过他，那套方式不知不觉就"遗传"下来了。苏联是什么教学方式呢？就是以教师为中心，以教学大纲为中心，围绕着课堂教学，是不是跟你们现在的教学方式一模一样？

可你到了美国，就会发现有的老师讲课并没有条理。我经历的最明显的例子就是斯蒂格利茨（Joseph Stiglitz），诺贝尔经济学奖得主。我看着他推导公式，推着推着就推错了，或者推不下去了。他一拍脑袋就说："It has to be right"（这该是对的），意思是"我的直觉是对的"。再说那个大纲吧，我们强调系统性，这肯定有它的好处，但也肯定有它的坏处：你不容易看出它里面的问题出在哪里。如果中间毛病百出，反而促使你思考这个老师哪里又讲错了，会觉得很好玩儿，心想"我又给他找出毛病来了！"除了教学方法外，我们的文化传统对我们的批判性思维也有不利的影响。

我们现在为学生多开选修课，不仅在于学习多少知识、获取多少学分，还在于小班教学，能够对某一个问题从不同角度深入分析，比如环境、金融等问题。最近，会计专业就遇到了这次金融危机中的一个重要问题——"mark to market"（按市值计价）的会计做账方式。以前大家觉得这很对，按照市场价格及时修正财务报表。但是现在就变成了很糟的事情，因为有所谓"正反馈机制"，在金融危机中加剧企业倒闭。

对同一问题，可以从不同的角度分析、判断，这就是批判性思维。我们正在把这方面的内容开发为一门完整的课，可能放在大三，同学们经过大一、大二铺垫以后，就可以上这样的课。光靠这还是不行。我觉得重要的是，让大家明白，上大学不仅仅是学习知识。我们原来的观念是，上大学不就是学知识嘛，如果问你们父母，他们都会这样认为。但这是不对的。

教育：人格养成

钱颖一：除了思维能力之外，还有一个维度是人格养成。刚才我讲到了梅贻琦，其实在他之前，清华还有一位很重要的校长是周诒春，1913 年到 1918 年在任，是他第一个提出清华要造就“完全人格”的学生。但在他的任期内还没来得及很好地发展，是后来梅贻琦把这一理念加以完善、发展了。顺便说，周诒春的字叫作“寄梅”，他的名字中就隐含了梅贻琦要去继承他的理想事业。不过这是八卦了。

我觉得，注重人格养成和思维能力，就大大拓展了大学教育的内涵。以前，大学教育只围绕学习知识而且大多是专业知识，这太狭隘。我知道，你们上大学报考清华经管的时候，初衷是希望学习一技之长，将来有很好的工作或前途。而进入学院后，就需要逐步调整。包含上述两个新维度的教育理念应该得到越来越多的认可。实际上，不仅在清华，而且在全国乃至世界，大家也都在认同这一理念。

故事讲了一大圈，最后可以看到，我们经管学院对本科项目真是花了很多心思。清华对本科一向极其重视。我在清华念了三年半本科，提前毕业出国了。你们在这里念本科是一种机会，受到了各方面的极大重视。

批判性思维：是能力还是意愿？

学生：我是金融专业大四的学生。刚才您提到批判性思维，我从国外交换回来以后，也在想这个问题。我们到底是缺乏批判性思维的能力，还是缺乏应用这种能力的意识？

钱颖一：首先是缺乏 willingness（意愿）。

学生：我们缺乏这种能力是肯定的，但更缺乏意识。为什么呢？我举个例子，刚才您说，我们在课堂上讨论会计方法“mark to market”（按市值计价）到底好不好。大家课堂争论可能异常激烈，挖掘也非常深入，但是到了生活中，却不一定能运用这种批判性思维。

钱颖一：我很同意，一个是能力，一个是意愿，这是两件事。批判性思维的定义是 ability of willingness to access evidence（有意愿寻找证据的能力），就有这个 willingness（意愿），很重要。但意愿这种东西，讲授起来有难度。我记得潘光旦曾说过一句话："你可以教人如何读书，但你没有办法教人读哪本书。"意思是说，可以教一个人该怎么读一本书，但是怎么教他（她）从书山中挑选出哪一本去读呢？这很难教。所以，我也想说，批判性思维能力相对容易教，但是批判性思维意愿这种东西，确实是很难教的。

大家知道潘光旦吗？没有人知道？大家都知道费孝通吧。潘光旦是费孝通的老师，老清华社会学系的教授，曾任清华大学教务长。梅贻琦《大学一解》那篇文章实际上就是由其本人口述、潘光旦执笔写成的，是由潘光旦最后成文的。他这个人非常有思想。在清华学校念书时，一条腿受伤了，不得不截肢，后来他一直都拄着拐杖。清华的社会学系被取消后，他就到了中央民族学院，在"文革"期间去世。弥留之际，费孝通抱着他。我读的那篇文章中有这样的描述。

不过，我们可以创造一种环境，比如通过身边大量的故事，让大家增强这种意识。就像我们真的没法教大家去读哪本书，但是，如果你观察能力很强，可以看看你周围人读哪些书，谈论哪些书。当你读到一本书，又可以从它的参考书目里看到其他书——至少这个能力你要掌握。最近，我就读了 70 多本关于老清华和教育方面的书。谁帮我推荐的呢？最开始是谢维和副校长给了我一本关于西南联大的书。从那本书里就引出了其他一些书目，我找来读，从这些读过的书里又引出了另外一些书。写论文也是这样，看一篇，发现不解，就去看另一篇。这种意愿特别重要，确实高于其他因素。

意愿又是怎么产生的？可以再往前追溯，我一直在课堂上提到"好奇心"。2002 年，清华物理系请了四位物理学家来，都是诺贝尔物理学奖得主，包括朱立文。当场讨论的一个问题是，在教育中什么因素对科学发现最重要？

我们的学生给出的答案都是：数学基础最重要，四大力学基础最重要，勤奋、努力最重要。对这些答案，这四个人的回答都是否定的，他们都说好奇心最重要。听到这个回答，你就会知道我们教育中存在的问题。

人的好奇心的推动力远远大于其他包括物质刺激在内的任何诱惑力。物质上的诱惑是很有限的。你看到某个机会挣钱很多，会给你一种驱动力。但是，一个人天生对事物的好奇、刨根问底的动力，特别是在做学问方面体现出来的执着，才是最重要的。你所说的那种意愿，即有意愿思考，也是好奇心驱使的。当然，我们之所以没有意愿，或者是因为我们习惯了，或者是其他更复杂的原因。比如，从前也有意愿做一点与众不同的尝试，但或者受到了长辈的批评，或者受到了同学的讥笑……这也是一类原因，这类原因是一种隐形的社会障碍，与中国人好面子也有关系。

培养逻辑思维能力

学生：与美国学生比起来，像您刚才说的，清华学生的创新能力和批判性思维能力不够。您觉得，我们还缺乏哪些东西？优势和特色又在哪里？我们需要在立足中国自身国情的背景下，怎样扩充自己的国际视野，以增加国际竞争力？

钱颖一：我之所以把批判性思维拿出来讲，是因为我觉得这一问题比较突出。中美学生各有特点，美国学生也千差万别，不能一概而论。比如，咱们一向认为，中国学生很用功、很刻苦。可是，我到了美国后才知道，作为美国学生一部分的犹太学生比中国学生还要用功、刻苦得多。然而，也不能一概而论。我觉得，缺乏批判性思维确实是中国学生比较普遍的现象。而美国学生确实思想开放，在许多方面都可以提出颇具开放性的问题，这是他们的特点。

有一次，我问约翰·桑顿（John Thornton）——高盛的前总裁，现在是经管学院顾问委员会主席——为什么美国人具有这些特点？那是在今年的 7 月 2 日，我参加中国国际经济交流中心举办的全球智库峰会。那天的会上主题发言大概安排了七八个人，其中美国人有基辛格、桑顿、赵小兰，还有欧洲人、亚洲人等，都是一些名人，一般人哪可能在那个场合做主题发言？我听完全部发言后，有一种突出的感觉，就是基辛格、桑顿、赵小兰这三个人，仅从发言来看，第一，特别守时：论坛规定发言不能超过10分钟，这些人的发言时间基本上就控制在八九分钟，全部讲完。第二，在这么短的时间内，演讲极其出众，主要表现在思路极其清晰，切中要害。基辛格已经八十六七岁了，头脑还非常敏锐。一下子就说到点子上，针对金融危机，几个问题论说下来，简洁明了；提及若干问题未能解决，扼要概括一下。你会觉得，这个人的思维真是异常清晰。赵小兰是华裔，原来的劳工部长，是曼荷莲女子学院（Mount Holyoke College）的本科毕业生，哈佛商学院的MBA。演讲中，她引用了新近公布的表明美国消费者信心回升的一些数据来阐述观点。你一听也是，有论据，有论证，有结论。桑顿也是如此，他介绍了布鲁金斯学会——美国的著名智库，并开宗明义地提出了自己的几条见解。

再听其他人的发言，你会发现，真不是所有外国人都像上述三个人那样。他们不但超时，10分钟讲不完，甚至15~20分钟过去了，还在那里讲，讲了半天，你都不知道他们的要点到底是什么。结束后，在赴晚宴的车上，恰好桑顿就坐在旁边，我就把我刚才的观察和看法告诉他，并询问原因。他的回答表明，的确与美国的小学教育有关。他们从小就要求做presentation（展示），也就是从小学开始，老师就拿出一个问题，限定时间，要求你把它讲清楚。首先要convince（说服）别人，要依靠你的argument（论证）去说服别人，不能依靠别的力量。他介绍说，自己从小就接受这样的培养要求。而这种方式在欧洲都没有，更不要说亚洲了。

我们现在开始学习他们的长处。从2007级开始，一年级同学都要做展示。你们记忆能力超强，一开始会背下来，但是没关系，慢慢地就学会组织语言，构思内容，使其条理化，并通过严谨的论证、周详的论说，想办法说服与你观点不同的人。这可是了不起的本领。

明明知道某个人不太同意你的看法，或者对你非常有敌意，但你要想办法通过讲道理来说服他。这种本领我们普遍欠缺，中国学生欠缺，我们做老师的也欠缺。美国学生的优势就在于这些地方，我们缺乏的正是他们的优势。但是，如果给定一个问题让你求解，我们无论怎样弄都能给解出来，我们在这上面的本领很强，这是我们的优势。这就回答了你刚才的问题。

我们从小就这么训练的，为了高考，就千方百计把各种不同的解题路数都掌握了。思维方式不一样，可能是因为中小学的教育、训练方法很不一样造成的。

去海外交换学习的时间

学生：我是金融系大四的本科生。刚开学的时候，我看到您给 2009 级本科生的讲话里，提出了三个“优秀人才培养计划”，很受震动。看后，就和我们几个同学分享了那三个“优秀人才培养计划”，都觉得如果在我们刚入学时就颁布这一计划该有多好，我们读了三年多的大学，仍然有很多同学还在迷茫，不知道自己未来的发展方向是什么。如果一开始就能够更清晰地明确自己的发展目标，沿着这个目标一直努力，现在就增加了自信，不会那么迷茫了。

在这里面，给我感触最深的是在学术方面。我个人也想出国深造。大三的时候去过美国普渡大学交换。我感觉，如果同学在大一、大二的时候，能够培养出对学术的兴趣，在出国交换的这半年当中，就可以跟国外教授有更多合作，产生一些初步的研究成果，可能会有更好的机会。如果能充分利用这个阶段，对于将来的培养会非常有帮助，能不能把这个培养计划再提前半个学期到大二下学期？这样，在大三出国交换时就更加有准备。这是我的一个小建议。

钱颖一：你说的这个问题，我们现在也在考虑。大一、大二的课程是基础性的。我们在新的课程设置中，加强了通识教育，所以在大二结束时，大家还没有太多专业知识。如果把交换安排在三年级下学期，你觉得好吗？

学生：我个人觉得，看起来这样还是比较值得推荐。我有香港同学，他们就在大三下学期出去交换。等到大三上学期接触更多的专业课之后，对自己真正喜欢的领域才会有比较多的了解。

钱颖一：最初，为什么海外交换安排在秋季而不是安排在春季呢？有一个技术原因，就是我们的学期制度与国外不一样。国外的春季学期通常在 1 月中旬开学，而我们这边 1 月中旬正在考试，之后还有一个春节。国外大学那边 5 月份就放假了，而我们这边期终考试还没开始呢。所以，我们把海外交换安排在了秋季。下学期，2007 级有几个同学春季要去伯克利，那边开学第一个星期是这边考试最后一个星期，看来至少有一个星期还是安排不开。看一看，如果在春季出去，损失不那么大，像你说的，好处又比较多，到时候可以探讨一下这件事，决定到底是春季还是秋季。从你的角度，你觉得呢？

学生：春季比较好。

钱颖一：你觉得春季比较好。这样的话春节肯定是过不成了。可能这个不重要，是吧？另一种情况就是一部分在秋季、一部分在春季，而现在是全部集中在了秋季。

实习是重要的尝试

学生：我是 2006 级经济系学生，最近准备申请出国。我利用寒假去过一趟美国，参加了一个项目。这次回来时，有人跟我提到，中国人的确缺乏批判性思维，尤其是中国学生。但我回答说，其实我们并不十分缺乏。我们本身有一种东方的视角，而且把这种视角带到了西方，用我们的角度看问题，实际上丰富了它的文化。批判性思维可能缺乏一点儿，但要怎么解决？我就跟他说，其实我本来是想做学术，但是我也尝试过很多东西，完成实习后，忽然发现自己在整体上提升了。

第一，本科生都是通过书本吸收知识，这是一个成套的知识体系，非常系统化。但是，如果比较本科生和研究生最大的不同，那就是，研究生是从论文或其他地方吸收东西，是“自己去摘果子”，自己形成自己的系统框架，很清楚自己的差距在哪些地方，就会去填充，主观能动性就提高了。第二，很容易发现自己身上缺乏什么东西。这两点提升了，批判性思维能力就更强。这就是为什么我赞成通过实习，达到锻炼批判性思维能力的目的。

钱颖一：你是做什么样的实习？

学生：我当时去了一家制造大型汽车座椅皮革的公司，在上海。

钱颖一：你在实习中的具体工作是什么？

学生：我从事的具体工作是为这家公司在大中华区的 40 个人力资源经理做为期一年的培训计划。完成后，老板马上跟我说，如果想来的话，可以继续做实习。后来，我没有去。

钱颖一：这是你大几的时候？

学生：在大二寒假，我当时还不知道想做什么。

钱颖一：我觉得，这是一个很不错的做法。就是当你不知道做什么的时候，有两种办法：一种办法是每天坐在那里，想自己该做什么；还有一种办法是，你去尝试 A、B 或 C。

学生：就是在大学你要善于主动跳出这个圈子，尝试新鲜事物。这个跳出的过程可能让你不那么舒服，因为毕竟你到了一个陌生的环境。但你以后会发现，其实自身能有整体性的提高。

钱颖一：我告诉你，有一个一般规律，不少后来从事学术的人都是先在公司尝试了一段时间后，就不再做下去了，想要做学术。时间或长或短，有的三天，有的一个月。所以，尝试是一个很重要的学习途径。

学生：有人说，实习是简单的重复劳动，很乏味，没有什么创新。但我觉得从事学术研究每天都要看论文，同样很孤独、很劳累。我的意思是说，不能因为枯燥，就不去实习。实际上，实习还是很有益的。

学生：我是 2006 级金融系毕业班的学生，打算出国读经济学博士。我在国外交换时通过实习获得了 RA（助研）。在这个过程中，就像钱院长说的，发现自己原来并不想做实习，而是更想搞学术。我的问题是，三年级一开始我并没有发现自己想做什么，可能也发现不了，我担心经过各种尝试之后，再来钻研学术，会不会有些晚了。因为我毕竟花了两年时间去实习，才发现自己不喜欢实习。我有一个同学两年前就在做学术，我们两人都喜欢学术。不过，现在我的简历上多了两条实习经历，他的简历上多了两篇论文成果。您怎么看呢？

钱颖一：Never too late（从来都不晚）。如果用你的"标尺"来衡量我，那我就晚到"不可救药"了。首先，从年龄上讲，我进入清华的时候是你走出清华的时候。为什么呢？我此前那四年在农村插队。你看，我与你相比，从一开始起步就晚了不少。其次，我在清华的时候念的是数学，当然毕业稍早了半年，但是因为我们入校晚半年，所以还是四年。我到美国后，花了三年时间，才从原来的数学专业一点点转到我感兴趣的经济学。现在，只因为你靠得太近，还看不清楚。从长远看，我不觉得这其中耽误了什么。

在任选课与专业选修课之间的权衡

学生：我是2009级的新生。我想问一个问题，可能跟我们这一届比较相关。因为我们的新培养计划中大概有20分的任选课，还有16分的专业选修课，可以自己选。看了那些专业选修课介绍后，觉得很多课都挺有意思。考虑如果把专业选修课都选在任选课里，可能会学得更深一些。但是，就会如同您刚才说的那样，知识面就不会太宽。怎么能在大学四年中，在宽度与深度之间找到一个平衡呢？

钱颖一：这中间是有trade-off（得失交换）的，你们都知道。可以先有一个初步计划，但是，这个计划会变。等到你们一年级念完的时候，就会有一些新想法；等到你们二年级念完的时候，可能又会有一些新想法。有些课，现在看起来很有吸引力，但等到你们三年级的时候，可能就丧失了吸引力。你们还会发现，如今想都没有想到的一些课程，在三四年级的时候，会让你们忽然变得很感兴趣，很想去学。在"经济学原理"课上，我给你们放过乔布斯毕业典礼视频。他怎么会想到要去学美术字写法课程呢？刚开始时，他肯定没有想去学。后来，他说，当时他也没有想到，这门课竟能对他产生很大影响。

现在我们给予学生很大的自由空间。这 20 学分，我相信一些同学可能会把它全都用在专业课上；我也相信，有些同学会把它用在与经济管理一点关系都没有的课上；我还相信，有些同学会试图在其中取得某种平衡。你能往前看，很好。事先做一些计划，你在四年中肯定会有很多变化的。千万不要因为觉得现在的专业课这么有意思，就封死自己的其他道路。有一些课程还没有开设出来，没准到你上大三时就开出来了。

要相信自己

学生：我是一名 2009 级的新生。说实话，我从小学开始就一直梦想将来从事理论经济学的研究，这也算是一种理想吧，它一直支撑我走到现在。我想问一下钱院长，我在大学四年中，需要注重培养一种什么样的能力，才能使自己更好地适应将来的学术生涯。

钱颖一：我不会告诉你说要打这个基础或那个基础，也不会具体告诉你走哪条路。我只能告诉你一条，要相信自己这个理想，要为之付出努力。不要管 GPA（学分绩），这就是你跟别人不一样的地方。一般人常常会说，“你要打好数学、经济学、‘中微’（中级微观经济学）、‘中宏’（中级宏观经济学）、计量经济学等专业的基础”。其实这些都是很简单的，重要的是你要保持对经济学的兴趣，而且要相信自己的兴趣比别人都高。虽然可能 GPA 没人家高，但只要相信这一点，就可以为之努力。

学生：很多人都想攻读更高的学位。我猜想，这样会使他们更富有竞争力。但是，同这样一群社会上的精英相比，我实在不知道该把自己放在一个什么样的位置？

钱颖一：那就反过来想想，有多少人跟你一样想。你想，全国有多少人想考清华，你怎么就能考进来呢？

学生：运气。

钱颖一：运气！？那就这样想，这么多人都想考清华，你考进来了，就算是运气好，那也说明你这人跟别人有点不太一样，你运气比较好。既然你高考能考上清华，那时候是几百万分之一；现在是在几十个人之间竞争，概率已经大不一样了。

走出经管学院的小圈子

学生：我是2007级会计系的。我想问的一个问题就是，您刚才说到通识教育，意味着需要涉及很多方面的不同知识，甚至可能与经管所学没有关系。对于不同方面知识的了解、掌握，我们可以通过两个渠道：一是通过课堂接受某种知识；二是和其他领域的人接触，学会与不同领域的人打交道，这本身也是一种很重要的能力。那么，到了大二下学期，特别是进入大三后，我有一种很明显的感觉，经管是一个很独立的圈子，我们生活在其中，圈子的色彩特别强烈。接触的人都是经管的，所学知识也是经管的。

钱颖一：你总是和经管的同学坐在一起，很少跟外院系的同学坐在一起？

学生：我有机会与外系的同学坐在一起。但是我觉得，无论从知识架构，还是组织架构，经管相对来说都比较完整、独立，与其他院系有比较大的差别。因为太完整了，反而使我们缺乏与外界的交流。我想问一下，您怎样看待这个问题，我们该怎样打破这个圈子，以便与更多的人交流？

钱颖一：大家是否认同这一点？我们是不是特别自给自足，自我封闭，自我欣赏？

学生：不知您有没有注意过“冬情”晚会？“冬情”晚会我们每年办得都特别火，关注度也非常高。我和其他院系有一些交流机会，他们的反映是：每年年底都能看到“冬情”晚会的宣传，但从来拿不到票。我们学院的人数多，分配出去的票有限，这也是一个客观原因。他们很多人都说，辛辛苦苦地冒着严寒跑到大礼堂看经管的节目，结果被拒之门外，这会让人觉得经管高高在上。

钱颖一：那么，为什么我们不给其他院系一些票呢？今年在综合体育馆，条件比大礼堂是不是会好一点？这当然有技术原因在里面，但是，刚才她所提的那种现象是不是存在？我们有一种非常强的“子文化”，属于自己这边的特有文化。当然，如果有这样一种文化，本身也不一定是坏事。然而，如果这种文化是封闭式的，确实就不太好了。毕竟，我们有自己的长处，有认识方面的局限，也有自身的缺陷。

学生：学校里有许多社团、组织，只要你愿意跟人家沟通，不是没有机会，这种机会是存在的，这要看你的个人意愿。学校是一个舞台，经管学院也是一个舞台。在学院里，我们形成一个完整的群体，会有自己的独创，便于我们自身学术的开展。但是，在学校这个大舞台上，如果你需要跟对方交流，还是很容易做到的。当然，这不仅仅是见面握手那么简单，而是要参加并融入其他群体，把自己的文化展现出来，把他人的文化吸收过来，不能期待别人主动。

学生：我想过要与别人交流，还参加过校科协，在校科协认识了很多人，也收到他们的反馈信息。我曾问过他们为什么只招收少量的经管学生。一个情况是，经管的学生少有人报名参加学生会；另一个情况是，如果报名参加学生会，很多人都会倾向于参加经管的学生会，而不是学校的学生会。

钱颖一：这我知道，大家都愿意参加经管的学生会，不愿意做学校的学生会工作。但这是为什么呢？

学生：有共同的话题是一个方面。

钱颖一：跟其他的院系没有共同话题？

学生：应该是全校各个院系都这样，很大一部分人都会参加自己院系的组织。

学生：其实，我倒是觉得问题没有这位同学说的那么严重。因为校学生会的部门很多，里面最活跃的人基本上都是经管的学生。校学生会常跟我们联系很多事情，联系人差不多都是我们经管的学生。大家都自愿选择，都选择了一个更广阔的平台。毕竟，经管学院在一定程度上，属于学校中比较优秀的群体。

钱颖一：你们自己永远这么觉得，这就是问题。是吧？

学生：打个不恰当的比喻。为什么我们同学都这么愿意出国交换，国外学生就不一定愿意来我们这里？就好像我们同学为什么那么愿意留在经管学院，而不愿意去别的院系。也许这是类似的问题。

学生：我当时去校科协，他们给了我两个反馈意见。第一，我们的参与度并不高，经管学院有这么多学生，可是真正在大范围内活跃的人，还是比较少；第二，经管的学生坚持性不够，包括我在内，在校科协也只工作了半年多。我尝试迈出经管的圈子，但最终还是回来了，没有在校科协继续做下去。当时，我们部长就说，“你是一个很正常的代表，很多人都是这样”。

钱颖一：在座的现在有哪位在校学生会工作？

学生：我在校外联部，是在大一下学期参加校会的。的确发现里面存在严重的问题。校外联是校会里面最大的一个部门，一共50多人，有三四个是咱们经管的学生。我就问我们部长为什么经管学院的学生这么少呢？部长回答说，经管的学生不愿意出来，不愿意到校会里面尝试。这学期，我就发现一个问题，大一时跟我一起进校会的几个学生都已经不在校会了，就剩下我一个，他们都回到咱们学院的学生会做各种各样的工作了。

我个人觉得，原因可能是这样的。一是咱们学生的构成。咱们同学差不多是全国选择性最强的学生，都是高分进来的。想选什么专业都可以选，当年选择经管是因为我们喜欢这样一种自由活泼的环境、氛围，这样的一群同学也更加志同道合。而在中国现行的教育体制下，特别是在高校分数选拔体制下，其他院系的很多同学原本未必喜欢自身选择的那个专业，但他必须去读。于是，一个专业的同学，可能并不像咱们学院里的同学那样志同道合，有一样的性情、一样的学术发展方向等。这就导致他们可能不愿意待在自己的院系内，而会到学校里谋求发展。二是从总体上看，清华毕竟理工科的学术氛围浓厚，而理工科的学生性格更为内敛一些。他们的思维方式与大多数经管同学相比，差别较大；而在学校组织里，这种思维方式可能有更多的锻炼或施展的机会。

钱颖一：你在校学生会工作，接触到其他机会，你就会有这种体会。

学生：对。简单描述就是，在学校有更多的人会更内敛、更含蓄，而我们学院的同学可能更活泼一些，思维方式、做事方式不同。我们有时可能令人感到有点不太适应，显得有点格格不入。

钱颖一：你列举的理由还是很令人信服的。首先，你刚才的分析很有条理。一群很优秀的人，因为你说的原因，开始时聚集在一起，随后很自然地越聚越密，与其他人接触逐渐减少。但我很忧虑，从长远看，这很可能成为不健康的因素，因为封闭会失去很多机会，最终变得自我沉寂。

也许原来我们会觉得经管这个集体很抱团，文化优势突出。但是，今天我就会想，这里确实存在问题。我会想到为什么多样性（diversity）有它的好处。自我封闭，真的会损失很多。我有这种忧虑。我们还是应该更开放一些，这对于我们的文化发展会更有利。你们跟数理基科班（数学物理基础科学班）、建筑学院那些人有什么联系吗？其实他们进来时的分数也是很高的。

学生：我暑期实践的时候，曾经与建筑学院的人同在一个支队。他们的问题跟咱们稍有相像之处，但是相对咱们学院来说，他们到外面参加活动要更多一些。建筑学院的学生进入校科协，从事与学校相关的活动，就更贴近一些。毕竟，像校科协这样的组织更偏重理工性质。全校的同学可能都认为，经管学院拥有类似于殿堂的这么一个氛围、圈子，很多人非常想加入进来，比如，参加金融协会、经济协会等各种协会。然而，以前的问题就在于外系的同学想加入却进不来，因为咱们这样的协会不对外开放。今年，我知道金融协会对院外开放了，但相信很多人并不知道这件事。

钱颖一：是啊，这就有点像是 exclusive club（排他性俱乐部）了，一种很难进去的俱乐部。进入到这里的人会自鸣得意，特别是外人的羡慕，更让他们自认为高人一等。在美国讨论多样性的时候，通常会问为什么要追求多样性，为什么非要有一些非洲裔人、亚洲裔人来。其中有一个观点是说，你将来走向社会，是多元化的。说经管是殿堂也好，还是别的什么也好，仅仅在这儿是真实的，可是将来在社会上，你就会更多地遇到比如土木系、机械系那样的人，或者其他各种各样的人，而不是你现在遇到的经管这些人。如果这个假定是对的，那么你现在就生活在一种错觉之中，而你还没有意识到。

要知道，你们将来遇到的那个世界、那个社会，经历的那种生活，并不是你现在这个样子的。大学期间，同学们学习生活在一起，美好时光，多姿多彩，这都没有问题，但要意识到未来的反差。所以，哪怕仅从这一功利的角度出发，你们也应该开放。虽然我们仍然拥有属于自己的文化，追求卓越，但要有充分的意识，主动跟清华其他文科、理科、工科专业的同学接触，在中国他们都是佼佼者。当然，在一些特征上他们可能同我们学院的学生并不完全一样。

本科生与院长共品下午茶

（2010 年 5 月 13 日）

钱颖一：在去年秋季的“下午茶”中，我特别讲述了清华传统，跟大家分享了老清华的教育理念和精神。我是清华本科毕业生，但我在清华读书时，并不了解老清华的情况。只是近来我阅读了大量的相关书籍，才有所理解。清华百年校庆临近，全校都在回顾清华百年传统。在去年（2009 年）夏季的学院毕业典礼上，我有过一篇讲话，专门讲清华精神、清华传统。

本科教育改革

钱颖一：在过去这一学年中，全校组织了一次非常重要的活动，就是第 23 次教育工作讨论会。这个讨论会在清华若干年举行一次。从 1950 年排序下来，现在是第 23 次。实际上，它不是一次会议，而是持续一年的活动。在这一年中，针对所有教学项目，特别是本科，进行讨论。这一年来，我花了不少时间，同白重恩老师、教学办以及院务会的其他老师一起研究这个问题。学校以经管学院作为本科教学改革的一个试点，这样我们就可以率先推出一些改革方案。另外，学校也组织了几个研究小组，我牵头其中的一个，就是关于本科教育改革的。学校还给我布置了一个课题“清华本科生的通识教育”，要求 5 月底交稿。所以我一直在思考这方面的问题。

我们经管学院的本科教育，无论从生源情况还是过去十来年的改革，应该说，在全校都是走在前列的。从 2002 年开始，我们本科项目采取“大平台招生、大平台培养”。此后，我们从 2005 年起大幅提高了赴海外学校进行交换的学生比例。原来大概只有学校拨给的几个名额，后来逐步增加，现在名额已远远超过实际成行的人数。2006 年，我们又开始了英语授课。2007 年，我们在2007级招生上有很大突破，开创了经济与金融（国际班）。到2009年，我们又在课程上有诸多改变。

刚才那位同学是学生会副主席，她在“心理学概论”那门课上做助教。“心理学概论”也是我们这次新开的课程，是我们改革中的一项。最近，我随顾秉林校长率领的“百年清华、百名师生”庞大的代表团一起前往美国，访问了四个城市、七所大学。代表团四十多位同学中也包括她，她参加了演出。参加演出的学生，从主持人到主要角色，都来自经管学院。有些老师就好奇：“怎么一半人都是你们经管学院的?”

今天我想围绕第23次教育工作讨论会讲讲经管学院在本科教育改革方面的新想法、新思路，并与大家沟通。大家提了很多问题，其中有：跟国内其他学校比较，为什么现在在美国从事学术研究的华人教授中武汉大学和复旦大学的毕业生居多，而清华和北大的毕业生比较少？我们和国外一流大学之间到底有哪些差距？等等。这一段时间，我也去听了一些课，现在本科生的几乎每一门课我都去听过了，有大家喜爱的课，也有大家抱怨的课。

我们的差距在哪里

钱颖一：我先问大家：你们中有多少人知道或者在网上看过迈克尔·桑德尔（Michael Sandel）的上课录像？或者知道这个人？桑德尔是哈佛教授，他教过一门课叫“公正”（Justice）。有多少人知道这个名字？只有三个人?!

那我就告诉你们，我们在这方面跟复旦的差别吧。3月19日，我去参加哈佛上海中心成立仪式。哈佛大学在浦东陆家嘴的上海国际金融中心租用了整整一层，装修了教室和办公室，主要供哈佛商学院使用。这是哈佛商学院在海外建立的第一个具有全部教学设施的场所，与在波士顿的教学楼装修一模一样。在成立仪式上，特邀桑德尔教授来做演讲。第二天晚上，他受邀到复旦大学经济学院做演讲。因为我正好在上海，所以也出席了。

那个报告厅只有我们学院伟伦报告厅的一半大小，可容纳两百人。晚上六点半开始的演讲，从下午一点半就有学生入座，后来大概坐了四五百人，演讲前报告厅已经水泄不通。我被当作贵宾，大概花了 10 分钟，终于得到了一个让出的座位。桑德尔刚开始演讲时说，“有多少人在网上看过我上课的录像?”问了和我刚才一模一样的问题。他话音刚落，现场纷纷举手，举手者正好是你们刚才举手的人比例的“补集”，90%，也就是说他们几乎全都看过。所以，他没法讲了，因为看过这个录像的人都知道他要讲什么。

演讲结束后我出来，好几个学生围着我，都是复旦经济学院一二年级的学生。有几个学生跟我说：“高考没考好，没考上清华经管，所以来了复旦。”我问：“你们知道我?”回答说：“知道。很遗憾高考没考好。”这些“没考好”的学生，让我震动很大。我就想，在今天的“下午茶”上一定要问问我们清华经管学院有多少学生知道桑德尔，看过他的课程视频。据我所知，这是在去年校内网上最火的，也是 YouTube（油管）网上教育类排名第一的视频，现在是在哈佛本科生中最受欢迎的课。可是在你们之中却只有三个人知道他。我很惊讶。

桑德尔这门“公正”课每年秋季在哈佛讲一次，有 1 000 人听。我在哈佛读书的时候，那个教室，实际上是剧场，上什么课呢？是“经济学原理”，大概有 900 多人上。而现在上桑德尔这门课的人数超过了“经济学原理”，达到 1 000 人。在哈佛，这门课的课号是“道德推理 21”。当然，作为经济学家，我们会感到有点嫉妒。他从 1980 年开始执教至今近 30 年，教过上万名学生。

去年秋季，他上课的实况一共 12 集，被挂在了校内网、土豆网、优酷网等国内主要视频网站上，也极受欢迎，还配有中文字幕。我随便问了几个我指导过的学生，有知道的，也有不知道的。今天居然只有三个人知道。这说明我们的问题。

你们可能会说，这不是经济学领域的课，所以不知道。如果你们还记得曼昆的《经济学原理》一书中有一章是讲收入再分配的，其中介绍过三种不同的哲学思想。第一种是功利主义，使社会中所有人的效用加起来最大化；第二种是自由主义，使最差的人效用最大化，是罗尔斯的哲学；第三种是自由意志主义，就是机会平等至上。桑德尔讲的就是比较这些哲学，当然他讲的比我们课上讲的丰富得多，很多是批评功利主义的，这是经济学的哲学基础。比如，是否可以用1个人的生命来拯救5个人的生命。在功利主义看来，因为5大于1，自然有这么做的道理。但是，桑德尔阐述说，这里面有更为复杂的道德推理，功利主义有其局限性。

于是我想到这其中反映出一个问题：清华的教育不要说跟哈佛相比，就是与国内的其他院校相比，也还有很大差距。非常有趣的是，很多人梦寐以求地想进入我们这儿，还进不来。结果，至少从这一点上看，他们在其他学校获得的教育比在清华更丰富。这是第一件事。

第二件事。前天我看到《纽约时报》上有一篇讲述大学的文章很有意思。标题很吸引我，“University of Unlearning”（去学习化的大学）。我们通常都说“University of Learning”（学习的大学），它怎么叫作“University of Unlearning”，这个标题比较醒目。这篇文章讲的是埃及的一所大学——开罗美国大学（The American University in Cairo）。我正在研究本科教育方面的问题，所以这篇文章吸引了我的注意，读后很受启发。这些故事讲的就是本科，与大家都相关。

开罗美国大学是由一些美国人创立，始建于1919年，比清华建校稍微晚几年。文章中的几段很有意思，我给大家念念，先念英文原文，再翻译成中文：本科生进入这所已有90年历史的大学，经历第一年“去导向年”（year of disorientation）。我们通常都会说第一年是导向年（year of orientation），它却称是去导向年。你们看，很有意思吧？

我就接着往下念。“在去导向年期间，学生——其中大多数是埃及人——以一种与传统的教学方式不同的方式学习。传统的方式就是教师讲课，学生记忆，测试都是老一套的重复。所以他们过去的学习方法跟我们一样，就是老师教，同学记，之后就考试。教育常常基于死记硬背（rote learning）。在教室里，创造力通常不受鼓励。在开罗大学的学生说，他们只是记忆和背诵，从来不进行分析和假设。”一个三年级学生说：“在这里有所不同，因为人们有空间表达他们自己。”有一个老师说：对于这里的孩子来说，应该拥有自己独立见解的那种想法是新鲜事儿。在之前的教育中，丝毫没有本应该向他们展示的这些标准。

我觉得这里虽然说的不是我们国家，而是另外一个发展中国家——埃及，但是它反映的情况是一样的。从中小学开始就是死记硬背，接着就是考试。考试就有标准答案。到了大学，把所有的激励都变成了一个数，这个神奇的数叫作学分绩，所有东西到大学都变成了学分绩，一切都可以用学分绩进行比较。

这就关系到你们给我提出的第一个问题：到底我们的本科教育要达到什么目的？明年就是百年校庆了，我们离世界一流大学还有多大差距？我们有很多强项、很多长处，如数量分析、双语教学等方面，但在很多方面还有欠缺。

以通识教育为基础的课程改革

钱颖一：第三件事。去年 9 月，哈佛经过五年时间的酝酿，推出了他们的“本科教育改革方案”。他们的报告《通识教育工作组报告》（Report of the Task Force on General Education）完整地讲述了他们的理念以及新方案。我觉得有些话非常有意义。特别是，它有一节专门讲通识教育的理由。我给大家念几段，就知道他们是怎么解释通识教育的，而我们也可以想想我们该如何理解：

“哈佛教育是一种自由教育，也就是在自由探索精神下开展的教育，它并不关注问题的相关性或职业技能的实用性。这种学习不仅仅是充实存在，而且也是人类文明的成就。”

“大学本科是在一种消除了时间和精力约束时获得的环境中学习和反思的机会，而这种机会在大学本科之后就不存在了。”

大学本科阶段与毕业后工作不一样，跟研究生阶段也不一样，它是一个人成年以后的唯一的阶段，你没有制约因素，却有充足的时间和自由。今后，恐怕就没有这样的时间了，会有很多制约因素。

“通识教育也是为一生做准备。”而我们一半以上的学习都是为了解决毕业后半年、一年内的问题。但是它说，通识教育是为了一生做准备的，而不是为了毕业后一年半载做准备的。

“通识教育也是有用的，但这并不意味着它的目的是为了学生的职业训练，或者指导他们在大学本科后的生活。相反，通识教育是颠覆已有假设，让熟悉的变得不熟悉，揭示表象，并重新定位。”

“通识教育通过以下达到教育目标：对假定提出质疑；促使自我反思；教学生批判性和分析性思维。”“通识教育是至关重要的，因为本科后的职业学院不教这些内容，雇主也不教，甚至多数学术型研究生项目也不教……它们甚至是反通识教育的，因为他们的训练是为了学生的职业化。”

这几段说出了通识教育的本质。

我们学院的教育改革从 2002 年起就一直在稳步推进。2002 年秋季学期，我作为特聘教授第一次来学院讲授经济学课程。之前我们有一门一学期的课“西方经济学”。从 2002 年起，我们开设了“经济学原理（1）”和“经济学原理（2）”，之后还有“中级微观经济学”和“中级宏观经济学”。后来，我们又增加了“英语口语”“英语写作”，还有杨斌老师的选修课“信息系统中的伦理问题”，我们将把这门课改为必修课“批判性思维与道德推理”。我们也增加了“中文写作”“中文沟通”“心理学概论”等课程。下学期，我们还会增加其他基础社会科学方面的课程。另外，我们还有物理和生物课程。

我知道，这次期中考试后有不少人就把“物理学导论”课给退掉了，包括我们的物理奥赛金牌获得者。为什么呢？说考试考得不好，又是一门 5 学分的课，怕影响学分绩。实在不可思议。

我也知道大家对生物课多有抱怨。我一直觉得，在 21 世纪，作为一名清华经管学院的毕业生，如果对现代生命科学一无所知，实在说不过去。这门课我去听过，所以知道你们反映的情况。这是一门全国精品课，但是也许并不适合经管学院的学生。我希望这门课能够让我们的学生对生命科学的整体发展脉络及其对社会的影响有所理解。但现在的问题是，教学时间有限，而细节又讲得过于烦琐，学生感到收获不大。

我在“经济学原理”的第一堂课上，给你们放过乔布斯在斯坦福大学毕业典礼演讲的视频。他在念大学辍学后上了一门书法课程。当时看起来没有任何用处，后来却对他发展个人电脑有很大帮助。大学中的很多课程都是这样，像基础自然科学课程、人文课程、社会科学课程，以及我们将要开的历史、艺术审美等方面的课程。“批判性思维与道德推理”就是哲学类的课。这些课程都是通识教育的组成部分。也许在投行面试时这些课的内容会帮到你，但是，我们不必强调这方面。

我在哈佛读博士时认识一位中国大陆的哈佛本科生，经济学专业，现在是一位非常成功的投资者。她的第一份工作在高盛，但是在哈佛她没有上过一门会计课和金融课。3 月份，我在上海见到她时，她回忆道：“刚到高盛时连 multiples（倍数）、leverage（杠杆）都不知道，因为在哈佛不教那些课。”她立即补充说：“三个月之内我都能学会。”她在高盛待了几年后自己出来成立了一家投资公司，现在做得非常好。

最近我到美术学院，找了一位艺术史教得特别好的老师，想请他来给我们开一门艺术类课程。我又到历史系找到两位老师，他们已经同意给我们开设“中国文明”和“西方文明”的课程：彭林老师来给我们讲“中国文明”，彭刚老师来讲“西方文明”。

现在，我一直在思考一个问题：整个大学本科教育到底是干什么的？过去，我们特别注重专业。拿我们现在的课程设置与美国的前十名大学相比，专业课程设置比它们的课程要求要多。经济学、信息管理、会计、金融等专业课，如果仅考察专业课程的门数、课程的小时数以及教师教课数量，都超过美国前十名的大学。大家说我们没有为就业做准备的课程。其实与美国顶尖学校比，我们这方面已经算得上准备很多了。哈佛本科到现在都拒绝开会计课，你要学会计课，可以去 MIT 学。我们非会计专业学生都要学“会计学原理”，这是必修课。我觉得，这是有必要的。

但是我们在两方面有差距：一个是通识教育，另一个是研究能力。问题是出在这“两头”。我的基本判断是，我们不缺少中间的专业课，甚至可能过多。而从“两头”观察，与国外知名大学相比，我们的通识教育，我们的三四年级的研究导向、问题导向、实践导向这类参与程度高的小班课程较为缺乏。我们除了加强通识教育外，就是开启“优秀人才培养计划”。从 2007 级着手，在比较小的范围内，面向学术型、创业型、领导力型三个方向开展。以前这方面不够，今后将逐步加强。

大家觉得专业课还不够，应该再增多，而且觉得越多就越容易找到工作。这种想法就涉及一个基本问题：大学本科教育到底是干什么的？问题的另一面就是，大学到底该学什么东西？因为学生时间有限，必须要有取舍。我们的课时已经很多，最低要求 140 学分，实际上，大家都学了 170 ~ 180 学分，而美国一般是 120 ~ 130 学分。由于我们有这么多的学时，又有诸多社会活动，于是大家忙得不可开交。

不可否认，我们清华有全国最好的生源，我们经管学院又有清华最好的生源。但人家会说，在 10 年、20 年、30 年之后，你们若是不能出一些对社会有突出贡献的人才，岂不就有不小的问题？

学习如何思考，而不是寻找正确答案

钱颖一：我们过去更多地关注学什么知识，这是我们的一贯思路。但是我们不关注如何思考。我们的中小学从来就是告诉学生正确答案是什么。

最近听到一个关于王蒙与他孙子的故事。他孙子的一道语文作业题是分析王蒙的某一作品。王蒙告诉他自己这一作品的解读是什么，他孙子说：“您说得不对，您这个答案错了，我们老师说了，这一作品应该这样解读。”王蒙感到莫名其妙，还特地为此写了一篇文章。诸如此类的事情不少。

我去听过几次杨斌老师的“信息系统中的伦理问题”课程。大家事先要阅读大量案例，然后在课上探讨、争论许多问题，交流中提出各自不同的观点、看法，产生碰撞、共鸣，多半都没有固定答案，这就是一种改革尝试。

我还去听过李山学长的课。李山是我们学院 1981 级的学生，后来成为

MIT 的经济学博士。大家很希望他教一些金融、投资方面的内容，毕竟他在高盛、中银国际这些投资银行有资深经验。但他说，这些以后再说，还是先教哲学思想吧。我问为什么？他说，现在才理解到哲学思想多么重要，而那些金融、投资知识都可以自学，很容易学会。他还给我讲，毕业工作后他曾与一些金融家一起参加培训班，发现他们讨论问题大多远离金融、投资本身，而探讨一些更富哲理的问题。我想，过来人的话不无道理。

国资委原主任李荣融曾到我们这儿来演讲，不知大家有没有听？我每年去拜访他，他是我们学院顾问委员会委员。每次我向他请教管理问题，听他讲的都是国民素质问题，跟我讲的都是基本素质教育问题。我们之所以开“中文写作”课，就是两年前他跟我说的。他说，“你们怎么搞的，学生培养出来了怎么连中文都写不好?”于是我们就开了“中文写作”课。他还提到，有一次他去日本开会，800 人的会场，没有一个人的手机响起铃声，唯一响起铃声的是台上一位中国部长的手机，他还在会场上接了电话。他举了好多类似例子。他的观点是，经济不发达的社会，素质差点也就罢了；而现在我们经济已经上了一个比较高的台阶，如果素质还那么低，就很危险。他反复强调这个观点，很有意思。我觉得，专业课对找工作可能有点帮助，或者对技术性工作也有帮助。但是，通识教育的课程能帮助你一辈子。

我们必须为课程找老师。我们还要为适应自己的需求，帮助老师设计好“供给”。比如彭林老师，我就建议他不教“中国礼仪”，因为面太窄了，我们需要了解中国文化的精髓。他说，他调整了，准备讲 15 个字，每星期讲一个字，都是他对中国文明的深入理解。我说，讲这个好。所以我们要一起商量。

MIT 是理工科最强的大学，但它要求所有学生学习四门沟通方面的课程，称为大学要求（Institute Requirement），人文社会科学课程至少学八门；工科必修的专业课程总计 10～12 门。

最近，我访问了伯克利、斯坦福、芝加哥、哈佛、MIT。我在访问哈佛的时候，见过我们学院的多位校友。有三位是你们 2002 级的师兄师姐，现在哈佛商学院念 MBA，以及两位分别来自基科班和数学系的校友。我与他们一起时，就问到刚才谈到的那些改革理念、现存问题等话题。他们是 2006 年毕业的。他们的评论和反馈都同刚才所说的不谋而合。比如，认为确实需要通识教育，需要具备批判性思维。

在伯克利，我碰到我们学院六位 2007 级到那里交换的学生。在那儿，他们一个学期上四门课，而在我们这儿上八门课。他们说，在那边比在这边还充实，每一门课都学得很深入。现在教学办也在收集关于课程的一些建议和意见，我们也看到一些。学院在本科方面下了很大功夫。学校之所以把我们当作本科教育改革试点，就是希望我们在这方面进行尝试。也许，我刚才所说的其中有 40% 是错的。不过没有关系，关键是要有勇于试验的精神，否则又怎么闯出一条新的路子？

我们不是说哈佛教育经验拿来照抄就行。如果这样，我们永远超不过对方。实际上，我们拥有一些他们不具备的优势。第一，我们同学的数理基础整体上要比哈佛学生强。第二，我们的双语优势明显。他们的英文好，我们的中文好。但是我们的英文比他们的中文好。第三，汇通中西文化是我们清华的重要传统，也是巨大优势。清华校歌里就有：“东西文化，荟萃一堂”。我相信，我们清华学生对中国文化、西方文化交织起来融会贯通的能力，要比哈佛学生强。但前提是，我们需要真正懂得这两种文化。可我觉得，现在我们不少学生对这两种文化都不懂。别以为我们生长在中国，就能理解自己的文化，其实不然。当然，对西方文化更不了解。所以，按我们现在的设想方案真正加以落实，除了学习世界一流大学的先进经验，还要在数理方面、双语方面以及中西文化等各方面都超过他们。

我有这个信心，但首先需要解放思想。我看了好几遍你们提出的问题，有些是探讨大的问题，但大多还是比较实用的问题。当然，我知道大家都关心这类问题，市场竞争也很激烈。人需要面对实际，但这是不够的。人还要有理想。

学生：钱院长，听了您刚才的讲话，我觉得特别有感触。在我们半年交换回来之后，思想观念上出现了前所未有的变化。交换之前，我们大家多半在想，出去感受一下西方的商学院教育，是否真的名不虚传。回来后，我们班开了一次班会。大家交流的结果是，没有一位同学认为交换的最大收获是在那边上了更美妙的课。大家基本上认为，有了更充裕的时间做我们以前根本无法做到的事，比如每天独自思考，与别人交流，等等。让我受益很深的是，每天抽三四十分钟写写随想。回顾大一大二的两年，为了在专业课和数学课上多下功夫，学了太多看似有用的东西，有些后悔。

在那边，我就决定回来后一定要上杨斌老师的课。我甚至动员了很多人帮我选那门课，最后选上了。回来之后，我也去听了“心理学概论”那门课，希望以后能有更多机会学习人文社科类课程。交换一圈回来后，以前那种适应导向的观念发生了变化，并认识到，我们从前看起来积累了不少知识，但自我拓展很少。一个客观原因就是，时间和精力确实不够用。

钱颖一：是啊，这是一个普遍性的问题。越来越多的人感受到这一点，很多人毕业后过了二三十年，深有感触，感觉又太晚了。我觉得，我们中小学教育真的存在很大问题，你们都已经历过了。

今天大家能够坐在这儿已经证明你们都是“一把好手”，不然不可能坐在这里。试想，你们从幼儿园、小学、初中、高中，一路走过来，才到了清华，到了经管学院，坐在这里。我觉得，培养拔尖创新人才或杰出人才，关键在于充分激发人的潜能。每个人的潜力难以估量，但我们把潜能封死了，让你形成某种固定思维。好消息是，刚才你说选了杨斌老师的课，你还要请你的朋友帮你选。从 2009 级开始，这门课已不再这样选了，我们把它变成了必修课，所有人都要上，而且挪到了二年级。

学生：我觉得这半年特别有收获。一是上杨斌老师的课，每周六特别期待上这门课；二是“优秀人才培养计划”。

钱颖一：实际上，特别专业的知识通常很快就过时了，但是那种教你如何思考的课，会长时间影响你。这么说吧，你可以计算一个条件概率，五年后还在原来专业工作的概率要比想象中低得多。那么问自己一个问题：是不是应该将你的权重（时间、精力等）更多地分配到尤为基础性或有助于启迪一生的课程中？即使从功利主义角度也是如此。其实大学期间的很多课程设置，不可过于实用。你们老师讲什么是幸福？幸福这个东西，如果它是工具的话，就不再一定是幸福了。据说这是亚里士多德说的。比如，你学某一个定价模型。为什么要学？因为它可以为你带来更好的工作，那么它本身就不是幸福。那天，我去听了那门课，记住了这句话。

学分绩导向的压力

学生：一个比较现实的问题是，如果有些同学前两年花了大量时间在这类事情上，可能第三年反而要花更多时间操心他们的学分绩、推研、实习、找工作等问题。像我这学期可能压力比较少，有充足时间读书，还能上杨斌老师的课。我觉得，这半年可能是我入校三年来收获比较多的一个学期。

钱颖一：因为你已经积累了比较雄厚的学分绩实力。是不是这样？

学生：但是，客观现实环境不可能让大部分同学都能以这样轻松的心境去理解您刚才提到的那些想法。

钱颖一：让我们白老师指导一下，最优的选择是什么。

白重恩老师：一个制约因素来自目标的单一性，就是以学分绩作为唯一的目标，都以这个为目标自然就不会有个性化发展。学分绩导向的作用主要在推研方面。第二个制约因素是，从幼儿园、小学、初中、高中这十几年的培养来看，唯一的目标就是要考上大学，这也是目标的单一性。我们学院已经采取各种措施，来淡化学分绩的作用，提供 disorientation（去导向）的机会。我想问大家，同学们可以自己想一想，什么样的压力使我们不能追求个性化发展？哪些因素造成了我们这种单一的发展？我们怎么解决？学院可以做哪些？

钱颖一：我提供一个观察视角。我刚跟 2008 级、2009 级我指导的学生谈过。他们告诉我，为什么对学分绩那么重视。因为一进校门，他们上面年级的学长就告诉他们学分绩至关重要。

学生：我们也认为有很多标准可以评价人，学分绩不是唯一标准。但不可否认的是，它毕竟是一个标准。很多学生之所以选择它，是因为在他们眼里其他标准过于宽泛。特别在经历高考后，面临各种选择标准，他们感到无所适从，不知道该迈向哪一条道路。但学分绩能够提供明确固定的评价信号，所以自然就会成为首选，也可以说是不选之选，是最容易的一条路。其他选择充满未知，大家都不愿意迈向未知之路。加上学长也说学分绩重要。

钱颖一：我有一个问题。GPA（学分绩）来自美国，学生每张成绩单上都有 GPA，但没有人知道他人的 GPA 和自己的 GPA 排名。而我们的 GPA 好像还全列出来了。我最初知道这事儿，是有一次在国外看申请时，他说自己的 GPA 在全班名列第 17 位，我感到很奇怪，问他：你怎么知道这么准确？

赵冬青老师：学校有很多表格。

钱颖一：那怎么会成为公开信息呢？

学生：如果你想知道才会知道。

陈剑老师：另外，学分绩跟你将来最后录取的信息绝对高度相关。

白重恩老师：那我要算算这个相关性。还有一种大家认为学分绩重要的原因。作为老师，我考核学生的时候，万一我没有按照学分绩排名录取，需要费力解释。今年，就有一个考研的学生跟我们很厉害地讲：“我初试、复试的成绩都名列前茅，为什么你们通过口试就把我刷掉了？我问了前几届同学，他们全是按照初试、复试成绩录取的，为什么从我开始就这样了呢？”确实，从我们老师角度讲，压力很大，一旦把学分绩的作用淡化，我们的责任就随之增大。需要向同学们解释，我们是以非常公正的方式择优录取的，尽管这个“优”并不是以具体数字表达的。

钱颖一：学生中流传，学分绩与学生水平正相关，而且相关度还很高。这是迈克尔·斯宾塞（Michael Spence）的市场信号模型吧？同样，在高考中人的优秀程度可能与高考分数高度相关，但是，大家需要耗时费力投入。学分绩也同理，选出来的人可能优秀，但为了达到高学分绩，大家都要在这其中耗很多时间。

白重恩老师：如果你认为它是一个信号，它就会成为一个信号，而且获得这个信号的成本特别高。如果我们从现在开始打断，不把它作为一个重要信号，希望更多地依赖于其他信号，但是在这个过渡过程中，怎么说服大家学分绩不再真正是一个重要信号，这是一个难题。回去我会把经济系前几年招生情况做一个分析，看一看到底这个最后录取跟学分绩有多大关系。

学生：就我了解到的信息，学分绩无论对推研、海外交换还是本科出国三个方面都影响巨大。从招生老师来看，这是一个定量标准，可以从这一标准中看出来，但从其他方面恐怕就不容易看出来。从经管学生来看，似乎对学术缺乏兴趣。现在就业压力重。他们觉得，不管现实还是长远打算，与其走学术这条路，还不如提高学分绩以后直接进入投行，会更简单些。

另外，刚进入大学，我们也没有机会得到足够的指导走上学术道路。尽管我对学术可能会有一定兴趣，但当我独自去发现某个问题时，会感到困难重重。而且有时感到课程确实有些繁重，无暇思考。就算真的写出一篇文章，也未必能找到指导老师予以帮助。

学分绩导向的影响

钱颖一：去投行的时候，你们印象中他们看重学分绩吗？

学生：我参加过面试。如果你分数高，他们会注意到，但不是那么在意。他们会认为这是你优秀的一个标准，但并不会仅以这一个原因就选定你。

其实，刚才两位大一同学所提问题主要是信息沟通的问题。比如，刚才那位同学，我特别留意她说的一句话“就我所了解到的信息”，说交换和学分绩密切相关。但是像我们那一届，经历过交换选拔，又交换回来，总觉得交换与学分绩没有那么大关系。然而，我们得到的这种信息无法发布出去。同样，学院淡化学分绩努力方面的信息也无法传达给学生。刚才那位学妹说的经管好像没有什么对学术感兴趣的人，但是那位同学就是一位对学术兴趣浓厚的学长。

现在，我帮助钱小军老师参与 EQUIS 认证工作和各年级的学生访谈任务。我发现大家的问题集中在，一旦我们对学院教学管理方面有意见，好像缺乏反映渠道。除了少数人有望定期参加一次“下午茶”活动或能参加若干次学生座谈外，几乎难以发布我们的声音。当然，学院的声音也不容易传递下来。

学生：我也想谈谈我对学分绩的一些认识。大一刚入校的时候，我更多受到赵冬青老师的影响，不过分看重学分绩。但是从这学期的一件事开始，我也开始关注起自己的学分绩了。有一天，我看到《经管专递》中关于出国留学的一篇文章，上面列了一张表格，标明每所美国常青藤学校对 GPA 的要求。我看后吓了一跳，常青藤名校里对 GPA 的最低要求是 3.4，更不要说哈佛那样的学校了。

钱颖一：看来，赵老师都白讲了，因为《经管专递》上面有这么一篇文章。

学生：联想到我爸很久以前说过的一句话：“在大学社会工作参加再多，顶多也就是锦上添花，最终还是要硬碰硬的，靠的还是成绩。”意思是说靠学分绩。

钱颖一：学分绩就是“硬碰硬的”?

学生：我在学校担任了大量协会方面的工作。例如，组团去新加坡参加学生会议。平时会在这方面花不少时间，比如三个小时。但如果我花同样三个小时在数学等方面，顶多也就是多做几道题而已；如果花三个小时写一份项目策划书，并同学院老师沟通，考虑各种方案，同样三小时，如果以收益换算成量化指标来看，后者对我的帮助会更大。但如同他所说的仅仅是“锦上添花”的话，那么，这三个小时不花在数学等方面，成绩就会受到影响。我有一个想法，不知是否可行？就是如果大家都看重学分绩，能不能让课程容易一点、学分绩提高上来？这样，大家节省下来的时间可能更容易用在其他方面。

钱颖一：有一个办法，把百分制改成“ABCD”等级制。这就如同酒店划分为五星、四星、三星、二星各等级。具体说，比如进入了“五星”一级，你就不必再花三个小时为了 91 分还是 92 分的差别而苦恼。如果是百分制的话，你要努力从 91 分提升到 94 分。

学生：可这不一定是无用功啊。

学生：我也是比较想推研的。2006 级一位学长告诉我，他们那届金融系推研推到第 25 名。

钱颖一：就是按照学分绩排推到第 25 名。这是多么强的导向啊！

学生：他不断重复强调说，“我大三的主要精力恐怕都要集中在提高学分绩了。”

钱颖一：你看，这就是激励。

学生：我认为普遍存在结果导向，超过了过程导向。哪怕我热爱学习，哪怕我最初并非为了追求学分绩，也跟另一人同样付出辛劳去学习，但最终他（她）的学分绩比我高，还是会让我不愉快。我还是希望，自己在追求学习的过程中能得到一个比较高的学分绩。

赵冬青老师：我觉得你们在座的人中肯定有一些人不太在乎学分绩，然后过得很好，自己觉得很满意的，应该有这样的同学，对不对？

学分绩有多重要？

学生：刚才钱院长也问到投行是不是看重 GPA？以我个人经历，感觉他们不看重 GPA。GPA 或许可以反映一个人的能力，有其外在表现，也可以说高度正相关。然而，我觉得在具体工作或学生工作中，在与人相处交往中，GPA 的影响力就变弱了。一个人的某种性格，包括处事及工作态度都不是 GPA 能赋予我们的，不存在 GPA 低就让一个人的发展机会减少。

我是从生物系转系过来的。有一个很深的体会是，生物系是理科纯研究性质的学科，历年毕业生都是零就业率，大家的唯一目标就是读硕士或博士，只有一条道路可走，那就是继续求学。进入经管之后，我有一种很强的感觉，我们的发展道路一下子变得非常宽广：喜欢学术的同学可以搞研究，想就业的同学也可以做相关准备。

这就带来两种效应：一种是同学发现自己的道路变宽了，选择多了，会感到很欣喜；另一种，可能因为不再限定范围，而产生迷惑：“我到底该选哪一个呢？”在这种时候，很多同学，就会像刚才 2009 级同学讲述的，觉得学校的平台不够。但我想，主要还是自己缺乏强烈的主动探索的愿望。其实，经管为我们提供的资源、机会已经十分丰富。如果自己对某一个知识点感兴趣，完全可以与老师进行深入探讨，或增加各种活动。如果我们探索，就会发现机会远比想象的多。而且，我觉得即便是一座“独木桥”，我们也不一定非要挤上前去。毕竟，发展机会还是有很多的。

钱颖一：我看到了一篇研究世界 500 强 CEO（首席执行官）在大学期间 GPA 的文章，平均数是“B－”。B－应该对应 70 多分。

学生：刚才钱院长、白老师说到 GPA 不那么重要。可在我们系实际上被放大了，它的作用我看还是很重要的。当别人如室友问我，老师认为 GPA 重要吗？我一边说 GPA 很不重要，一边还会想 GPA 还是很重要的，还会努力提高自己的 GPA。我觉得这是一个方面。

另一方面可能与学长传递的观点有关，即学习是最“看得见摸得着的东西”，比如刚才那位同学说，她可以利用三个小时做不同的事情。她认为在社会活动中得到了更多。很有可能我们的心里也是这样想的。但是，她从事三个小时社会活动得到的收获却很难通过实际考察得出结果。

另外，如经济系的那个推研过程，本身存在很大的概率问题。我也许很有能力，但没有表达出来，甚至之前花在这上面的时间都浪费掉了；相反，如果我把时间都花在学分绩这一收获明显的方面，即使在那几分钟内表现不佳，但我学分绩是“单摆”（这个词很形象）的，老师可以清楚地看到。

学生：我想谈谈学分绩的重要性和素质教育。我觉得，我们 2009 级应该是相当幸运的，我记得上上个星期，我们“中文写作”课老师布置了一个题目，让我们写一篇作文“我谈大学素质教育”。钱院长有机会可以看看我们的作文。为了写这篇作文，我也阅读了包括哈佛大学去年幅度很大的课程调整。虽然我们从小学开始就接触素质教育这一口号，但是那时无法实现。大学也许是唯一能够实现素质教育的平台。小学、初中面临升考压力，高中更直面高考的竞争，但到了大学却发现我们遇到的束缚仍旧很大。

回答白老师的几个问题，为什么学分绩对我们比较束缚。第一，可能是小学、中学的一种惯性影响。我们是学生，学生的首要任务就是学习，但没有必要争取超高的学分绩。我父母对我比较理智，曾说学习成绩在平均水平以上就可以了。在清华，我感到这个要求还是有些压力的。但我们作为学生，学习不好，却去做很多其他的事情，也是不对的。第二，我们平时很忙，但有时也说不准究竟在忙些什么，可能是浮躁。虽说要目标多样化，但是你心中必须树立一个真正目标，以后想要做什么、成为什么样的人。这个目标还是要去思考的，不能一天到晚忙来忙去却不知在忙些什么。第三，关于大学素质教育，其实我觉得学校为我们提供的资源真的很丰富，可是我们没有好好利用。我去图书馆浏览过，有一排是清华大学必读参考书目。也问过大三、大四的学长们读过多少，他们大多回答没有读过。

学术研究平台和创业支持平台

学生：刚才钱院长与白老师都提到过我们学院是很重视创新的。我想从一个大一学生的角度，谈谈对学院的一些愿望。在我们将创造力付诸实施的时候，其实会遇到各种障碍，常感势单力薄。我觉得，可能是学院在这方面缺乏一种机制。我希望学院建立一种类似于天使投资的机制，为我们的一些商业创意提供技术、资金上的支持。同时，对一些学术想法，我们可能无法把它们发展、完善为严谨的论文，但也希望能有一个平台，去发布并发展这些想法。在进行各种尝试或探索时，也希望有比较系统的体制，而不是通过闯老师办公室或给教授群发邮件的形式，以引起某一位教授的注意。

学生：刚才那位同学提到的那些问题，就我们大三学生来看，机会和平台是大量存在的，你的商业创意或学术创意其实都有平台，只是在大一你没有看到而已，这其中又缺乏沟通渠道，以便让大家都知道。比如，你刚才说到学术平台，就有同学在做一个项目，有 SRT（大学生研究训练计划）的机会，也有“挑战杯”的机会，还有“学术人才培养计划”，机会很多。只是你现在不知道而已。

学生：关于 SRT 等学术方面的事情，有客观原因。就是我们现在所学专业知识比较浅显，但学术一向要求较高。我选了白重恩老师的“中国经济专题”课，好像是给“经双”开设的写作论文的一门课。我可能选得太早了，因为写作论文的时候，需要很多工具。当我们去找曹静老师的时候，她就说，如果你们基本工具都没掌握，就没法完成论文。这其实是我们参加 SRT 的一个现实。

白重恩老师：对经济学、金融、信息管理等研究来说，确实需要有一些基本技能，门槛会比较高。我觉得，可以在不同的阶段做不同的研究。在还没学计量经济学的时候，可以做一些如论文综述等，对问题做一些了解。我们要鼓励这种比较初级阶段的做研究的愿望。

赵冬青老师：实际上，咱们有很多社会调研的机会。比如，在大一、大二都有机会去农村，这就可以挖掘更深层的课题，也不需要用计量方法，只要把问题描述、论述清楚即可。有些同学参加“挑战杯”比赛，很多法学院学生都进行案例研究。

钱颖一：识别问题本身很重要。数据分析需要大量工具，毋庸置疑。但能够识别问题，无论将来你做学问还是从事具体工作，这本身就很重要。这并不需要过多工具，但需要拥有清晰理性的头脑，善于在纷繁复杂的现象中发现问题，聚焦问题的关键，并提出命题。这种能力本身非常重要。

学生：那关于商业创意呢？如何启动一个创业计划？

学生：从大一到现在，我接触到的启动一个商业创意并且获得相关支持的项目可能已经不下三个。我知道，北京市就有大学生创业项目、牛津大学创意大赛等各种各样的项目。不知道你们是怎么了解信息的，也许了解到的信息并不准确。

白重恩老师：我们其实已经开始采取两项措施，我们现在的“优秀人才培养计划”的三个方向中，有一个就是创业方向。在二年级下学期，在老师指导下评价一项商业创意的可行性，还要特邀一些杰出校友做指导，无论商业还是学术创意，都有得到指导和展示的机会。

钱颖一：刚才这位提出创业支持的同学，在你提问时，我突然想起来，除了你刚才的问题外，还应该问自己两个问题。第一个问题，是否有可能现有信息、平台很多，你却没能找到或没有去找？刚才有同学说，其实有很多机会，你应该自问，是不是没有花力气或者以合适的方式去寻找？

第二个问题，假设你有不少创业想法，至少应该思考其他创业者的情况。像比尔·盖茨和史蒂夫·乔布斯，分别创立了微软和苹果，他们早在大学一二年级就显现出来了，后来他们都没念完大学。他们在大学时也拥有一些平台吗？还是自己创造了某种机会？我要是你的话，会问自己，至少会好奇：他们借助了什么平台？我猜他们没有借助任何平台。

学生：我了解过李开复的创新工场，然后我就特别希望能在学生会里设置一个创业部，开创跟创新工场比较类似的天使投资，为我们的想法和人力资源进行匹配。很多时候我们有某一想法，却没有这种技术；但很多人有这种技术，却没有这种想法。于是我就想，把有想法的人和有技术的人加以匹配，甚至有更远的想法，就是设立经管创业板、清华创业板等，为我们的想法筹集人力资源。我希望学院设置这样的机构，帮助我们获取这样的资源。

白重恩老师：学校有一个创业协会。

学生：创协现在有一个很大的问题，比如我在清华经管已经待了快一年了，但这个协会并没有走进我的生活。

钱颖一：那你为什么不走进它呢？

赵冬青老师：我们的学生都被学分绩束缚住了。

学生：我去参观了“挑战杯”展馆，大学素质教育和同学们的创新能力在这种活动平台上得以体现。今年特等奖由人文社科学院获得，是关于西双版纳的一个古老的文身研究，由他们学院几位同学完成。我看到，我们经管学院的展板里多是城市流动人口的研究，是我们2009级整个年级的集体成果。我关注过很多“挑战杯”参展作品，一般都有具体的署名，注明由某某几个同学完成。而我们则由很多同学共同推出，也没有特别署名。我觉得，以这种方式参与研究，效果可能不会太好。他们人文社科学院的课题视角独特又贴合实际，获得特等奖在情理之中。我们的研究课题虽是热点问题，但实际效果不佳，与他们存在某种差距。

第二章
2010—2012 学年

本科生与院长共品下午茶

（2010年11月25日）

“院长下午茶”是个好机制

钱颖一：“院长下午茶”活动是从本科生开始的。这项活动很成功，怎么知道？很重要的一个事实是：这学期我要参加六场“下午茶”。昨天、今天、明天各两场。有一句英文：Imitation is the most sincere way of flattery，就是别人模仿你是对你最真诚的恭维。起初我们只有一场本科生“下午茶”，如今我们还有本科双学位场、研究生场、MBA中文场以及国际MBA英文场等。

昨天下午还有一场EMBA（高级管理人员工商管理硕士）媒体班专场，这些学生都是活跃在各大媒体中的记者、编辑、制片人等，从中央电视台、中央人民广播电台到财经类杂志。他们是毕业多年以后来到我们学院继续学习。两个小时的活动结束后，又谈了半个小时，涉及正在进行的一些本科教育改革方面的事情，他们都特别感兴趣。我提到最近我去听课，发现学生还是在一些“硬课”上花很多时间，对一些“软课”投入不够。几乎所有人都举手询问能否听历史等人文类课程。这些过来人对我们的教育很关心。在座的同学未必理解，等到工作了一段时间以后，人们总会对学习表现出更加浓厚的兴趣。他们当中有一位30多岁的记者说：“我能不能坐在课堂后面，让他们觉得我这么大岁数都来听讲，这样会不会对他们产生一些激励、鞭策作用？”我当时很感动：这些人都是想以自己的行动来激发你们啊！

我想，“下午茶”是一个非常好的机制，真的是想谈一些不仅仅对你们即将毕业时管用的道理。四年级同学的问题还是主要围绕毕业。但我相信更重要的是，大学本科教育要为将来一生服务，为一生打基础，而不仅仅是为了毕业找工作。对我们学校、学院来说，如果我们把标准只定在毕业找工作，实在辜负了我们的责任。我们的责任是，希望大家在 20 年、30 年后能够发挥重要作用。大学本科提供一个人一生的教育，这才是重要的。

另外一件事我也不太想谈，就是上次“下午茶”时很多时间都在谈的学分绩问题。我们真的不希望强化学分绩。当然，这还需要一个过程，新的奖学金办法、新的推研方法，我们也都在推进之中，这一年中就有一些改变。但我们讲话的可信度远比不上你们的学长，他们说一句话你们就特别相信。这是一个普遍现象。

价值取向与学术道德

钱颖一：有一个同学正在做一项 SRT 研究，考察有难有易的同类课程，或者同一门课一个老师评分严一点，另一个松一点，观察、统计大家的选课概率有什么规律。你们的课我大部分都听过。我听过两门物理课：一门是理科物理，一门是文科物理。于是就有一个发现，其中有 20% 的理科生在上文科物理。我想唯一的理由就是有助于提高学分绩，因为学文科物理，得分可以相对高一点，是不是这么回事？哪怕是同样一门课，比如“英语写作”课，一个老师给分严，另一个给分松，虽然给分严与你学到的知识呈正相关，同学们仍然倾向于选给分松的课。在我看来，这么选课是扭曲的行为。

现在我越来越多地了解到，在我们学生中存在短期的功利想法。说实在的，在我看来这样的想法都不是很理性。有这么好的机会到这儿来念书、学习，大家应该抓紧时间，要为一生做准备。到了研究生阶段，所学知识的实用价值会比较多。所以在大学本科期间，还是应该目光长远一点。但现在同学太过短视、太过功利，这是一个很大的问题。

每次我在你们入校后的第一堂课上都会讲到乔布斯。如此成功的人士，他当年选的课看上去未必很有用，但实际上却对他一生有很大影响。这传递给大家一个信息就是，在大学期间还是应该有理想、有远见，不要急功近利。这种急功近利的心理发展到一个极端就不仅仅是我刚才说的资源配置上的问题，如花时间上一门容易的课，不去上一些难的课，没学到一些东西而已。发展到极端就会出现更严重的问题，我们称之为学风，就是作为一名学生必须具备的基本的伦理道德标准，包括考试不能抄袭、作弊。

今年春季，2009 级在一门课的考试时，由于教室不够大，所以没有条件按学校规定安排相隔座位，结果出现了大面积互相抄袭，以至于老师把考试试卷全部作废。今年，我听到教师们反映，不仅是本科生，包括研究生这类事情也有发生，有的到了相当严重的地步。大家提出的很多问题都是怎么进行素质教育。我觉得诚实是最基本的素质。在金融界或者商界存在腐败是问题，但是在我们这儿没有金钱交易的问题，你得遵守考试纪律，表现出诚实、诚信来。先别说你知识面有多宽，思想有多深刻，我觉得这些都可以慢慢培养，但是如果连最基本的诚实都不具备，我觉得将来做什么都会是很大的问题。

其实，最近我们学院的老师已达成共识，对于这类事情必须高度重视，严肃对待。也许大家知道，在一两年前杜克商学院曾经发生过一件事情，就是几名学生考试作弊，而他们都是中国学生，后来都被开除了。这是一件很有名的事情，当时闹得沸沸扬扬。所以，如果在大学期间我们学了那么多知识却未能养成诚实习惯，结果连学术上的基本诚实都不具备，那是令人担忧的事。我之所以一开始就讲这些，主要是想通过你们向所有同学传递这样一个信息。

我最近一直在讲，大学不仅是学知识的场所，更是品格塑造、价值观塑造的场所。教育不同于培训，培训只是提供一些能够立竿见影的技能。但大学教育是对学生品格的培养，包含价值观、理想、责任等基本内容。简言之，最基本的一条就是：作业自己完成，考试按规定自己完成。特别是，即使是所有人都不遵守时，你也要遵守。此时，你是感到无上光荣还是觉得自己吃亏了，这是两种截然不同的价值取向。

国外大学没有监考，但有一道程序，即每个学生要在考卷上签署荣誉守则（honor code），保证自己要诚实。我们这里的做法是设监考，当然，监考也不特别有效。这方面我们也会改进。

我总的想法是，通过“下午茶”这种形式跟大家面对面交流，但不拘泥于一些技术细节，因为那些我们可以跟其他老师在其他场合讨论。我今天看到有一半同学是 2010 级大一的，你们第一次参加“下午茶”，充满好奇。也许不应该一开始就跟大家提那么严肃的事情，但是我实在觉得这非常重要，是一种责任。新同学刚入校三个月，要引起注意。

从前人经历中学习

学生：我是有理想的，有强烈意愿希望能在中国崛起的时代为国家做出贡献。我也给父母讲过这种愿望，但他们给我泼了一盆冷水，认为这个理想太虚幻缥缈，太过高远了，并问我是否考虑过道路该怎么走的问题。其实我觉得，自己的确没有想清楚到底该走什么样的道路，该通过哪些方法实现我最终的理想。也许我现在只能看到眼前道路的一部分，比如毕业后可以去国外的名校读博，可以去外企或国企工作，可以去创业，等等，但这毕竟可能只是自己职业生涯中的一半。假设我去国外的学校深造，毕业后去外企也不可能做一辈子，但是道路的终点在哪里？应该怎样通过这些道路，最终走上一条有益于国家、民族的有为道路，其实关于这一点我始终比较迷茫。

钱颖一：这是一个好问题，而我没有办法直接回答你的问题，但我可以给你指明一些方向。什么方向呢？就是当我们思考将来的时候，是没有固定理论可循的，一种参考方式就是去看之前人们做了什么。我们学院有精彩的讲座、演讲，包括请校友来演讲，到处充满了这样的机会。主讲者中有 20 多岁、30 多岁、40 多岁甚至岁数更大的人，每个人都各具特色、风格。如果你有机会聆听他们的讲述，会发现每个人的故事都不一样，但他们都是经历风雨走过来的活生生的人，各有自己的人生感悟，道理也都不一样。我想，当你听得多了，便会有深刻感触，会认真思考，也许其中的某个人会成为你的榜样，也许没有一个人对你有启发，但某几个人的综合让你有所感悟。

你看许多比较成功的人，都会提到当年他们正是聆听了某一次讲座，阅读到某一个人的事迹，或是亲身经历了某一个事情，让他们感触很深。我们这里这样的资源太多了，你看我们的讲座，有直接讲述人生的，有介绍自己企业的，有回顾自己求学经历的，有谈论自己职业生涯的。

我觉得，不一定都去听成功人士的经验，有人讲到失败、坎坷的教训，也十分重要。我记得有一次我邀请段永基来演讲。大家可能不知道段永基，他是“文革”前清华大学本科生，后来进入四通公司。四通在 20 世纪 80 年代是中关村大名鼎鼎的公司，当时比联想还有名。后来他又担任中关村科技园管委会主任一职。他有一次来学院演讲，我印象很深，他说：“我今天不讲成功，专门讲讲我这一生中遭遇了几次企业经营失败的经历。”前几天我碰到柳传志，他也说，“你们的创业教育只讲成功，不讲失败，有问题”。吸取失败教训可以帮助领悟人生。我相信这比你去咨询任何一个职业咨询机构或者一位老师所得到的感受更直接、更现实。

我知道，大一同学周二晚上有一门“人生规划与发展”课程，请我们学院校友回来谈人生经历。这次在纽约哥伦比亚大学开会，我碰到了殷勇，他是我们学院的校友，十年前博士毕业，最近每年都会来讲课。他现在是国家外汇管理交易中心主任，他们一共 300 人，管理外汇交易中心 2.6 万亿美元的外汇储备，承担着重任。他说，当年刚开始申报外汇管理局的时候，他没有通过公务员考试，好像只是一分之差，所以遇到了挫折。后来因为一个偶然机会才得以进入，什么机会呢？就是下面的机构即交易中心变成事业单位了，事业单位就不用考公务员了。这肯定是无法计划的。他现在从事很重要的工作。显然每个人的发展路径不同。

何平老师在我们学院本科毕业以后，去宾州大学念了经济学博士。我第一次见他是在我们出去招聘的时候，在芝加哥。他回来后做很多研究，还带很多学生，现在开始担任研究生工作组组长。我和钱小军老师是清华时的大学同班同学。后来我们也都各有自己的学习、工作路径，现在都在经管学院工作。

你说得很坦诚，这一小段路你确实可能看得清楚，前面的道路却无法看清。但是我觉得到了人生的某一阶段，所谓“蓦然回首，那人却在灯火阑珊处”。回过头来才会看清楚。生活是往前走的，但是要想理解它，总是要回过头来看才行。现在我的建议是，利用我们学院提供的如此丰富的资源、机会，去认真听取或者发现前人走过的人生道路，从中会受到启发。

珍惜当前机会

何平老师：我补充一点。在你看不清楚的时候，需要把自己手边的事情做好。珍惜身边的每一个机会，把它做好，这很重要，渐渐地会从中发现自己的方向。

钱小军老师：我也说两句。第一，你想说我给国家做什么样的贡献才算成功？我不知道你说的成功是什么意思，我觉得其实每一个人只要在他的岗位上踏踏实实、认认真真去做，都能做出他的贡献。但是你怎么评价贡献大小呢？岗位贡献有的能看见，有的自己也很满足，主要是全力以赴，无愧于心。关键是你的职业规划、岗位职责适不适合自己，是否具备能力，自己站位高一点，计划宽一点，这样可能会对自己的未来看得更清楚一些。

钱颖一：说到珍惜当前的机会，可能我们学院好处在于机会，坏处在于太多机会，因为机会太多以至于大家都不珍惜。具体地讲，在对待机会的态度上，我们做过本学院和外校本科生上研究生后的对比。相对于我们的本科生，外校过来的学生抓机会的能力要强很多。

讲一件比较功利的事情。最近 2007 级的几个同学申请出国，找我写推荐信。那么，我一定要针对每个人了解一下情况，你们叫“面试”，我不这么说，interview 是一种“面谈”，是了解情况。我发现有些同学对于机会还是利用得很好，而有些就很让我郁闷。我现在专门讲学术道路。假如你一心要出国念博士、要走学术道路，当我在跟那些学生谈话时，头脑中至少涌现出五个你可以利用的重要机会，以提高你的学术水平，同时，还可以显示你的学术偏好和能力。

第一，从 2002 年起，我们有特聘教授和其他海外教授来上课，他们多是国际上知名的教授，我们的资源可谓得天独厚，但居然我们有的同学对此不知道。去年，我们网络出了问题，通知一栏上没有挂出。其实，我觉得这些都是不用通知的。没有上那些课，就可能没有听外国老师讲课的经历，这对申请国外博士就是弱点。

第二，我们现在设有“优秀学术人才培养计划”。上学期是何平老师负责这个计划，这学期是李宏彬老师，他们都是留美博士。这是一个重要渠道。参加这个计划需要学写和提交学术论文，以表示对学术问题确实有兴趣和能力。

第三，今天在场最多的是 2007 级的同学，而我们很多改革都是从 2007 级开始推出的。为了赶上这一步伐，我们专门在这一级推出了数学双学位，希望你们在现有数学基础上更深入一步。

第四，海外交换机会。海外交换有各种各样的目的，其中之一是增加国际阅历，至少对英语水平提供一个真实可信的证据，说明你具备在这种环境下学习的能力。

第五，我们有这么多有海外执教经历的老师提供个性化的指导，从事研究工作。我们何平老师指导过的一位同学，后来就去了普林斯顿大学读经济学博士。

面对这么多机会，我发现有的人居然在五个之中没有做任何一个，却来找我写推荐信。我怎么证明你的学术背景和能力呢？我怎么说明你对学术感兴趣呢？我无从下笔。全中国又有哪个学院可以为你提供这样的机会？如果外校学生遇到这五个机会中的一个，都会觉得喜从天降，一定会抓住。我们的学生居然说不知道。当年我念清华时，就抓住了一个机会：陈省身到北大讲“微分几何”课，当时视作千载难逢的机会，跑过去听。

对我们的同学来说，机会恐怕是太多了，反而不善加利用，错失良机，我觉得很可惜。我常会听到我们的老师说，“为什么外校考来的研究生比我们自己的学生积极？”按说他们的基础训练、见识、眼界，都不应该超过我们的学生，但是他们更加珍惜机会、勤奋努力，后来反而超过了我们的学生。所以，这件事确实让我很郁闷。我不知道说的是不是事实，但这是我跟你们同学接触中我的感受，而且有其他一些老师也是这么认为的。

发现自己的学习兴趣和特点

学生：我是 2007 级大四的，也曾经参加过我们说的“面试”或者您说的“了解情况”。您刚才说的机会，我自己算算可能占了两到三个吧。我想问一个可能更实际、更功利、更小的问题。像您刚才提到的数学双学位，还有学院开了很多数学课。一方面我们听到有些老师说数学挺重要的，尤其是走学术生涯的话，这是非常重要的基础工具，应当首先学好。但另一方面我们又听到其他老师说，要先学一些专业课程，当我们需要运用数学时，可以回来再自学。前者强调一种系统性的数学训练，后者偏重应用性的数学训练。我想知道钱院长对此有什么看法？

钱颖一：显然这没有统一答案。从每个人自身特点看，各有利弊。我可以给你举例子说明，数学基础差的科斯对经济学做出了杰出贡献。同样，也有数学才华出众做出了巨大贡献的人，比如德布鲁（Gérard Debreu）的数学就很好。当然，还有原来数学差后来发奋攻读的人，如卢卡斯（Robert Lucas）最初是学历史的，以后自学了大量数学。的确，这其中既包括系统学习数学的一类人，也有未加系统学习，但有本事随时通过自学迅速学会的人。可见，并没有绝对的、唯一的道路。另外，也取决于你专攻的那个问题的性质、难度等。比如一些理论性较强的经济学问题，如果缺乏系统的数学基础，恐怕临时了解起来也很难。我猜测，法国人德布鲁当时若非系统地接受了法国式的数学教育，那么恐怕他后来也很难创建一般均衡模型的基础理论。当然，有些做比较偏重应用方面的，他们本科专业既不是经济学，也不是数学，但是后来也可以数学很好，像卢卡斯。

所以我的回答是，没有统一的答案。这些老师说得各有道理，关键是要确定自己的兴趣和特点。有些人对于非系统性的知识没法往下学，非得是一套系统的东西才能学下来。但另一些人一旦接触系统的知识架构就根本记不住，但在实践中需要时，比如要用到微分方程了，一摸索就全学会了。人确实千差万别，回答你的问题要点在于，根据自身特点量体裁衣。但是无论采用什么方法，我觉得你如果要想在经济学、金融学上有所建树，要想在学术上做出贡献的话，在当今时代，具备一定的数学功底是很必要的。

学生：刚才讲了数学，那么法学呢？法学跟经济学之间有什么联系吗？有同学学"数双"，那学"法双"（法学双学位）的同学呢？

钱颖一：我们也有学"法双"的同学，很好啊。我后来发现，数学双学位中理科生多一点，法学双学位中文科生多一点。可能也不一定。当然，法学和经济学的关系十分密切。你是2010级一年级的吧？

学生：对。

钱颖一：昨天我们在"经济学原理"课上刚讲了科斯定理。科斯是芝加哥大学法学院教授，他在法学界很有影响。他采用经济学方法来分析法律中的合同问题、产权问题等。法学双学位也是我们这里一个很好的机会。法学双学位跟数学双学位有一个差别，就是它要求的学分比较多，总计50多个学分。所以，你就要从二年级开始及早规划。现在每一年我们也有好几位同学在学，证明可行。其次，他们还有一个排课问题，法学双学位不单独开课，而是跟法学第一学位同学一起上课，课程安排会出现冲突，因此一定要事先进行充分规划。

学生：我修了数学双学位后，都说"数学分析"只能够在数学系里面适用，对其他任何学科会产生思维上的阻碍吗？

钱颖一：我和钱小军老师在本科都学习过"数学分析"，都做过《吉米多维奇数学分析习题集》。当时去做那些习题是没有题解书可以参考的，现在情况完全不同了。你发现学"数学分析"对我们俩的思想究竟阻碍在什么地方？

学生：借用数学系的那句"不严谨会死"的名言，这对经济学的研究岂不会有影响？

钱颖一：我理解你说的。当时，我学"数学分析"，确实对我学习物理学有影响。我们数学系同学看物理系同学，会觉得他们都不够严谨。因为我们第一年学"数学分析"非常严谨，结果上"普通物理"课会发现怎么如此不严谨，所以你说的这种影响从这个意义上是有的。

但是后来也能理解，物理本身追求的不是数学证明，而是揭示这个物质世界的真相。如果从这个标准来看，你就能接受这一点，我觉得也就不会有什么影响了。如果你认死理，偏不接受它，非要拼命捍卫数学的严谨性，那我觉得不仅经济学别学了，物理学也别学了，你就钻研数学吧。确有这样的，他只觉得数学是最严谨、最完美的学科，别的学科体系都不能接受。但大多数人还不是这样。

“数学分析”训练会让你思维更加缜密、严谨，逻辑性更强。比如让我说几句话或者讲解经济学，都会不自觉地运用数学思维。我个人一旦看到逻辑上的跳跃、回答问题时缺乏逻辑性，就感到很难受。这显然是学“数学分析”培养出来的习惯。学习“数学分析”的目的并不真正在于将来要去证明那些题，而是让你知道，原来证明题是应该这样推导、这样陈述的。

我印象特别深的是当年给我们讲授“数学分析”的孙念增先生。我们都特别怀念他，还专门筹款成立了一个以他命名的纪念奖学金，现在每年颁发给数学系“数学分析”成绩的前两名。至今我都记得，第一次交作业回来后被批得简直无言以对。一个很简单的证明题，要求就是组织好语言、文从字顺。但我竟然不会写，不该赘述的语言写了一大堆，应该阐述的关键步骤却彻底省略掉了。他为我们逐一批改，使我们受益匪浅。我不知道现在老师是否都如此。学“数学分析”就要这样训练。

多角度理解自我实现中的成功与失败

学生：我是 2010 级大一新生。我有两个问题：第一，父母肯定希望我们将来有一个高收入的比较安逸的人生。但是作为年轻人，我想肯定有时也有一些比较狂野的想法，所谓狂野，就是我们也希望像乔布斯那样，通过一个大胆的决定最终成为一个伟大的人。但是我们也清醒地认识到，可能并非每个人都能成为像他那样成功的人，也许百万人中就只有他这么一个。所以，我在思考怎么处理其中的矛盾？第二，我想请问一下钱院长：当您作为清华大学普通学生的时候同您现在作为成功人士对自己的认识是否一样？

钱颖一：乔布斯是一个极端成功的例子。你说是百万分之一，恐怕你还说少了。所以我希望大家倾听各种各样的人的故事，还特别提到包括失败的教训，也包括平凡无奇的事迹。我觉得第一个问题很好回答，我认为应该广泛涉猎各行各业，知晓五花八门、大小不一的成功或不成功事例。

讲一个我认识的人的故事。三个星期前，我去参加了梁从诫的追悼仪式。在座的可能不知道他，但是你们都知道他的父母——梁思成和林徽因。我几十年前就认识他了。我看到场的有几百人，现场拥挤不堪。没有任何告别仪式、追悼仪式，连送花都没有，异常简朴。

那么你说他做了什么大事？20 世纪 90 年代开始，他一直在做一件事，就是环境保护。我作为经济学家，对环保问题更注重经济学分析。在 90 年代，我们之间还有过很多争论，他对经济发展造成的环境问题很不满意。1993 年他发起成立了一个非政府组织（NGO）“自然之友”，那时候我就经常听他给我讲环境保护方面的事情，至今记忆犹新。

大家都知道，冬虫夏草是名贵的滋补中药材。他跟我讲，你可能不知道冬虫夏草带来的灾难。我会说，冬虫夏草可能使那些特别穷困的西藏牧民一朝脱贫。“也许确实是如此，”但是他话锋一转说道，“你可不知道，你得从草地里面挖下去，挖完后草地变得坑坑洼洼，以至于马匹一旦踩在上面就会摔倒，导致一系列的严重后果。”此外，他还提到了藏羚羊的保护等。

他成立的“自然之友”是纯粹的民间组织，这个组织所做的事情，我觉得可以描述为一项非常伟大的事业。梁从诫这个名字是他父亲给他取的，希望他将来长大后学习建筑，这个“诫”字是古代建筑师李诫的名。他父亲梁思成是清华建筑系的系主任，我们都知道他创办了清华建筑系。但是梁从诫在 1950 年考清华建筑系时差几分没有考上，结果就去念了历史系。他后来从事的环保事业受到那么多人的尊敬，显露出了不凡的价值。在 1993 年的时候，谁会对环保这么关注？可以说他做的事业很伟大。

第二个问题，我不认可你的前提。你说我现在多么成功，我不能这么说，只能说做得很努力。一件事情成功与否需要待到日后才能评判，时下是不能评判的。比较当时做学生的时候和现在，我自己觉得没有什么大的不同。当然，我们当时的机会远不能同现在相比。我们那时的机会不多，我和钱小军老师一样，都是在插队时从农村考上清华的。因为插队多年，所以我们对学习机会珍惜得不得了，就觉得这机会难得，必须紧紧抓住。在这一点上跟现在的情况是很不一样的。除此之外没有什么不同。

改变"忙茫盲"的大学生活

学生：我们刚进入大学，然后我们好多同学就用三个字概括了我们这三个月的大学生活。第一个是忙碌的"忙"，假如说今天晚上有于丹的讲座，又有奇瑞汽车的讲座，又有时间管理的讲座，这就让我们很忙。第二个是茫然的"茫"，就是我究竟要去听哪个讲座呢？第三个是盲目的"盲"，就是看到隔壁宿舍都在那里刷题做"线性代数"，于是我打消了听讲座的念头，还是决定去六教上自习。我们现在就处在这种郁闷的状态中。我们需要抓住机会，但抓住机会的过程中又存在类似的矛盾，最后一无所成。然后，我们就会询问谁能告诉我们究竟怎么过大学生活？

钱颖一：你所说的这个现象实际上是我们这个时代的特征。第一是忙碌。这是因为现在我们活动多，机会多，自然很忙碌，很多人羡慕你这一点，你居然能这么忙？因为他们可能想忙碌都没机会。

第二是茫然。在某种意义上，茫然是全世界一年级大学生共同的问题。你说的茫然比较负面，英文词叫 disorient（去导向）。我们通常说 orient（导向），但是你去看一些国外的大学，他们说，大学至少在刚开始的时候，不是 orient，而是 disorient，这可能就是茫然的意思。对此，首先应当端正心态，认可这是一个极为正常的现象。因为你原来的路子从小学到中学，每一步全都被设计好了——读书、考试、上大学，虽不茫然，但就只有这么一条路。现在不同了，前面可供选择的道路很多，甚至现在学的许多东西与你过去所学的东西相互矛盾，需要你重新思考，当然会有所茫然。然而，这恰恰是大学时代需要做的事情。

第三，盲目是一件可怕的事情。就是在给定前面说的那两条后，有人做这做那，你盲目跟着做。我觉得不能盲目。你刚才说希望别人为你指明方向，我个人认为这不是个好方法。你要善于独立思考，这就与中学时代截然不同。在中学你会去问老师、家长，请他们指明一条路。你现在将这个问题带到大学来了，希望我们也为你指明一条道路。那么，我要告诉你，这条路需要你自己去探索。

我也收到另一个同学给我写的一封信，他说入学几个月感到不知所措，还连续用了四个“害怕”，比如说，“我害怕别人去自习室我没去会怎么样，我害怕别人去听讲座而我没去会怎么样……”我想在心理上大家有共同之处，在这个阶段也很正常。另一方面，这恰恰是自己逐渐走向成熟的一个时期，要开始独立思考。茫然可以理解，但千万不要盲目。

学生：刚才钱院长多次提到存在大量机会而我们都没有把握住，但就我个人而言主要原因是信息太多，被淹没在迷茫之中了。我想请问一下各位老师，能否谈谈你们的看法，如果我们要想更充分地了解我们现在的经济世界，更多地了解我们专业的内容，我们应该关注哪些方面的信息?

何平老师：机会很多，确实你有诸多选择，但人一生如果能把一件事做好就很了不起了，不一定什么都做得比别人好。我理解大家的心情，我做过 2008 级的班主任，他们三年级学生的心情和刚进校时完全不同。刚入校时心比天高，优越感很强，后来我发现他们心态渐渐平和起来。我还是那句话，坚持自己简单的拇指法则，挑一两件能够做好的事情进行下去。

重视主动接触社会的能力

学生：我们大一、大二参加暑期实践，大二实践之后我通过交流，就发现我们大一时候的暑期实践“水分”很大，没有达到暑期实践的效果。我就反思为什么大一不能像大二那样组织系统的暑期实践，包括老师带队或者提供更多的指导，对此我有一些困惑。也不太清楚大一的暑期实践学院想达到什么样的目的，希望让我们了解到何种程度？

钱颖一：你提这个问题的时候，我知道你把所有的关注点放在了调研上，将调研本身看得很重。你认为第一年的调研组织得不好，也不是很严谨，所以觉得收获不是很大。第二年的实习是有组织的，跟第一年比在这方面可能会更有收获。其实第一年更重要的是要你们自己组织调研，也就是去找关系，这本身是非常重要的能力，而不在于调研本身。

我们的实习有三个阶段。第一个阶段，也就是第一年，你能凑几个人，通过关系能完全自主地组织起活动，而这种活动组织能力在课堂上是学不到的，这就有价值。而以前在中小学，所有一切都已事先安排好。仔细体会一下，主要目的不在调研本身。同理，就像我们海外交换，可能会觉得那边的课还没我们这儿教得好呢，这就是没有体会到海外交换的多重目的，海外交换不仅仅是去海外上课。到了第二年的实习，有组织了，内容、问卷更加专业，却陷于被动：都是有组织安排的，还有老师带队。到了第三年，去公司实习又有不同，公司老板安排你的工作，当然你需要申请，需要面对市场挑选，可能自信心经受打击，但这个过程本身也非常重要。所以，这三年暑假中的活动都叫实习，但目的是不一样的，它们训练人的方式、所起到的作用也各不相同。

及时调整课程设计

学生：我想了解一下，“物理学导论”这门课程，学院打算让我们掌握到什么程度？我们这门课在一学期之内概括了整个物理学，但老师课讲得很辛苦，很多同学接受起来也感到压力大、很吃力，如果真要把这门课学好吃透的话，大家耗费精力会特别多。但因为我们不是物理系的学生，学习物理的目的，我个人的理解就是要体会物理学的思想，掌握认识客观世界的一些思路。现在却以极大强度施教，包括我们期中考试中考察的方式都是围绕公式、定律等一堆相当基础的题，只要花时间做就可以做好的，没有那种可以体现思想性的考察方式。我比较困惑，学院开这样的课程是基于什么想法？有没有可能改进？

钱颖一：关于物理课是这样的。从培养方案的设计来讲，我们设计了两门自然科学课，一门是物质科学，一门是生命科学。物质科学里面有很多科目，我们选择的是物理课，当然也可以是化学课，也可以是其他物质科学的课。

我知道你们这次物理课有几十个同学不及格，有不少同学退课，我也问过选这门课的学生："有这么难吗？"当然有各种回答。我听过这堂课，这个老师讲得相当好。

虽然你们中学都学过物理，但都是属于古典的内容，还不是20世纪的东西。如果你对于物质世界的认识没有超出高中水平，不知道相对论和量子力学，你就不了解你周围的物质世界，我觉得这是很说不过去的。昨天我看到《纽约时报》头版是一篇丁肇中关于美国还要做一次宇航实验，要检测反物质。如果说对这些都不了解，我就觉得你是一个没有接受过好的教育的人。

生命科学课程的问题很大。我也去听过那门课，听完以后觉得问题比物理课严重得多。所以我就找了施一公老师，请他帮忙重新设计"生命科学导论"课程，因为之前的课程讲得太细，具体到每一个实验，而没有讲现在的生命科学有哪些重要的方面和思想。我找过施老师两次了。所以我们2010级第二年才有生命科学的课，原因就是他今年下半年才能设计出来。所以，我也是绞尽脑汁。

因为我去听过这门物理课，知道老师很负责任，讲得也好。我不知道是不是考题难了一些，有这么多人都没及格，这我不知道。当然学分本身也多，5学分。我们是和环境系的人一起听的吧？所以我要去了解一下，我们的分数如果比环境系差，我觉得可能里面就有问题了，因为我们高考的分数比他们系的要高。

朱玉杰老师：我跟物理系主管教学的人沟通过两次了，可能还会再沟通一次，所以我也想跟大家从三方面说一下。这位老师在物理系的讲课评价是极高的，学生评价基本上是前三，他也是精品课的负责人，教学名师。从这个角度来说，有儿种可能。第一种可能是老师的问题，但钱院长听过他的课，我也了解过，包括他整个研究、教材、讲课等各方面，没有什么问题。第二种可能是老师和学生的沟通问题，老师对你们希望了解什么东西可能不太清楚，出现需求偏差，这方面我后续还会跟物理系沟通。第三种可能就是咱们自己的学生是否存在问题，因为我看到了一些调查及学生意见，比如有同学说我为了考 GRE，所以没有时间投入到物理课上，等等，各种各样的理由都有。是不是同学们从自己的角度也反思一下，没有及格有没有自己的问题。

钱颖一：物理课要学到什么？除了物理知识外还有科学的方法。我在“经济学原理”前一两堂课上就说，物理学是一门产生科学方法的学科。科学方法哪来的？最初就是从物理学来的，经济学的研究方法就是模仿物理学的方法。科学的办法包括做实验，搜集数据，建立模型，最后要检验模型。如果不懂物理学是怎么研究自然现象的，我觉得也很难理解经济学、金融学、管理学是怎么研究社会现象的。

何平老师：我给大家举个例子，可以佐证一下钱院长的观点。萨缪尔森原来是学物理的吧？然后他转到了经济学，非常成功。

本科生与院长共品下午茶

（2011 年 5 月 19 日）

钱颖一：在“下午茶”开始之前，我想先介绍一下钟笑寒老师。今天请他来，既不是因为他是“经济学原理”课的老师，也不是因为他是经济系副系主任。最近，我们对学院所有教学项目做了一些新安排，包括本科教学项目、本科双学位项目、硕士、博士等，每个项目都专门指定一位老师担任学术项目协调人。我们新任命了钟老师担任本科项目的学术协调人，不分专业，经济与金融、会计学、信息管理与信息系统都包括，本科项目的主要学术问题都由钟老师负责协调。

上周五，学院老师专门到学校同主管本科教学的袁驷副校长汇报经管学院这几年的本科教育改革情况，学校非常肯定。当时没有谈完，今天中午又继续谈，内容同我们的本科关系十分密切，也考虑把我们所做的一些事情在学校范围内加以推广，所以今天来晚了，请大家谅解。

经管学院是“三合一”的学院

钱颖一：学生会外联部给了我三个备选题目，第一，新百年，新机遇，新挑战，学院决策的新思考；第二，经济大环境的变化与商学院使命的坚持，经管人的担当，如何完成学院在清华、在全国商学院的定位；第三，学生的个性发展，学院的政策支持，投行热、学术冷，贴近学生现实境遇，畅想学院发展，等等。看了以后的突出感觉是，这里屡次提及商学院，引发我思考。

说一句稍微刺激一点但能让你们记住的话，其实“商学院”这三个字与你们本科生基本上没什么关系。为什么呢？实际上，清华经管学院是三所学院的集成，从功能上讲，我们一所学院相当于在办三所学院：第一所叫作商学院，第二所叫作经济学院，第三所叫作本科生院。我们是三合一的学院，而商学院和你们没有太大关系。当然这不怪你们，只能说我们老师在过去没有想清楚。

最早同我说到这个问题的是学院党委书记杨斌老师。如果我们以美国一流大学如哈佛、耶鲁、MIT 做标杆，就可以看清楚。哈佛商学院只有 MBA，没有本科生。我们学院从学生人数来说，最多的也是 MBA（包括 EMBA），总共至少有 2 500 人，我们学院总共学生大概在 4 000 人。所以，从学生人数来讲，我们是商学院。

第二，我们学院还有一个非常强的经济系。在国内其他一些学校叫经济学院，在美国大学中都叫经济系，经济系是独立于商学院的。从清华历史来看，1926 年建立了经济学系，当时就有经济和商科两个部分，一直放在一起。哈佛商学院最初也是从哈佛经济系分出来的。

第三是本科生院（或本科学院）的概念。这是一个很有意思的概念，恐怕你们还没有完全听到过这个概念。College（学院）含义丰富，在美国英语中，college 首先是本科生院的意思。从本科生的人数看，我们一年录取 200 人左右，四年总共不到 1 000 人，仅占 4 000 人的一小部分。不仅我们的本科生在全国本科生中属于最优秀的群体之一，而且任何大学都会把本科生作为最基本的受教育群体。

从功利的角度看，清华这个地方在不少人的头脑中形成了这样一种观念，一说你是清华毕业，就是指你的大学本科是在清华读的。这里有一个清华传统。清华大学的前身是清华学堂、清华学校，八年制，相当于六年中学加大一、大二，英文就叫 Tsing Hua College。从清华学校毕业的学生去美国大学插班读大三。比如陈岱孙 1920 年清华学校毕业后，进入美国威斯康星大学读大三，1922 年大学毕业，这是那时很典型的经历。那个时候讲清华毕业，是指你从清华学校毕业。1925 年，清华学校开始招大学本科生，旧的制度结束了，1929 年第一届本科生毕业。这以后，清华毕业就是指从清华本科毕业。

撇开清华，考察国外大学发展的历史，也都是从办本科，即 college 起步的。牛津大学、剑桥大学、哈佛大学、耶鲁大学，开始时都只是本科生院。从历史上讲，先有 college 的概念，后有 university（大学）的概念。在大学中，除了文理学院之外，其他多是职业学院（professional schools），像医学院、法学院等。所有这些学院合在一起，就形成了 university。所以，虽然我在哈佛获得博士学位，但通常不会说自己是哈佛毕业。通常当别人问起“你是哪里毕业的”时，我会回答我毕业于清华，因为那通常是指本科。

在哈佛、耶鲁，本科生院肯定在大学中的位置最重要，但是这在现在大学排名中显示不出来。大学排名的衡量标准是看有多少论文发表，本科教学在所有排名中却完全不被显示。但本科生院是一个非常重要的概念。其实从传统上讲，老清华的研究生很少。最初清华学校最正宗，清华大学出现以后，这种正宗或纯正也随之转移到了“清华本科”上。我们现在没有清华本科生院的称谓，但国内的其他大学走在了清华前面，比如复旦就成立了复旦学院，就是本科生院。当然它那个本科生院与美国大学中的本科生院还不完全一样。

在美国，大学本科生分专业，但是并不属于任何系。以哈佛为例，所有本科生只属于一个学院，即哈佛学院（Harvard College）。哈佛商学院、医学院、法学院、教育学院、公共卫生学院等都与本科生无关。所以我刚开始说了极端的话，商学院与你们无关。

我不想传授给你们功利思想，只是陈述事实。从清华的历史到发达国家的情况，我们知道了，在没有清华本科生院的情况下，我们经管学院办属于我们自己的本科生院，在这点上我们思路很清楚。我来到经管学院之前，学院曾经讨论是否只办 MBA 就行了。但我来以后，很多老师认同我的观点，我们的本科生是非常优秀的群体。而且，我们不是在商学院中办本科（美国的州立大学是这种情况，私立大学较少），我们是在大学中办本科生院。

现在经管学院本科生规模基本就相当于 20 世纪 30 年代初清华大学本科生规模。我们学院的规模比其他大学的要小。上海交大安泰经济与管理学院本科生每年录取上千；复旦管理学院每年录取 200～300 人，复旦经济学院也录取 100～200 人，加在一起有 300～500 人，而我们学院每年只录取 200 人。

全哈佛一年本科招生 1 800 人，经济学专业（没有管理学专业）每年 200 人左右。虽然我们的规模不大，我们决心建成中国最好的本科生院，而且我觉得我们很有希望。你们在座的都身在其中。我花了这么大功夫在学院本科教育上面，但居然没有人知道我们是在办本科生院，只有我和杨斌老师清楚。我想责任肯定在我这里，好多概念没有讲清楚。

追溯本科教育理念之争

钱颖一：本科教育与研究生教育很不同。历史上，在英美，本科教育最开始是培养 gentleman（绅士），那时没有女生。“gentleman”在我们中文里有一个很好的翻译，叫“君子”。如果当时允许招收女生，还要培养 lady（女士）。

到了 19 世纪初，德国出现第一所研究型大学，就是现在的柏林大学。美国的第一所研究型大学是霍普金斯大学，于 1876 年创立。到了 19 世纪末，哈佛才从 college 逐渐转变为研究型大学。虽然变为大学，但是本科生院的传统在美国一如既往，并没有改变。从本质上讲，本科教育主要培养 gentlemen 和 ladies，而商学院和法学院则是培养经理人和律师等职业人才，十分强调职业性（professionalism），二者很不一样。

中国在历史上的情况十分类似，读书是为了培养君子。孔子的教育思想也强调修身养性，这种传统一直延续下来。但是西方经过文艺复兴、科学革命、工业革命，造出了枪炮。我们虽然发明了火药，但只是应用于放爆竹，而西方人把火药用于军事。中国人看到科学技术太重要了，我们不会建造铁路，不会制造蒸汽机、军舰等，于是就开始学习科学和技术。所有后发国家都一样，就是一门心思学技术，坚信只要把技术学到手，也能制造枪炮去打仗，就不落后了，不挨打了。这造就了近代以来极强的功利性，与历史传统不一样了。

除此之外，我们的教育体制还受到苏联的影响。在苏联，本科专业划分得极其细密，我们跟着仿效。苏联是计划经济的鼻祖，本科生毕业后就要迅速用于计划经济中，比如马上就能当工程师等。我们在 1952 年之后就全盘接受了苏联的教育模式，清华在1952年院系调整直到1966年的14年间，就是按照这个模式办学的。虽然1966年“文革”后学校关门了，改革开放后不学习苏联了，但是这种影响持续至今。

这个影响就是到大学学知识、学本领，专业分得很细，毕业以后出去马上有用。这种“有用”随着时间的变化而变化，最开始主要是对国家有用，现在除了对国家有用外，也包括对市场有用、对个人职业有用、对家庭有用，虽处在变化中，但从来都比较功利。我们在发展中国家中也显得比较极端。经济落后的确是事实，所以希望学习实用的东西。

大学中一直都存在“通”和“专”、素质与技能之间的争论，包括到底在什么时候开始划分专业？在什么时候转变成职业教育？在美国和欧洲就有不同的做法。美国有相对一致的共识，就是本科阶段是基础，法律和医学等职业教育从研究生阶段开始，必须在念完四年本科以后，再去念三年法学院或四年医学院。哈佛最极端，只有一个学院能招本科生，就是哈佛学院。而通常工学院是招本科生的，但是哈佛原来没有工学院。

所以从理念上讲，本科教育虽然和200年前不同了，但是本科教育与研究生教育之间的差别一直延续。我们中国的历史传统就比较关注人的修身养性，但没有科学和技术方面。在近代被动挨打、经济落后的情况下，追赶心切，必然会更关注那些短期见效的领域、方面，这也很自然。但是，我们把老祖宗留下的宝贵遗产忘记、丢掉了，又没有真正学来、领悟西方素质教育的精髓，最后的结果是教育只剩下极其功利的一面。我个人觉得这是客观的现状。

过去30年的经济发展让中国脱贫了。从教育上讲，我自己还是认同刚才所说的一些教育理念，就是本科教育应该不同于研究生教育，应该建立清华本科生院，参考现在的哈佛本科生院、耶鲁本科生院等做法。这些年来我们学院进行的本科教学改革，实际上一直都在朝这个方向努力。学校对我们的做法相当肯定，当然我们进行的本科教育改革也很靠谱。现在，我们的本科课程改革涉及方方面面，主要强调本科教育确实不仅是专业教育。

下面我讲两个人的例子，进一步说明有关本科教育理念的争论，·个是爱因斯坦，一个是梅贻琦。爱因斯坦在 1936 年纪念美国高等教育 300 周年典礼上有一个讲话。实际上这就是哈佛学院成立 300 周年纪念活动，哈佛学院成立于 1636 年。他说：

> 有时，人们把学校简单地看作一种工具，靠它把大量的知识传授给成长中的一代。这种看法是不正确的。知识是死的，而学校却要为活人服务。它应该发展青年中那些有益于公共福利的品质和才能。但这并不意味着个性应当被消灭，而个人只变成一只蜜蜂或蚂蚁那样，仅仅是社会的一种工具。因为一个由没有个人独创性和个人志愿的规格统一的个人所组成的社会，将是一个没有发展可能的不幸的社会。相反，学校的目标应当是培养独立行动和独立思考的个人，不过他们要把为社会服务看作自己人生的最高目的。

爱因斯坦并不否认为社会服务，他讲得很清楚。后面一段跟我们更有关系，有更具体的讲述。

> 另外，我也要反对认为学校必须直接教授那些在以后生活中要直接用到的专业知识和技能这种观点。生活所要求的东西太多种多样了，不大可能允许学校采取这样的专门训练。除了这一点，我还认为应该反对把个人当作死的工具来对待。学校的目标始终应当是：青年人在离开学校时，是作为一个和谐的人，而不是作为一个专家。照我的见解，在某种意义上，即使对技术学校来说，这也是正确的，尽管技术学校的学生将要从事的是一种完全确定的专门职业。发展独立思考和独立判断的一般能力，应当始终放在首位，而不应当把获得专业知识放在首位。如果一个人掌握了他的学科的基础理论，并且学会了独立地思考和工作，他必定会找到他自己的道路，而且比起那种主要以获得细节知识为其培训内容的人来，他一定会更好地适应进步和变化。

这是爱因斯坦在1936年10月15日说的。他认为所有学校都普遍存在这种问题。我觉得，他当时批评的东西在现在更加强化了。

再回到清华，大家都知道，梅贻琦在1941年建校30年时发表了《大学一解》。这篇文章前面讲大学之道，后面讲到通识和准备。他说，大学教育应该在通，而不在专。他有几个考虑：第一，生活大于事业，事业是指职业，事业不过是人生的一部分，通识是为人生，专识是为工作；第二，通识是一般生活的准备，专识是特种事业的准备；第三，社会的需要，通才为大，专家次之；第四，如果让没有通识基础的专家治理国家，其结果不是兴民，而是扰民。

梅贻琦讲的是有针对性的。当年国民政府的教育部长，一个是陈立夫，另一个是朱家骅，他们要求北京大学、清华大学等大学培养专门人才，要求多讲专业。梅校长针对教育部的这种倾向指出：过于急功近利了。抗日战争开始以后存在两种观点，一种是应该学习那些能够对抗战随即发挥效用的东西，如战场急救、做雷管、制炸药等。当时出于战争时期的紧迫性，的确也需要。另一种反映在西南联大的校歌里，表明将来我们国家需要大批人才，反映出主流思想还是希望踏实下来为将来。在战争年代，急功近利似乎有更充足的理由。而我们现在是和平年代，却更加急功近利。如果所学的某一节课的内容无助于找工作，就不愿意学。

1943年梅贻琦还发表了一篇文章《工业化的前途与人才问题》。他说："大学教育毕竟与其他程度的学校教育不同，它的最大目的原在培植通才，文、理、法、工、农等学院所要培植的是这几个方面的通才，甚至于两个方面以上的综合的通才。它的最大的效用，确乎是不在养成一批一批限于一种专门学术的专家或高等匠人。"所以关于"通"与"专"的争论早就存在。

现在的压力来自两方面：一是来自政府的政治压力，二是来自市场的竞争压力。两种压力都会造成短期行为。两者都拿人当工具。比如，打算求职找工作，很多企业可能想了解求职者有没有掌握某种技能。需要搞清楚，雇主的立场和你们自己不是一回事。政府也同样，有其政治目的，也有其政绩目的。

现在我们要求取一个平衡：一二年级以通识为主，三四年级以专业为主，也不能耽误大家就业。在座的一二年级的同学接触其他学院的同学，他们表示不太理解。我知道，清华其他学院说的是，“你们的改革就是把后面的选修课拿到前面来上”。这是彻底没能理解通识课的性质。我知道这需要很长时间的琢磨。毕竟我们社会的观念太强，来自家庭的压力，周围同学的压力，甚至高中同学的压力，市场的压力以及各种各样的压力。袁驷副校长说：“你们要坚持、坚定、坚决。”一方面表示支持我们继续做；另一方面的意思是，我们一定得挺住，别退回去。

多阅读

学生：我入校时刚好赶上经管学院本科课程改革，很多低年级同学从中受益。现在我快毕业了，个人感觉本科教育改革，除了课堂上取得的突出成就以外，在课下也有很多值得思考的地方。经管学院同学有两方面比较欠缺，一方面经管学院读书氛围不浓厚，没有养成良好的阅读习惯，这对通识教育、培养综合素质来说，会有一定影响。另一方面，参与社会公共事务不够。您觉得，咱们学院和同学可以共同付出什么努力来改进?

钱颖一：对于你说的这两条，我都非常赞同。首先说阅读。上次“人文日新沙龙”，中国爱乐乐团指挥余隆到场。他谈道，现在我们缺少三个时间：思考时间、阅读时间和写作时间。我表示非常赞同，进一步问怎么阅读？他提出读闲书，也就是自由式阅读。这四年，我阅读关于中国或外国高等教育、关于清华的书籍就有七八十本。我们的学生就是不爱读书，长期以来的习惯是做题，大量做题，做完了这本，就再找一本。我开了个书单，鼓励学生阅读，后来一问，没有什么人读，急得我无可奈何。没办法了，才要求加两篇读书报告，实在出于迫不得已。特别是，现在信息技术发展以后，大多关注短消息。

别人提及一件事，如果我不知道，我就想去了解。经典书籍，现在学生就是不读。我觉得，根子就在这儿：大家想读的内容，要不就是对考试有用，要不就是对找工作有用，总之必须是立即有用的，其他的一概不考虑。清华经管学院毕业生如果不知道康德的思想，这怎么行?

你说的第二个问题。我最近听取一些人的意见，他们说大二暑期的社会实践还不错，但是还缺少对社会的关注。阅读是一个层面，社会实践是另一个层面。可能表现形式不一样，但实质上是一样的，即我们还没有把大学教育作为人生教育，只是作为应付老师的一系列考试。

学生：今天您的主题“通”和“专”的探讨，我很赞成。商学院、医学院显然培养专才，任何领域从事研究也需要相当“专”。

钱颖一：在研究生阶段要比较“专”，本科阶段以通为主。

学生：我感觉，为什么人最终一定要选择某个职业？是不是一种悲剧?

钱颖一：原因很简单，是现代科学发展的结果。过于宽泛就不能深入，毕竟人的时间精力有限。所以如果要站在前沿从事研究，就必须很窄，这样才可能使你深入。

学生：是不是应该选择一种职业，可以有尽可能多的业余时间?

钱颖一：爱因斯坦就曾在专利办公室工作，每天看看专利报告，比较空闲，所以有时间写出若干篇开创性论文，包括狭义相对论。爱因斯坦是很极端的一例。如果你希望像爱因斯坦那样独立研究，就找一份他那样的工作——在一个研究机构，有相对多的业余时间。

学生：我下学期去海外交换，那所学校选课都不能超过一学期四门。哈佛也有类似规定。我们的本科一学期有 14 门课。咱们有一种趋势，特别默许甚至鼓励学生选择更多的课。对两种选课哲学，您怎么看?

钱颖一：其实这不是两种选课哲学。哈佛不是学分制，而是课程制，一共要求上 32 门，分八个学期，一个学期平均四门。首先回答你一个问题，与刚才说的阅读有关系。在这四门课后面跟着五倍时间的阅读量。我们的学生不阅读，如果每学期只上三四门课，会觉得上大学就好像没上似的。如果真要求上四门课，这四门课内容也是四本教科书，但每本教科书后面跟着 30 本书，你去读吧。我们的学生通常不做这样的选择，并不是说他们不行。同样的学生在这儿念 14 门课，在那儿念四门课，环境不一样。这是从学生的角度讲。

第二，从教师的角度讲。我们的教师可能可以教 10 门课中的一门课，但是如果把它变成四门课中的一门课，就难教了。因为后面要求读那么多书，很多书教师自己都没有读过。所以我们这边的教师也有问题。比如，“国际经济学”是四门课中的一门，需要读很多论文著作，但要求学生应该把四分之一的时间放在这一门课里，在美国能做到，在我们这里能做到吗？我相信，假如我们真的开了这门课，有的老师就无法胜任，而学生则会觉得无所事事。

我觉得，其实这 14 门课里可能有 10 门课自己看书就可以了。我也希望每学期只上四门课。去伯克利交换的同学在那边用在学习上的时间比在清华还多，这就足以说明问题了。这是双方的问题，老师有老师的问题，学生有学生的问题。我们还没有达到那个阶段，但这必然是未来的方向。比如“西方文明”课，应该花一个学期中的四分之一时间来阅读。而我们现在，它只是 10 门课中的一门，当然效果就不一样。

本科生与院长共品下午茶

（2011 年 12 月 2 日）

要有长远眼光

钱颖一：2002 年咱们学院开始本科大平台招生，大平台培养，就是学生进校后第一年不分专业在一起上课。我是从那年开始来学院担任特聘教授的，为本科一年级学生讲“经济学原理”。记得是 2002 年 9 月，在主楼后厅上课。因为是第一次开这门课，2001 级和 2002 级两个年级学生一起上。就像去年我们第一次开“西方文明”和“中国文明”，2009 级和 2010 级两个年级一起上的情况一样。

两个月前，我陪陈吉宁副校长到斯坦福大学访问。我去拜访商学院院长，他是我们学院顾问委员会委员。我们中午一起在咖啡厅吃饭时，过来一个女生，自我介绍是经管学院 2001 级的学生。她在主楼后厅上过我第一次讲的“经济学原理”课。现在她在斯坦福商学院读 MBA 第二年。我就问她在经管的经历。她说她在三年级海外交换之前曾经找过我，她当时想去德国亚琛大学交换。这所大学理工科很强，但是经济管理一般。她说记得我当时劝她不要去。我问她去了吗？她说没有去。她后来参加了另外一个团，到世界各个地方去，是她自己找的，她觉得很有收获。我说很庆幸，没有给你支坏招儿，至少没有让你去要后悔的地方。她是上过我在清华第一次开课的学生，到现在将近 10 年了，在斯坦福碰到。这是做教师非常高兴的事儿。当然，我更想看到她再过 10 年、20 年后的成长。她的名字我没记住。所以我想，也许 10 年后我会在什么地方碰到你们这些人，那时如果你们能记住今天我给你们讲的故事，我也会觉得非常有意义。

我想说，学习时一定要有长远眼光。我举这位女同学的例子，她是 2001 年入校的。你们是 2008 年到 2011 年入校的，稍晚一些。我想说的是，重要的就是要看得长远。我知道你们都把眼前的东西看得特别重，其实应该看得长远一点。

2008 级大四的同学我印象很深，入校时正好是“汶川地震”后，北京奥运会后。那年你们班上有一个同学，家是灾区的，受了很多的苦。这些年我们每年都在改革，每年都有变化。2009 级开始有了“中文写作”课，到 2010 级又有了“西方文明”“中国文明”课，是 2009 级和 2010 级两个年级一起上的。2009 级开始“批判性思维与道德推理”成为必修课，那天我去听杨斌老师讲课，在后面站了半天也没有找到座位。

请到好老师来授课

钱颖一：这学期“西方文明”的两个课堂我都去听过。去年彭刚老师第一次讲这门课。当时我可能犯了一个错误，好心把 2009 级和 2010 级放在一起上，这样 2009 级也能上。结果发现课堂太大了，效果不像我想象的那样好。今年是一个年级开出两个课堂，效果就好多了。

下学期的“中国文明”我终于又找到另一位老师，所以也可以开出两个课堂了。我找了十来个教师，有北大哲学系的，历史系的，还找了北师大的，都没有合适的。后来又找了一位社科院哲学所的。他发给我的教学大纲，我看不懂，我说这是研究生的专业课吧。后来他又推荐了一位，我看还比较合适。所以下学期的“中国文明”有两个课堂，一个是清华的彭林老师，一个是外面请的老师，风格很不一样，这样挺好，大家自己选。

彭林老师忧国忧民，生怕中国传统在你们这一代被断送，痛心疾首。有一天给我打来电话，讲关于他这门课考试的情况。我那天还真的去了他这门课的一个考场，发现没有人监考。彭林说他是“绿色考试”，因为在他的课上教过人要讲诚信，所以他就不派监考老师了。但是他说，考完以后有的同学反映，考场上有人抄袭。这使彭林老师极为气愤，所以打电话跟我诉说：我教了15个字，其中就有一个“诚”字，怎么考试还作弊？我就去问学生是怎么回事。学生说他也太理想主义了，别说教过一节课，就是让孔孟再世，也很难不出现这种情况。我这个暑假把彭林老师的PPT（演示文稿）都看了，知道你们学起来也不容易，内容这么多。他在《百家讲坛》上讲得很风光的。他是专讲儒家的。我更希望儒、释、道都应该有一些，也包括法家，这样对中国文化的精髓有所了解。

杨斌老师的“批判性思维与道德推理”这门课，我到现在还找不到第二个人来教。他用了一个方法，找了十几个学生做Teaching Fellow（兼助教的学生），让他们来上小课。哈佛的桑德尔就用了60多个研究生当Teaching Fellow，他的大课上有1 000人上课，每个小课不能超过20个学生，所以需要这么多的Teaching Fellow。我到他的办公室谈了几个小时，了解他的课的细节。我们的小班课很接近他们的小班课。

咱们的“中文写作”课是小白老师在教。找教这门课的老师实属不易，他是我们从对外经济贸易大学请来的，现在就请到这一位老师教这门课，如果他有点身体不适，都找不着其他人来教了。

开这些课想法很好，但是真的要请到好的老师，实在不容易。彭林老师和彭刚老师都是我亲自去他们办公室请的，他们都特别支持，答应了。我以前就知道他们的口碑。彭林老师开的公共选修课“中国古代礼仪”，是在建筑学院很大的教室里上课，评价极高。彭刚老师的课也是，从来都是排在全校前5%，前10%。

这些都需要过程。我是这么觉得，几年下来，我们的通识教育一定会有成效。那时你们再去跟清华其他学院的同学或者外校同学交流，或者跟外国来的交换学生交流，就会发现与过去不同了，你们同在国外受教育的人的距离就缩小了，聊天都会感觉更好。

以前我们学的全是数学、物理、计算机编程等内容。编程有点儿用，也许你们今后能用上，但是也可能把你们当工具用。真要谈点儿文化、宗教、思想等问题，过去还是比较费劲的。现在经过这些课程以后，会有比较大的变化。

李孝如老师的“中国与世界：法律传统”课你们有没有上？他是我专门请来的。我是 1981 年在哥伦比亚大学认识他的。那时我刚到哥大读研究生，他是哥大本科生，上海人，上海外国语学院的。他的英语比美国人的英语讲得还好。他的知识很丰富，后来念的法学院，当律师，他现在是金杜律师事务所的合伙人。我就让他来讲“中国与世界”这个课组中的一个课堂，讲比较法律传统。

学生：上节课他就请了美国一个很有名的律师给我们做了一次关于美国大选和政治制度的演讲。

钱颖一：下学期我请了许成钢老师来讲“中国与世界”这个课组里面的另一个课堂，讲制度变迁。他是思想深刻的经济学家。我们两人是在 1984 年一起进入哈佛经济系读博士的同班同学，后来都师从科尔奈（János Kornai）和马斯金（Eric Maskin）。我们一起合作过多篇论文，是长期的学术研究的合作者。他也是从 2002 年开始到清华经管学院担任特聘教授的。他原来在伦敦经济学院任教，现在是香港大学教授。

将来我还会找更多的人来教“中国与世界”这个课组，我希望这个系列都请外面的人来讲。讲中国的事，但是要用世界的眼光。

一年级的“西方文明”和“中国文明”是基础性课程，需要大量阅读才会有收获。我不知道你们读了多少本书，特别是彭刚老师那门课上开的书单上的书，都给了你们电子版。我也把这些书都放在我的 iPad（平板电脑）里，跟着你们一起重新读。到了二年级，上杨斌老师的“批判性思维与道德推理”课，开始时可能会把你们的思想搞乱。他用现实的例子组织你们争辩和讨论，搞的颠三倒四，不知道谁对谁不对了，对思维形成冲击。到了三四年级，你们要在“中国与世界”这个课组里面选修。光有一二年级的基础性课程不够，太抽象了，还得落到地上，就是要把知识运用到现实层面，有法律的问题、经济体制的问题、金融体制的问题、社会体制的问题、政治体制的问题等。“中国与世界”就是讨论现实中的一些问题，我们请一些外面的人来讲。

研究生的课程，这学期我请了楼继伟，今天上午他还在这里讲课。他讲20世纪80年代、90年代中国改革历程，讲非常现实的经济改革的政策层面问题。他是这些改革的参与者，讲他的亲身经历，外汇改革是怎么做的，汇率并轨是怎么做的，文件是如何起草的。大家可以从中了解政策层面是怎么操作的。我觉得这样的教育，学的东西既有思想深度，同时又跟现实有连接，会刺激自己的思考。不管你将来做什么，都需要有批判性思维。这样的课只有在我们经管学院能开出来，也是很独特的。

“下午茶”是个好机会，可以聊天。你们觉得哪个老师讲课有问题，都可以说。以前“院长下午茶”都有学院副院长、教学办老师参加，现在只有我一个老师参加。与MBA学生的“下午茶”，在只有我一个老师参加的情况下，听到反馈意见很多都是过去没有听到的。哪个老师讲课怎么怎么不好，可以指名道姓，反正只有我一个老师在场。今天下午的研究生“下午茶”，他们也反映了不少情况。

尝试各种可能，不给自己设限

钱颖一：本科毕业后有几条路。或者在国内念硕士或博士，或者出国读书，或者直接找工作。直接工作并不意味将来不读书了，可能工作几年后再来读书。你们现在一进校就与学长有很多交流。但是如果你们是理性的话，就要记住一条，我们学院变化很快。有时候你听了学长的，可能会被误导，因为每年的情况都在变。当年推研的时候学分绩很重要，那个时候可能是100%的权重，但是两年之后就变成50%的权重了，等你们毕业的时候，还不知道是百分之多少的权重呢。所以我说，你们不要过分相信学长的话。

学生：我们宿舍的都去海外交换了，就留下我一个人。一个去了西班牙，一个去了沃顿。去西班牙的说西班牙很美，去沃顿的说沃顿很累。去沃顿的那个本来想直接工作，去投行。到那边熏陶一下后，就想读博士了。

钱颖一：你们应该尝试各种可能。可以先去投行实习，有的人去过之后就再也不想做投行了，改为做学术了。所以如果你想做学术，最好是在大三的时候去投行实习一下，尝试过后可能就更坚定了做学术的想法。当然也有些人就更愿意做投行了。

学生：我是信管专业的学生。之前不懂什么是信管，也不懂什么是经济学。随着时间拉长，发现经济学对我的吸引力更大，我更喜欢经济学了。选信管是决策上的错误，自己很后悔。

钱颖一：这也谈不上是错误，专业选择在本科期间都不能说是错误。多学点别的都很好。

学生：比如说编程。编程不仅有用，我觉得锻炼思维，编程是另一种思维。

钱颖一：研究生给我提了一个问题，我们如何避免成为“金融民工”？学金融工程的，做很多金融编程，成为金融民工，还挺形象的。这个词有点意思。关于课程，你们有什么问题？

学生：“计量经济学”感觉老师教得特别理论，缺少应用性。

钱颖一：但是我们有更加应用型的计量经济学课程。

学生：但那是研究生的课。

钱颖一：研究生的课为什么不能去听呢？

学生：听是可以去听的，但很少有人知道这个事情。本科生很少有人知道的。

钱颖一：这就是我们的问题了。为什么本科生很少知道研究生的课？我在清华读本科的时候，就去北大听陈省身的课，那是研究生的课。本科生听研究生的课一点不丢人，考得不好那也不丢面子。30 年前，1980 年，我去上研究生的课，考试还得了一个 A，所以写简历的时候还可以写上两笔，看上去很给力。但是现在的本科生说研究生有哪些课我们不知道，或者说知道了我们也很难注册，所以我们就不去听了。我觉得这些根本就不是理由。

学生：对于一些想搞学术的人来说，他们可能知道。但对于一般同学，可能学计量主要都是有点不情不愿的感觉，学一个理论计量对他们平时帮助也不大。

钱颖一：我的意思是说，我们不要自己给自己设限，一年级就只看一年级的课表，二年级就只看二年级的课表。我要教学办第一步把学院所有的课都要印在两张纸上，让你们大家都看到。第二步，受你们刚才讲的启发，我要把研究生的课也全都放上，发到你们的邮箱里。30年前我们自己去找课上。可是现在我看你们的课表，只列上必修课，到了大四下学期，课表上就是空的了，据说是因为大四下学期只有毕业设计，所以就没有别的课了。这个课表实在是很误导，至少在心理上很误导，好像这个学期就没有课了。所以我希望把经管学院的所有课全印出来，而且也要把研究生的课全都列上，不然又说我不知道学院有哪些课可以上。

学生：最好有一个网站写下所有课程的具体内容。我觉得我们很多选课系统上的课程内容介绍就不全。

钱颖一：国外大学会把一年中全校的所有课都列出来。每门课有一段解释，并注明上课的时间、地点、授课教师、修课要求等信息。清华其他学院不管，咱们学院的课程信息应该都公布吧？也许上课地点我们无法控制，是学校定的。但是课程名称、课程内容、修课要求、授课老师，这些信息应该是有的。课程介绍也可以做成简表，便于学生查找。

美国大学对一般学生的数学要求并不高，但是为什么会有突出的学生呢？很简单，就是那些学生修了高深课程，并不是要求修的，是自己去修的。比尔·盖茨没有念完哈佛，读了两年就辍学了。但是他在大学二年级时上过博士生一年级的高级微观经济学，据说还考了个A。说明他能学得很好，只是不愿意念了而已。可是在我们这里课程界限怎么就这样死板呢？每一个课都专属某一个年级，这种排课表的方式就是过去计划经济的办法。当然这对安排教室比较方便。国外大学的课程不是这样排的。每门课程只规定先修课程，至于选那门课，选课顺序，都是你的决定。

现在我们的一个情况是，到了大四就开始全时实习了，大学的课程都排在前三年，前面排得太挤。到了大四就不读书了，大学实际上变成了三年制。你们以为占了便宜，实际上吃亏的还是自己，因为白白少念了一年书。彭刚老师布置的书，你们都读过吗？洛克的书读了吗？马基雅维利的书读了吗？没有读过的话，这门课就白上了。

为什么开设“生命科学”课

学生：现在的“生命科学导论”课效果不是很好。我们为什么要学生命科学的课？

钱颖一：关于“生命科学导论”课，我已经找过施一公院长好几次了，他答应给我们再开新课。他们现在从海外找了一位老师要来开新课，明天我还见施老师，还得跟他说这事儿。生物课是这样，理科生觉得好多都学过了，而文科生又觉得这样的课不一定在这个学期学，可以往后放。我们确实需要了解生命科学这个学科里面的基本思路。将来研究经济或参加管理，都会遇到生命科学发展带来的技术问题、社会问题、道德问题等。我们更关心的是这些问题，并不是实验怎么做，这与生物学专业学生不同。施老师和我的意见是一致的。所以他找到了一位老师，下学年就开始开了。我说原来的那个课还保留，清华有很多学生可以上。新的课换个课名。搞改革不能把以前的课弄掉，那不行。

现在美国顶尖商学院 MBA 毕业生的就业去向，第一是投资银行，第二是咨询公司，第三就是跟医疗健康有关的行业。申请经济学研究经费，研究老龄化是一个热门题目。生命科学里的好多东西，大家一定得知道一些。

我们有一位顾问委员叫欧文·雅各布斯（Irwin Jacobs）。你们知道的有名的创业者中，有几位都是大学辍学生，比如乔布斯和盖茨。但是雅各布斯是当了正教授之后创业最为成功的。无线通信的 CDMA（码分多址通信技术）就是他发明的。他曾是 MIT 的电子工程教授，60 年代到了加州大学圣迭戈分校（UCSD）任教，做电子工程系教授。他写的教科书现在还很流行。他曾经创建过两个公司，后面这个叫高通，CDMA 的专利是它们的。他给加州大学圣迭戈分校捐了很多钱，工学院以他命名。圣迭戈地区的无线通信行业就是高通带动发展起来的。他现在在干吗？搞移动健康，就是把健康信息都加到一块芯片中。他太太是加州大学圣迭戈分校生命科学的一个顾问委员会主席。

生物制药、医疗器械等都是未来的行业。我曾经邀请过徐航来清华企业家讲堂演讲。他是清华生物医学专业毕业的。当年这个专业是全校录取分数最高的，但今年好像是倒数第一。生物医学专业，就是生物医疗器械专业。他创业的公司叫迈瑞，在深圳，做得非常好。他也是清华校友创业中做得极为出色的。这个领域我们知道的太少，我们对生命科学也知道的太少。

我认识一位日本经济学家，他说日本现在有 50 万人活到 100 岁以上。日本的人口是中国的十分之一，按同样比例的话，中国得有 500 万人活到 100 岁以上。现在活到 100 岁以上不那么难了。这就带来很多医学、生命科学、伦理道德等问题。医疗改革是经济学中的重要问题。医学研究前沿在什么地方？科学的极限在什么地方？这里面既有医学问题，也有经济问题，还有道德问题。转基因是另一个大话题，非常有争议。到底科学证据是什么？如何判断和解读这些证据？科学发展不一定都能解决人类的所有问题，最终还要靠人的判断。

世界一流大学对本科生都有生命科学课的要求。除了将来从事生命科学研究以外，原因各种各样，最简单的原因是作为一个人，你得知道生命是怎么回事。这是最基本的。生命科学的研究方法对你的学术研究是有益的。有些人将来要学医，生命科学是基础。有些人关心社会伦理问题，伦理问题与科学技术紧密相关。生命从何时开始？胚胎从何时开始可以独立生存？伦理问题与技术问题紧密相连，本来是挺清楚的事，现在变得不清楚了。用干细胞做研究在美国也是一个有争议的问题。如果你去投行，如果做公司上市，业务与此相关，你也得懂得一些。这是从比较功利的角度来说，要懂得生命科学。

学生：那能不能改变讲课方式，比如我们能把生命科学课变成一个系列讲座吗？

钱颖一：系列讲座形式有问题。“化学与社会”这门课就是讲座式的，每一讲换一个人，一学期 15 个星期，就是 15 个讲座。我去听了，我觉得每一个讲座本身还可以，但是这门课没有给你一个学科的整体构架。

最理想的应该是在这一组里有若干课大家可以去选，但是现在我们没有这个条件。只好我们替你们去选，我先去听一遍，觉得这门课好，就用，那门课不好，就不用。打个比喻，我们是固定菜单，每一道菜是固定的，没有选择。理想状态和国外大学不是这样的，规定几道菜必须要上，但是每一道菜中有好几个选择可以去选。将来我们肯定要朝这个方向走。现在“中国文明”和“西方文明”分别都有两个课堂，你们可以选。将来要做到所有课程都至少要有两个课堂可以选择。“中国与世界”现在也有两个课堂了，李孝如老师和许成钢老师，你们可以从中选一个。但现在“中文写作”就只有一个老师教。不过现在我们的固定菜单本身是完整的，各种营养都有，但花样不够多。

“经济学原理”的小班课怎么上更好，我们一直在探索。过去两年我们找了几个老外来教。前面三个老外都是普林斯顿大学经济学本科毕业生，讲的都是与现实经济相关的内容。以前我们小课的概念就是习题课，就是解题。我觉得小课不能光讲解题。老外不是这么一种讲法，更多的是讲新闻摘录，拿现实中的事件来组织大家讨论。比如有从《华尔街日报》上摘录的新闻，现实的案例，比如债务问题等。大家来讨论，收获就会大一些。

经济管理专业为什么这么热?

学生：为什么在中国经济管理专业这么热?

钱颖一：我们学院的本科生是清华各专业中高考分数最高的，部分原因是在中国经济、金融、管理是最热门的专业。我发现这在全世界都很特殊。在其他国家，优秀学生爱选两个专业：医科和法律。在发达国家和不发达国家基本都是这样，但在中国不是。

医生收入高，受人尊重。律师在法治社会也非常受人尊敬。从医有门槛，做律师也要考试。从古罗马开始，就有医科和法律这两个职业训练，历史很长。这两个职业都是传统上受人尊敬的，选这两个专业的学生都是资质很高的，这就解释了在所有其他的国家，学医和学法的学生考分高。

中国的情况很不同。北大医学部的高考分数低于北大本部。中国医生的正规收入低，灰色收入拿了心里不安。医生工作时间长，值班是常态，现在医患关系紧张，医生不受尊重。周围的医生都不愿意让他们的子女学医，就说明了这个行业的问题。中国还不是法治国家，律师没有受到应有的尊重。律师的收入也不是那么高，而且安全都没有保障。所以法律并不是一个有吸引力的专业。当把医科和法律去掉之后，经济、金融、管理就凸显了，当然还有理工科，但目前竞争不过经济金融。我作为经管学院院长，很高兴我们招到这么多优秀学生。但是从社会角度来讲，这不一定好。为什么最聪明的人都学经济和金融？

现在有一种说法，就是考分这么高，不念经济管理可惜了。谁觉得可惜？不是你自己，而是你的父母，你的班主任，是社会舆论觉得可惜了。我知道你们是在这种环境下选择经济管理学院的。但是我很开放，你们进来之后可以学任何专业。我们学院2006级有一个跳芭蕾的特长生，研究生去学心理学了。通识教育下大家可以有更多样的发展。

文科生和理科生

学生：文科生和理科生各自有什么优势？

钱颖一：理科生对“中级微观经济学”更适应，其中有解方程，而文科生对“经济学原理”可能更适应。过去我们只强调数学和英语，现在已经不是了。必修的数学课从原来的19学分减到13学分。我问过彭刚老师，他说文科生在“西方文明”课上的优势特别明显。我们学院以前只招理科生，现在文理兼招。

我最反对文理分科。文理分科对学生心理的摧残是很大的。一个人毕业后一辈子都说我是文科生，我是理科生。不就是在高中分科了两年吗？心理创伤跟了一辈子，下意识地给自己心理暗示。我不想强化文科理科的区别，但是有些课程开出多个课堂，对数学的要求程度不同，你们可以在A、B、C

中选。国外大学的计量经济学课堂也有多种选择。如果叫文科班、理科班的话，我自己觉得心理暗示性太强。所以我们叫 A、B、C。

这种心理暗示也体现在选课的顺序上，造成了很多选课障碍。我还没学这个课，怎么能学那个课呢？比如，某课（1）没有学，怎么能学（2）呢？（2）没有学怎么能学（3）呢？当年我学经济学是“倒着学”的：先学的高级微观经济学，后来才学的中级微观经济学，最后是自己补的经济学原理。当然这属于特殊情况。但是我想说，不要那么教条。

由外教教英语有利也有弊。好处是英语是他们的母语，坏处是他们通常都不是专业的教师。我们外语系老师的好处是他们是专业教外语的。你们的学长都知道清华哪几位老师教得好。你们在高中的时候每天有一堂英语课，外国语学校就更多。建议你们看《经济学人》（*The Economist*）杂志，上面讲的都是经济问题，又是很漂亮的英国式英语，所以既学习了英语，又了解了经济现实问题。学英语要做到把《纽约时报》拿来，新闻标题不查字典，90% 以上都要能看懂。文章是记者写的，但标题都是编辑写的，标题是很讲究的。学英语的目的不是为了考托福、GRE、GMAT（企业管理研究生入学考试）等，是为了能使用。

高盛也好，摩根也好，美国这些投行在美国招聘本科毕业生的时候，通常根本不看你学的是什么专业，看重的是你这个人聪明，有悟性，有潜力。比如桑顿曾经是高盛的总裁，他本科在哈佛学历史。可是高盛在中国招聘就不一样了，看你学没学过会计、金融知识，会不会编程等。这种差别是因为他们在美国招聘的人将来要做领导者，而在中国招聘的都是技术层面的人。

我来参加今天的“下午茶”之前在为 12 月 12 日的一场重要活动做海报。为了纪念清华百年校庆，我们编了一本书叫《老清华的社会科学》。这里面包括老清华的四个社会科学的系：经济学系、政治学系、社会学系、心理学系。我们将举办一场新书发布会。广告词是我写的：

世人只知老清华国学院的四大导师，但你可知老清华社会科学的四大学科齐聚一堂？带你翻开那段被岁月埋藏的历史，缅怀他们的理想，追忆那段学科的辉煌时代，继承发扬清华的学术传统。

现在一提起清华的文科，就是清华国学院。其实它只存在了四年时间，而我们的这四个系存在了26年，从1926年到1952年。很多人都不知道，你们可能就都不知道。所以希望你们都去听。

如何管理时间？

学生：我觉得上了大学以后，截至目前，我每周都被各种考试催着。有很多“西方文明”的阅读没有看，我也买了《时代》《经济学人》等杂志，但是买了都放在那里也没有时间看。我就想问问您对时间安排上的建议。您觉得大一的时候最重要的是干什么？

钱颖一：这位学姐，你的时间是怎么安排的？

学生：我大一的时候就给自己定义为适应阶段，多体验一点，看自己想要什么。让我现在总结一句的话，我觉得要舍，有舍才有得。之前我也是想什么都做得很好，但实际上是不可能的，或者是我做不到的，然后就找重点。你先培养你的兴趣，看看你想要的是什么。

学生：我觉得现在的问题就是没有时间让我培养我的兴趣。

钱颖一：当然不是鼓励你们都去学你们的学生会主席。我问过他的时间是怎么分配的？他说他80%的时间都在看闲书。当然他太极端了，这只是一个特例。

学生：我觉得他时间管理好厉害，不管什么活动，都能看到他在。

钱颖一：他有舍啊，他就把学分绩舍了。

学生：我们的信息非常多，如果我们一天不打开邮箱的话，就有几十封未读邮件。我们的课表也很满，有一些很好的讲座，我们很想去，但又在上课。这种状况其实也是挺尴尬的。我们经管就是信息太多，其他院系信息比较少，但是这种信息太多就是另外一种极端。

钱颖一：所以就得控制，那就是得舍弃一些，要选择就得放弃。我放弃了很多，很多记者采访我都婉拒了，电视上看不到我了。我的秘书的一项工作，就是帮我婉拒很多邀请。我的时间花在听你们的课上，发现网站上出现什么新问题，海报的效果怎么样，等等。但是我觉得，只有舍去，才能得到。不然就不能得啊，你得舍啊。

今年 3 月份的时候，我推动学院建了我们学院的微博。今年 1 月我请新浪的曹国伟来演讲，他介绍了微博的兴起，并拼命怂恿我开微博。我说不行，我知道写微博会占用大量时间，所以得舍啊。这不都是舍的例子吗?

大学不是高中

学生：我每周都有党课，光接受思想教育就太繁重了，变成被动式学习。在这方面接受很正统的教育。但到“中文写作”“思想品德修养”（简称“思修”）这些课，就是另一个方面了。

钱颖一：我知道“思修”课的授课效果特别因人而异，不同老师讲的完全不一样，完全取决于老师的水平。你们觉得老师课讲得还不错，什么方面不错?

学生：老师讲的是现实问题，不是照本宣科。

钱颖一：到了二年级你们学“批判性思维与道德推理”的时候，就会更加系统和深入地探讨一些哲学问题。如果现在有很多想不清的问题，就先放着，慢慢往后学的时候再回过头看，就不一样了。

“批判性思维与道德推理”中讲了三类哲学：功利主义，自由主义，社群主义。这几类都各有伦理上的道理。进入大学后，知识信息量很大，甚至很多是相互冲突的。这很正常，大学不是中学。中学告诉你这就是对的，不要问为什么，不要多提问题，否则感觉你就像没听懂似的。到了大学，发现不同很正常，要逐步学习，逐步消化，逐步提升，千万别急。我在你们开学典礼上讲过，在入学导向的时候也说过，过去我们认为到大学就是学知识，实际上不是。要学会 unlearn（忘却），disorient（去导向），然后 reorient（重新导向），也就是说，到了大学后要重新思考。我觉得思考最重要。到大学不是简单地学习技术性的知识。即使编程，高级的也是有思想的，不是纯技术。

学生：像我们班，我感觉鼓励人们思考的氛围并不是很浓。大家不会讨论，而是都在学习，讨论也就是几道题。

钱颖一：你们二年级是走过来的人，和一年级新生分享分享。

学生：一年级的时候过得比较像高中，写作业上课。二年级就有一些讨论的课，比如批判性思维，有讨论的小班，大家就可以交流思想。学校会提供一个平台让你们交流思想，从而影响你们，课下也会自发交流。

钱颖一：一年级下学期的“新生研讨课”是小班上课，有不同的话题，有很多的讨论，选一个你喜欢的话题参加。这是我们新增加的必修课，一共12个课堂。大学第一学年你就把自己定位为适应和探索，不要背任何包袱，刚离开中学，需要重新适应。

你们在中学都是尖子生，进了清华以后往往会出现问题。特别是第一学期，怎么才考70分呢？很难接受，自信心也一下子没有了。人才就是这么被毁掉的。至少在我们学院，我要鼓励大家，把前景告诉大家，每一个人都可以按照自己的特长和兴趣发展，不要互相比。人和人之间不可比。

“刷题”的机会成本

学生：周围的人就给你一种学分绩特别重要的感觉。比如上周考“经济学原理”，那一周大家基本上都在刷题，从2004年的题开始做，周围所有人都这样。

钱颖一：我曾专门讲过刷题问题，白讲了。

学生：您讲是一回事，但是要考试啊，大家想着每年都可能有重复的题。

钱颖一：在国内考试觉得每一道题都要做出来，一道没做出来就郁闷。

学生：现在刷题就是因为怕考试的时候别人做过，你没做过。

钱颖一：以前复习的时候，把不同题目归类。但是今后做研究，就是你没有见过的类型。见过的东西怎么叫研究呢？

学生：我上次考试之前刷题，就觉得让我收获很多，原来这种问题可以这样想。我收获了很多经济学的思考方式。

钱颖一：“刷题”可以帮助你熟练，举一反三，有它的作用。但问题是你的机会成本太高了，时间都用在刷题上，很多其他东西就没有时间学习了。

学生：我觉得经济学的思维训练，刷题也是一个很好的获取办法。

钱颖一：刷题是一种方式，但不是唯一的方式。我经常在看到《经济学人》杂志上的一篇文章时，就会想半天。他讲的故事为什么和我们以前讲的模型不一样呢？这不是考试题，而是现实中的一个真事。或者我看到网上一条评论，我觉得他说的不对，我脑子就得想，为什么他说的不对。我经常看到一些著名经济学家的话，觉得他们说的不对，我就琢磨我怎么用一两句话来说明他们说的不对。这都是自我挑战，自我较劲。你们应该专门找著名经济学家的话，看他哪句话不对，是理论模型不对，经验数据不对，还是其他什么方面不对？我以前出题时专门找著名经济学家说的话，然后让你们分析他们的话中有什么问题。这多挑战你的思维啊。

设立导师制度的初衷

学生：钱院长，学院当初设立导师制度（mentor）的初衷是什么？

钱颖一：初衷是想让每一个学生都有老师指导。我指导的每一个学生我自己觉得还是很尽责的。当然老师们也不一样，有的老师负责任，有的就不那么负责任。

学生：我就觉得我和我导师的观点不太一致。

钱颖一：为什么只有观点一致才有帮助？我觉得观点不一致，也会有帮助，因为你们可以互相挑战，了解各自的观点是什么。

学生：就像我和另一个男生一起见导师，他就给我们强调学分绩的作用。

钱颖一：你可以和他辩论，或听听别人的意见。

学生：当时他和我说过这样一句话，你们不要老听钱院长说学分绩不重要。

学生：我们导师也说过这个。

学生：其他老师也说过，你们不要天天说不做题，题还是要做的。

学生：我们还有综合素质测评，他们大一的新生还不知道，班级后一半的就会被评为差。我们很多人不理解，凭什么就说我综合素质不好了呢？

钱颖一：我在我的文章中专门批评了素质测评，我的文章网上就有。素质测评造成心理压力，这种测评还不如不评。

学生：出国交换时为什么素质测评后10%就不行呢？就算有多余的名额也不让去。

钱颖一：这是学校评的。我在学校开会的时候专门说，大学总想鼓励偏才、怪才、奇才，但是他们在素质测评中一定是排名最后的。素质测评是全班学生互评的，只有那些合群的学生测评分数才会高，而比较孤僻的，古怪的，分数不可能高。所以，一方面要鼓励偏才、怪才、奇才；另一方面又在搞素质测评，给人造成心理压力。一年级没有？只有二年级开始才有。

学生：小学就有。我们有《成长手册》。

改进课表和本科招生手册

钱颖一：我还有一件事，请大家帮忙。我打印了一张课表，是你们下学期的所有课程。之所以列这张表，是因为你们现在收到的课表是按照年级的。这就把你们限制死了，好像二年级只能上一些课，三年级只能上另一些课。这是中学的做法，大学不应该这样。当然，我知道其中的原因是受课容量限制，要给某个年级选课优先权。即使这样，也不应该把课程都对应到每一个年级。还有经管学院的《本科项目招生介绍册》，是为了高中生报考用的。你们觉得这里面什么信息对高中考生特别重要，什么信息不重要，哪些信息比较吸引你们？

学生：海外交换。

钱颖一：名师云集呢？

学生：大家都不知道这些是什么人。

钱颖一：我想加一个毕业生感言，毕业后去哪儿。

学生：这个家长感兴趣。

学生：可以放一些课程信息，比较有意思的。

钱颖一：课程信息，什么样的会比较有意思？

学生：比如“西方文明”这种课，专业课也可以放一些，有大概的介绍，了解一下可能心里更有底。

钱颖一：五年前我做第一版《本科项目招生介绍册》，那时是为了招收 2007 级本科生。我在招生期间专门见了四位成都外国语学校的文科生。因为那是我们第一次招文科生，而北大传统上文科名气比我们大。五年过去了，我想稍微改版一下。你们觉得海外交换是一个重要的吸引力？那我们就加强这方面。人文环境、通识教育、个性发展，这些都需要突出。通识教育可以列出一张表，上面列出我们的通识教育课程体系，在四门统一要求的思政课之外，我们有八门基础技能课和八个核心课程组，很系统。

学生：应该突出一下人文环境。我们是县级学校，对清华了解不太多。当时清华招生组老师到我们那里招生，鼓励理科生上经管，但他们父母就感觉清华是一个工科学校。因为觉得没有偏人文的，好多人就没来。

钱颖一：人文讲多了，理科学生觉得我这些都不会，会不会有问题？

学生：不会。

学生：培养方案是吸引人的。

学生：把学院使命写上。

学生：要突出通识教育。

钱颖一：人文环境，通识教育，个性发展，我们要突出这些。你们来经管，是因为自己想来？

学生：自己想报。

学生：我就是铁了心地想报。

钱颖一：2009 级一位同学来自内蒙古呼和浩特，她是那年内蒙古的文科状元。她上高二的时候听我做过一次招生宣讲，是同她爸一起听的。听完回去之后就在卧室的墙上写满了清华经管。结果她考了内蒙古文科第一名。北大也找她，过去她那个中学连续多年的状元都去北大了，结果去年被她打破了。

学生：我们还有好多同学觉得考得好就要来清华经管。

钱颖一：你是文科理科？

学生：文科，包括我们宿舍东北的女孩也是觉得考得好就要来清华经管。

钱颖一：以前清华经管只招理科生，所以文科生都不知道。2007 级那年，我在招生上下了很大功夫。那年的示范效应很强。

我今年 9 月份到了安徽黄山，路过休宁中学，我下了车。学校管理很严格，不让外人进入。我们的一个学生是休宁中学毕业的，是 2007 年安徽省理科状元，她在那里很有名。我说我是她的老师，他们顿时对我肃然起敬，把我请进去了。这事让我意识到，我如果去中学，一定要把你们的名字亮出来，然后我就说我是你们的老师，这样学校就肯定会尊重我。

学生：这份招生介绍册现在都是表现学校能够提供什么，但是我们能从中获得什么没有写。比如可以更加突出毕业生的感想，你若是学术型学生会怎么样发展，你若是专业型学生会怎么样发展。

学生：对于高中的学生来说，顾问委员会这些东西他们也不太了解。

钱颖一：大公司的名字知道吧？

学生：知道，炫。

钱颖一：你们是不是寒假时都要回到母校，参加“情系母校”的活动？把招生介绍册的材料给 2011 级的同学，在你们回母校时带去。

学生：我是哈尔滨三中的，我当时拿了 30 多本回去。

钱颖一：全国的重点中学我知道一些，比如重庆一中、杭州二中、哈尔滨三中、北京四中、成都七中、枣庄八中，还有几个外国语学校，比如南京、杭州、成都、上海、武汉、郑州等。

教师总是希望招到最好的学生。我回想起 1992 年 12 月，我和我的斯坦福大学同事斯蒂格利茨教授一起到珠三角参观访问，最后一站到中山大学。在他演讲之后，我们对其中一位提问的学生印象深刻，他是一名本科生，叫洪瀚。当时已经是 12 月了，离月底斯坦福博士申请期限已经很近。我和斯蒂格利茨说，咱们帮助他申请斯坦福大学的经济学博士项目吧。我们就让秘书把申请表寄过来。洪瀚说我只学过一门微积分，别的数学课都没有学过，我说没关系。斯蒂格利茨和我各写了一份推荐信，因为我们听到凡是教过他的老师都说他很聪明，是所有学生中潜力最大的。后来他被斯坦福大学录取了。

1993 年夏天我又到广州见到他，让他补一些数学和计量经济学的课程。结果第一年博士资格考试，一位美国教授跟我说，评卷都是匿名的，考卷上只有号码，没有名字，结果发现最好的一份答卷是洪瀚的。洪瀚现在是斯坦福大学经济系的终身教授了。这是我的一次挑选学生的经历，记忆深刻。

本科生与院长共品下午茶

（2012 年 5 月 7 日）

钱颖一：“院长下午茶”每学期一次，但这次“下午茶”有点不太一样。这次我专门请了多位老师。杨斌老师教“批判性思维与道德推理”，非常重要的一门课。白重恩老师教“中级宏观经济学”，也教我们的“新生研讨课”。钟笑寒老师教“经济学原理”，他也是我们的本科项目协调人。邢立君老师是我们的教学办常务副主任，她是我们的 MBA 毕业生，过去一直在学院校友办公室担任主任，现在为了加强教学管理工作，让她做教学办常务副主任。教方兴老师是我们新担任不久的院办主任，也是我们的 MBA 毕业生。

今天想和大家一起探讨一些问题。今年 2012 年对我们学院本科教学改革来说是一个重要的年份。学院本科教学改革的起步，可以追溯到 2002 年，从 2002 年开始到现在是十年。在这十年中，我们的国际化步骤加快。一个具体表现是英语授课，那是从 2007 年开始，到现在已是五年。我们十年走来，特别是过去这五年，变化很大。2008 级四年级同学经历过去这四年的过程。现在我们到了一个阶段，需要有一些新的思考。这就是为什么今天我请了这么多老师一起来参加“院长下午茶”。

本科教育改革的阶段性成果

钱颖一：这十年，特别是过去这几年，学院的本科教育改革有了非常重大和实质性的进展。不仅在学院层面有了很好的反响，在学校甚至在国内外都开始有了一些影响。上个月（4 月份）有三件事情，表明经管学院教学改革的影响扩展到了学院之外。

第一件事情是清华大学在 4 月 18 日发表了介绍经管学院本科教育改革的

简报，这是在全校范围内的简报，在校网上可以看到。这份简报的标题是“经管学院本科教育改革：探索中前行”。这是学院学生会《经管专递》上用的标题。所以《经管专递》很重要。

第二件事情是在 4 月 13 日，教育部在清华大学召开了“高等学校文化育人研讨会暨第五次文化素质教育工作会”，其中一个环节是院长会议。包括清华经管学院、北大元培学院和复旦大学都介绍了本科教育改革的情况。我代表清华经管学院，在某种意义上也是作为清华大学的代表，在这个会上介绍了我们学院本科教育改革的情况，让其他的高校也知道我们的本科教育改革。

第三件事情是在 4 月 24 日，《中国教育报》头版头条发表了题为“培育学生自由生长的土壤——清华大学经管学院试点本科教育纪实”。为什么是在 4 月 24 日发表？开栏话中写道：今年 4 月 24 日是胡锦涛总书记在清华大学百年校庆上发表重要讲话一周年。为了贯彻落实胡锦涛总书记的重要讲话精神，全面贯彻落实教育规划纲要，日前教育部召开了全面提高高等教育质量工作会议，出台了《关于全面提高高等教育质量的若干意见》和《关于实施高等学校创新能力》提升计划。本报与教育部高等教育司联合推出全面提高高等教育质量系列报道。这是第一篇。在此之前《中国教育报》在 3 月份有另外一篇报道刊出，采访了学院 2008 级本科生何佳锦，标题是“真心感到学校教改是为了学生”。

这是 4 月份发生的三件事情。说明我们学院本科教育改革的信息，已经走出了学院，在外面开始有了一些影响。

明天我要到学校答辩，为了我们申报的一个教学成果奖，标题是“通识教育与个性发展相结合的国际化本科教育体系建设”。参加答辩的清华文科项目就有二十多个，希望我们这个能胜出。

我们的本科教育改革一步步走到今天，有了阶段性成果，受到了更多的关注。今天的“下午茶”活动，不是来自我表扬的，而是要思考接下来怎么走。所以今天不只是回顾过去，而是为了思考未来，也可以叫第二阶段。为了准备这个会，我自己搜集了一些材料，作为引子跟大家先来谈一谈，然后我们再一起交流。

我们过去做对了什么？我们建立了一个本科生培养框架和课程体系，其中有两个方面，一个是通识教育，一个是个性发展。我们的方向是正确的，而且这个体系既与国际接轨，又适合中国国情，也有普遍适用性，不仅仅是经济和管理，对此我们很有信心。我觉得我们的框架和体系比国内兄弟院校至少在设计层面上要高明。与国外知名大学相比，我们的课程体系设计也不比它们差。但是，跟国际顶尖大学比，在课程提供的质量和水平方面，在学生学习的成效方面，我觉得我们还差得很远。这是一个实事求是的评估。我们要特别清楚地知道我们存在的问题。

调研本科教育的四份素材

钱颖一：我今天给大家提供四份素材。第一份素材是《清华大学学生基础调研报告·本科生分册》。大家可以直接看最后的第九部分，即结论部分，那是总结了调研发现的主要问题。这里指的是全校的本科生，包括文科、理科和工科三大类。也许这几个问题在我们经管可能没有像在其他学院那么严重，但是也值得关注。

学生尽管在专业知识方面收获很大，但是在能力素质方面的收获存在严重不足，口头表达、公开演讲能力、书面写作能力、创新能力和组织领导能力是最低的。其中有我们在几年前已经试图要解决的，可能有的我们已经有所改进了。学校一直将拔尖创新人才作为培养目标，但学生在创造力、创新方面的不足，反映出学分绩导向对学生素质影响的问题。

师生交流不足。这次基础调研中反映出我校师生互动交流明显不足。本研究对师生多方面的互动频率进行了调查，发现经常与任课老师交流的学生比例很低，最高的文科院系学生也不到30%，理工科甚至不到20%。更值得注意的是作为直接面向同学的班主任老师，本应最常与学生交流，但实际与学生互动情况十分不理想。调查结果显示，分别有63.7%的理科生、50.5%

的文科生、38.3%的工科生本学年从未与班主任交流过，平均而言有 43.8%的清华学生，本学年从未与班主任交流过。

第二份素材是我收到了学院 2009 级部分去海外交换的同学《写在交换后》的建言汇总，还有同学给我写了好几封邮件，希望我能够看看，非常诚恳。我非常仔细地看了，觉得写得很好。我们 2009 级同学上个学期到欧洲、美洲、亚洲的大学去交换学习，他们在有比较后，对我们的课程改革有肯定，也指出了不足。不仅是课程，还包括就业指导。

学生感受到两边最大的区别在于，那边每一个学期学四门，最多五门课，而我们大概要上十门课。而学生在那边的四门课上花的时间超过我们这边在十门课上花的时间。那边在课下花的时间远远超过在课上的时间。在海外大学，学生对课程的掌握、思想的活跃程度、参与程度、跟教师的互动程度等，都超过这边。那边有的老师把全班所有学生的名字都能叫出来。这与我们这边形成了非常大的反差。现在我们课程的名字，甚至教科书都和海外的一模一样，但是教师教课的方式，学生学习的方式，最后教学的效果可能相差很大。所以我们现在面临的问题与五年前、十年前很不一样了。我特别请这几位写邮件的同学和其他同学来这里提建议。你们写的这些，我不仅看了，而且还要把它作为我们非常重要的素材。我觉得我们的学生提出的建议是非常可贵的。

第三份素材来自我去北京中学的调研。在过去这一两个月，我去了北京的三所中学：人大附中、清华附中和北京四中。我去了这三所学校，听了十几堂课，很有收获。你们过去说上大学以后英语水平比在高中时候退步了。我去听了这三所学校的英语课后，明白了这是为什么。高中每天都有一节英语课，到了清华以后英语是两学分，也就是每星期只有两学时的课，当然得退步了。这一情况在经管学院已经改变了，因为我们将英语课时增加到了八学分。去年清华大学做了调查，除了经管学院外，其他学院的学生也是觉得英语水平上大学后比高中时候退步了。

北京中学的英语课教学水平超出我的想象。这三所学校的英语课都特别好，给我印象最深的还是人大附中，教师是全英文教学，学生参与程度也高。当然这三所学校是北京市最好的学校，并不能代表其他学校。但是，它们让我了解了精英中学的英语教学情况。其他课程，包括数学、语文、历史、地理、政治等我都听了，有的很不错，有的一般般，也有的很有问题。听这些中学的课让我理解了为什么“经济学原理”课中出现的一些问题，原来是中学里死记硬背的一些内容，与我们后来学的经济学原理中的道理不太一致。比如中学有关中国近代史的部分内容，就与国际贸易使所有国家都受益的原理相冲突。

我在北京四中看到广告栏上贴着芝加哥大学的本科招生广告，这就是对我们国内大学的压力。在我去人大附中的时候，恰好碰到清华招生组的几位老师。有位外语系的老师问我，清华每年都有英语竞赛，都说经管学院的学生英语好，为什么得奖的都是法学院的学生？我不清楚，是因为我们的学生不愿意参加？或者是我们参加了却比不过法学院学生的英语？这个问题你们一定得给我答案。

第四份素材是关于学分绩的。中国有两个导向最重要，一个是经济的GDP（国内生产总值），一个是学生的GPA（学分绩）。每次我跟你们说学分绩不是决定一切的，但是你们回到宿舍，学长给你们说一句话，就把我说的所有话全部颠覆了。我让我们的老师列了一张表，看看学分绩到底和什么有关系？一共列了10项，有奖学金综合项、奖学金特长奖、优秀人才培养计划项目选拔、推荐免试研究生、海外交换生选拔、实习、就业等，这些都跟学分绩正相关。

我开场白所讲的这些是让大家知道今天谈什么问题。我们在第一阶段明确了很好的方向，我们的本科教育体系与国际接轨，而且也非常符合我们现在的情况。从我们的学生到我们的老师，到学校，都很认可，或者逐渐受到认可。我们到了这个阶段，不是自满的时候，因为我们离高质量还有很远的距离。第二阶段应该把它定位于提高本科教育质量。如果这句话不是空话，那就要把它变成可操作的、具体的、有实效的，最终是要见到效果的行动。

为什么要请一年级到四年级的学生一起来？几年前我们开始搞本科教育改革的时候，当时找了 2007 级的同学。后来在他们毕业的时候，我们又开了座谈会，他们提出的一些建议我们都做到了。今天大家提出的建议可能一年级同学能部分享受到，但是高年级同学不一定能享受到。既然大家都是清华经管学院毕业的，就都有责任。我们对大家的意见是极其重视的，所以今天请这么多人来参加“院长下午茶”，就是想通过这种形式头脑风暴一下，然后再思考怎么做。我们有信心让我们的教学质量能够接近、达到甚至超过国外顶尖大学。

从海外交换中比较：案例教学法

学生：关于海外交换，我最大的感觉是那边有很多很大块的课，但是我们这边的课是很分散的。我今天中午又看了一遍大家写的东西，我觉得几乎所有人都提到的，就是大家感觉在交换的学校那边，学校对学生、对市场的关注，对知识的实际运用上要求更多。我是在加拿大毅伟商学院（Ivey）交换，他们用的是案例教学，所以每堂课都会让我真正了解一些商业中的实务，比如会计，或者公司金融，内容也不是那么深奥，有的老师上课之前还会讲一些近期相关的新闻。他问的第一个问题是，最近你们看到了什么新闻。然后班上的其他同学就会说，最近的油价在怎么变，或者最近金价在怎么变。有些同学也提到，自己之前从来不知道怎么看股票走势。我交换之前在经管上了大一和大二两年，这两年学的内容可能是比较基础的。我希望在早一点的时候就能让同学们有一种主动关注真实市场的意识，不管是金融方面，还是商业方面，一些很真实的市场的东西。这是我自己看了大家交给我的文章之后一个很强烈的感受。

钱颖一：你说的这点我完全注意到了。我之所以没有把它作为第一个来说，是因为我看你的文章时做了一番思考。有两点需要注意。第一，大学一二年级的课程和三四年级的课程在性质上是不一样的，一二年级的课程是比较通识的，三四年级是比较专业的。这两种课程的教法不同，所以是两类，要把这两类课程区分开来。这一点你已经意识到了。第二，也许你还没有意识到，就是你去交换的毅伟商学院是一个本科商学院。因为历史原因，我们交换中有一大半是商学院。如果我们把这些学院换成文理学院的话，你说的现象一下就少了很多。再有，在使用案例教学上，毅伟商学院也是一个非常极端的例子，其他商学院不会使用这么多的案例教学。

学生：刚才钱院长提到了四份材料，其中第二份材料我有参与编写。我是清华附中的。老师召开的那个有关学分绩的座谈会我也参加了。所以您提到四份材料我就很激动，因为参与感很强。其实我觉得要说改革，还不是这些细节，我想是方向上需要改进，那就是“我要什么”。我是去加拿大皇后大学交换的。我在当地的朋友，他们要炒股，每天都要盯盘。他们在选这个专业之前就已经明确“我将来是要盯盘的”，他们从大一开始盯盘，一直到现在，这是他们自己的选择。比如说学经济学的，他们就是有看前沿文献的习惯，并且有专门的问题要和我讨论，但我没办法和他们讨论。这些问题对我的触动很大，为什么我没有这个自发性但他们有？我觉得这是一个跟学校引导相关的问题。

我上杨斌老师的“批判性思维与道德推理”，当时让我们看很多书，上钟笑寒老师的“经济学原理”，也让我们看了很多书。我很喜欢看书，我都看了，我觉得看书的意义不是提供了什么知识，这些东西很快都会忘，而是让我知道这个世界真的很大，要看的东西很多，去听从任何人的任何话都是不够的。一切都要用自己的脑子想。我觉得这已经是大学对我一个很好、很重要的引导。但我觉得我身边很多同学可能还没有感受到这种引导。

学生：我也是在毅伟商学院交换。有两点对我触动蛮大的。第一点，基本上所有学生在大学前两年都是在其他学院学人文、哲学、数学之类的课。四年级的学生也是刚接触到经济和商科一年，但是我觉得他们学的东西明显要比我们头两年学的效果好很多。从上课回答问题中可以感觉到，特别震惊。

单说金融课，这是他们一年前学的东西。我们之前接触的经济学和金融学，总的时间都比他们要长。但是真正开始上同一门课，我们几乎所有人都感觉跟他们有差距。所有课程都是案例，老师会问一些问题，就是在案例中我们怎么应用这些知识。刚开始时大家脑子一片空白，都不知道要怎么回答。而当地同学的课堂思考特别快，老师提出一个问题，他们很快就能思考，怎样解决，而且有自己创新的地方，还很善于表达。所以从课堂上举手回答问题来看，两边相对比，我们感觉差距还是有的。

钱颖一：这是刚开始。课程过了三分之一以后，你们感觉如何？

学生：我觉得我们的教学体系跟他们不一样。他们是案例教学，体系性特别差，如果说让我从头用这个体系去学会计学、经济学、金融学，那么对这个学科的整体理解是不行的。但是，我们现在这个教学体系仅仅还停留在对体系的了解上，而如何应用，如何主动思考，还是和他们有差距的。

钱颖一：是不是第一次接触到案例教学对学生是一个大 shock（震惊），不知道怎样应对？

杨斌老师：这是一个需要练的东西。学生对案例教学非常不适应。下课铃响的时候，他们说"这就完了"？这是案例教学最大的不一样，就是讲课老师要做一些提炼和概括。

钱颖一：当坐在那里感到比较震惊的时候，就会积极投入，马上思考，思维特别敏感。此时心理压力很大，会想"他怎么会想到这个问题而我怎么没想到"，感觉自己有些不行，再就是"他知道很多东西我怎么不知道"，是这种感觉吧。

学生：我想补充一点，我们在皇后大学交换的时候有一门课，那门课的第一名就是我们一起去的交换生，他的表现不是比交换生好，而是比本地生好了太多。

钱颖一：他是一开始就这样，还是后来才这样？

学生：我们做第一个案例的时候，他的成绩也很一般，但是第一个案例完了以后，他去找教授聊天，第二个案例就做出了 105 分的成绩，而我们组的作业只得了 70 分。

钱颖一：你觉得他有一个上升过程？

学生：其实他在第一个案例上的分数也只是超过平均分，只不过是第二个案例的时候他太优秀了，把教授和当地学生全都震惊了。我觉得他在我们这个年级的同学里只算是最优秀之一，所以，我觉得经管的学生做案例并不比北美的学生差。

钱颖一：那我们一二年级的时候没有案例训练吗？

学生：有的，我们的新生研讨课就用的案例教学。

钱颖一：他上过吗？

学生：他没上过。我们的交换生最后做案例也都不比本地生差。我觉得案例是有路径可循的，不是人们实力的差距。所以我个人觉得这种技巧型的教学并不是我们改革的主要问题。

钱颖一：你刚才说第一反应就是“他们怎么反应得这么快？”你怎么会觉得他们反应比咱们快呢？你再描述一下当时的感觉，就是老师说一个问题，他们马上就能做出回应。他们根本就是以前接触过的吗？

学生：肯定接触过，但接触时间肯定不如我们久，因为他们只在这个领域里待了一年，之前都是学数学、物理之类的。所以这个反差就让我有种我们比你们多学了两年的感觉。

钱颖一：他们也是三年级学生吗？

学生：他们是四年级学生，但是他们在毅伟商学院只待了一年。我就觉得他们的整个感觉比我们高出很多，而不只是语言的问题。比较明显的是会计课程和我们的不一样。我们的会计课主要讲怎么记账，怎么平，但是他们更多考虑的是选择不同的会计方法对整个企业有什么影响。我记得有一个案例就是讲卖外国公墓，当时就讲如何记利润，记利润对整个企业有什么影响。我们之前学了会计也知道，但是真正放在这个特殊的企业之中，不同的计量方法对整个企业的财务报表有什么不同影响，我们当时并没有反应过来，但是当地学生很快就能反应过来。这个企业的特殊之处就是卖了墓地之后只有买墓地的人去世之后才会用。这块墓地一直记在企业的名下，但是利润是不计的。

钱颖一：别的课程我不敢说，我们这里的会计教学量远远比美国的要多，我们现在从大二开始学会计，美国的学生没有上过什么会计课。所以要从知识来讲，我们教的并不少。你刚才提的案例说明，你不能死记硬背，或者严格按照原来所谓的一个准则，你需要有一些思考。这就是教育很重要的地方。

学生：我觉得我们在上了三分之一的课之后还是挺能进入他们的状态的。其实他们的东西并不高深，他们的老师在上课前问的那些问题，平时看看新闻，我们也都知道，自己想一想，大概也能想出原因。还有他们想问题的一些思路，分析案例的一些方法，这些都可以掌握，这是有技巧的。最开始的震惊可能就是因为之前没有接触过。所以，当真正进入那种状态之后，我们做案例的分数比本地生的分数要好。

学生：但是我觉得这样一个模式学下来之后，对整个知识的理解确实会加深很多。就从对知识的掌握理解的收获来说，我觉得确实跟我们这边很不一样。

学生：我去的是加拿大 UBC（不列颠哥伦比亚大学），我感觉更多的其实并不是在课堂上，而是他们的整体环境，对此我印象特别深。在 UBC，有一个教室特别火，它有二十多台彭博终端机，那个教室每次我们要进去，都要事先预定。当时我们交换是六个人，等我交换要走了，跟他们聊起来的时候，剩下的五个人都不知道有这件事情。

第二个收获是他们的职业计划非常明晰。其实 UBC 的商学院在全球排名并不高，而且又是在加拿大的西海岸。它的职业导向远差于刚才说的毅伟商学院。但是在那样一个环境下，每一个同学对于他们本科毕业以后选择的道路是非常明晰的，而且他们的老师配备也都是非常出色的。这并不像我们学校外聘一个并不是清华的老师，来当职业发展中心的老师，然后美其名曰在网站上一对一交流，交流后你会感到那些老师其实并不知道你想要什么，并不理解你的规划是什么。但我在 UBC 跟当地老师交流的时候，你会发现和你交流的老师是商学院的老师，他们的本科教育水平跟你是非常相近的。这就导致他们在本科的时候能充分学习到很多在职场中能够用到的一些技巧，在面试的时候更自信。

这样的环境能够让他们每天思考更多我以后要什么。他们的这种好奇心有的时候其实并不是发自内心的，但在这样的大环境下，我会有一种紧迫感，要求我往前走。我回来以后发现，大家的选择很多时候是因为我周围的人都是这样选择的，而我其实不知道自己到底要什么。如果目标不明确，又何谈好奇心呢？这是我在交换的时候想得最多的。

从海外交换中比较：自由和多元

学生：如果要我说的话，我就说两个关键词：自由和多元。我也只能提出问题，想不到什么解决方案。我去美国威斯康星大学，选的课基本上都是经济系的，可以随便选。首先，美国大学本科在大一和大二是不分专业的，到大三才开始学专业，但是这个专业的要求很低，就是你只要上过一些适量的课就可以达到专业要求。所以他们学双学位、三学位的很多。经管学院的学生当时报考的时候应该说大部分都不是出于兴趣，或者说中国学生在报专业的时候都不是出于兴趣，因为自己对专业根本就一无所知，就是因为分高所以来了经管学院。来了之后大家基本上都走上了同一条路，就是到金融领域就业。

我觉得这是一件令人遗憾的事情。如果说得夸张点，就是一个国家最聪明的头脑不应该都去做金融。对整个社会来说，这种人才的配置也不是最优的。所以，我们应该做的，就是让大家看到别的可能性，包括大一的时候给我们的那些通识教育。但是，我觉得这种自由和多元的氛围是不是应该更多一点，让大家找到自己真正想要的东西。

但是，怎么做到这一点呢？其实挺困难的，更多的是观念上的。如果要从制度上改变的话，我觉得没有太多良策。我的另一个想法是我们现在的课程其实还有点僵化，把大家给限制住了。大家就是按照培养计划中的课表上课，不能自由地跨期调整课程，比如，要把某门课放到大二或者大三，但是我们现在大一就要上。我感觉大多数同学感到“中国文明”“西方文明”这两门课枯燥，不能理解院长您的苦衷，为什么要给大家开设这样两门课。但是我觉得假如放到大二大三，大家应该就能理解了。在大一的时候都感到有点迷茫，想赶快学点实用的东西，能够和别人吹的东西，结果却学了一堆同学聚会的时候没人谈的东西，会感到有些失望。但是，如果放到大二大三，就会好一些。

我到美国待了一段时间，上他们政治社会学的课，瞬间就 shock（震惊）到了。我觉得那种震惊比上商学院的课更大，因为他们谈的东西我完全不懂。老师请大家讨论一下美国各州宪法对政策的影响，我真的是一句话都说不出来。回来以后我就感觉一定程度上我脱胎换骨了。我在美国看到了各种千奇百怪的人，突破了偏见，我的意思是大家随着阅历的增长，对每门课程重要性的评估可能会变化。所以，如果能让大家进行这种跨期的课程调整会比较好。

当然，这会带来一个问题，每个人自由选课会把班级概念打散，而清华的特点是班级氛围很强。这里的一个问题是，一方面班级带来了团结，另一方面班级带来了某种束缚，因为你要跟大家一起做一件事情，可能并不一定对你个人是最有益的。因为我的主题是更多的自由，所以我就着重说一说班级的相对解体化带来的优势。例如，你上一门课，如果有很多大二大三的学长在，这就可以无形中加强你和学长的交流。现在大家和学长的交流其实是很少的，一般都需要组织专门的活动，比如和学长共进午餐、共进下午茶这样的形式来实现。但是你如果上一门课，在一起讨论作业，参加学习小组等，就无形中增加了接触，而这种接触对思想的交流是很有效果的，只有身处在一起，思想才能够交流。

学生：我们上个学期学过“商务沟通”这门课，其实我觉得这门课很有国外课程的那种感觉。这门课只有两学分，但是我一周投入的精力大概是有 10 学分。所以，我觉得这种观念上的转变可能真的需要。一是学生要主动，二是学院这边可能需要相应地提供机会。我们接触最多的是 2009 级的学长，等我们2010级的同学成为学长了，可能对2011级、2012级同学的选择就会造成很大的影响，也就是说这导向应该就能改变过来。

钱颖一：你们说大一学“西方文明”和“中国文明”，大家都很迷茫。但是你刚才又说，你到了国外最震惊的课是人家讲各州法律的政策影响。我们最初设计这些课程的顺序，就是为了让你到了那边可以减少震惊。这就是为什么要安排在大一的时候学“西方文明”和“中国文明”，这样大二的时候才能上杨斌老师的“批判性思维与道德推理”，让你能够自由地思考。这样你到了大三出去交换的时候，才能理解那边的课程，少一点震惊。这是我们设计通识教育课程的初衷。但是你说了一个很功利的目的：“我上这些课，本来是想在大一的时候跟别的中学同学显摆一下我跟你们专业不一样的东西。”我如果接受你这个前提的话，向同学显示我知道CDS（credit default swap，信贷违约掉期）让别人对你刮目相看，还是去显示你知道更多的柏拉图而让人家对你刮目相看呢？

选课的自由度

学生：我觉得现在大家选课一个很重要的因素还是要和同学一起选。假如说这门课是你一个人选，你会觉得没有人讨论作业，一个人单干就很悲剧。如果班级能够相对解体化一点，大家觉得我不需要和30个人一起上同一门课，那大家的自由度就会增加一点。

钱颖一：班级是体制的约束，但是也还有个人的态度或者说心理因素。如果觉得我就要和旁边的人一起做作业讨论，我不能单独做，这真的是态度问题。如果我要和别人不一样，我就想做一点不一样的事，那就是不同的态度。

我们上次“下午茶”之后的一个改变是与课表有关。我已经让教学办公室做了全院的课程表。我们以前的课表和中学的课表是一样的，就是你这个班每周的默认项课程安排。实际上你有很多选择。在这张课表上，大四第二学期的课表上是空的。每次教学办都跟我解释，学生是可以自己选课的。我说那你们为什么还要放这张课表？教学办回答说这是学校的安排，还不能取消。有多少人知道我们可以到学院网站上下载我们学院的所有课程表？我就是在上次“下午茶”之后，花了好多时间去做这个事情，一个学期中的所有课，本科的、硕士的、博士的，都打印在两页纸上，包括上课地点、时间、授课老师信息。你们都知道吗？

教学办老师：是这样的。年级、班级课表是发给每个同学的，每人一页。刚才钱院长说的那个本硕博的全部课程，我们是挂在内网上的，在挂出去的同时，我们给同学们群发了邮件，通知大家。

钱颖一：你说群发了，我们这里有多少人，你们见到过这张课表吗？

学生：我见到了，但是我完全没有重视，因为这张课表发下来之后，我完全不知道它的用处是什么，我不知道这些课我是不是现在就能上。

钱颖一：同时我们还发了所有的课程介绍，在哪里？

教学办老师：也是挂在网上的。

钱颖一：你看，我们准备了两样东西：一个是课表，两页纸，每一门课程一行，就是你们看到的那个，时间、地点、学分、授课教师。还有一个就是课程介绍，每一门课的内容，先修课是什么，主要要求是什么。我们花了很多时间来准备这两种信息，最后大家还是不知道。

你们上次提出了问题，我已经想出了解决办法。我们原来那张每班一张的课表是纸版的，发到你们手上，你们印象都是很深的。而后面的这两张表，我们没有发，是挂在了网上，一是课程信息，一是课程介绍。其实这根本不是我们的发明创造，我看了 20 世纪 30 年代清华大学经济学系的课程目录，它在《清华经济系 85 周年》那本书里面就有，在《老清华的社会科学》那本书里面也有。那个时代就有这些信息，比如“经济学概论”，多少学分，先修课是什么，这门课主要想达到什么目的，大概每一门课都有半页纸的介绍。

教学办老师：我们是给同学群发邮件通知大家的。群发给大家的邮件里告诉你这是网站，链接在什么地方。

钱颖一：总有学生问我，物理课和生物课能挪到大四上吗？我们一直有学生这么做的，但是有些学生就觉得这怎么可以呢？两年前，2009 级的一个同学自己修了数学系的数学课，没有按照我们的课表走。他就是主动找的。我们的制度是有很多约束，但是在给定这个制度不变的情况下，仍然有很多空间，我们还没有充分利用。那张课表给人的默认项印象太深，让人下意识地觉得必须在这个时候上这门课。但实际上不是这样的。

学生：如果我们本科生可以随便选课的话，最好可以通过讲座的形式告诉大家。

钱颖一：我们在入学导向环节就把这件事讲清楚了。我们每次都强调，但是学生总说不知道。

学生：我觉得想知道的人都知道了。

学生：我在大二的时候除了学我们学院要求的“物理学导论”之外，还选修了两门给工科院系开设的物理学课程。我觉得这其实还是个人的问题，我们在制度设计方面已经做得非常好了。

学生：我们已经开始利用学院提供的这种便利。但可能要补充的一点是，在那封邮件之后，我们收到了另一封邮件，是教学办老师发的，就是规定本科生不允许随意跨级选课。

学生：不是不允许跨级选课，而是说不要因为 GPA 的原因，就把一些课推到大四上。至少我和我朋友都是这样理解那封邮件的。

学生：我觉得不是我们教学办的老师没有把课程信息传达到位，主要还是自己观念上的问题。不是课表给了我们这种观念，而是我们以往九年义务教育、高中三年教育这种固化的学习习惯给了我们这种观念。包括我们现在学习的时候，就会有很多学生反映，我们能不能像工科院系那样搞集体自习？老师希望我们打破这样的集体选课，全班同学约定了同一个时间同一个地点上自习，然后有相同的问题可以互相讨论。我们现在有一些学长希望能把班级打破，但是又有很多人希望把班级重建起来，因为我们现在班级的意识还不够强，我们除了一起上课外，没有其他的班级活动了。所以我觉得这是观念上的问题，这种观念的打破，要比一些课程设置上的变动更难。因此，打破这种观念不可能一蹴而就，也不是仅靠入学导向、听院长和老师的一些讲座就能改变的。我们还需要改变原先一直走得很成功的道路，这是一个很困难的过程。

白重恩老师：我对孩子的了解，就是当其他 80% 的人都在谈一件事情的时候，你插不上嘴，你就会觉得很有问题，没法融入。你一个人讲柏拉图，另外九个人都讲 CDS，那你就会很失落。这确实和环境有关系，如果所有学校都这样做，然后大家都讲柏拉图，那你就没问题了。现在是只有一个人讲柏拉图，其他人都在讲 CDS。

钱颖一：我觉得有两个因素，其实你们刚才都说到了。第一个因素是十几年来都是在小学中学编班，班里面都是一致的。第二个因素就是在清华大学，我们学院是特别的。在多数工科院系，刚才你们讲了还要集体自习，这就反映出他们的一种态度。而我们学院率先做了很多改革，就有很多不一样的地方。到了三年级你们出去交换，环境更是完全不一样了，在国外看到他们不分班，课程都是随便自己选的。

杨斌老师：我在接受经管学院的一个专访时也谈了自己的看法。关于选择性这个问题，我同白老师交流过很多次了。即使“批判性思维与道德推理”这门课，我们也觉得它应该有 10 个版本。而这 10 个版本，不应该都是一个主题。有的人很喜欢科幻，有的人非常喜欢经济学，有的人很喜欢心理学，这 16 节课完全都可以围绕一个主题开出批判性思维的课。

刚才谈得比较多的是自由和多元。我们现在就处于探索期，在探索中前行。坦率地说，其实与钱院长想达成的一些目的之间还是有距离的。但是我不是在管理大家的期望。你们注意到《中国教育报》的标题就说明我们不准备直接培养你，而是创造学生自由生长的土壤。关键是土壤这两个字。这是另外一种思维。关于“西方文明”“中国文明”“艺术与审美”这三门课，它们都是人文学科，我们通常说这些不是科学，所以一家之言是一种非常重要的特征。我们应该提供 20 个“中国文明”课堂，这中间有讲儒家的，也有讲法家和墨家的。在我们的课堂中，有一千多人的大课堂，也有13个学生的小课堂。这是多元的很重要的一个含义。

我再回到我的观点。我的观点就是说我们是那么想要达到那个目的，但是我们在改革的过程中出现了勺形曲线的勺这个部分。我们用到的方法甚至短期内有可能使你们的选择比没有改革之前更少。连战在北大做演讲，老说这句话，只要找到了路，就不怕路远。我说的也是这个意思。

学生：我尝试给您的发言提供一些注解。首先就是您说的选择问题，我觉得大家应该拓宽视野，要把选择放在清华所有的院系。清华人文学院虽然没有北大那么强大，但是也开了很多很多的课，如果大家能够意识到这些课也可以选，如果规定大家选那些课也可以得到学分，大家也是会选的。

杨斌老师：那天《经济学人》总编来访，他就骄傲地和学生说，你就是跷课也来听这个，是吧？我想起了我大学一年级的第二个学期，当时经管学院院长，在上海市担任代市长的朱镕基回到经管学院做一场演讲。我上午有高数二，然后我们宿舍的三个人，他们都是现在你们校友办采访的人，当时我们没有什么二话，就坐在现在叫文南楼的那个报告厅里，然后听。这是你的选择，现在就是这种选择。当然我也不是在教你坏或者说你要怎么特别顺从。我觉得青年时期最大的一个特征就是不要太在意那些评价指标。但是我就不知道大学应不应该教这个，怎么教。

我们班今年毕业20周年。大家返校一晚上从吃饭喝酒然后开始座谈会，真正认认真真地坐在一个大长桌周围，一块座谈，谈好多感受。其中有一个感受就是很少有人觉得在大学里学习这个事没抓紧。其中有几个典型发言中还特别后悔在学习上花的时间太多了。其实我觉得在大学里对一个人最后的结果有很重要影响的是非课程的其他部分。但是毕竟院长和各位老师能管的地方还是偏课程的部分，这是他们的本分，他们不太能管的是你的体育，你的谈恋爱，你的社群等，这不能管。可是这些东西，我认为是大学培养你的很重要的部分。

改进课程的教学形式

学生：我觉得“西方文明”和“中国文明”是很好的课，而且效果很好。但能不能也弄成小班讨论，像“批判性思维与道德推理”那样开展？“批判性思维与道德推理”有小班讨论，大家更愿意学。但是“西方文明”和“中国文明”就是有一点填鸭的感觉，形式能不能再改变一下？

钱颖一：“批判性思维与道德推理”，从形式到内容都是我们的典范。“西方文明”和“中国文明”，我们当然希望大课配小班讨论，但是这四位老师都不是我们学院的老师，有两位是清华历史系的老师，一位是北大历史系的老师，一位是社科院哲学所的老师，所以我们要求起来也很难。我完全同意，最理想的情况就是大课讲课配小课讨论这种形式，在国外的大学也多是这种形式。我们知道应该这样，但做起来不容易。

学生：也可以像“批判性思维与道德推理”一样发动学长来讲讨论课。

钱颖一：但是你要知道，第一，那是杨斌老师，第二，我们还有一个配套的优秀人才领导力培养计划，杨斌老师充分利用了这个计划中的学生来讲讨论课，把两者结合了起来。在全清华，很难找出另一个杨斌老师，在教学方面这么用心，而且能够理解怎么做，并加以执行，还能把十几个学长调动起来，半夜三点给每个学生回邮件。幸运的是，我们不需要在国外找一个标准，我们自己就有。但是不幸的是，我们这样的老师太少。

外院系学生的感悟

学生：今天我是不请自来，我不是经管的，而是社会学系的。不知道有多少人知道哈佛大学曾经有过经济与社会学的课程，开了 10 年，最后开不下去了。我刚刚很羡慕经管有这样的氛围，有院长每学期花时间跟大家交流。我今天想和大家说，如果我们真的需要什么东西，我觉得就是纯粹和疯狂。我们大一时带着最鲜活的头脑来上大学，在大四即将结束时，我想起海子的诗《回报》，我们是这个时代最疯狂的头脑。清华其实没有学生俱乐部，我想做的就是把各个学科中纯粹因为喜欢这个学科而学这个学科的人聚合起来，让他们进行交流。我现在已经找到了很多各种各样不同的人，比如我们这里有中央美院的，搞新媒体艺术的，也有微软亚洲研究院的，纯粹做人工神经网络的，当然也有像我这种不靠谱的社会学家。我是社科实验班的，选修社会学方向。

请原谅我以这么唐突的方式打断大家的讨论，因为我觉得我本来不属于这个场合，但是我留在清华的时间不多了，我觉得我们大家都因为一些恐惧，而把自己内心曾经能点燃世界的火苗湮灭。我们上大学以后，收到了很多来自外界的告知，告知你这个是重要的，那个是重要的，没有人告诉你只有你内心的那一点点火苗是重要的，但是把有火苗的年轻人聚合在一起，他们都发现自己身上的火苗，他们感觉到火苗壮大了，最终点燃自己的世界。所以说我代表火苗俱乐部欢迎大家的加入。钱老师您可以看看我们的网站，包括logo（标识）、海报都是自己设计的。我们也希望大家能走得近一点，有更多时间进行交流。

学生：我诚惶诚恐发表自己的一点感想。我来自自动化系，也是经济学双学位的学生。我想说的第一点是我发现清华同学有一个特点，就是一抓就死，一放就乱。我不知道经管学院会不会有这样的问题，至少我宿舍的同学有这样的情况。那种没有理想没有追求的同学，整天就颓废在宿舍里打电脑游戏，明显缺乏对自己的时间管理。老师刚才说要给课程更多的选择自由，但是事实上是什么样的呢？老师说，你们回去要看哪些书。如果这些书不需要考试的话，同学们是不会看的。有时候我能理解老师的苦衷，把考试搞得很难，因为只有考试很难，同学们才会认真读书，同学们只有认真读书，才能掌握这门课。因此，学分绩的导向在无形中促进了成长，所以我觉得我们不应该批评学分绩导向。根据我个人的经验，学分绩从来不是一件束缚人的事，难道优秀的同学连学分绩都搞不定吗？很多同学可能觉得选一些很难的数学课会拉学分绩的后腿。但是从个人的角度来说，我觉得这是很站不住脚的，因为我所有的学分绩都是靠数学课拉上去的，我数学课最低 98 分。所以，你如果真的用心爱一些东西，我觉得这些东西都不是什么问题。

还有我发现，经管学院的同学的职业化指向非常强。我觉得大学本科不是职业教育，大学生是需要培养人格、培养能力，他需要喜欢或者追求一些现在看起来没有用的东西，一些真、一些美，一些纯粹的东西，所以有时候，一个静静的下午，可能外面的阳光非常美好，你独自坐在一间教室里，静静地看书，你会觉得非常非常的美妙。这是第二点。

第三点是关于通识教育。钱院长刚才说，国外大学一学期可能只上四五门课，但是大家对这四五门课花很多的时间，所以有很好的掌握。如果通识教育，能不能采取这样的一种体制：大家主要浸润在各个领域，学校开十几门课，比如哲学、数学、法学等，同学们每个学期都去听，然后对这些课有一个总体的感受或印象，我觉得这比没有这些印象是要好很多的事情。从个人的角度来讲，我觉得目前为止有两个学科对我来说印象最深，一个是哲学，一个是数学。

“西方文明”和“中国文明”课

学生：我来自 2011 级，是清华附中毕业的。我听完之后有一些想法，也有一些建议。通识教育这方面，既然学院已经想到“西方文明”可以分成多个课堂，那为什么不再跳出“西方文明”这个框架？我觉得通识教育跟个性化发展相结合的话，完全可以加入其他方面的东西。我为什么觉得“西方文明”不好，因为我没有兴趣，我希望能选到自己喜欢的课，但是我现在没有办法选到自己喜欢的课。我喜欢金融，我当时来经管就是因为我喜欢金融。我想学“西方金融史”，但是没有。我想选“欧债危机分析”，也没有。我对实时信息关注明显低于我在高三的时候，高三的时候我对一些金融问题能写出一篇作文来，那篇作文甚至能得 52 分（满分 60 分）。但是我现在不行，因为我关注得少，而且我觉得课堂的氛围，完全没有带动我去关注。我很想问一些问题，比如欧债危机为什么发生？法国总统现在上台了，他的影响到底是什么？“四万亿”救市到底是什么？这些问题我无从得到答案。我觉得这是一件非常失败的事情。

我的一个想法是为什么我们不能像国外大学一样，把课程缩减到五六门，规定一个总的学分标准，然后其他课你自己可以选。比如我就可以选“金融史”而不去选“西方文明”，我觉得这样对一个人的个性化发展非常好。这是我的一些想法。

钱颖一：你关心比如说法国大选，这非常好。不过，我想说一点，如果你想理解现在的法国大选，如果你不理解西方文明的历史，那就不可能深刻理解当前的法国大选，因为你根本就不可能理解为什么法国的社会是现在这个样子的，它在历史上是怎么样演变过来的，它的哲学根据是什么，他们理解的社会主义与我们理解的社会主义有何不同。所以我觉得这中间是有连接关系的。如果你看不到这个连接，你就会觉得“西方文明”课离现在很遥远，实际上它与你想要了解的欧洲现状，甚至与你感兴趣的金融，都是相关的。

学生：关于“西方文明”和“中国文明”课，我觉得，如果不学这两门课，可能有很多书我也不会去看。而看了这些书后，我觉得有很大的收获。但是，这里也有一个问题，我确实觉得上这些课的时候我容易走神，原因是教室实在是太大了。我从大一上到现在觉得最喜欢的一门课是“中文沟通”，不为别的，就因为它是我所上的课里面课容量比较小的。当然，“新生研讨课”也很小，所以上这两门课，我就觉得特别舒服。因为我觉得学一门课的时候，肯定是有很多疑问的，很希望在课堂上能解决这些疑问，而不是课后到老师办公室去探讨。在课堂上灵光乍现想到的，可能过了一段时间之后就捕捉不到了。如果说课容量比较小，就可以跟老师交流，或者说在他说的时候我能够问一些问题，我觉得这对我的提高是相当大的。

学生：我觉得确实有联系。“西方文明”这门课确实好，我当时也确实想上，但是我上了之后确实就上不下去了。于是有一次我跷课去看了西方文明史的一本书，跷了三次课把它看完了。我想了解社会、历史，完全可以通过其他方式实现，这样我就可以选一门我喜欢的课。我希望有这个自由度，也希望学院能给我们这样的自由度。

学生： 大家都在讨论“中国文明”和“西方文明”课。实际上我跟你选的一样，但是我觉得这门课其实还是能调动我的兴趣的。老师讲的是提纲目录式的，通过这门课我了解了每个历史时期发生了什么，然后更多的是在课外去学。不过，我也承认，课上我也一样犯困。

我一直有一个疑问，就是为什么国外大学能把每学期的课控制在 16 ~ 17 学分。在咱们这里，则好像以选的课多为荣，似乎谁选了 32 学分、33 学分，就显得非常牛。作为一个大一学生我就是这么觉得的。

钱颖一： 因为在国外大学，从学生的角度讲，没有人能够承受超过 20 学分的课。每一个学分都要求你课外花好多时间，不然你这门课就上不下去。在我们这里一学期可以上 30 学分的课，简直不可思议。在国外学生一学期只能上 15 学分的课，只有我们这里的一半。但是在这 15 学分课上花的时间要等于或超过我们上 30 学分课程的时间。这就是老师抱怨学生的地方。他们说，在国外，有的老师要求学生一星期要读 500 页的原著。我们有哪一门课要求你们一星期读 500 页的？没有一门。这里的因果关系我不知道，到底是因为每一门要求少，所以课就选多了，还是因为你选了那么多课，老师觉得你负担太重，所以每一门课的要求就少了呢？但最后的结果就是现在这种情况。

刚才有一位同学说，是不是应该每一门课都去听。这是另外一种形式，讲座有的是，你都可以去听。但是作为课，就应该有深度、有系统性。你们现在有机会在老师的指导下，甚至再有一点儿学分绩的压力，逼着自己读经典，虽然这是很痛苦的事情。甘阳老师曾经讲过通识教育有两条，一是要小班上课，小班讨论，二是要读经典。我觉得有道理。在大学，并不是最受欢迎的课就是对大家最好的课。本科教育和研究生教育还不一样，你当时觉得可能是很无聊很没有用的课，而且学起来很痛苦的课，它也许恰恰是最有意义的。这里面是有一些道理的。如果我们把大学本科教育定位成不完全是为了就业，而是为了人生，那教育本身就需要学习人类的核心知识，而这些知识并不一定是我最擅长或者最熟悉的，甚至也不一定是在这个阶段我最喜欢的。但是有可能从长期来讲，或者多少年后回过头来看，是非常有意义的。

当然，认识到这一点需要老师和学生之间的沟通。美国的学生跟咱们所处的环境是不一样的。他们的每一届学生都是这样走出来的，所以他们自然而然就觉得应该这么修课。我们的环境是，其他院系都没变，我们的中学也没变，只有我们在变。这中间就有很多超乎一般情况的纠结。我想大家要这样去理解我们的通识教育改革。刚才这位同学说，“西方文明”课你没有收获，但是你自己看了三本书，觉得很有收获，那你不仅要看那三本，还要再延伸去看，上不上“西方文明”课没有关系。我觉得这对你关注现实问题一定非常有帮助，不然你不可能理解法国的现状。

一方面我们希望有更多的选择，我们将一个课堂变成两个课堂，本身就在增加选择。另一方面，我们要有一些空间，比如你可以上课不听，可以自己去看书。但是，不管如何，这类知识应该有。我们希望有 10 门批判性思维类的课，10 门中国文明类的课，10 门西方文明类的课或者中国文明以外的人类文明课，这是我们的理想。现在教“西方文明”和“中国文明”的四位老师都是我们好不容易请来的。为了请到教“西方文明”的第二位老师，我们找了八个人都不止，最后才找到这一位。我们现在确实面临着改革过程中的艰辛。所以，一方面我们需要再努力，另一方面，你们也要理解我们最终的目的是什么。说实在的，对你们的学分绩，对你们上不上这门课，对你们具体的做法，我们都不是很在意。我们在意的是，希望你们通过通识教育学到这些知识和思维方式。

学分绩与学分绩导向

学生：我个人不觉得学分绩有任何问题，而且我认为不觉得学分绩有问题的是两类人，一类是学分绩真的特别高，一类是真的不在乎它，而抱怨它的都是在乎它，但又不能拿到特别高分的。这样的抱怨我觉得不是我们学分绩设定的问题。关于选课太多的问题，我大一上学期只选了 19 学分。

学生：我从来不觉得课很多，37 学分、38 学分的课不照样过来了吗？我觉得是时间的有效利用问题。

学生：向这位自动化系的同学致敬。我想说两点，第一点是关于学分绩的，我自己认为学分绩是对的，但是学分绩导向是不对的。我们所有的导向都是以学分绩为标准，这才是最大的问题。刚才有人说抨击学分绩导向的人都是吃不着葡萄说葡萄酸。但是我觉得我们每个人的时间都是有限的，可能我们没法像那位大牛，在某个阳光灿烂的下午，徜徉在数学的海洋中。但是我们可能在做自己的事情，我们可能在做社工，我们可能在实习。当我们的时间分配在这些地方的时候，这些人可能反过来也会想，如果学习不是我的唯一出路，我给自己设定了更多元化的走向，那么学校有没有这样的制度，可以让我们回过头来看的时候，不会让自己的脊背发凉，觉得我选择了一条完全与主观导向相背的路。结果是你社工玩得很嗨，你实习很多，你成绩没有那么牛，最后这一帮多元化的人反倒被淘汰了。这是我想说的第一点。

钱颖一：其实总学分的要求，清华和北美的大学基本上是一样的。清华要求 140 学分毕业，北美的大学通常是 130 学分左右。如果是一学期要求四门课，就是一学期 16 学分，八个学期就是 128 学分。我们有 14 学分的政治课，除去政治课就是 126 学分。所以总学分要求没有什么差别。差别在哪儿呢？一个是必修课和选修课之间的比例。工科的话基本上都是必修课，或者限选课，基本没有任选课。我们学院硬给弄出来 20 个学分的任选课。

还有一个差别是学分在学期中的分配。我们的学分通常都集中在前面一两年，特别多。看学分分布，到第四年，课程就很少，有的去实习了，有的去工作了。所以如果你想把四年的课放到三年甚至是两年半学完，当然一个学期中的学分就会特别多。而在国外大学，是比较平均分配的，可能到大三大四还要更多一点，正好和我们相反。我们是大一大二负担特别重，大三大四相对轻一点，与他们相反。

通识教育课程最理想的状况当然不是八门课而应该是八类课，每一类里面有十门课你可以随便选，这是我们的理想状态，但是现在我们还做不到。有的同学说应该可以拿其他人文社科学院的课来替代。但是，问题在于人文社科学院的课质量参差不齐。我们想给学生更多的选择，可是在过渡过程中反而增加了规定性的课程。希望大家理解这其中的背景。

什么是好生活？

学生：现在对我们来说有一点难度的是make a difference（因你不同）还是make a living（谋生）？如果你连make a living都不能保障的话，还怎么去谈make a difference呢？比如我去一家公司求职，它的第一条要求就是excellent academic performance（学业表现出色），如果你没有达到这个要求，你都没有办法去面试，更不要说应聘到那家公司了。所以我现在想，如果真的想改变学分绩导向，还是从改变它的功用入手。现在的问题在于，如果我们在本科追求多元化，但又拿不出好的成绩，我们可能本科活得很精彩，但是之后没有人保障你的前途。

其实最早从隋朝开始，科举制度解决的一个问题就是底层和高层之间的流动，它打破了一个屏障。我过去12年的教育就是为我积累这样的基础。我知道，凭借我的努力，哪怕它是畸形的，我能够实现从底层走到中层甚至走到高层这样的生活境遇改变。没有人能够成为阻止我继续走原来这条道路，即追求学分绩的动力。因此，我觉得一是我们需要给本科生职业保障，尤其是给追求多元化的学生一些福利，二是我觉得杨斌老师说得很清楚，现在我们正处在勺形曲线的底部。

钱颖一：杨老师正好来回答这个哲学问题。make a living和make a difference这两者之间，特别是在有扭曲的世界中，应该如何选择。所谓扭曲，就是市场不知道我们的学生是这样训练出来的。比如，高盛在纽约面试时问的问题和在北京面试时问的问题是完全不一样的。在北京面试要问当债务的偿还期增加五年，你的融资成本怎么改变？但是在纽约不会问这类问题。桑顿曾经是高盛的总裁，他在纽约面试过普林斯顿的本科生，问他毕业论文做什么？他说我做两个企业之间的兼并问题。桑顿说你在普林斯顿为什么做这个，为什么不去研究柏拉图？请杨老师来回答这个问题，make a living还是make a difference?

杨斌老师：Make a living 的期望值是什么？从找一个好工作的角度来讲，同学们还有待提升的一种能力就是“讲故事”（story telling）的能力。我每次看你们申请“优秀人才领导力计划”时写的 CV（简历），一个感觉就是你们表现为求同，而不愿意做一件标新立异的事情。你说你写了自己的一些亮点，但是你知道你写的亮点是什么吗？写的都是主流会认可的那些东西。

我们学院有一位同学，他毕业后去了一家大投行，他在 MIT 斯隆读的 MBA，我特别爱讲他申请斯隆的那个故事。人家问了他一个问题，类似于你的学分绩在你们班上排多少？有前 5%，前 10%，前 25%，还有前 50%。他自己在后面画了一个框，然后写了前 80%，在上面打了一个勾，这是他自己造出来的一个选项。这不是说斯隆故意选了一个前 80% 的，而是说有很多时候你需要让自己是一个 outlier（异类）。

我知道人力资源部做招聘，他们用学分绩的时候，本质上就想干一件事，以学分绩为参考，找聪明的人。比如他们找了一个学生物的人，那个人和一个很厉害的人发明了一项专利，其实他的学分绩很一般。某公司非常希望招聘这个人，但是这个人最后还是创业了，和他的老板去干别的事情了。这就能证明你足够聪明，甚至不用加足够这个词，就是聪明。只不过现在只有学分绩这个信息，你如果能用别的方式证明你很聪明，也就够了。因为你的问题是直接和找工作有关，我觉得找工作就是要说明你怎么能和别人不一样。我有时候看了一堆简历之后，发现这其实是一个很大的问题。

钱颖一：你觉得 make a living 和 make a difference 之间是有一致性的吗？

杨斌老师：你的 make a difference 有时候是给 make a living 一个更有说服力的解释。

钱颖一：Make a living 是为了要在世界上 make a difference，但先要 make yourself different（让你自己与众不同）。

杨斌老师：我觉得咱们还有一点不足。人事部门的人看到那么多简历之后，基本上就把它们扔进了垃圾箱里。学校关于学生基础调研报告中提到的老师和学生交流少的问题，我相信有很多老师会遇到这样的情况，就是有一些同学是比较主动的。就我观察咱们学院的很多校友来看，现在经常在校友活动中比较活跃的人，其实上大学的时候不是功课最好的那些人。但是这些人比较会上赶着，有时候甚至会让他的同学觉得不那么舒服，比如表现得有点太 aggressive（进攻性），但是他们很多时候抓住了那样一些机会。很多这样的人后来创建了自己的公司，他们都是没能顺利推研的学生。我们看到我们请回来的那些从会计系毕业现在当了合伙人的人，都是当时没有被推研的，而且也是没有资格被推研的。因为咱们同学的特点就是但凡有资格推研的人，都不忍心浪费这样一个宝贵的机会。所以没有被推研的排在二十多名之后。作为清华毕业生，除非你准备自暴自弃，否则找到一份 make a living 的工作其实是绰绰有余的。

钱颖一：他想 make a good living（过好的生活）。我们现在的讨论变得非常哲学了，最终的问题是 what is a good life（什么是好的生活）？

白重恩老师：我讲一点我的体会。第一，我们招研究生的时候，以前全招本院的学生，因为我们觉得清华的学生是最好的，甚至认为清华经管学院的学生是最好的。后来我坚持说，我们一定不能全录本院的学生。结果发现，录得最好的研究生，我现在不好意思打击大家，都不是清华毕业的，即便是清华的，也不是经管学院的。为什么？因为我觉得，其他学校的学生，他们特别珍惜机会，只要有一点儿机会就会抓住它。而我们的学生，因为有太多的机会，就会觉得反正机会每天都有，我为什么要抓住它。你们应该做的是不要等机会来找你，而是你自己去找机会。教学办发了邮件还不够，还要让老师一天到晚跟我讲，我才能够知道这个事情。这样的学生到社会上生存不了。我们录取的研究生很少，经济系每年录取 10 个研究生，所以这个解读不是很科学，读了经济系的清华本科生再读经济系研究生的并不代表所有的研究生。但是这么多年来，我都没有看到改变。我们瞧不上很多学校的经济学教学，可是我们最好的研究生竟然是那些学校来的，对此我特别有感慨。我觉得我有责任要和你们讲，怎么抓住机会，这是第一点。

第二，到底什么样的教育对我们更有用。有人研究美国的两种教育，一是职业教育，一是基础教育。当然，研究这两种教育对人们产生的影响很难，因为人们有选择，我到底是接受职业教育还是接受基础教育，也就是说读一所 vocational school（职业学校），还是去读一所 high school（高中），所以做这个研究不容易，他要解决很多内生性的问题。但是几乎所有的研究都发现，职业教育给你带来的即时回报要高于基础教育，可是长期回报是低于基础教育的。刚才我们的讨论中，其实很多问题都触及了这一点，就是说我要的是即时回报还是长期回报。刚才钱老师问的也是这个问题。你做案例学习，是第一节课不适应，还是上了三分之一的课时以后不适应，都和这个问题有关系。你到底看重的是什么，是毕业以后我学的东西马上就能用得上，还是我学的东西改变了我看问题的方法。尽管我不一定知道 CDS 是什么，不能马上回答 CDS 怎么样，但是我有一个分析它的框架，我以后要学它，我的能力比别人强。我觉得大家要想一想，我到底要什么？我是要即时回报还是要长期回报？我讲的职业教育和基础教育之间的回报差别，是有很多学术研究的，这些研究有非常严格的数据。

第三，关于 What's a good living（什么是好的生活）？我觉得 to make a difference is to make a living，求异就是谋生，这两个完全不矛盾。刚才杨斌老师其实已经讲了，在座的没有一个人会为温饱担忧，那你要什么？当你在 make a difference 的时候，你总有一天会觉得，这是多么美妙的事情，如果你不能 make a difference，只能 make a living，在郊区有一栋大房子，里面养两只狗。因此我觉得每个人都要问自己，我到底要什么。刚才很多同学讨论的时候都讲到，国外的同学知道自己要什么，不管他要什么，都有他的道理。我觉得我们也要问一下，到底要什么？如果我们要 make a living，到底是怎么样的 living，我觉得这也是要考虑的问题。

大家刚才说学分绩。我觉得学分绩确实不是靠我们一个学院之力就能改变的，再加上人家面试的时候，我们没有办法控制他们怎么用学分绩，在学校评各种奖的时候，我们也没有办法控制学校怎么用学分绩。但是，我们学院想营造的氛围是，至少在我们学院内，尽量弱化学分绩。比如我们在招研究生的时候，在夏令营面试的时候，基本上就没人看学分绩，至少是在经济系没人看学分绩。我们原来让大家填的那些资料，就是审核你能不能进入夏令营。等到面试的时候，这些资料都不带上，所以没人记得你的学分绩。外面的大环境我们没办法控制，但是在学院内我们努力做到不看学分绩。于是就有这样一个问题：我到底是顺应外面的环境，去 make a living，还是我要一些自己的东西，试图去 make a difference？然后我说服自己：To make a difference is to make a living。

钱颖一：时间超过了原来的预想，两小时变成了三小时。但是大家讨论的问题极其广泛，还很深入。从课程提供，教学质量，到课外教育，以至于最后我们在讨论人生的目标，什么叫好的生活，什么叫 make a difference。我从中看到了同学们的批判性思维的分析，这本身就是近几年教育改革的结果。在今天的讨论中，我们已经看到我们正在 make a difference。我觉得今天讨论这些问题，可以为我们将来进一步思考提供很多素材。刚才让我非常感动的是教师和学生之间的互动，如果没有这些互动，就不可能有这样好的讨论。所以今天“下午茶”的三个小时，包括我自己在内，都受到了教育。

第三章

2012—2016 学年

本科生与院长共品下午茶

（2012年12月13日）

去北京的中学调研

钱颖一： 我刚听你们介绍自己的中学，感到中学留给你们的印象比大学要深，你们可以讲出中学的110周年、120周年纪念活动，中学的校训、特长，说得都头头是道，发自内心。我在北京上中学是20世纪70年代，还是“文革”时期，完全是另一个世界。那时候我们就是希望多上点儿课，因为当时整天搞运动不上课。

我上学期去中学听课，印象第一深的是英语课的水平，感觉是听的所有课里面教得最好的。人大附中的李老师教高二高三的英语课，那天的课文是关于innovation（创新）和creativity（创造性）之间的关联和差别的。课上读《华尔街日报》的一篇文章，是谷歌的CEO埃里克·施密特（Eric Schmidt）写的，讲的是美国的创新出现了问题，中国、印度培养了这么多工程师，美国人要努力。在读了原文之后，老师问学生问题，什么是创造性？一个男生说，就是聪明，就是智商（IQ）。另一个女生说，其实聪明不重要，更重要的是要有想象力。又一个男生说，其实好奇心也很重要。我在等着谁说出creative thinking（创造性思维），果然后面一个人就说creative thinking很重要，不在于智商很高或者学的知识很多。我听了以后很震惊。这个问题提得很好，讨论创造性是从哪儿来的，是不是学的知识越多，创新能力就越强？课堂里有争论，有讨论。快下课时，老师让我说几句。我在听其他课时都没有说话，但这次我说了几句。这堂课真的给我印象深刻。这位中学英语老师，发音很标准，他们都是经过专业训练的。我们这些留学生，虽然在国外待过很长时间，但是经常分不清男“他”和女“她”，单数和复数，这是中国人容易犯的毛病，因为中文中“他”和“她”发音一样，也没有单数和复数的区别。

在北京四中我印象很深的是历史课。四中的历史课最有名。我在不少学校都听过历史课，一般来说讲得不怎么样，学过“批判性思维与道德推理”的同学就知道我说的是什么意思了。但是四中那堂课就不是那种照本宣科的，概括得很好，也有新思想。

人大附中搞了一些“兼并收购”，成立了一个人大附中联合学校。我参加了成立仪式，不少世界著名中学发来视频祝贺。我很感慨。清华百年校庆的时候也有世界各大学校长发来贺词。但是看上去人大附中与世界顶级中学之间的距离比清华与世界顶级大学之间的距离要更近，这从那些祝词中能听得出来。人大附中联合学校中有各种层次的，有的是分校，有的是派教师去，有的是派校长去。感觉中学比大学的改革步子更大。

我上次去人大附中听课，坐在最后一排，我旁边就摆着一个纸盒子，每个盒子里面都是 DVD，每个班要拍一部电影。

学生：这是一项普遍的活动，每个人有什么想法，或者有什么爱好，学校都会提供资源的。

钱颖一：人大附中的刘彭芝校长很有想法。今年 4 月 24 日《中国教育报》头版刊登我们学院的报道，第八版登的是人大附中刘校长的文章。

“无用”知识的有用性

钱颖一：我们学院的本科教育改革刚刚获得北京市的一等奖。你们下次回中学做“情系母校”活动的时候可以讲一讲。我在每年本科生开学典礼上都有一个讲话。今年 2012 级入校，我的开学典礼讲话题目是“‘无用’知识的有用性”，后来很多媒体都登了，比如《中国青年报》。这篇文章我花了些功夫。我讲讲这篇文章是怎么写的。

今年夏天，我去普林斯顿见我的博士论文导师马斯金。他 2000 年从哈佛去了普林斯顿高等研究院，现在他马上要搬回哈佛了。他在普林斯顿住的房子就是当年爱因斯坦的房子。爱因斯坦的这栋房子由高等研究院拥有，只能不断传给在高等研究院任教的教授。我在普林斯顿大学见到几位经管学院的校友。现在总共有四位经管学院的本科毕业生在那里读经济学博士，从2004级到2007级都有。

马斯金带我参观了普林斯顿高等研究院。它的第一任院长是亚伯拉罕·弗莱克斯纳（Abraham Flexner）。他的第一大贡献是改变了美国的医学教育，他的调研报告被称为《弗莱克斯纳报告》（*Flexner Report*）。经过这之后的整顿，美国的医学教育才有了今天。之后他回到家乡农村办小学。后来有人捐了一大笔钱要办一个研究机构，他建议建在普林斯顿大学的旁边，但它并不是普林斯顿大学的一部分。20世纪30年代德国排挤犹太人，高等研究院就接纳了像爱因斯坦这样的著名科学家。

我同马斯金提到弗莱克斯纳曾经发表过一篇文章，题目就是“无用知识的有用性”（The Usefulness of Useless Knowledge）。马斯金说他知道，并说弗莱克斯纳的这个思想非常深刻。我问普林斯顿高等研究院有多少教师？他说一共只有二十几个，涵盖数学、物理、生物、社会科学、历史、哲学等，领域这么广泛。他说，他们的共同特点就是所做的研究都是看上去没有用的东西。

我在从美国回国的飞机上，先睡了两三个小时，然后就起来在飞机上写了五个小时，就是这篇开学典礼讲话稿。为了说明这个道理，我讲了三则故事。第一则故事就是弗莱克斯纳这篇文章中写的，讲的是柯达问他到底谁是最有用的科学发明者。弗莱克斯纳告诉他实际上发现电磁理论的麦克斯韦贡献最大。第二则故事讲的是我的导师马斯金，他是研究机制设计，抽象的数学模型。

这个问题起源于计划与市场到底哪个更有效率的争论，最早的研究工作是从赫维茨（Leo Hurwicz）开始的，他获得诺贝尔奖一年后就去世了。我想起1984年，他到北京讲学，我那时候刚到哈佛读博士，正好暑假回北京，所以邀请单位就让我给他做翻译。当时觉得他讲的东西很数学，很抽象。到了

20 世纪 90 年代，机制设计就被应用于拍卖，特别是无线电频谱的拍卖。频谱是稀缺资源，由于移动通信的普及，需求很大，所以需要通过拍卖机制分配给使用效率最高的企业。一个很抽象的理论变得很有用，这在理论开创时是没有想到的。2007 年诺贝尔经济学奖就授予机制设计理论的三位开创者，包括赫维茨和马斯金。

前面两个例子一个是理科的，一个是文科的。第三个例子是工科的，最好的例子当然是乔布斯。乔布斯没学过微积分，没学过普通物理，也没学过编程，更没学过电路分析，但是他做出来的东西是极品。我仔细读了《史蒂夫·乔布斯传》。该书热销，但是多数人没有看到一半。我看的英文原版，封底上有一段话，说乔布斯是站在艺术与科学之间的人。他在大学学了一门美术字的课，看上去完全没有用，但是后来对开发苹果电脑的可变字体，起到了非常有用的作用。

你们学过经济学就知道短期与长期的差别。我们不用改变人的理性假定，也会知道长期利益最大化与短期利益最大化是有区别的。如果你太过看重眼前没有看到长远的话，表面上看很理性，实际上并没有实现长期利益的最大化。所以即使从功利主义出发，也能把这个道理说清楚。不过，我在文章最后有一段话，写的是，有用未必就是唯一的价值判断，因为知识的价值可以是内在的，不需要体现在它的工具价值上。当然，即使我们不去追求内在价值，我们现在的短期功利主义，或者极端功利主义，也是存在很大问题的。

马斯金在研究一个学术问题，即能不能把康德认为的自由的内在价值也包括在经济学使用的功利主义的效用函数中。印度经济学家、哲学家阿玛蒂亚·森（Amartya Sen）说过，发展本身就是自由（development as freedom），就是讲自由的内在价值。他说自由的内在价值不可能放到功利主义的框架中。但是马斯金不同意，他认为是可以放进去的。马斯金不愿意轻易改变经济学的基本假设，他说康德这些人说的自由带来的内在价值，照样可以从功利主义的框架中推出，只需要一个假设，即信息是分散的，只要信息是分散的，给个人自由就会提高福利。

两三个月前，微软负责科研的副总裁到清华来，在伟伦报告厅举办了一场宣讲活动。我陪他从工字厅到伟伦楼的路上聊天。他说他到微软之前在创业。我说清华的学生都想创业。他说创业很有意思，他刚开始创业的时候并不是以成功为目的，但是中国人太想赚钱了，即使不想赚钱的人，他也会说我要成功。他说这本身就是问题。他认识很多创业的人，后来真正创业很成功的人，包括他自己在内，都没有说“创业使我们成功”。

这里面真的就是我们整个文化中存在着的一种激励，即使不想赚钱也一定要成功。但也许正是这种动机阻碍了我们真正的创新。假如我们问一下有多少人想创业，可能有一半的同学。那我们再问一个问题，有多少人说愿意辍学不念清华而去创业，那就可能没几个人了，这里面有深层次的文化传统的影响。我们学习“西方文明”也好，学习“中国文明”也好，就是让大家自己去思考司空见惯、顺口而出的话，这些话有很多是需要仔细推敲的。

学生：钱院长，刚才您提到您的导师关于自由的一段我没听太懂。关于自由能使市场有效率，自由能使你免于饥饿，这是它的工具价值。而自由本身对于你来说就是好的，因为它可以超越那些东西。但您的导师是说它能聚集信息，是这个意思吗？

钱颖一：不是。自由有工具价值没有错。自由度越高，获利越高，你的效用越高。但阿玛蒂亚·森说，这还不能捕捉到自由的所有价值，它一定还有更崇高的、额外的价值。我的导师马斯金认为不需要额外加一项，也能体现出自由的这一价值。

从理论角度说，假设越少越好。如果多加了因素，理论就不漂亮了，或者说理论的强度就减弱了。比如，自由的价值，不需要假定它本身有价值，但是仍然可以包括它带来的价值。假设每个人自己的偏好只有他自己知道，那么自由的价值就可以被推导出来，因为只有自己才知道这个偏好。一定要给你自由，你才能使用这个信息，自由的所有价值就能被推出来了。也就是说，我不必假定自由还有一个独立的价值，我可以把这个价值推导出来。这样的话，现有的经济学框架中仍然可以包括你所说的那些内容。但是很多人都会说这需要另外一个框架，你这个框架不行。马斯金就一定要捍卫经济学原来的框架，并说明它可以解释你想说的。

学生：还有一个就是您说的“无用”知识的有用性。前几年我也参加过您这个“院长下午茶”。我觉得我们现在还是在强调这个无用知识的有用性。就比如，乔布斯学了一个美术字相关的课程，后来在苹果机上用上了。但我觉得学知识只是最低级的一个层面，我觉得更重要的是获得方法或思想。但是现在大家谈论的还是学习知识类的。

钱颖一：我在今年清华大学 2012 级研究生开学典礼上的讲话中讲了三个词，第二个词就是思考，要学会思考。写《史蒂夫·乔布斯传》的作者在此之前还写过《爱因斯坦传》，那里面一个故事让我印象很深。在 1921 年，爱因斯坦第一次到美国，到了波士顿。当年流行用一套考题来招聘员工，全部都是知识性的。记者认为爱因斯坦是天才，知识非常渊博，就抽出其中一道题问他，声音的传播速度。他当然知道答案，但是他说“我没有必要记住这个答案，因为在书中就能找到”。接着就讲了这句话：“大学教育的价值，不在于记住很多事实，而是训练大脑会思考。”

我还说，你们是伴随谷歌百度腾讯新浪长大的一代，这个时代无限量的信息随手可及。但是，信息不等于知识，知识不等于智慧，这里的差别在于是否会思考。在今天，任何时候，学会思考比积累信息、积累知识更重要。

接下来这一段是功利主义的话：思考比知识更重要还有一个原因，你们应该意识到在你们一生中从事的工作将会有超过一半的概率不是你们今天在清华学习的专业。能帮助你的是思考能力，而不是专业知识。

现在什么是知识？知识就是百度啊，点一下就全出来了。当然其中有很多错误知识，所以还得小心，你得来回查证。知识本身不稀缺了，会思考远为重要。我并不是说不应该打扎实基础知识，而是说仅有知识是不够的。

职业选择的多种路径

钱颖一：我们的本科教育改革现在已经有了框架，下一步是怎么提高质量的问题。每学期的“院长下午茶”跟大家聊聊天，探讨一下这个问题。有可能你们上大学之前在想法层面还是很丰富的，上了大学后反而显得受约束了。我讲那么多，现在想听你们讲讲，或者用你们的话来说，就是 CTMR 一下。这话我是从你们那儿听来的。这是“批判性思维与道德推理”课英文名称的缩写。一年级同学可能还不知道，这是二年级的一门必修课，英文是 Critical Thinking and Moral Reasoning，简称 CTMR。

因为我们的“下午茶”，我取消了一场活动。昨天是在北大，今天是在对外经贸大，有实况转播，邀请我去，我说不行，我有更重要的事情，就是今天的“院长下午茶”。

学生：我是“批判性思维与道德推理”课的助教。我当时找杨斌老师，跟他说，我原来在高中读的哲学书还挺多的，我能不能也来担任助教，因为我觉得和同学交流比较有意思。说到这里我有一个问题，就是现在当助教，和学弟学妹交流也比较多，但有的时候和他们讲很多东西时就会觉得特别的惶恐，很怕什么事儿说错了，就会让他们过于短视。

钱颖一：你举个例子，什么事会让你觉得惶恐。

学生：不只是课上的事。平时学弟学妹问我，在选课上纠结，或者其他什么的，现在看来都是些很小的事儿，但自己大一大二时其实也在纠结。很多时候想告诉他们，目光要放长远，不要短视，很多事情要自己摸索或调整，但是许多人还是会比较功利、比较短视。我和学弟学妹交流的时候就会觉得非常惶恐，不知道应该说些什么好。

学生：我们过去一直挑战各种各样的问题，涉及伦理、价值观等。我觉得对我来说口味略重，不过我觉得他们还都挺能接受的。

钱颖一：你是一年级的。一年级有两门课，“中国文明”和“西方文明”，也读一些经典文献吧？你们需要把内容打乱了重新思考。有非经管学院的学生来上课吗？

学生：有来蹭课的。

钱颖一：杨斌老师还有一门选修课，叫“人生发展与职业规划”，邀请经管学院的校友来讲，其中有一位叫郑培敏，是钟笑寒老师的同班同学。他们是 1989 年入校的，是人数最少的一级。他们两个人的发展路径很不一样，现在已经是二十多年后了。你们两人现在坐在这儿，今后进入社会，你们也会变得不一样。

学生：“人生发展与职业规划”还有个（2）吧，那应该选吗？

钱颖一：有（2）。这门课原本叫“人生与职业规划”，我觉得人生不能规划，职业可以规划，所以就把课名改成了“人生发展与职业规划”。（1）是请校友讲人生发展历程，（2）是请专业人士来讲不同的职业路径。比如投行和咨询，是怎么不一样的路数，如果你想走学术道路，你想申请出国念博士或者在这儿念博士，你又应该做哪些准备。当然不止这些职业，比如你想去国际组织。所以下一学期这门课的（2）就是介绍各种职业路径，一共介绍八条路径。

学生：我觉得比较好的方法还是给大家介绍一下每条路是干什么的，就是它的内容。比如投行、咨询，它们的工作实际上是什么样的，它们在大一同学心里的与实际上的有很大差别。

钱颖一：我的想法是展现在大家面前这些路径，不一定讲细节，但至少要把路径展示一下，包括它的工作特点。我希望请内行来讲。比如讲政府部门，就找一个政府部门的人来讲，投行、咨询、国际组织，都请在其中工作的人来讲。学术的就找我们的教师来讲。高晓松我不知道请不请得来，他和李健都是清华电子系的本科生。你们中间有没有这种潜质的人啊？

学生：有啊！我们隔壁宿舍有人每天都在弹吉他，一直弹吉他唱歌。

钱颖一：上次一个电子系的学生唱《传奇》，唱得特别好，应该是 2008 级的。那天也请了一些专业的人，但都没有他唱得好。今年“冬情”有没有值得上传的现场剧你们给我透露透露？今年有没有什么比去年更有意思的节目？

学生：钱院长，可能我是大一的，不太了解，不过我知道我们班有些同学演了一个小品，特别好玩，稍微给您透露一下，就是跟您有点儿关系。

开放式获取信息

钱颖一：你们 2012 级的说说你们的最新感受。原来一年级都不可以用电脑的，现在可以了，是不是只有经管学院是这样啊？

学生：软件学院就不行。

钱颖一：软件学院不能用电脑？计算机系的不让用计算机！我问过学校，他们给了我一个理由，说怕你们男生玩游戏，女生看韩剧，是不是？

学生：如果真的有人想看韩剧，挡也挡不住啊！

钱颖一：现在韩剧还值得看吗？我就特别不能理解。后来有人告诉我，男生打游戏会上瘾，女生看韩剧也会上瘾。现在韩剧还很火吗？

学生：现在追美剧！不过美剧想上瘾都不容易，它每个星期只播一集，像是美国橄榄球赛的赛季，美剧又会停播，圣诞节又停播。

钱颖一：你们一年级就开放了上网，那你们都上人人网吗？还是都在用微信？

学生：微信啊！

钱颖一：是微信还是飞信？

学生：都在用！

钱颖一：我告诉你们为什么我要问这个问题。我是中国移动战略咨询委员会委员。飞信是中国移动的产品，微信是逃避中国移动的产品。你要知道这是两个完全不同的产品，如果人们都用了微信，中国移动就赚不了钱了。现在移动的营业模式就是靠收电话费，这个商业模式已经很难维持下去了。你们在什么情况下用微信，什么情况下用飞信？是首选微信，对方没有微信就用飞信吗？

学生：其实首选是飞信，万一对方不在，微信提示不了啊。其实微博也挺好用的。

钱颖一：你们第一时间获得新闻信息是通过什么渠道？像我，还是从新浪首页，是属于最古老的方式。你们呢？

学生：手机报，早晚报，微博。飞信里面每天也会推送三四条新闻。

钱颖一：10 月底我们学院全球独家发布一条消息，就是咱们学院顾问委员会的新闻。微信也在推送，飞信的三条消息里面就有一条是关于我们的顾问委员会的。那次还挺有意思的，因为清华大学的新闻比我们的晚，我们先发了，然后才是大学的，所有人都在转，人民网、凤凰网。好多人都在说，“朱镕基回你们学院了”，其实是他会见了顾问委员会委员。我们学院的顾问委员会每年都办，只是这次的时间刚好是在一个政治敏感期，结果就变成了一条传播极广的消息。

本科生与院长共品下午茶

（2013 年 6 月 7 日）

选择经管学院

钱颖一：你们转系生在清华其他院系待了一年后来到经管学院。经管学院有一个非常宽松的环境。清华其他院系大多有比较固定的职业发展路径，经管学院可不是这样的。《中国教育报》写我们学院的那篇文章的标题是“创造学生自由生长的土壤”。在这方面我们跟清华其他院系不一样。这部分跟经济管理这个学科有关系。因为理科、工科的学术研究路径比较明确。除此之外，清华有它的传统和培养目标，在培养模式上也有自己的一套想法和做法。新闻学院虽然是文科，但我知道学校对学生的期望是进入主流媒体，你们叫入主流，上大舞台。

学生：其实我们的学长也有多种多样的选择。

钱颖一：外院系同学说经管人浮躁，选择太多。其实这跟学科有关。

学生：有这么多的选择，那我还要不要考虑做选择的成本？有时候不是我个人的选择，而是父母强加给我的选择，不是完全个人可以决定的事情。

钱颖一：但是你要是信乔布斯的一句话，他的选择标准特别简单，“You have to love it. You need to have the passion”（你要喜欢，要有激情）。你说家里的影响，你们选专业是家里的意见吗？

学生（众口）：不是。

钱颖一：那你们很有独立性啊！我原来猜，一般选择经管的都是受家里人影响的。我对从上海来清华的人好奇。你为什么不在上海，而是来了清华呢？

学生：我爸妈当时也希望我去复旦，可以经常见到我。但我想去一个没有去过的城市，自己闯一闯。

钱颖一：这就是一个很重要的理由。这在美国也很普遍。比如克林顿的女儿当时选择斯坦福，原因很简单，就是要远离华盛顿。这是一个很有说服力的理由。

学生：我当时就是自己选的经管，我爸妈没有参与。

钱颖一：那假如他们参与了，结果会怎样？

学生：他们参与不了。他们说让我自己负责。我自己在选择专业的时候很纠结，是选择经管好，还是选择土木有自己的技术好。但是我看我们学校的老师，还有华尔街的人，他们本科都不是学经济的，都是之后学经济的。对于我们一开始就学经济，没有涉足过其他行业的人来说，人生发展是否不很完美？

钱颖一：我们那时候没有选择。我考大学时只知道两个专业，一个数学，一个英语，别的我都不知道。我们没有学过生物。物理知道一点，化学知道一点。“文革”的时候物理不叫物理，叫工业基础，化学不叫化学，叫农业基础，分别简称为“工基”“农基”，你们都没听说过。现在大家有很多选择。你要是担心没有涉足其他行业的话，可以辅修计算机。只要你有时间，完全可以去做。还有，不要把文科理科分得这么清楚，不就是在高中学习时分了两年吗？高中第一年还没有分文理科。一个是文科理科分科的心理障碍，还有就是不同专业的心理障碍。这些想法给自己的压力太大，负担太重。

学生：我在高二的时候，问过一个哥哥，我跟他说我想报清华经管。他说，你到清华，除了学经管，还一定要学门手艺。

高考择校的心路历程

钱颖一：今天来的转系生挺多。你们分享一下你们的心路历程，因为你们跟其他经管本科生的经历不一样。你从生物转到经济管理，跨度比较大，你当时怎么想选生物的呢？

学生：我高中是物理竞赛，物理学多了就不想学了，想换一个学科。当时我给自己定了两个，第一是经管，第二是生物，完全是凭自己的兴趣而已。我高中的时候做了许多学生工作，喜欢和别人打交道，很有趣，和不同人交往，每个人性格不一样，可以学到很多东西。生物现在属于前沿学科，可以有自己的创造，并且我高中的生物老师也挺有趣的。进了大学之后我在生物科学专业。我的老师说，本科学经管没有用。我想按照自己的想法去做。

钱颖一：生物不是那么容易学的，每一门都不容易。那位学新闻的同学，你觉得学新闻还是挺有意思的吧？

学生：我觉得新闻也是一个很有趣的专业。

学生：其实一开始完全出于我自己的性格吧。我是一个心理容易躁动的人，会想很多东西。我走到现在都不知道我以后最想从事什么职业，但是我会去尝试。高中的时候，在我们那个小地方，和北京的同学比起来，大家视野都挺窄的。我觉得高中的时候就是出于一种很朴实的感觉，觉得喜欢经济，适合学经济，那时候就特别想报经管。

学生：高考自主招生的时候就考了人大那边，也报了他们的专业。但是后来高考的分数稍微高一点，就报清华经管了。

钱颖一：哦。

学生：经管在理科生里招一个，在文科生里招一个。我自己觉得我的分数上不了，最开始我报的是港大，也能上港大，但是没有奖学金。来清华这边上，通过边学自己感兴趣的新闻，再尝试其他。新闻学院那边就是要认识不同的人，形成不同的思维习惯，而且那边比较重视社工和实践，所以我在大一做了很多实践，比如在报纸、电视台。

钱颖一：新闻学院有《清新时报》。

学生：我还去了电视台。但是我觉得经管这边的学生思维非常活跃，会非常关注，沉淀一些很小的东西。有个同学很有想法，在寒假的时候一人组了一个五人的团队，从西安那儿开始，骑自行车到四川。新闻学院还有一位非常有意思的学长，他以前在北大念法学，念了四年法学之后工作了，工作了一年之后发现自己还有更合适的选择，然后又重新读了一年高中，现在在清华的新闻专业。

钱颖一： 有这样的事情？又念了一年高中？

学生： 就有这种很奇葩的人，读了几年北大又去读清华，还有那种清华北大来回换的人。

钱颖一： 那个人是北大四年都念完了，再去念高中，允许吗？读完了高中之后又被大学录取了，现在再念清华。

学生： 就在上一届，他还是一个非常有趣的人。

钱颖一： 有趣啊！我还没有听过这样的经历。一般都是念完本科再念一个研究生。他是回去再念一个本科。这个有意思。

学院要与外院系沟通融合

学生： 院系之间交流非常多。我就想问一下老师，咱们经管学院是否有这种组织去搭建院系交流平台？

钱颖一： 我们现在有这样一个问题。经管学院有挺强的自己的子文化，所以老走不出去。我们自己的学生对我们的文化都很喜欢。这就有个问题。在北大也有这个问题。据说在北大本科生分为两类：一类叫光华，一类叫非光华。这就是问题。我们千万别在清华说经管是一类，非经管是一类。

在清华的各院系中，我们比较自由、开放，这是事实。但这并不意味着你是经管的就牛了，这样不好。也许你们学生会还没有这样的部门，得建立这样的部门，得去与其他院系沟通、融合，同时又保持我们的特点。不然就会把我们边缘化，这就会出很大的问题。

学生： 对，有可能。

钱颖一： 在这方面转系生就是一座自然的桥梁。因为你们第一年在其他院系学习，第二年转到经管来，那不就是天然的桥梁吗？

学生： 我觉得那边的同学说起经管就觉得高大上。但同时也觉得经管是自成体系的。

钱颖一：我们是自成体系。我觉得我们经管的同学在很多方面都非常强，其他学院的同学都觉得你们是很好的交友对象，只是我们还没有建立这样的平台。我觉得我们有很强的自我品牌，圈子意识。上一次清华大学学生会主席出自经管学院是什么时候？我们学院的学生只出过两届校学生会主席，1983 年和 1984 年，从那时到现在就没有出过了。

学生：这其中的原因很复杂。

钱颖一：那时候经管学院每年只有一个班，很小，也没有办法形成自己的小圈子，一定是跟全校融合在一起的。现在大了，自成体系了，跟其他院系就疏离了。

学生：我记得去年您专门做了管理学与其他学科融合的系列论坛。我印象比较深刻的是您说世界上大部分商学院在自己的学校里面都是自成体系的。

钱颖一：是。但是你要知道，美国很多商学院是没有本科生的，他们自成体系的只是 MBA 学生。在美国，本科生是不分院系的，它没有 department（系）和 school（学院）的概念，而是本科生院（undergraduate college）的概念。当然学生有专业（major），但是专业概念不像国内这么强，更为重要的是本科生院。我说的主要是美国的情况。你是本科生的话，只会说你是哪个专业的，不会说你是哪个系的。到了研究生才会说你是哪个系的。当然也有一些特殊的，比如工科，因为它学起来比较难，专业属性比较强。这是美国大学的特点。

所以我觉得你们学生会要把与其他院系交流作为一个议题，研究一下怎么建立一个部门，就是去 reach out（与外界联系）。

学生：我们的本科是想逐渐往商学院方向去建设还是？

钱颖一：没有。我们学院是三个学院的组合，商学院、经济学院，还有就是本科生院。我们学院本科教育发展的目标就是要成为全国最好的本科生院。经管学院本科生人数很少，每年招 180 人，加上 20 个转系生，也就是每年 200 人的规模。我们的目标特别清楚，要成为中国最好的本科生院。当然我们只是清华本科生中的一个学院。

选课的主动性

学生：我觉得我们的本科生在基础课（像数学）上的难度要求相对于理工科而言是低一些的。我理解您的想法是给大家更多自由的空间，大家可以追求自己想学的东西。但是我现在有一种“囚徒困境”的感觉。比如像大一的时候，我们都追求一个更高的学分绩，所以大家都想选一些比较简单的课，以保证自己比较高的成绩。现在，我突然发现数学不够用了。

钱颖一：你是在上数学双学位，是吧？

学生：我上了。但是如果大一的时候我知道我现在的情况，我肯定就去选“数学分析”了。

学生：身边有一部分人反映，他们本身想做金融方向，但是现在大三我上的“随机过程”课，就发现这个班里经管的同学已经相当少了。

钱颖一：其实我们每次在入学导向的时候都跟大家说这些，但是大家没有听进去。如果你觉得要上有挑战性的数学课，当然你从一开始就要选难的上，比如 2009 级的一个同学就是这么选的，他当时就选了数学分析系列的课。我们从 2009 级开始数学课就分为 A、B、C 三类，而“数学分析”是超 A 类课程。这里面也是看个人的选择。

本科生与院长共品下午茶

（2013 年 12 月 5 日）

筹备建院 30 周年活动

钱颖一：明年学院要庆祝建院 30 周年。我们的 30 年活动不比排场，但得有一点创意。我们很希望朱镕基老院长能回来，但这些是我们不能决定的，都是到最后才能知道。

好多活动我们正在筹备，现在整个大环境是不要搞排场，不要奢华，不要浪费。所以我们不能用行政经费做这做那，现在贺卡也不让发了。我们还想从外面请乐团，也不能请了，就找清华自己的学生。我们正在做很多准备。很大的一场活动是校友的聚会。好多校友都要来，现在学院的学位项目校友就有两万多人。我们的本科校友这么优秀，但还没有校友会，我们学院现在正在筹备成立。这个月要成立博士校友会，请周小川行长做名誉会长。

咱们现在的教室设施等方面，与国内各学院比起来差了一点。所以我们想在舜德楼旁边盖两栋新楼。我们从校友那里筹集到了 5 亿元，希望在校庆那天能举行奠基仪式。我们建楼的经费全靠校友支持，跟你们搞“冬情”找校友支持是一样的。咱们学院比较年轻，才 30 年。EMBA 校友算是岁数比较大的。但他们的岁数也还不够大，因为通常国外捐款的高峰是 65 岁左右的校友，在那个岁数上事业有成了，开始想怎么把钱捐出去。而我们的第一届本科生 1980 年入校，岁数最大的今年也就 50 岁。也许再过几十年，学院校友的捐款能力会更高。现在还是太年轻了。

30 年院庆希望组织一些有意思的活动。假定限定邀请清华校园里的歌手，你们都想找谁？高晓松？李健？卢庚戌？这些人都是电子系和建筑系的，怎么没有出自经管的呢？我带着这个问题想和大家讨论一件事。

本科自主招生改革尝试

钱颖一： 最近我们学院在思考一件本科改革的事，但是比较难。我们想今年在本科招生方面做一些改革。还没有开始就碰到了人大招生中发生的事情，对我们招生改革不是特别有利。清华大学有领军计划，要中学校长推荐，还要公示，清华也有自主招生。我还有一个头衔，是国家教育考试指导委员会委员。十八届三中全会决定里有一段就是关于考试改革的，要采取中学学业考试与高考结合的多元录取体制。现在的高校录取都是比较单一的，只看高考分数。

我们学院也和学校说了，今年准备在自主招生框架中尝试改革。上学期我们讨论过，到底怎么改？面试好吗？笔试考什么？什么样的问题比较能够展示这个人的各方面特征？这些都挺难的。我们把哈佛、耶鲁的面试题都拿过来了，他们的问题更多的是，比如，你过去 12 个月看过的书中哪本书你觉得最有意思？都是问个人感受的问题。而我们面试的问题都是专业的问题。

学生： 我想起院长给我们推荐过的《枪炮、病菌与钢铁》这本书。

钱颖一： 从 2013 级开始，在你们入校时，我都给你们寄一份书单，上面有 10 本书，其中就有这本。你们有多少人看了我推荐的第 10 本书《寻路中国》？昨天我见了可口可乐中国区总裁，他是美国人，他说的中文比你们还好。他说他父亲当年是中美建交前美国驻北京联络处的外交官，所以他在北京念的中学。我说到这本书，他也知道。

为什么我让你们看《寻路中国》？这里面讲的所有事你们全知道。但是一个外国人写中国的事，是从不同角度写的，这对我们有启发。他是记者，在北京怀柔农村住过一年。自己开了一辆车，10 年前沿着长城开，把一路上碰到的一些事记录下来。那些事我们不会记下来，但是他就会记下来，因为文化背景不同，他的视角不一样。同样是看中国，他也看中国，也看中国村庄的变化、企业的变化、城市的变化，但是他的视角不同。

我还推荐了何兆武的《上学记》。你们谁看过？何兆武讲的是他当时念中学、念大学时候的事，是在20世纪30年代、40年代，很有意思的。

我们想做一点招生改革，但是又不能动静太大，因为招生这件事比较敏感。领军计划一个中学就推荐一个人，要校长推荐，还要公示，所以一定是非常全面发展的学生。如果有点什么让人抓住了，就会质疑为什么推荐他而不推荐另外的人？我们现在的一大问题就是同质化。其中一个原因就是招生带来的。大家能够坐在这里，一定有一些共同点。我有时候翻看《海淀区四所高中语文百题解密》，那么厚一本，我就了解到你们是怎么“杀”进来的。我们那时候情况不一样，大多是靠自学，靠自己琢磨。

出国读本科的学生的特点

钱颖一：你们觉得高中毕业后出国读本科的那些人跟你们有什么不同？

学生：我有一个非常好的朋友，现在在哥伦比亚大学读书，她是跟我三观完全不一样的人。差别很大，她在很多方面，无论是对待人际关系，还是对待人生未知情况，都非常开放。我另外一个朋友是初中高中五年的同班同学，他也在哥伦比亚。这个男生跟那个女生完全不一样，跟我们也完全不一样。他很专精，从小学四年级开始参加计算机竞赛，获得了国家联赛一等奖，初三时已经拿到了保送名额，他专注于计算机，觉得国外发展情况比国内好，所以才决定出国。总之，他是很专精的人。我周围出国的人基本分两种：一种格外开放，很希望不一样的生活；另外一种是完全走学术方向，觉得美国、欧洲国家有更强烈的学术氛围。

钱颖一：在学习成绩、智商方面没有什么差别吗？

学生：高一没有分出国班的时候，我们成绩都差不多。

钱颖一：你们有谁上过李孝如老师的“中国与世界”课？20世纪80年代初很少有国内出来在美国念本科的，特别是常青藤大学，他是哥大的本科生。他告诉我，其实常青藤只是对本科生而言的，那是32年前他告诉我的。这个词怎么来的？是本科生之间的球赛，因为这八所大学运动队打不过别人，所以只能自己结成联盟，叫 Ivy League（常青藤联盟），这里没有研究生的事。这与我们学院的“冬情”是一样的，是本科生的活动。

学生：我是人大附中的。我们中学出国的趋势很强，我们班出国的将近 50 人。这些出国的人跟我们没有什么不同，只是他们的成绩不如我们，他们考不上清华北大，所以选择了出国。成绩虽然一般，但是他们考托福分数非常高，所以他们去了美国非常好的学校。

学生：我觉得是因为他们要出国，把这边的学习放了，所以成绩不如我们。你这是因果倒置。

学生：他们高一的时候是跟我们一起学习考试的，但是高二时候就变了，开始准备出国。

学生：他们一个很大的共性就是家庭条件非常好。

学生：我们班也有成绩非常不好，在国内可能连二本都考不上，然后选择出国。

钱颖一：这些学生出国留学也不是去最好的学校，而是比较一般的。

学生：家境确实有影响。我高中有很多跟我关系很好的朋友，现在在国外读本科，大部分人的家境比较好，但也有的家庭经济不宽裕。其实他们还有一个特点就是非常有趣。我有一个朋友，有一次我去教师办公楼找一位老师，在门口碰到这位同学，他在那里站着，我问他干吗呢？这位同学说我看看这棵树，然后他看着我说，你从这边看，是不是觉得这棵树特别像什么？我站在那儿看了那棵树两分钟，没有看出来像什么，我问他这棵树像什么？他说你觉不觉得这棵树像大象？经他提醒，我就觉得这棵树特别像大象。他跟我说，他给人大附中校园的每棵树起了一个名字，他觉得这棵树长得最好看，所以他每天下操时路过这棵树都会看一看。我觉得这个人特别有意思，他非常有想象力，后来去了耶鲁。他那时候跟我说毕业之后先去搞搞电影，如果搞不出来的话，转头去写小说。再混几年，如果还混不出来的话，他就去当老师。

钱颖一：你讲的这个人是非常有趣。

学生：我还有一个关系非常好的朋友，一个男生，当时大家觉得很神。他天天在教室后面和别人不在一个轨道上，常常抱着一本巨厚的英文书不知道看什么。这个人填词填得很好，写律诗也写得非常好。他的平仄非常对仗，意境也非常美，英文十四行诗也写得非常好，具备很多这种神奇的技能。可能我认识的朋友里面这种奇葩的朋友比较多，都是人大附中的。现在咱们用的很多经济学的书，他高中时候全都看过。他现在修两个学位：一个物理学，一个哲学。他以后想去搞金融，但是他本科学的是物理和哲学。

学生：我觉得从心理学来讲，你比较关注一个人有趣的方面。

学生：我比较关注一个人有趣的方面，同时这些人出国的比例非常高。所以我的结论是出国的人中，这些人的比例确实比较高。

钱颖一：我上次在美国的时候，碰到几个咱们学院的交换生和刚刚毕业的同学。他们告诉我，有一个外地中学的两个同班同学，一个到了经管学院，一个到了 UCLA（洛杉矶加州大学）。大三大四时他们又见面了。中学的时候各种指标都不如他，我问再见面以后你们感觉怎么样？他说觉得那个在美国的人知识面更广。你在哪里交换？

学生：沃顿。

钱颖一：你说到沃顿，我马上给你举一个例子。有位同学是三年级，现在沃顿，他们家住清华。他说他一年级在沃顿所学的课，只有在清华的一半那么多，而他在那边也还是最优秀的。

我现在担忧的是什么？是同质化的问题。优秀有各种各样。问题是我们的选择机制，从小到大，都太同质化了。人要有趣，不要太功利，你不希望周围的人都跟你一模一样，你要觉得一个人看着树发呆有意思。你要希望这一屋子里的人，30 年后有各种各样的人，而不希望所有人都在投行。

南大本科生创作的《蒋公的面子》

钱颖一：我来问你们一个问题，你们谁看了《蒋公的面子》？到清华来演出的时候我去看了。

学生：我看了，印象非常深刻的是他们三个人，在老年的时候回忆他们年轻时候的故事。有一个非常贪吃的人，他一直强调不要议论政治。他在中间扮演的角色，就是一直打着政治旗号，但不谈政治。我对这个人非常感兴趣。

钱颖一：这个人物给你的印象非常深刻。

学生：我最大的感受是，这是一个学生写的原创剧。我一直对戏剧比较感兴趣，也关注原创戏剧。作为原创剧本，这个本子写得非常好。它的叙事结构有特色。哪怕三个人从“文革”回忆，只是一个串场，也令人印象深刻，表演没有那么出众，但作为学生写的剧本来讲，文本本身写得非常好，里面埋了很多包袱，包括结合现在针砭时弊。有些特别戳到了中国文人的性格特质，能从一个本科生笔下写出来，我觉得非常不容易。

这部剧最打动我的在这里。我们清华学生拿出来的作品都是《马兰花开》那样的东西。学生在完全自由的状态下进行的创作，让有才华的人拿出真正的好作品，和政治任务压下来的作品的效果完全不一样。所以《蒋公的面子》可以公演上百场、商演上百场，而《马兰花开》商演几百场根本做不到。

它的故事不是那么标新立异，但是三个人物都很典型，说明作者对民国时期的人物类型有一定的了解。我要写，不一定非在民国的背景下，而是想对我自己生存所在有一个深入的了解，写得更深更精一点。听他们说在北大也演过。

钱颖一：其中有几句讽刺北大的话。

学生：近期我的感受就是，一周下来就是盼望两节课，那两节课一句话都不想浪费，这两个老师都是北大的。

钱颖一：但北大的学生也没有写出这样的剧本。

学生：从观众的角度来讲，这部戏写得很精彩，而且把三种不同类型的人的性格心态写得非常深刻，淋漓尽致。看这样的一场戏，怎么把它的价值最大化？大家看这部戏的时候觉得有很多槽点，有很多笑点，看的时候很 high（兴奋），很高兴很激动。但是大部分人其实看过笑过以后就忘了。我是从戏剧的角度想，一部戏即使写得如此精彩，但是怎样才能让它更深层次地触动观众？

学生：为什么一部戏需要更深层次地触动观众？

学生：不然怎么体现价值？

钱颖一：我看这部戏是因为我非常好奇。我好奇什么呢？首先我好奇的是作者是2009级的本科生。第二她是南京大学的学生。理论上说，能考上清华北大的也能考上南大。她的题材是关于历史的，而且基本上是今天的学生不太知道的两段历史：一段是讲1967年的“文革”时期，一段是讲1943年的抗战时期。一个“90后”的南京大学本科生写了一部历史题材戏，我就很好奇。然后我去看了。我出来以后就碰到几位经管的同学。我旁边还有一位咱们学校中文系的教授。我就问他，我们经管学院学生写得出来吗？他说写不出来。那清华中文系的学生写得出来吗？他说也写不出来。我看完以后，就觉得心情很沉重。为什么呢？我觉得我很没有面子。

学生：为什么您会觉得没面子？

钱颖一：我觉得我们不要说经管学院的学生写不出来，清华其他学生也都写不出来。我顺便说，北大学生也写不出来，这是南大的学生写出来的。你们要思考。这是她的毕业论文，我们的老师指导不指导得出她这样的论文？当然更深刻的问题是，清华这个环境能不能容忍这样的论文？南京大学党委书记洪银兴思想开放，他是经济学家。

这个题材与清华有点儿关系，是因为罗家伦。罗家伦在中央大学（南京大学的前身）当了10年校长，后来蒋介石当了一年校长。罗家伦对中央大学贡献很大。在此之前，罗家伦当过清华校长，他在梅贻琦之前当校长，被学生赶走了。如果你仔细看清华历史，就会发现，如果没有当时罗家伦硬做事，清华就不可能有后面的梅贻琦的成就，因为他把梅贻琦前面的障碍全都扫除了。当时清华很大的问题是转制问题，从中学变成大学。当时有一批老外教师，学术水平不高、只会讲课的人，都被他解聘了。清华在20世纪30年代后才真正变成了大学。清华不像别的学校那样一开始就是大学，它是从中学转制成大学的。

现在清华对罗家伦的评价不高有政治原因。罗家伦原来是蒋介石的政治秘书。在此之前他可厉害了，他是五四运动中的人物，五四运动中最有名的口号是他提的。他是五四运动北大学生上街真正的组织者。所以罗家伦是一位历史人物。

抗战时候清华到了昆明，清华北大和南开组成西南联大，而中央大学到了重庆。所以作者写的是在重庆。我们西南联大有多少丰富的东西？但我们清华学生没有人写。曹禺在清华写《雷雨》，历史条件不同；外国人写的，国情又不同。但是这部戏是南京大学的一个本科生现在写的，说明什么？

学生：比我们强？

钱颖一：你要是纯说智商，肯定我们的学生不会比南京大学的学生低吧？我是从这几个角度去看。从培养人的角度看，这个很有可比性。第一，她也是在国内，也是当代，跟你们都是同龄人，人家是 2009 级的，是南京大学的。她写的那些事的背景，与西南联大可比，而西南联大的材料比她写的中央大学要丰富多了。她讲了“文革”中的事。你们有谁上了“文革”那门课？我听过一次。清华在“文革”中有重要作用。当年斗王光美就是在主楼。“文革”那门课的老师让你们去访问清华园中当年参与“文革”的人。你们将来离开清华后，如果有人问你们清华的历史，问你们老清华的历史，问你们清华的“文革”历史，你们如果一无所知，那该多么惭愧啊！

学生：这中间有一个原因，我们都是通过高考被选拔出来的所谓优秀人才。

钱颖一：不是所谓，就是优秀人才。

学生：因为我们太聪明了，知道怎么去适应这种规则。

钱颖一：你说是因为太聪明了？所以最近钱理群教授管北大清华的学生叫什么？叫“精致的利己主义者”。所谓“精致的”，我觉得跟你说的“太聪明”是连在一起的。确实是非常精致，非常地过于聪明。

学生：还有一个就是他们背后的那些历史。希望我们这群人知道并详细了解这段历史。

钱颖一：其实全靠自己。这方面的东西我们这里太丰富了。就说“文革”这门课，要是我的话，就会觉得这是在清华最有意思的一门课。哈佛本科生有一门选修课学生们选得最多，就是马若德（Roderick MacFarquhar）教授的“中国的‘文化大革命’”。连哈佛的学生都学了，而“文革”就发生在这个校园里，你们都不知道。你自己应该去探索。这是我想说的。

我不相信南大有什么课专门是为了写这个剧本的，我想一定是作者自己的兴趣，也可能是她导师的点拨。她能把两个历史事件做这种对比，看上去挺简单的，也挺巧妙的。知识分子看上去真的很可笑。那个时候拥护国民党的一些话和现在拥护共产党的话，听上去是那么相像，所以观众才这样笑，比如国家很难，要稳定。这里有时空的变化，从艺术的角度讲也是有意思。但是真要说有多么深刻，倒也没有，毕竟是一个大四学生写出来的剧本。但我是觉得我们的学生写不出来。

学生：他们换一个学生也写不出来。

钱颖一：这是概率问题。曹禺能写出来，但是钱钟书也可能写不出来。

学生：问题可能在于南大招收了一些高考成绩没有那么高的同学，他们中出现了一个天才。

钱颖一：这与我们怎么招生有关。钱钟书数学是考零分，吴晗也是，当时的清华里有这样的学生。我们现在做不到，如果不看数学分数，人家马上说你腐败。清华过去有成就的人中，钱学森说是清华校友，实际上他考的庚子款出国，并未在清华念过。从这一点上讲，凡是用了庚子款出国的都是清华校友。有趣的是，钱学森最初没有考及格，按照现在的办法，他不及格就进不来。但他在交大的教授说这个人虽然没有考及格，但是他很厉害。当时推荐系统很管用，就录取了。你说得很对，我们肯定有好多没有进来的人其实是应该进来的，这正是我想要讨论的问题。我们在招生上怎么能够稍微有点变化。

学生：假定现在既有一个会写剧本的，又有一个会唱歌的，你招谁？你招生的目的是什么?

钱颖一: 我猜那位作者不是特长生考进南大的。我不觉得这个人是天才。

学生: 南大的人之所以能写出这部戏来，清华经管的写不出来，这个问题不是出在招生上，最大的问题在于清华学生比南大学生忙。

钱颖一: 现在要想一想怎样能静下来，慢一点。特奖（特等奖学金）对你们有什么压力？我们的一个同学获得特奖，为什么你觉得有压力？她得特奖就得吧，她是她，她去外面支教了。看那棵树发呆的同学从来不那么想吧。

学生: 我们各级行政机构的力量非常强大。中国的国情是，学生盲目追求，学生同质化。一旦在我们很强有力的体制下，就变得越来越严重。

经管学院的氛围

钱颖一: 经管小氛围小环境是不是和清华其他地方不一样?

学生: 多少还是能感受到的，但有同样的问题。

钱颖一: 我看你们还是有看很多书的。我们这里有一位从北京四中来的同学，他读书比较多。

学生: 我总找他借书。

学生: 他真的读了很多书。

学生: 我觉得是一种成长，每个人在不同环境下成长，我有很多同学在初中、高中、大学都有很不一样的发展。您说大学应该招什么样的人？我跟大家的感觉完全不同，因为我选择清华的同时，可能已经说明我不再会写得出《蒋公的面子》了。

钱颖一: 你认为是选择的问题，一类人到了清华，另一类人去了北大，还有一类人去了南大。所以你认为是进大学之前已经成型了。

学生: 一所好的大学应有不同的环境，你能够找到自己适应的。

学生: 我和她正好是想法一样的。我认为后来的培养很重要。无论你在任何环境下，所有人都是向居中发展的。这是很神奇的现象，是我发现的。

钱颖一: 金融里有这个现象，叫作“均值回归”（mean reversion）。

征询课程安排意见

钱颖一：我今天上午去了景山学校。我小学在景山学校就读，当时是一所实验学校。我也去过北京四中、人大附中、清华附中等中学。我听了北京四中的历史课，是最好的。

学生：我们的语文课也好。

钱颖一：语文课怎么教那么多古文？古文特别多，我坐在那儿觉得好像英国人、美国人学拉丁文似的。古文在高考里面的分量很重吗？

学生：教古文真的挺好的，高中不教这点古文的话，之后不会再学了。

钱颖一：为什么高中，不是初中呢？

学生：初中也有。

学生：我认为古文最能体现中国真正的古典文化。

钱颖一：我同意，但这只是一方面。好比在英美学拉丁文一样，那也是体现他们的文化，你学拉丁文才知道这个词根是怎么来的，一样的道理。

问一个具体问题："人生发展与职业规划"课你们觉得是放在大一好还是放在大二好？放到大二会感悟更深，所以有好多同学希望放到大二。但如果是希望早点儿知道，就应该放到大一。

学生：放到大一是让大一同学惊吓一下。李山学长给我们做讲座，我们感觉这个人跟我们不是一路人，我们只能仰望着。

钱颖一：为什么呢？他是从四川山区里走出来的一个农民家的孩子，没有任何家庭背景。你们怎么会这样觉得？

学生：但他真的是智商高。

钱颖一：他真是从四川山区出来的。我让他回来上课，他拒绝讲金融课，坚决要讲柏拉图。我问他为什么？他说有一次去美国的阿斯彭（Aspen）听课，他觉得人生获得很大的改变。所以他就到我们这开了几次选修课，全部从柏拉图开始讲。

学生：现在我们校友导师是很好的活动。但校友导师慢慢地越来越失去效力，导师们第一学期真的愿意跟你交流，第二学期热度在减少。他们真的很忙，尤其是不在北京的导师，真的没有时间。我们很希望得到这方面的指导。

钱颖一：这是两方面的事。你们这方面自己也要主动一点。这只是一个来源，还有很多其他来源。有一个就比没有要好，通过校友导师的帮忙，你跟他谈话看看旁边他介绍的人，他必定是一个串另一个，就和看网页似的，看了这页再看那页，不能就停在这儿，那不行。这是一种能力。

本科生与院长共品下午茶

（2014 年 12 月 11 日）

写作本领很重要

钱颖一：同学们，你们以后就会发现，文字本领非常重要。咱们的“中文写作”课，你们对原来的老师有争议，有人觉得很好，有人觉得不好，有人觉得从另一个方向带来刺激，刺激思维……各种各样的评价都有，结果现在换了新的老师。

在哈佛，只有一门“英文写作”课是必修的。他们的写作课是 12 人一个班，哈佛本科生每年录取正好是清华的一半，咱们是 3 300 人，他们是 1 600 人。如果 12 个人一个班，就要开 140 个课堂，每学期开 70 个课堂。课上学生要写三篇作文，第一篇写三页，第二篇写六页，第三篇写十页，老师要一行一行给你批改。我们现在一年级的写作课本来也是这个目的，但挺难实现的。其实标准很简单，就是阐明观点，让人家信服。比如要写经济的事，写经济结构调整，写降息，你能写这么一篇文章，让全球人都能看懂吗？

我看了最近一篇写得挺好的文章，是库克写的，写他出柜。设想让你们写一篇文章，题目是关于你要出柜的。这件事本身就会引发很多人的不同意见，更不要说他是苹果公司的 CEO，那是全球市值最大的公司。你们要知道，这件事许多中国人不能接受，许多美国人更不能接受，因为他们有很强的宗教信仰。所以这是一个很难把它说得让很多人都能够信服地接受的题目。

我给你们带来了他的英文原稿，网上有翻成中文的。你们看看，他用的英语单词都是简单的，没有复杂的。但是他写得非常到位。你看完以后，可以不同意他的观点，但你会觉得这个人很诚恳、很谦虚，说得有道理。不管你同不同意他的性取向，你会不知不觉地被他感染。

我觉得这很有意思，给你们解读解读。他说每个人都有自己的隐私，这是很正常的。他说他出身卑微，但所有上市公司都非常受关注，不能因为个人一件事毁坏公司的名誉，公司的目的是为了发展产品。他第一段先说了，自己很卑谦，从来不想影响公司。第一个感觉这是个挺诚实、很谦虚的人。下面一转，上升到在他们国家被认为是精神领袖的马丁·路德·金，金说人生最重要的事情是你为别人做了什么。他以此来检讨自己，说他忽然发现他一直希望保护隐私，但其结果是阻止了做更重要的事情，这就是为什么他今天要做下面的事情。他就这样把自己放到了一个非常合适的，既不是很高又不是很低的位置。

下面他说，苹果公司是多么宽容的一个地方，你们都是知道的，出柜并不是什么了不起的事。他就这样把苹果宽松的环境展示给大家。他说他从来没有否认过，但是也没有公开承认过自己是同性恋。这说得很准确。我们要理解，美国是一个宗教性很强的社会，同我们不一样。他说，现在这个时候需要考虑别人，是为了别人着想。通常这样说的时候会感觉这人很虚伪，但他在这里说，让人觉得很真诚。

下面就是很深层次的含义了。他说，这样的话，就能体会到弱势群体的想法。他说得很深刻。他说，我不认为我在这方面是激进的运动分子。他这样做牺牲了一些个人隐私，但是如果说这样做能够给别人带来一些精神上的支持和鼓励，他觉得是值得的。你就会觉得他是一个很理性的人。

最后一段写得特别好。他说通向正义的路很长，是用一块砖一块砖搭建的。这是我的那块砖。他写的这篇文章不长，用词简单，但是给人印象深刻。他发表之后，整体反应都是非常正面的。所以我们写文章，得写出这样水平的文章。

本来这是一件可能会引起很大争议的事，特别是他是苹果公司的 CEO，股价可能会受影响。事先董事会主席出来说话，说我们支持他。对于这个可能很有争议的话题，他能写成这样，我觉得很了不起。

库克的这篇讲话是在参加我们学院的顾问委员会会议，同我对话之后一个星期发表的。顺便说一下，为了准备我同他的对话，我做了好几天的研究，准备了 16 个问题，他删了 7 个，留了 9 个。我和他谈得很投机。他很高兴。

这几年在对待同性恋问题上，西方社会舆论变化很快。英国在几个月前给图灵恢复名誉。图灵是同性恋，在 20 世纪 50 年代被当时的法律惩罚，后来他自杀了。

学生：但是，我真的觉得写作是需要功夫磨的。

钱颖一：当然是要花时间。我相信他想了很长时间。

学生：这篇文章他能写出来，绝对不是数字的堆砌。库克的思想背后有一个体系，之所以能把简单的东西挖得那么深，他的世界观、价值观，包括方法论，一定是做了深入的思索。

钱颖一：就是我们说的三观，世界观、价值观、人生观。

学生：在最底层的世界观部分，他抛出来的是毋庸置疑的。我从中感觉到他的体系构建非常完整，所以我们读后觉得很真诚。他不装，能从小东西挖到那么深，是因为他背后有一个完整的体系。那种体系不是中文写作课，不是前后结构安排能搞出来的，需要有深入的思索。

钱颖一：是啊，所以 CTMR（Critical Thinking and Moral Reasoning，批判性思维与道德推理）很重要。

学生：我觉得 CTMR 有一个缺陷，包括我们上课，都是只破不立。

钱颖一：问题是这个立不能让别人给你立，你要自己立。我们老是希望别人给我们立。我们从中学到大学，学了一堆东西，这些东西都是别人告诉你的。你要先被 CTMR 破了，之后才是立。问题是谁来给你立，要你自己去立。

学生：上这门课的目的就是建立一个体系摧毁它，再建立一个体系，再摧毁它。但是到了最终那个点的时候，它还是没有提出来我要建一个什么东西，或者我们要建一个什么东西。

学生：我觉得“子非鱼，安知鱼之乐”。其实我认为从 2010 级到 2012 级的很多人平常很低调不怎么讲话，所有人都有自己立的东西，根据自己的生活经验，每个人都在 CTMR，并不是为了要上升到那个层次。

钱颖一：根据心理学，人的认知有三个阶段。第一个阶段，当你们在小学、中学，老师说什么你就信什么，认为老师讲的都是对的。第二阶段，上了大学，知识多了，开始怀疑了，你说的这个不对，你说的那个也不对，这叫相对主义。我曾问学院同学，咱们学院的学生和清华其他学院学生的差别是什么？他们给我的一种答案，别的学院的人都认为自己的东西是对的，我们学院的人认为不一定。我就觉得这是巨大的进步，但是这只是第二阶段。

第三阶段，你会判别，在现有的证据下，哪一个更有道理。这又上升了一层，不是说什么都不对，而是要收集证据，并根据收集到的证据，能够判别哪一个更有道理。出现新的证据之后，可能有新的判断。这就叫作批判性思维。

学生：大部分同学现在都处在第二阶段。

钱颖一：你别着急，你几年级？大二，那还有几年。我给你们推荐过哈佛前校长博克的书，他说哈佛多数大学生都在第二阶段。多数清华学生可能在第一阶段。到了第三阶段，你的判断是基于批判性思维的，你能说出哪个更有道理。

男女生群体的差异

钱颖一：《向前一步》（*Lean In*）这本书你们都看过吗？这是一本当前很火的书，这本书是讲女性的。对这本书有潜在的两种反对势力。第一是男性。第二是因为它代表的是女性精英，所以草根女性反对。事实上也是这样。作者谢丽尔·桑德伯格（Sheryl Sandberg）是 1991 年哈佛本科毕业，1993 年获哈佛商学院 MBA。之后到美国财政部工作，从财政部去了谷歌，然后到 Facebook 做 COO（首席运营官）。她绝对是精英式的女性。

这不是本回忆录，写得很诙谐、很幽默。写作得这么学才行。库克和她写的有一个共同点，都是讲弱势群体，库克写的是同性恋，这里写的是女性。

在一个世界里面，既不让人感觉到你是女权主义者，又要达到平等。我们学院今年入校的2014级，女生占57%。我们这几年都是女生多于男生。但是实际上在找工作的时候，你就会发现女生会碰到一堆困难，雇佣单位明着说我们要招男生，把男生名字报给我。国企也是，政府也是，都是一样的。追求商业效益的是这样，不追求商业效益的也是这样。

学生：他们没有打造平等的价值观。

学生：因为我这个学期选了哲学课，期末做女性主义研究，这个问题我看了一些资料。女性主义，包括性别歧视观念的形成过程、形成的阶段或者起源时间，已经模糊了，现在剩下的是这些观念本身。现在世界上几乎所有的人，基本认同已有的这个体系。哪怕是女性本身也很难有意愿主动跳出被歧视的命运。一篇论文讲，女性主义有一个观点是自然女性主义，这个观念提倡的主要是女性和男性拥有无差别的权利和无差别的能力。这个观点最不被广大女性接受，而不是男性。

钱颖一：所以桑德伯格的书要绕过这个观点。她并不同意这个观点。中国人一般说男女都一样，妇女能顶半边天，和她说的一模一样。那妇女半边天的具体含义是什么呢？在管理国家和公司，有一半女性，管理家庭事务有一半男性，这就把半边天更具体化了。但是她后面也说，这并不意味着男女是一样的，其实是不一样的。

学生：因为性别本身有各自的优势。

学生：男女性别差异导致他们的权利和地位不同。更深入一点说，女人根本打不过男人，由此慢慢演化到现在这样一种状态。体魄对于一个人的智力或者说把控能力，非常重要。

钱颖一：听女同学讲讲。

学生：我觉得很多时候是教育的问题。比如，老师从小就引导男女学生对未来的不同规划，从幼儿园的时候就问你以后想做什么。如果男孩不答的话，他们就会对男孩说你以后是不是想当宇航员、科学家，或类似这种的；如果女孩不回答，就说是不是以后当医生、当老师。很多理论支持说，从小有这样的区分。同时也有理论说，这种事情是天生的，男生和女生在不同的事物上有不同的比较优势。女生有语言天赋，男生更擅长数学物理这类学科。无论怎么样，就是这两种理论，都说男女是不同的。

钱颖一：你从这种不同中能不能推出男性比女性强势，或者说女性比男性弱势？马云和乔布斯的数学都不是最好的，所有数学好的都在给他们打工。所以你推不出来的。现在时代不同了，以前是靠力气，现在不靠力气了。

学生：这更说明，如果一个性别的人，他在另一个性别擅长的领域中更擅长的话，就会在这个领域中突飞猛进。从我们自己的专业来讲，如果一个男生从事会计这项工作，他就成为人们眼中的第四类人——男会计。从长期历史来讲，他们更容易成为 COO。因为他们在一个被长期认为是女性传统的领域中，拥有更多的优势，或者并不一定是更多的优势，而是擅长一点，就会脱颖而出。

学生：生理基础不变，男女在工作中比重也好，权力地位也好，总会有差异，未来智能化信息对智力资源要求非常高的情况下，男女这种工作地位的差别会逐渐消除。

学生：我有一个现实的问题。我前两天和博士学姐聊天，谈很现实的问题。很多男生和女生投简历，人家看到女生直接不要了，要结婚，生孩子，觉得很麻烦。从经济学角度讲，感觉是市场的力量在起作用。雇用一个女生的成本很高，你中间休产假，回来之后一切从零开始。公司觉得从自己的利益考虑，不管国企还是民企，只要追求绩效，更愿意雇用男生。这个不平等完全由市场的力量左右，我们没有办法。

钱颖一：这里可能有多重均衡点。你说的是一种可能。比如雇主觉得女性很麻烦，因为生小孩要花很多时间，所以就不愿意雇用。假定你现在是这种预期，你就会花很多时间带小孩。这是我们目前的情况。

你也可以想象另外一种可能。现在美国高校中女教师越来越多。一个从国内出去、在美国教书的女教授说，我看你们经管学院网页上女教师的简历，一眼就能看出来她在哪一年生小孩，因为她那两年的研究是空白的。但是，你去看美国大学女教师的简历，是看不出来的，因为没有差别。雅虎的 CEO 是怀孕几个月之后被任命为 CEO 的，生完小孩，出了产房就接着工作，没有差别。这到底是生理问题还是文化问题？美国女性没有坐月子的概念，中国就有很深的观念。坐月子时期生产力就下降。雅虎的 CEO 就在她的产房旁边找了一间办公室，接着指挥雅虎，没有差别。

桑德伯格书中的一则故事说，她作为女性能提出男性不会想到的问题。比如她跟 Facebook 的 CEO 说，应该给怀孕的人近一点的停车位，因为她自己怀孕，停车后要走很远去办公室。所以这就是女性的视角。

学生：我认同地理环境决定说，在这片土地上只能长出这样的文化，长成现在这样的状况。每个国家都有它的均衡，美国和中国有各自的均衡状态，人们在不同的均衡状态下做的选择肯定不一样。

钱颖一：中国人跑到美国，美国人跑到中国，土地不动，人可以动。一个美国人到中国来教书是不是也是和中国一样，生小孩的时候就不发论文了？

学生：不是，需要一段时间的积淀，慢慢地改变。要具体问题具体分析，不能一概而论。

钱颖一：现在我们学院的女生和男生比例接近 6∶4，我们录取的时候完全是不看性别的，只看分数。

学生：这说明女生的高考成绩好一点。

学生：这说明现在的高考越来越简单了。

学生：你这是根深蒂固的观念。

学生：你听我解释。很多男生相对女生来讲比较毛躁。我如果遇到简单的题，肯定比遇到难题至少低 10 分。男生会把注意力全放到难题上，而女生一般更坐得住。

学生：男生和女生从平均值上讲确实是有差异的。可能某一方面女生的平均值比男生高，某一方面男生的平均值比女生高。我自己比较反感的是很多人拿平均值代表一种对个体的期望。因为平均值如此，就对每个个体降低了期望，或者扭曲的期望，有些个体可能不一样，某些女生就是智商很高，她很擅长做一些平均值低的事；而某些男生比女生可能细心，比女生做得更好，却被平均值扼杀了。

学生：女性可能会下意识地把自己想象为偏弱势的群体，可能也确实是这样。

钱颖一：你们觉得自己是弱势群体？

学生：世界上有女子奥赛，但是没有男子奥赛。

钱颖一：你就觉得很不靠谱是吧？

学生：我当时中学学奥赛的时候，物理和数学最聪明的都是女生，我认识的都是这样。但是确实到最后她可能会因为种种偏见，历史上没有出过女生第一名，她自己最后也拿不了第一名，但真的并不是纯智力上的原因。

学生：截至目前，从我的角度还没有感受到女性受到任何歧视。

钱颖一：只要到社会上一找工作，马上会发现这个问题。你说的第四类人是男会计。你们会计班有多少男生？

学生：我们班有五个。

钱颖一：谁是信管专业的？女生少吗？

学生：我们有 14 个男生，22 个女生。

学生：我是 2014 级的，我们是 12∶13，接近 1∶1。

钱颖一：学会计做 CFO（首席财务官）的很多。阿里巴巴的 CFO，就是原来毕马威会计师事务所的。阿里巴巴有两个非常能干的女性，一个是彭蕾，还有一个就是现在的 CFO。

入学后的多样选择

钱颖一：我对一个基本事实感到非常震惊，不理解为什么学长说的话权重竟比我的大出 N 倍？学长对你们的影响为什么这么大？我是“文革”后恢复高考第一届，前面虽然有工农兵学员，但跟他们的交流很有限，这与你们现在的情况很不同。你们前面已经有了永远摆脱不掉的学长。但我仍然感到不解，在哈佛学生中并没有这么明显的情况。学长说的话对你们的影响，为什么这么大？

学生：因为他们在身边。

学生：和学长交流的机会和时间比较多。

学生：刚从高中进来时没有自己独立的思想，遇到很多问题直接问学长，都愿意请学长告诉我们，所以就相信了。

钱颖一：你几年级？

学生：我四年级。我直博，博士期间可能会做辅导员。我现在跟同学们聊天，有的时候会破除一些想法，不要过于相信学长。大一的同学没有分辨力，他可能觉得学长说的是对的。其实不一定是对的。

学生：2012 级的现象挺明显。原来我们入学时，说想走学术道路的人至少三四十个。现在剩下的不多了，很多人都走职业化道路，投行、咨询这种的。

钱颖一：有没有创业的？

学生：很少，也有几个。

学生：投行还是多，很多人说不想去投行，太累了。但是他走的那条道还是投行。

学生：我们选择的时候基本看的都是前辈走什么路，那个地方没有雷。

钱颖一：你是怎么想的？

学生：我是一个奇葩。我想做的事情可能和其他人不太一样，我特别想做音乐剧制作，这是非常奇葩的事情。

钱颖一：你原来在人大附中的时候怎么想的？

学生：我在人大附中的时候，想经世济民。

学生：我原来接触很多社工组织，很多做学生干部的人，他们美其名曰务实，说得不好听是短期功利主义。衡量短期之内，什么样的东西对当期的期望高。其实往长期看没有那么高。

学生：我最近想如何激励我们的本科同学更多地从事学术研究。2012 级一半人退出了学术人才培养计划。

钱颖一： 为什么退？

学生： 主要是上不下来。

学生： 最后是论文展示。这一环节很多人忙着干别的事情，没有时间写论文，就直接退出了。

钱颖一： 忙什么事？

学生： 主要是实习。我们入选的时候有 30 人，答辩时只有七个人了。

钱颖一： 你是 2011 级大四的，快要毕业了，准备去哪？

学生： 准备申请美国的博士。我们本来有志于学术的就少。前面两年搞通识教育，间接导致想走学术道路的人没有提早接触一些研究。从大三开始基本上靠自己找一找导师，自己定一个任务，后面又在申请出国，基本都是这样。做学术的人之间交流不是那么多。

钱颖一： 你们年级中不是有一个学生自己找了那条路，跑到哈佛去给那里的一个教授做 RA（研究助理）了吗？

学生： 我当时在沃顿商学院交换。我调研过他们关于想从事学术研究的本科生的培养计划。他们至少有五个和研究相关的培养计划。有代表性的是给老师做助研的计划，大一或者大二时选一些杰出的本科生，入选这个计划。还有一个暑假计划。所以我想，我们能不能成立一些类似的计划。

钱颖一： 我们也有。我们经济系的教师白亚未（Alex White）在法国图卢兹经济学院读的博士，他们的院长梯若尔（Jean Tirole）今年获得诺贝尔经济学奖。他经常为学生提供研究助理的机会。你觉得我们应该有更多这样的机会？

学生： 这个信息一定要贯彻下去，打破学长给大家的印象。我们配了很强的资源，想从事研究也会有很好的前途。很多同学一方面说自己想做研究，另一方面想两条腿走路，也在实习。

学生： 我父母是清华毕业的。他们班里的同学分化非常严重，有的人混得特别好，有的人混得特别不好。他们聚会的时候，有两种人，有人开宾利来的，有人坐地铁来的，我打小就特别不理解。考上清华以后，就特别有感触。很多人因为从小都是父母说了算。感觉上了清华以后，周围所有人都说，你上了清华经管以后，你就要这样。其实他连清华经管是什么都不知道，他什么都不清楚，反倒跟你说要这样要那样，你就形成了定式。除非你能够像库克那么有毅力，绝大多数人还是会受环境影响的。

钱颖一：昨天波音中国的总裁来见我，他是剑桥的历史学博士。后来克林顿当总统的时候在华盛顿从政过一段时间。他说当他出来想找工作的时候，就被波音拉去了。他也没有想做这个行业。他昨天跟我说他的一些同学在很豪华的地方有别墅，就是这么个区别。他去了波音，也是很厉害了，但不像在金融界赚那么多钱。问题是开宾利又怎么了？

学生：整个社会对一个人的评判标准比较单一，很容易被周围人带跑。我们的小班助教说，人所有花的时间精力，效果是等同的。周围有人往左走，有人往右走。我们应该把向量放到二维平面上看，但大多数人只看一个纬度的投影，所以你就会被某个观念带跑，只关注它。

钱颖一：CTMR 就是从原来的一维，从原来的线性比较，扩展到多维，就变得不可比了。

学生：只有当一个人走到思维的第三阶段，才不会被周围的表象干扰。

学生：我是大一的，来自江苏省淮阴中学，周总理的故乡。来清华成长了很多，到这里感觉同学思维都非常活跃，知识面很广。我们省比较强调成绩，高中时候感觉阅读量比较少，很多东西没有很深入的思考，一直忙着学习，就感觉到大学很不一样。

钱颖一：我这几年干的事，听上去很简单，但是我觉得还是看到了不同。最开始时听到一个共同的说法，就是大一像高四。这是当时的同学特别普遍的感觉。

学生：现在不是了。

钱颖一：原来几乎所有人都说，大一是高四。

清华特等奖学金

钱颖一：清华的特等奖学金是怎么评的？

学生：现场 14 位评委，每位老师投出 10 张票，统计票数，最后选出 9 名。有一个是美术学院的，那个人挺厉害的。

学生：他是做人机艺术设计的，他的作品特别厉害，学术也特别厉害。这不是重点，重点是他把科技和艺术结合的决心和他的作为。他减肥方面的故事特别吸引。

钱颖一：怎么讲？

学生：减了 60 斤。当时我们两个都减肥，都去健身房办卡，我减了 40 斤，他减了 60 斤。

钱颖一：这个也加分了？

学生：减肥绝对是比考上清华北大更困难的事情，尤其减了 40 斤以上的。

学生：他的专业的重点方向是网站设计。

钱颖一：我们学院的神人听上去不是很多？

学生：我觉得一个人要达到神的级别得在某一个专业的地方投入很多很多的精力。经管的人面临太多太多的选择，在这种情况下，很少有人能果敢地选择一个专业方向投入进去，大多数人在犹豫哪个都不舍得扔的状态下，牵扯了太多的精力。

钱颖一：这是比较短期的评价。不能说咱们的就是不好，而我们什么都在尝试。

学生：这个背后整个哲学价值观不一样。

学生：进了大学以后我们做社工，大一的同学做社工，看部长组长；大二时候看交换学校；大三时候看“保研”（保送读研究生）保了什么。申请美国大学时，要不就看常青藤。很多事情是标准化的。

钱颖一：我希望学生多样化，不希望都是一样的。我们有一位 2001 级的会计本科生，现在她是女高音，在读女高音的博士，几个月前回清华开了一个独唱会。她本科念会计，硕士念了营销，毕业以后到美国就学女高音，戏剧女高音，现在在办自己的歌唱会。这也是一种人才。

由高晓松的批评引发的思考

钱颖一：听说最近高晓松和咱们的一个学生闹得挺热闹，你们怎么解读这个事情？

学生：是一种炒作。

钱颖一：你把炒作的噪音去掉，后面是不是有点儿内容？你的解读是什么？他是法学院的本科，咱们学院的硕士，然后到新闻学院读博士了。

学生：我和他演过《马兰花开》。无论他的家庭背景，还是他的个人性格，绝不属于高晓松批判的名校出来的短期功利主义者，只看钱不看别的东西，他绝对不是这样的人。炒作现象太严重了。

钱颖一：为什么这个节目流传这么广？

学生：有清华的标签，以及功利主义者的标签。

学生：高晓松说清华已经变成一个和蓝翔差不多的技校了。

钱颖一：蓝翔是很有名的技校吗？

学生：挖掘机技术强，山东蓝翔。

学生：他们校长开学时候说，如果你们来这不好好学一门技术，和上清华北大是一样的。

钱颖一：高晓松说清华变成了蓝翔？

学生：他很早就说清华是个大技校。

学生：我挺认同高晓松说的。

学生：高晓松说名校是国之重器，相当于中国的脊梁。

钱颖一：他是清华好学生的典型吗？

学生：清华传统的好学生。

钱颖一：他一直想当主持人。

学生：他很困惑，感觉很迷茫。

学生：我赞同高晓松是因为他的分析是说，即使你有理想有想法，也没有找到很合适的发展，就说明理想不够强，根子上的价值观不够强烈，所以没有找到方向。

学生：首先我觉得高晓松的才华，绝不是他自己努力的表现。他出身于一个高级知识分子家庭，从小受家庭熏陶，不用学，天天接触的就是这种东西。他其实也不踏实，1988 年入校，别管选什么专业，没有读完就出来干自己的事，但是也没干出什么名堂。他写了《同桌的你》和《生活不止眼前的苟且》以后，就到了一个我可以拿别人炒作的地步，这跟他说的诗和远方一点儿不沾边。

学生：他说我要诗和远方，他远到哪儿了？

学生：高晓松一直强调自己是自由主义学者，这是他的价值观。他有自己的价值观，他更希望每个人找到自己的价值观，而不是漂的。他批判的是清华学生现在漂来漂去，随波逐流。

钱颖一：这个影响很大吗？

学生：网上一直在讨论。

钱颖一：他现在到新闻学院读博士。新闻学院有一些什么有意思的人吗？

学生：有一个，现在的摄影学协会会长。他本科考上了北大信息管理学院的计算机系，基本快读完了四年，实在不愿意读了，就退学考了清华新闻传播学院，他立志做伟大的摄影家。

法学院印象

钱颖一：你觉得法学院挺有意思？

学生：法学院真有很多认真看书的人，他们会读很多很多的书。我高中一个好朋友现在就在法学院，他为东方哲学拉了一份书单，一本一本刷。我们读不了那么多。

学生：法学院大部分人不看书，法学院部分有趣的人看书是精读，先回到文本的原本理解，不像我们好多时候看书是为了看完之后白话两句，这是不一样的。你得先把书读透了、真的懂了，才能成为你的一部分。法学院有很多读书会。

钱颖一：咱们没有自发的读书会？

学生：我们也有。

学生：他们有老师带。

学生：法学院很多学生探讨正义问题，他们很喜欢探讨这种东西，有很深刻的专业成分。我们很多时候不会探讨和经济学相关的特别深刻的问题。

钱颖一：我们的 CTMR 课上不讨论吗？

学生：我觉得跟我们不太一样，具体又说不太清楚。第二个特别深的感触是法学院的老师。我上了十几门法学院的课，他们非常重视学生的学习，对于学生学不学、怎么学非常看重。一门课如果让他们发现有几个同学没有来，就会特别生气。经管的老师可能对学生来不来上课、学不学习这事不太在乎。我就感觉这直接影响他们的学生对知识的探索。

钱颖一：法学院学生要去律所实习，他们也有这种律所实习的压力。

学生：相对来讲要弱一些。

钱颖一：他们的社会正义感比咱们学生强吗？对正义的探讨更多、更深刻？

学生：我觉得是比我们强，但是这和专业有关，法学就是这样的。

学生：市场是一切正义的基本保障，历史也充分证明了这一点。

钱颖一：经济学研究有很多法学研究不具有的优势。我研究过《公司法》，因而我接触的一些专门研究这个领域的人都在法学院。他们对经济学非常尊敬，因为从科斯开始，经济学对法律影响很大，很多问题说到底都是合同或契约问题。

本科生与院长共品下午茶

（2015 年 12 月 21 日）

学院歌曲《家园》

钱颖一：我们学院在清华里面还是比较独特的，我们给大家很多的选择。清华不少其他学院，从你进校门的第一天，就给你确定好了今后的路径，不像我们这里，有各种各样的可能。比如，有要去念经济学博士的，有要去念统计学的，有要去五道口金融学院的，还有要去北大光华的。我们非常鼓励各种不同的选择，但是有一条，就是你要自己做选择，而不是听从别人。

你们的这次“冬情”学生节我没看到。今年的“冬情”请了其他学院的同学来观摩吗?

学生：最后一共发了 2 800 多张票。

钱颖一：你们觉得今年的“冬情”怎么样?

学生：挺酷炫的。

钱颖一：酷炫?

学生：我觉得很温馨，尤其是开头结尾放的《家园》。

钱颖一：《家园》是咱们学院的本科生作词、作曲、演唱的。词和曲都是 2003 级同学写的，这个 MV（音乐短片）由 2007 级同学演唱，听起来还是很不错的。你说今年“冬情”的开头结尾都播放了《家园》?

学生：这是我们今年学生会刚架构起来的时候去录音棚录的，然后还在校园里取了景。

毕业后的选择

钱颖一：你说你这个学期知道自己想做什么了。这句话不容易说出来的，是不是？

学生：我以后想做统计。你们可能感到有点奇怪，就是一般情况都是学数学的往金融方向转，为什么我一个学经济与金融的往数学那边跑。这是因为我很喜欢统计，黎老师的“概率统计”教得很好，他讲的全是干货。我就从那会儿开始特别喜欢，但我一直没敢做这个决定。后来到美国学了一门“时间序列分析”，我觉得好有趣，然后就很喜欢。但是我当时心里一直放不下经济学，我觉得我作为一个经济学的学生还是想做一做经济学研究。现在我就打算申请统计学的研究生了。

为了那个经济学研究，我真的花了五个月。国家图书馆的县志 1 700 多本，一本本朝里面输。当时我在我们小课上找人帮我抄县志。然后就是特别苦地做，但不喜欢。另外我觉得金融有点虚。我觉得我是偏“硬技能”的人。

钱颖一：首先要认识自己。她在考上经管学院之前，是人大附中的学生。我在人大附中的门口碰到过她，那时她在上高三。她说你是钱老师吗？我说你怎么知道。她说经常上经管学院的网站看。然后说她想报经管学院，结果考上了。大三的时候她去沃顿交换，居然放弃了学金融。你们看，中间的转折多大啊。

她的好朋友也是人大附中的，制作了今天晚上在音乐厅上演的话剧《套中人》。我们学院还没有出李健呢，但有一位 2001 级本科生，会计专业，又念了营销学硕士，之后到美国留学，现在念戏剧女高音的博士，去年还回来在音乐厅举办一场音乐会。所以你们看，我们的毕业生的路是各种各样的，很丰富。

学生：我做这一选择之前还问过钱院长一次，我说我对统计很感兴趣，但我不知道该不该做。钱院长说你为什么不该做？我说我现在感兴趣但我不知道未来会不会感兴趣。钱老师说你现在感兴趣就行了。我听了这句话后就想，那就做吧。

钱颖一：因为你不知道未来，对吧？你怎么能知道未来呢？

学生：我这学期上了一门计算机学习的课程，在学编程，两门计算机语言。

钱颖一：我在你们入学时给你们写的那封信中，引用怀特海（Alfred North Whitehead）讲的高中和大学的差别，高中是伏案算题，大学是要站起来瞭望。我念大学本科的时候没什么机会，陈省身到北大来讲课，就去学了他给研究生上的“微分几何”，也还考得不错。那时候国内没有托福，没有GRE，凭着清华的一份成绩单，就申请出国了。可能陈省身的这门课也起到一些作用。

请蒂尔开课

学生：我看了《从 0 到 1》那本书。

钱颖一：是彼得·蒂尔（Peter Thiel）写的。这本书卖得很火。“从 0 到 1”有好多含义，有创业的含义，也有原始创新的含义。蒂尔曾经是 PayPal（贝宝）的 CEO，开创了网上支付，那是在 1999 年。当时在 PayPal 创业的这帮人可能有一二十人，后来分散到硅谷的各个地方，创建了很多公司。人们叫他们 PayPal Mafia，Mafia 原意是帮的意思。

这其中就有马斯克，他现在在做火箭、电动车。我今年干成的一件大事，就是把他请到了我们学院的顾问委员会。我同他的对话，难度很高。他是现在全球最牛的创业者，也是在顶尖科技领域创新，未来的主要行业发展方向他一人占了好几个。

《从 0 到 1》的作者蒂尔下个学期要来给我们学院开一门课。我今年见了他三次。第一次在经管学院我的办公室，第二次在旧金山他的办公室，第三次在阿根廷首都布宜诺斯艾利斯。我为了请他来讲这一门课，花了很大精力。

他先是今年 5 月份来中国推广他的这本书。我那时并不认识他，通过一些关系联系到他，请他来我的办公室。我跟他谈了一个多小时，谈得很开心。

他是斯坦福的本科，学的是哲学。后来又读了斯坦福的 JD，中文翻译为法律博士。然后就在硅谷创业，后来做了投资者。他是 Facebook 的第一个天使投资人，投了 50 万美元，占 10% 的股份。我跟他说：你的书讲从 0 到 1，但你到中国转了一圈，有没有体会到在中国 N 的力量？这本书的中文版卖了 100 万册，这就是 N 的力量。

今年夏天，我又去他在旧金山的办公室一起午餐，聊了两个小时。最后我邀请他来我们学院开一门课，当时还没完全答应，但表示有兴趣。“十一”长假期间，尼尔·弗格森（Niall Ferguson）邀请我去阿根廷参加一个会议，蒂尔也去了。结果我把他们俩一起都说服了，分别答应明年来学院上课。我整个“十一”长假就这样全部被“毁掉”了。阿根廷多远啊，来回飞就要三四天，我在那儿只待了三天就回来了。

与马斯克对话

钱颖一：马斯克与蒂尔是好朋友。马斯克答应我在 10 月份来参加顾问委员会，并且与我对话。对话在美国叫 Fireside Chat，炉边对话的意思。在硅谷，除了乔布斯会演讲，其他创业者都不大会演讲，更习惯于对话。对话比较随意。去年我是跟苹果公司的库克对话，今年是同马斯克对话。由于他不善言辞，所以我就一定得给他提出好问题。我精心准备了七八页纸的问题，他涉足那么多领域，有航天领域、电动车领域、光伏电网领域。由于准备得充分，我跟他的对话就持续了两个小时，聊得还很有兴致。

他做的都是高科技，这跟乔布斯还不一样。你可以认为苹果手机里没有太多技术含量，主要是设计和包装。但是发火箭绝对是高技术含量的。电动车也是技术含量很高的。他还做智能电网。前面两家公司他都做 CEO，而智能电网公司他做董事长，他表弟做 CEO。上星期他又宣布搞一个人工智能的非营利组织叫作 OpenAI，就是开放式人工智能，投资 10 亿美元。所以他进入第四个领域了。

他给我们的同学带来很多启发。他念了五年本科，先是在加拿大皇后大学念了两年，后来转学到沃顿，念商科，但觉得不够过瘾，又念了一个物理学的双学位。他在宾州大学待了三年，拿了两个本科学位，然后就创业了。所以你看他的知识，严格说比你们学得少。但是他现在不光是 CEO，还是火箭发射首席设计师。像他这样的教育背景，在中国可能连中级职称都没有，更别说高级职称和院士了。

他说物理学对他很有帮助。具体说是物理学第一性原理，就是物理学要追根到最原始假设的原理。他说他想做发射火箭。为什么想做这件事呢？他有一个直觉，从 60 年代到现在，50 年过去了，10 年前是 40 年过去了，这个领域没有什么新的技术进展。然后他就追问为什么没有技术进展，他能不能做？他到俄罗斯想买火箭，但没有谈成。他就开始琢磨、追根，什么地方是瓶颈，为什么成本高，因为是一次性使用。他说什么东西都要追根溯源。

他说有两种创新。我们通常人的想法是用比喻和类比，就是人家做这个，你跟他做一个类似的，在边际上可以不同。这是绝大多数人的做法，是 shortcut（捷径）。人用类比方式想问题的时候，不用追根刨底就可以了。这让我想到高考也是这样的。你首先要知道它是什么类型的考题，一旦这个类型知道了，你即使不是特别懂，也大致能把它做出来。对吧？这就是典型的类比法思维方式。这不是不对，也不是不好。我们比较擅长这种，你能做出苹果手机，我就能比你做的便宜得多。产品很类似，但是我做了改进。

他说还有一种思维方式，一般人都不怎么做，就是要找到最根本的原因，也就是物理学第一性原理。这时候就不用类比的思路了，你的创新也会是最原始、最本质的。这是他反复讲到物理学第一性原理的原因。

他从物理学中受到的第二个启发是量子力学。马斯克说量子力学对他的启发是，其中的结论是反直觉的。比如薛定谔的猫又是活的，又是死的。他说这非常反直觉，我们学"经济学原理"时就反复讲，刚开始时人的经济直觉是不对的，要发展出新的直觉。

乔布斯就是 think different（不同的思维）。蒂尔在《从 0 到 1》中提倡逆向思维（contrarian thinking）。他的这本书的第一章开头时说，我面试雇员的时候，经常问这么一个问题，有哪些重要的真理，你与多数人的看法是不一样的？但是，我发现这句话的中文翻译错了，我跟蒂尔指出了，他说没人告诉他。英文原文是，What important truth do very few people agree with you on? 这句话的意思是，有哪些重要的真理，你不同于多数人的看法？但是翻译成中文后就变成了，你有哪些观点不同于多数人的看法？你要找一个不同于多数人的看法有很多，但你要证明这是一个真理，而多数人都错了，那就很难了。所以他说没有多少人能答出这个问题。

马斯克在两个企业做CEO，一个是SpaceX（太空探索技术公司），一个是特斯拉。蒂尔投了前者，没有投后者，因为他觉得电动汽车市场竞争性太强，谁都能进来，而宇航这个领域竞争少多了。

为了与马斯克对话，我准备了好长时间。我专门读了一本写他的传记。我在暑假见他的时候，他就先骂这本书。这个记者采访了他很长时间，但是出版的时候竟然不让他看。马斯克说这本书80%是对的，另外20%是错的，这20%中的15%是无关紧要的，但另外的5%是很严重的。他跟我说，他很注意他的形象。比如书中讲他类似乔布斯，很不近人情，把人家说解雇就解雇。他说不是这么回事。他说他见过乔布斯一次，但人家都没有正眼看他一眼，他就记一辈子。

所以我同他的对话，他跟我设定了两个界限。第一，不能谈这本书，提都不要提。但是我的好多信息都是从这本书里来的。第二，不能谈他的私生活。他有五个孩子，都没有送去学校。他说我不送他们到学校去。我问为什么？他说学校那些东西教得不好，他在家自己教。他一个人搞两个大公司，做了CEO还要教小孩。他就是要跟别人不一样的思考！虽然他在工程技术方面没念硕士、博士，但他说这些都可以自学。

学生：我想说，钱老师刚才说的好多话都涉及我最近读的书。比如《从0到1》，我觉得经管的学生都应该读这本书，那里面串起你大学学的很多东西，"经济学原理""批判性思维与道德推理""西方文明"等，在里面你全都能找到。

钱颖一：书里面有一张图，是倒 U 形正态分布曲线。另一张图是反过来的，是 U 形曲线。他说后者是创业者分布曲线。他说在创业者里头，中间是我们认为最正常的人，概率小，而两边是最有个性的人，概率大。

扎克伯格的勇气

钱颖一：我请扎克伯格加入学院顾问委员会的时候，并不认识他。这次他要用中文讲一堂课，他总共才学过一年多的中文。我在他旁边，看到他的压力很大。他说，你前面要给我铺垫，降低大家的预期。我也特别有压力，因为我知道这是全球直播，要放在网上的。那天正好星期五，他在星期六做这个演讲，正好 Facebook 的股价第一次超过 100 美元，他自己都不知道。我说让他用中文来讲是一个很过分的要求。我说我自己学英文 10 年的时候，都不能用英语讲课。我说这话是完全正确的，没有撒谎。因为我是从小学一年级开始学英语，确实是在学了 10 年之后也没能用英语来讲一堂课。他呢，确实只学了一年多中文，但他把所有的东西都背下来了。我明显感觉得到他是有意要挑战自己。

还有一个细节。头一天晚上，Facebook 的人说扎克伯格只能讲半个小时中文。我一听就懵了，我们预告的是一堂课，至少 50 分钟。那边团队说不行，因为他准备的中文只有 20 多分钟，但是中间换成英文就不完美了。后来我说，那这样吧，前半小时网络直播，全部中文；后半小时问答换成英文问答，但是不网络直播。可是中间需要一个过渡，我就上去串词。我说这次这个讲课公开部分到此结束，接下来是问答环节，问答环节不是公开课，只面对清华经管学院的学生，如果你们想有这个机会，就请报考清华经管学院。这样就切过来了，还给学院做了一个广告。在提问环节，我让提问题的人用英文，这边用英文答就是自然的。我也没有想到当院长还要干“导演”加“制片人”的活儿。你怎么知道你将来干什么呀！我当初在清华是学数学的，不会想到我还得在这写剧本，还得边当导演，边制作。

扎克伯格讲课完了以后，我看他大汗淋漓，紧张的呀！他讲的是很有条理的。他第一句话就讲，我今天不讲如何创业，我讲为什么创业。我们的文化特点是不问为什么，只问如何做。所以中国人总是问如何创业，没有人问为什么创业。他说我从来没想创业办公司，我就想把人都连接起来。你看这高度不就高了吗？我们这个高度够不上去，跟哲学境界是有关联的。

在我们的文化中，我们不提 why（为何），问两三个 why 就要到禁区了。中国人禁锢的东西太多了。在家里，有父母；在学校，师道尊严，不能让老师下不来台。咱们文化中有太多的限制。

邀请桑德伯格做毕业典礼演讲

学生：您刚才说跟别人说话的时候要看着人家。这儿有本书挺好的，叫 *How to Talk to Everyone*（《如何与所有人谈话》），就是教你说话的时候怎么 behave（表现得体）。这好像是比尔·盖茨书单里的书。

钱颖一：沟通太重要了。我要把这些人请来，要做很多沟通。他们这些大公司，比如 Facebook、苹果，都是世界最牛的公司。

今年我邀请了 Facebook 的 COO 桑德伯格来学院做毕业典礼演讲。Facebook 对她的行程安排控制很严。本来她在楼上参加一个活动后就来我的办公室。后来我看到咱们院里有好多穿着毕业典礼衣服的学生，临时想请她走到学生中。所以我说你别从里面走，你从外面走到庭院里。就这样很自然的，学院就给你拍照片了。当时他们就很信任我，就这么做了。结束了以后她自己发在 Facebook 上。她在毕业典礼上演讲的照片，没有环境，所以看上去就很正式。但是她在学生中间，有这么多清华学生围着，就完全是另一个人了。包括这次扎克伯格的演讲安排，他们很信任我，就是我刚才说的那种安排，前半场后半场。刚开始他们很不愿意，因为打破了他们原来的设想，是临时决定的。最后就是信任。他们相信我有这个能力，他们说你这个东西做得一定是对的。果然做完以后，他们就觉得很好。

珍惜外请教师的机会

钱颖一：明年春季学期，除了蒂尔，弗格森也要来学院讲课。他是哈佛大学的明星教授，出过很多书，正在写《基辛格传》，之前写过金融史、经济史、商业史、西方历史。他会来讲“中国与世界的历史视角”。这题目都是我给起的，他说我讲不了中国史，但可以讲中国与世界交往的历史。他是苏格兰人，他的太太是索马里人，穆斯林，黑人女权主义者，而且她是在恐怖分子的黑名单上。

学生：经管设立最多的应该是通识教育，但是我很疑惑，为什么所有通识教育的课都是规定好的？

钱颖一：没有规定好啊。

学生：但是能选择的非常有限。

钱颖一：这就是我们和美国大学的差别。美国大学的通识教育课组设置和我们的是一样的，基本都是八个课组，哈佛、耶鲁、伯克利、斯坦福大致相同。区别是在美国一个课组里面大概有十几门课，我们最开始有一门课，现在至少有两门。比如“西方文明”课组里，有两位老师，他们俩人的风格很不一样，就是让你有选择。一个和两个有本质区别：一个就等于强迫你，两个的话你就有选择。当然，我也希望更多一些，有更多的选择。但问题是找不到老师，找两个老师就已经很费劲了，而且他们俩都是从清华外面请来的老师。

我最开始开这门课的时候找了清华历史系的彭刚老师，他教了几年后不教了。缺乏师资啊！找教“中国文明”课的老师就更难了。教经管学院学生的通识课程没有成就感。如果他们教本专业的学生，学生是超级有兴趣的，就像你们学“经济学原理”一样。可是到我们学院来开课就完全不同了。过去几年就出现过我们请的教通识课程的清华老师，抱怨我们的学生的教学评价低，谁愿意教啊？

学生：国外就不存在这样的问题？

钱颖一：国外比我们好得多，他们有通识教育的传统。我们这里面也有一些挺不错的同学。比如，我们有一个同学听完“西方文明”课后，把老师讲的内容整理成一本笔记。彭刚老师给我打电话，说你们这个学生不得了啊，我一个学期刚讲完课之后就把整理好的笔记送给我了。作为老师，这非常令人欣慰。

学生对通识教育的理解程度往往是随时间变化的，是时间的正函数。一年级学生对通识课的评价最低，二年级稍高一点儿，三四年级更高。到 10 年后、20 年后，就会更高。一年级学生抱怨，为什么要给我们上这些课，为什么不给我们开会计学、金融学等专业课程。他只看到找实习的需要，看不到更长远的影响。到了四年级，他又觉得这课很好啊。你得回过头来看，等你回头看时才明白，而当时你是不知道的。当时你们只觉得，这些东西太虚了。

学生：如果真的是好老师，我们还是觉得挺好的。

钱颖一：每个学生都很希望有好老师，问题是，什么是好老师？你可能希望这个老师能给你点到位，抓到点。其实通识教育最重要的是一个承诺（commitment），就是你要给通识教育课程一块时间。具体学什么，读什么书，要靠自己开拓，别指望老师都给你讲明白了，过去的思想观念要改变。要从这个角度再去理解什么是好老师。

教育要培养哲学式追问的思维

学生：北大光华那边专业课开得特别多。

钱颖一：现在有点颠倒了，北大光华变得更加专业课导向，而清华经管更加强调通识教育。其实北大整体氛围肯定比清华更加人文，更多地学“无用”的知识。但是现在你把北大光华和清华经管做比较，就发现正好反过来了。

学生：我们是清华的北大，他们是北大的清华。

钱颖一：这是有一定道理的。其实，在经管学院推广通识教育应该是在全清华里最难的。为什么呢？高考后报经管的，要不就是你们的父母，要不就是你们中学的班主任推动的，都是出于很功利的动机，都是为了你们将来能有一个很好的职业，对不对？我说你们能找出比报经管更功利的专业吗？而通识教育就是另一个极端。所以，在我们学院推动通识教育难度很大。

学生：我现在学数学，感觉痛并快乐着。

钱颖一：你不痛怎么能感到好呢，都是这样的。

学生：就是在“经济学原理”中的“科斯谈判”那一节。最后那个案例讨论的是吸烟的例子，经济学的思维模式很不一样。您当时不也是学数学吗？数学的思维模式会影响您的经济学思维模式吗？

钱颖一：会。数学要求严谨。我写的演讲稿，一看就是我写的，因为我太讲究逻辑了。我们当年念“数学分析”，比你们的“微积分 A”还要难。我第一学期受到的最大刺激，就是期中考试卷上所有写“显然”的地方，全被老师勾出来，扣分，说没有显然。这就逼着我每一个环节都去严谨地证明。英文叫 you cannot take anything for granted（你不能想当然）。

你说到科斯定理。你们知道张五常吗？我昨天去看望他。他跟我说，科斯觉得他特别有才，跟他说他是第二个马歇尔。诺思刚刚去世。是诺思把张五常招到华盛顿大学任教的，这是诺思亲口跟我说的，他说张五常很有才。所以在下星期的《财经》杂志上，我写的纪念诺思的文章中，就把这句话写上去了。张五常很有天赋，但是他说他最有成就的还不是经济学，他摄影很棒，书法也很棒。他说这些都不算什么，他说他是伟大的收藏家。他说诺思一下子就看中他了，1969 年的时候就招他去了华盛顿大学。他又说科斯从来没有来过中国，“在他 102 岁的时候，两年前的‘十一’，我把酒店都给他订了，就想再见他一面，因为放长假，就拖了十天，结果他生病了，确实不能来了”。

当年诺思很保护张五常。他的研究不是特别主流，诺思当时给他很好的工资，然后很快就给他提了正教授，让他随便做研究，很保护他。就像诺思这样的人，能识别和判断。科斯、诺思还有张五常，他们的文章都没有太多数学，但经济学直觉很强。张五常给人感觉很狂，口气很大，虽然有夸张成分，但他不是毫无道理，他说的一些东西还是有边界的。

咱们老是讲创新，其实最终是一个思维问题，而思维说到底是一个哲学问题。我认识两位印度裔经济学家，一位是阿玛蒂亚·森，哈佛大学教授，1月份要到我们学院来做讲座；还有一位是帕萨·达斯古普塔（Partha Dasgupta），英国剑桥大学教授。这俩人的共同特点就是都是经济系和哲学系的双聘教授。你找不到一个中国经济学家同时能在哲学系当教授吧？没有！我们的经济学很功利。

印度人非常喜欢哲学，哲学一定要追问最原始、最根本的问题。我上星期碰到一位哲学家，社科院哲学所的，据说是一大牛。我看了一下他在网上说的，对我们通常用的每个词都要挑战一下，都要刨根问底。我们不习惯刨根问底。当然我们的优点是操作性强，执行力强。印度建高速公路，说了半天，但建不起来。不过我们的优点到了一定阶段就会有问题，这是我们要意识到的。

本科生与院长共品下午茶

（2016 年 5 月 19 日）

经管学院的多元和活力

钱颖一： 今天是 2012 级同学毕业前的“下午茶”，是我提议举行的。“院长下午茶”活动在我做院长后举办了快 80 场，但这场不一样。我先跟你们讲讲起源是什么。

上个月校庆的时候，也就是 4 月 24 日那天，我见了 2002 级的同学，是在 2002 级毕业班 10 周年的场合。这个年级我为什么有特殊感情呢？我是在 2002 年秋季学期第一次在清华讲课，就是 2002 级入校那年。那时候我是学院的特聘教授。我在主楼后厅讲“经济学原理”，是第一次在国内高校讲。他们在 2006 年毕业的时候我还不是院长。我是在他们刚毕业以后的 9 月起担任院长的。今年正好是他们毕业 10 周年，逢 10 就返校了。我们这场“下午茶”就是他们这个年级的同学开创的。参加他们的返校活动时我就很有感触。10 年后你们 2012 级要毕业了，就是你们这个年级。今天来的还有些 2013 级、2014 级、2015 级的同学。

我和你们这个 2012 级很有缘分。2012 年 8 月 16 日是你们的开学典礼，我给你们讲了一通“无用”知识的有用性，结果就“毒害”了大家（笑）。我必须在你们离开之前听听你们的感想。

正好上个月有你们年级的两位同学和我联系，一位同学花了两个月的时间，写了这么厚的东西，我看了好几遍呢，叫作“离开经管的 20 种方式”。今天这儿有 29 位同学，她写的 20 篇都是你们年级的同学。我前一段时间出国了，昨天晚上才回来，我没干别的事，就是看关于你们的这份作品。她在她的个人公众号上发布，现在发布14篇了，一共会有20篇。其实你应该写N种方式，更科学，N等于多少再说。我又收到你们2012级另一位同学写的东西，一共发了四篇，准备发九篇，叫作“经管再定义”。

我把这两份作品中的每一篇都看了，觉得很有意思。我天天和我的同事们，一会儿急这事，一会儿急那事。但是看了你们这两份作品，我觉得其他事都不重要。为什么呢？我这个院长的兴奋点就是看着同学们要毕业了，而且毕业之前还有这么多的内容。所以我就说，要办今天这个“下午茶”。我光看不过瘾，觉得这里边还有很多东西。

为了写“离开经管的20种方式”她采访了29位同学，然后这么概括的，大标题叫“矛盾的经管学院”。她讲了三大矛盾：第一，资源丰富与稀缺的矛盾，这是“经济学原理”课上讲的；第二，价值取向的自由多元与单一功利的矛盾，显然这是在CTMR课上学的；第三，选择与被选择的矛盾，这是在经管学院的切身体会。她最精彩的是这篇文章的最后一句话：矛盾中的经管，正是最迷人的经管。这句话还是有点哲理的。矛盾中的经管正是最迷人的经管。

后来我看“经管再定义”，也写得很好。有一篇的题目很有意思，它的标题是“我不是一个典型的经管人”。最后一个结语是，我们，逗号，都不是一个典型的经管人。这也很有哲理啊，推理就是经管没有典型的经管人，这本身就说明了经管学院的特征，即没有典型的经管人。文章后面又说，给你很多选择，又不告诉你选择的优劣；给你看很多精彩又不同的人生，但又不强迫你去选择，这就是经管的意义。这也是很有哲理的。

所以我把这两个作品一对比，就有对矛盾中的经管和迷人的经管的一种解读。我是觉得不管是“离开经管的N种方式”，还是“经管再定义”，其实都描绘了经管的一种多元动力、动态和活力。我读了这些以后，就觉得很有意思。谢谢你们把这些都挖掘出来，让我去想。这么多年，我们在本科教育上下了这么多功夫，你说得个什么奖，那都不重要。看到你们讲的这些东西，我就觉得非常有意思，都有很生动的语言。

所以我今天就请你们来，想听听你们说。这就是我今天组织这么一场特殊的“下午茶”的原因。

不怕当“奇葩”

学生：我是这次活动的“罪魁祸首”。我毕业以后去学统计学硕士。我从来没想过这件事能做得这么大，其次我想说这是怎么产生的。我做这事的初衷其实很简单，就是我想跟同学们聊天。我觉得我这四年跟经管同学接触太少了，我真的感谢大家，我在其中骚扰过大家很多次。这件事我是这么做的，我先找了几个我认识的奇葩聊，即使在投行这个最主流的地方，我也想找一个奇葩的进投行的方法。

我觉得就是不同年级的学长，采访他们的时候，感受会不太一样。我发现大一的同学刚进学院，还没有经历迷茫与纠结；大二的同学发现刚进学院时的三观尽毁，又找不着自己新的三观，然后处于一种非常迷惘与纠结的状态；大三的同学往往经历过一段时间的迷惘与纠结，可能有一点点自己新的想法和判断，但是也没有一种新的状态；就是在读到大四学长的采访时，感触可能更深。

学生：我在英国养了 9 个月的马，现在在做咨询。

钱颖一：第一篇就是关于你的。觉得特奇葩就放第一篇了，是吗？你去养马，从咨询到养马，再从养马到咨询。

学生：她可能觉得我比较奇葩，觉得养马这个关键词特别吸引人，我觉得在座的 50% 的人都没有骑过马，包括我自己，没有很近地摸过一匹马。我为什么要去养马，很多人做的选择很大程度上会受到身边人的影响。我觉得在经管这四年，积累的最重要的东西，如果有人问我，我觉得是，身边每个人的性格对我产生的影响是最大的。我当初要去养马，也是因为我身边有朋友，他说他想要养马，他说这四年他走下来，继续读研很累。他想让自己静下来，想一些事情，他是因此去养马的。而我的原因是那段时间，我也没有更多的事情要忙，我觉得可能申请一下也没有什么坏处。我没有想过能申请一年的，只是想我先申请着，反正申上的概率也不大。申上以后跟家人也商量了很久，然后跟那边的团队征求意见，我想既然咨询公司和家人都同意这件事，我想去尝试一下，最后就去了。

我不知道其他行业怎么样，咨询行业是很有包容心的，里面什么样的人都有。其实在我之前也有人去支教，去创业，去国外学习。在进公司之前，公司就会支持你做一些事情，从咨询公司往外走，就是传统上做 PE（私募股权），去一些实体。有一个在咨询公司待了十几年的女孩出来以后，做自己的品牌。类似她这样的也非常多，虽然经管人的出路大概就三条，要么就业，要么出国，要么国内读研。就业者，要么投行，要么咨询。虽然咨询和投行大家看起来很典型，但是进入这两个行业之后，未来的出路还是非常多样化的，可能过几十年我们这一群人指不定在哪个行业待着呢。

钱颖一：对呀，虽然做咨询是经管人的典型出路，但是你加入了养马的环节，这就很独特了，你就和别人不一样了。

学生：我毕业之后去南加州大学读电影导演，我是从英语系转过来的。

钱颖一：我这一辈子写过上百封推荐信，今年是最特殊的。今年我写了两封推荐信，她们申请的是 MFA，就是艺术硕士，一个是申请了电影导演，一个是申请戏剧制作。当然我的推荐信有多大作用就不知道了，对方也不知道我是谁。我上个月见到我们学院 2002 级的一位同学，她从经管学院毕业后干了四五年投行，之后就华丽转身，成了《致青春》这部电影的制片，也是《平凡的世界》这部电视剧的制片。

还有一位同学，今天没来。她是贵州来的，要出国念教育。他们家是教育世家，从她的祖父母到父母都是教师。她要去哥大教育学院，那是杜威的学校，杜威是胡适的导师。

学生：其实，这里面有一个一般性的原理，就是你要跟别人不一样。企业的竞争战略就是要差异化竞争，不能跟别的企业一模一样。我想说应该更进一步，你应该有意识地跟别人都不一样，有意识地找一些奇葩。其实奇葩这个词将来又会变成我们的常态，就是每个人都应该跟别人有所不同。这是很重要的，你有所不同，你会发现整个世界就都不一样了。哪怕都是去投行，看上去一模一样，但其实这里面也可以是不一样的。学院与学院之间也是，你说跟隔壁学院竞争，但是我们要跟他们做得不一样。

做自己喜欢的事儿

学生：我想分享一个例子。我们那级也有一个非典型的经管人，不具体说是谁，就给他一化名，麦克。他是靠专长特招来的，我们关系相对不错。他在五道口开了一家酒吧，现在不知道在哪儿了。自习以后，我们会去他那儿喝两杯，让他唱首歌，他就唱，后来他上了电视，说他自己是学霸。我们都不认可这种说法，因为我们觉得他的学习成绩不够好。再后来，他开始录制唱片，他喜欢做这事儿，他就坚持要把它做好。

钱颖一：李健去年来的时候，你们谁来了？他专门讲了当年他们宿舍里的几个人，学习上都比他强。那时候还没有学渣这个说法。

学生：我最佩服他的就是他要真喜欢什么事儿，他能相对安静地去做好。

学生：其实李健学长来的时候我去听了他的讲座。他说，他比较幸运的是能做自己想做的事情，这也是很难得的。

学生：我大一的时候想学心理学，但当时不敢，是室友给我很多力量，后来去报了心理学双学位，我觉得理性对人的要求真的太多了，人身上总是有动物性。

钱颖一：下面来听听我们的军人是怎么想的。

学生：我想当兵是在大三的时候有这个想法，大四的时候我想我要再不去的话可能这辈子就没有机会了，就抱着试试的心态在网上报名，然后不知不觉地填了单子，上了火车。当时，连长问我上了清华最大的感想是什么，我想可能就是我以后会回馈地方，回馈社会吧。

钱颖一：以色列的高中毕业生都要当兵，男生要当三年，女生要当两年，然后再上大学。

学生：其实我觉得我的选择跟之前的比还不是最奇葩的。我当时参加了学校舞蹈队，在这方面花的时间比较多，被同学调侃，主修舞蹈。但是我不是特长生，当时是出于兴趣去的，后来更多的是一种责任感。但因为花的时间太多导致主业并没有很好。舞蹈是自虐但又很酸爽，对我的耐力也是有帮助的。

钱颖一：你说你要选择新闻，后来又是公共政策，然后你特别想选北大，后来不知道怎么又选了清华，你有很多的曲折，来跟我们分享分享。

学生：公共政策也不是我一开始就想做的选择，但是因为新闻学院的保研名额都分给他们学院的学生了，后来在一位国外学长的建议下，我选择了公共政策。事后回想起来为什么要搞新闻，并不是为了第一时间要跑新闻，而是在触犯公共利益的时候想搞清楚事后的解决办法。后来在参与学校的一些事务中，觉得自己还是比较适合公共事务，所以才去申请这个专业。

因为我高中是文科，我觉得清华就是一个工科学校，所以没怎么考虑过，当时招生的张老师联系我，出于礼节，就去见了一面，后来了解到经管学院的培养方案，里面的一些通识课程我都很感兴趣，跟学姐也了解了一下，得知清华也是一个非常有趣的地方，之后我还担心清华整个氛围是不是有问题。后来我选择来经管，今天我很庆幸当初的选择，我在经管过得很开心。

对“行胜于言”的新理解

钱颖一：你对“行胜于言”这四个字，后来有了一些新的想法。

学生：在大一刚进来的时候，对“行胜于言”的理解，就是不仅言语是重要的，更重要的是要做，不一定要大声说出来，但也会做得很好。

钱颖一：我刚当院长，就是在2006年的顾问委员会会议上，朱镕基老院长说，“行胜于言”不是不要言。也就是既要行，也要言，不能仅仅只是“行”。我很认同。同时我觉得在中国做事情还是要先行后言，你先言了，很多事就办不成了。清华“行”比较多，其实言也非常重要。不是不要言，但还是有个先后顺序。

学生：我属于脑子比较简单的。大一的时候也想到创业，所以一直准备创业。大二大三的时候感觉迷茫，所以选择转心理学。在我看来，经管是一片很好的沃土。我想先去 VC（风险资本），帮助一些优秀的公司成长，之后再考虑要不要一直做下去，也没有感觉太过迷茫吧。所以我觉得到清华来还是正确的。

学生：我觉得我的整个历程还是比较丰富的。我是一个很跟自己较劲的人，别人能念经管我为什么不能念，我一定要来这，然后就转系了。大学的经历让我觉得我喜欢电影拍摄，想想我还是要来清华，后来觉得要做一些自己的东西，找了很多人，拍了一部电影，然后去日本做交换生。我在三田校区，非常有意思的是，我在那边学跟金融相关的课程。我当时去日本也是因为喜欢日本文化，然后申请了一个项目。我自己就是不断地跳出坑的过程。

学生：我其实从高中就想来清华，我自己这四年很开心，也许并没有做什么惊天动地的事情，其实我在经管最开心的大部分跟金融无关。但这些给我很大的享受，在生活中、学习中收获很大。

CTMR 的功用

钱颖一：你们中有多少人做过课程助教？被你们提到最多的一门课是 CTMR（批判性思维与道德推理）。CTMR 跟你要找的奇葩之间是什么关系，是因为奇葩的人喜欢去 CTMR 做助教，还是当了这个助教以后把你们变成了奇葩？

学生：我觉得会选择做 CTMR 助教的，都是通过对学说的理解，承认这些学说，但又有自己的理解。

钱颖一：你们这里好多人都说，CTMR 开脑洞，刷三观，是不是这么回事？

学生：其实这门课从哲学的角度告诉我们这个世界有特别特别多的可能性，我觉得它最重要的一个意义就是对后来去海外交换特别重要。

钱颖一：二年级学了这门课之后，三年级去海外交换，你就意识到了。2014 级二年级同学在上完一学期课以后对 CTMR 有什么感觉？

学生：我觉得这门课对我影响还是很深的。以前我不太会关注这些东西，但现在我会主动去学。如果我适合这个领域，我肯定会选择这条路。我觉得这门课对我的影响还是挺大的，更能坚定地做选择。

学生：我第一次上 CTMR 的时候，有种一头雾水的感觉，可能进大学的时间还不是很长，习惯性地接受高中这种教育，直接告诉你考点在哪里，每个哲学家的理论体系是怎么样的。我们上第一节课的时候，老师直接拿案例出来，引导我们思考，说到某个点有一种恍然大悟的感觉。

钱颖一：所以你听学长把 CTMR 吹得期望值很高，对不对？

学生：其实我上学期特别想了解一下这门课程的助教，还给杨斌老师发过邮件，虽然我觉得自己写得还挺好的，就是有一种落寞，我想当助教。其实我是一个不喜欢在人多的时候讨论话题的人，但是我觉得自己也是一个对事情善于思考的人。我想如果以后再有小课的话，可以采用更公开的方式招聘助教。

学生：我举个例子，比如有一位同学，如果让他去面试，他真的不行，但是如果你要让他讲哲学，他给我印象特别深，就是当时讲康德这堂课，我俩搭档，他能慢慢写两黑板，写的什么我们也看不懂。然后他讲完的时候，全场鼓掌一分钟，我觉得他真的进入了哲学家疯魔的状态。他进入这种状态很难得，绝对不能打断他，结束之后，整个人又完全不一样了。我觉得经管最大的好处就是课少，课少可以有一些自己的时间去试错。

课程选择要灵活

钱颖一：我们学院有一位同学，在我在校学生会时代论坛上讲经管学院的通识教育时提问，第一句话就是，我进清华经管是一个错误，但是一个美丽的错误。这是他当时说的，我到现在都记得他这句话。为什么是错误，因为他的兴趣不是经济管理。为什么是美丽的错误，因为在经管，能够容忍他发展真正的兴趣，对哲学的兴趣。

学生：我觉得在大学期间，我收获最大的就是海外交换的这半年，认识了很多不同学校的人，我会跟他们聊一些生活上、学术上的问题，感觉复旦的同学知识渊博，也感觉自己很渺小，跟他们在一起，学到很多，生活上、学术上的都有。他们比较有思想，虽然本专业课很好，他们会读各方面的书。北大的两个人，学术上很厉害。我上课的时候，第一次接触这些内容，但是光华的已经接触过了，职业导向做得很好，可我觉得自己也学到了很多东西，比如读了计算机。我毕业以后去芝加哥大学。我本来不想学计算机，所以学了数学。我是一个偏科严重的人，没有什么人文情怀，我一开始其实对这个项目有点犹豫，因为学术氛围太浓厚了，会比较难，工作上可能用不上，也是想锻炼一下自己。

钱颖一：芝加哥大学谈论问题，特别严肃，就是讨论什么是真理，至于有什么用，不管。那个学校真的是这种氛围。

学生：我觉得“会计学原理”根本没必要开。我举个金融方面的例子，就是我的室友，他一直想去这个行业，做得也挺好，可他就不喜欢上这门课，他喜欢自己学。经管最好的一点就是，你有什么好的想法，你可以自己学，去做自己喜欢的。

钱颖一：我相信人群中是有一群这样的人。但是还有一类人，就是他必须照着你给他定的轨走。人太不一样了。

学生：我觉得这些课还挺合理的，因为大一大二的同学不知道自己要干什么，很可能是一个想当然的想法，如果不上这些课的话，也不会找到自己想走的方向，对大部分人而言，还是要给他试一下的机会。

钱颖一：这里面是有一定矛盾的。

学生：我有一个选择和设置的数学表述方式，就是人的选择其实要有两个部分，一个是行为方式，一个是可行域。我们一直做的其实有两个，一个是找到你的行为方式，一个是扩大你的可行域。我们发现不同的课程在这两件事上是不一样的，每个人刚进大学的时候并不一定知道自己喜欢的是什么，每个人的目标函数都是不一样的。有些课可能是帮助你不断地修正这种函数，另外一些职业导向的课可能会不断地帮助你实现可行域。

钱颖一： 看来经济学对你的影响还是很大的。

学生： 我觉得经管的一个特色就是我们经济学的课上得非常细致，我们会把“经济学原理”分两个学期上。我觉得这对于以后想从事金融行业的人来说，是不可多得的。大家觉得教经济学的方法还可以改进。大家从高中过来，都是一种照本宣科的授课方式。到了大学，教材里有很多都是不确定的，比如理性人假设，可能很多人看到这个假设就对经济学失去了兴趣。大一的时候我不喜欢经济学，大三在伯克利交换的时候，我觉得他们非常好的一点就是不会照本宣科，而是具体讲到某一点的时候给一些大牛的评论，比如为什么宏观经济不能用模型表示。我觉得这种方式其实更能激发大家的兴趣。

钱颖一： 你说得很对。这确实取决于老师的水平，特别是要把老师的研究加入进去。如果在某个领域中研究不多，就很难加进去。还是需要研究丰富的教师，伯克利的教师都是做研究的。所以你的建议是，经济学课的基础还是挺好的，就是质量上有待提高。

学生： 我觉得经管给我打开了一扇门，可能我们的行走方式不太一样，有些人可能只在意自己的那条路，不愿意推开别的门去尝试。对于我这一种人，可能我尝试的东西更多一点儿，只有在不断的选择中，找到适合自己的那个方向。也算是机缘巧合吧，发现有些事情是自己做过的。

钱颖一： 你们上课不要机械。我在清华学数学的时候，有固定的顺序，微分方程要在学了多元微积分之后学。我到了美国之后才发现这不一定。不一定先学了“会计学原理”，再学“金融学原理”。我从来没学过“会计学原理”，这一点并不妨碍我做工行董事会审计委员会委员，因为可以自学啊。

宽容多元共生的经管学院

钱颖一： 回到我最开始讲的。2002 级是 2006 年毕业的。2008 年我把这其中一些人找来开了一次座谈会，为我们 2009 年的课程改革做准备。当时他们提了三条建议：第一条建议是加强人文精神；第二条建议是加强多元化；第三条建议是加强创新精神。这三条实际上就是 10 年前我们的弱项。我在校庆日他们聚会的时候跟他们说，我现在可以回应你们当时提出的这三条建议，我们这些年来就是这么做的。所以这一回顾是很有意义的，不然你就不知道这段历史。结合 2002 级同学当时的三条建议和你们刚才讲的，你们就知道这 10 年学院发生的变化，不然就不会有历史感。

我听了你们讲的以后，感受最深的是大家特别认同我们学院的自由和宽容。有一句话，我抄下来了："没有把太多的梦想挂在嘴边，没有被太多的价值观绑架。"这恰是经管的宝贵之处，它会给你提供足够充分的信息和选项，同时充分尊重你作为一个个体的选择。这不是一件容易的事儿，在清华、在全国高校都不是一件容易的事儿。

再有就是关于课程体系，特别多的同学提到 CTMR，开了脑洞，刷了三观。但大家没有提到隐含的一点，就是经管学生整体上的优秀和上进。有的时候会担心是不是过度竞争了。那位同学也讲了，其实彼此之间都不一样，今后的竞争都是出了校门以后的竞争，而不是在校内的竞争。最后的结果是，经管学院比你们想象的还更加多元化，而且里面选择的原因也是更多元化的，这是我听下来后非常突出的感受。

所以这两位同学做了一件非常有意义的事儿，我想以后的同学应该持续下去。其实这位同学还做了一件让你们都很受益的事，就是在你们收到大学录取通知书的时候，我给你们提供了一份书单。这是当时她给我的一个建议。你们 2012 级的同学，等你们毕业 10 年的时候你们再回来，又会有新的感悟。所以我在看了你们写的东西以后，就想到要组织这么一次特殊的"下午茶"。等 10 年以后大家再回到这里，展示各自的人生轨迹。

本科生与院长共品下午茶

（2016年6月6日）

湖湘自古出才子

学生：我来自湖南一个国家级贫困县的县级中学。

钱颖一：那你是那里的天才，我们学了计量经济学的都会知道。你是什么县的？

学生：在湖南娄底中部，我们那个县出了挺多名人，比如曾国藩。

钱颖一：你们县的人的基因不一样。

学生：国家级贫困县。我是农村户口，中学时候在县城读书。

钱颖一：你是真的农村户口，就更厉害了。今年哈佛毕业的一个博士也是湖南农村的。湖南人特别厉害。我们老院长朱镕基是湖南人。

学生：湖南人近年来很差，各方面都差。

钱颖一：不会吧？湖南卫视很强。

学生：以前湖南人有挺多人从政，从去年开始，省部级的官员里一个湖南人都没有。

钱颖一：湖南人原来是领导中国的。

学生：近几年不知道为什么。

钱颖一：你当时想考清华？

学生：当时挺平常的读下来，就考进来了。

钱颖一：你们中学考清华北大的有吗？

学生：清华北大有，经管的就没有了。

钱颖一：为什么想考？

学生：分高啊。我是第十名，自主招生还有加分。当时并不是很想报经管，有一个堂叔是清华人，咨询他时想报建筑。他说建筑挺累的，经管可能可以。我就过来了。我现在大三，不后悔。大一大二可能会后悔，大三不后悔。我没有交换，担心毕不了业，修了法双。为什么说大三不后悔，因为在这边找到自己真正感兴趣的东西了。您是不是研究制度经济学这块的，我非常想做这块。

钱颖一：你学法律很好，法律双学位要求的学分很多。你虽然留不下建筑作品，但是可以留下制度作品。

要善于利用学院的资源

钱颖一：现在学院有很多资源和活动。昨天美国财政部长雅各布·卢（Jacob Lew）来，可没有点到你提问。

学生：别人更活跃一些，吸引主持人的注意。我们这个方向点了一个同学，问了巴黎气候会议的问题。后来就没有再往这个方向点了。

钱颖一：我们学院确实活动很多，而且都是开放的。昨天安排的是学生跟美国财政部长的对话。上星期三有我和微软 CEO 的对话，再前面还有蒂尔的课，他现在是美国新闻人物。你看这种资源，美国的常青藤学校也不一定有。

有个问题我很想问问你们。两天前组织对话美国财政部长这场活动，本科生只有 20 人报名。我觉得奇怪，是没有通知到，还是你们不觉得这是一个有意思的活动？这让我有点儿伤心。我这些天里每一场活动都花了很多时间，讲话稿就改过多少次了！昨天的活动你们这里有多少人参加？六个。上星期三跟微软的活动呢？四个。那弗格森的课？蒂尔的课？

为了请弗格森来教这个课，我跑到阿根廷首都去见他。去年“十一”长假，来回三天，在那待了三天。阿根廷很远，到了美国刚走一半。请大腕来这讲课，不花功夫是不可能的。这种机会我们参与度这么低，这让我比较失望。现在网页、微信上，你们事先都是知道这些活动的，不是信息传递问题，是自己选择的问题。你们觉得机会成本高，做别的事比做这些活动更值得。这个学期的两三个月中，至少有四场都是很大的活动，还有两门是外请老师的课。

弗格森的课程

学生：我参加美国财政部长的活动的时候遇到自己的同学比较少。

钱颖一：你为什么想参加？弗格森的课也参加了？

学生：我觉得自己积淀太少，太不丰富了，所以参加这些活动。弗格森的课我听了四五节，下课时候和他有近距离交流。在竞选中民粹这个论调特别激烈。

钱颖一：他举了美国历史上排华的例子。

学生：我交换去了加州，旅行中看到很多中国游客，金门大桥那一带。弗格森说，你可能想象不到曾经有这样一刻，加州是禁止中国人进来的。

钱颖一：加州最开始的华人是怎么去的？美国 19 世纪修铁路，从加州修到犹他州这段很艰难，当时招了很多华工修铁路。最后赚钱的是斯坦福。修铁路死了不少华人，铁路修完了以后就排华了。

学生：深山里放炸药，技术不行来不及跑的，就死了很多人。招了很多华工过去。

钱颖一：因为那时候放炸药技术没有那么好，经常就被埋在里面了。有哪些同学去听了弗格森的课？

学生：我八堂课都听了，我的总体感受是，他研究历史的角度不一样。

钱颖一：你说说怎么不一样？

学生：第一点是他善于探究历史上没有发生的事。比如如果当年排华法案没有通过的话，美国华人就会占据相当一部分比例，从而会影响美国的政治经济。

钱颖一：这是历史学的一种研究方法，叫反事实（counter factual），就是假定历史不是这样的话，将来会怎么样。有些人觉得没有意义。

学生：第二是他喜欢把同一时期不同的历史事件联系起来。比如在他那本《文明》中讲过 20 世纪二三十年代的时候，世界上有很多 camp（营），美国的军营，日本的劳工营，苏联的各种营等，这些营都是非常有意思的现象。他善于把看似不相关的东西联系起来，讲出一个他看来非常有道理的东西。比如大分流和哥伦布发现新大陆之间有什么关系。他不是像历史教科书那样讲一个事件，而是站在更高的角度看人类文明是如何演进的。

钱颖一：所有历史都是当代史。因为对于所有历史事件，我们都是在解读，而解读者都是当代人，也就是那个时候的人。不同时期的人解读都是不一样的。弗格森在哈佛做教授，是牛津培养出来的历史学家，他们的传统确实不一样。他今年夏天就要去斯坦福了。他非常多产，写基辛格传，罗斯柴尔德家族史。

我第一次见到弗格森时，跟他说，中国人在几年前对托克维尔的《旧制度与大革命》很有兴趣，好多中国精英都读这本书。那本书里比较了法国和英国的差别。英国的光荣革命和美国的独立战争是英美系列的，与法国大革命很不同。我们“文革”时候觉得法国大革命是特别正面的，现在还是这样教吗？在我们看来他们都是西方国家，其实对法国大革命的评价非常复杂，法国大革命非常暴力。

弗格森在《文明》这本书中说，法国革命和英美革命的重要不同在于各自都有自己的启蒙思想家，英国和美国是洛克，法国是卢梭。那本书里有一句话让我印象深刻：美国选择了洛克，而法国选择了卢梭。后面分析了五个不同点，最让我印象深刻的一个不同点是：英美的思想是把自由放在平等前面，而法国是把平等放在自由前面。

自由和平等都是好东西，但是对它们的偏好顺序不同就带来了不同后果。在我们看来，法国和英国都是西方国家，但是你要仔细看就会看出很多不同。以色列前总统西蒙·佩雷斯说过：你看整个历史，那些把自由放在平等之前的国家，与那些把平等放在自由前面的国家相比，前者在平等上做出的成绩明显优于后者在自由上做出的成绩。这句话是基于经验判断，是很深刻的。

仔细看整个20世纪的历史，毫无疑问人们都追求自由和平等。法国原来很专制，非常不平等。越是不平等的地方，肯定就有更多对平等的追求，这是很自然的。所以它就容易把追求平等放在前面。结果是对自由的牺牲，就比那些把追求自由放在前面的国家对平等的牺牲要更多。用这个视角你可能会发现跟观察到的现象很吻合。

佩雷斯的这句话，我在几个场合中引用过。这句话很深刻。平等和自由是永恒的主题。究竟哪个放在前面更好，是个经验问题。并不是怎样都好，什么都有道理。CTMR就是教你们判别，在现有证据条件下，哪个论说更有道理。这就是批判性思维。

你去加拿大什么地方交换？加拿大是社会主义福利社会。

学生：特别是魁北克。

钱颖一：那里的文化正好是法国和英国交汇的地方。法国革命对世界的影响很大。法国革命影响俄国革命，俄国革命又影响中国革命，这是一个链式反应。

学生：弗格森不是一个传统的历史学家，他是一个通才。他会把很多事情重新组合起来。他还是一个很有正义感的人，他对民粹主义、种族不平等有强烈的情绪。

钱颖一：他太太是黑人，被恐怖分子列在了黑名单上。同她一起写书的另一个人就被恐怖主义者杀害了。

学生：是在荷兰被杀害的。

钱颖一：他太太竞选荷兰的议员，很有名，是索马里的黑人。他是苏格兰人，不是英格兰人。

学生：现在人类有科技，在思想发展上和以前不一样了，但是问题的根源没有差别。他说政治其实是在两个恶魔中选择一个相对不是那么邪恶的。但我觉得随着人类的发展，我们不应该只是在两个恶魔之间二选一，而是应该让更多有正义感的人去担任领导职务，让社会发展得更好。

钱颖一：那你怎么判断谁有正义感呢？你有什么具体的标准吗？

学生：他的目的是为了让未来社会发展得更好。

钱颖一：每一个人都会说他是为了营造更好的社会。

学生：不要把个人意愿强加在别人的生活上。

钱颖一：但那是为你好啊。我强加给你了意志，是希望你过得更幸福。就好比你们不想上课，但我们为了你好，让你们每天都来上课。所以想判断一个人的正义感还是很难的。

学生：这个问题的最根本点在于每个人觉得好的东西是不一样的。你现在觉得某个人很有正义感，而他当权的时候你也不知道他有没有了。

钱颖一：第一，对正义感的定义不一样；第二，即使今天是正义的，换了一个位置以后，你也不知道是不是正义的。

正义与革命

学生：您有没有看过《纸牌屋》？那里面的总统非常没有正义感。政治有一个特性，一定要打败所有的怪兽才可以当总统或者主席。如果所有的决策，所有的做法都完全是为了个人职位的晋升而不考虑整个国家的利益，这就是没有正义感。

学生：这个观点让我感触非常多。您提到法国大革命的例子，这和法国大革命有很强的相似性。第一点，他们都想借助对思想的净化达到目的。第二点，把政治依托给某个领导人，期待这个领导人的英明。这太可怕了。

钱颖一：法国大革命的时候就是这样，罗伯斯庇尔搞红色恐怖，就是为了追求一个非常崇高的理想。结果是法国大革命非常暴力。历史很重要。仔细看法国大革命，会受到非常大的启发。好多事都发生过。

学生：当时法国大革命和美国革命差不多是同步的。法国人、欧洲人很看不起美国。当时美国相互制衡，欧洲人觉得美国这个太低端了，一点儿都不高尚。

钱颖一：美国革命发生在 1776 年，而美国宪法起草于 1787 年，获得通过是在 1789 年，华盛顿在 1789 年 4 月 30 日就任第一届美国总统。法国革命是在 1789 年 7 月爆发，也是在 1789 年。当时美国精英其实也有不同意见，杰斐逊的法国情结比较多，而联邦党人的英国情结比较多。但是他们比较完美地结合了这两派。法国的很多概念，比如平等的概念、个人权利的概念很强。编写美国宪法耗时一百零几天，写出来之后却两百多年没有大变，这其实是一件很不可思议的事。美国革命受到法国支持，因为法国和英国是传统上的世仇，美国要从英国独立出来，法国高兴得不得了，拼命支持。所以美国是受法国支持的。但是美国的宪法并不是法国人的思路。法国现在是第五共和国，是第五版的宪法了。

蒂尔的“从 0 到 1”课

钱颖一：你去听弗格森的课了吗？

学生：我没有听。许成钢老师的课我听了，非常喜欢许成钢老师。

钱颖一：我们俩是在 1984 年同时进哈佛读博士的。他父亲是研究爱因斯坦的权威。

学生：我们之前没有碰过历史，之前上课时候不是很了解。他讲的对我来说最有兴趣的，是尝试把历史和现在的事情联系起来。把历史事件赋予现代意义，对我们来说是学习的重要方法。

钱颖一：蒂尔的课谁去了？没错，他是创业者、投资者，但他也很有思想。最近你们知道，上星期是美国的一大新闻，《纽约时报》头版报道他。你们在这里听到的是所谓君子报仇十年不晚的故事。

这一事件是这样的。一个拳击手的隐私被一家媒体曝光，拳击手就把这家媒体告上法庭。最近宣布说拳击手打赢了官司，获赔 1.4 亿美元。后来人们发现这里有点儿蹊跷。一个是拳击手请的律师很贵，而拳击手付不起这笔钱；第二个就是合同里原本有一个条款，是可以由保险公司补赔，但拳击手把这条划去了。所以大家猜测他背后有大款支持，而且目的并非获取赔偿。然后就查出幕后人正是蒂尔。

但只是这些并不足以上《纽约时报》头版，它还涉及另一件事——新闻自由。这就是隐私权和新闻自由的界限问题。曾经有一起案子叫沙利文案，该案的裁决明确表明，如果被曝光者是公众人物，比如当官的，那么即使媒体报道错误也没有责任。这是对新闻自由的保护。但是这起拳击手事件不一样，这是关于私人的曝光问题，于是大家又开始热烈讨论起隐私权和新闻自由的界限，这才是这事件上了所有报纸头版的原因。蒂尔是一个自由意志主义者（libertarian），把个人自由放在最高处。他不是反对新闻自由，但他更要保护个人隐私。

美国的共和党在经济领域主张自由市场，但是在社会领域，因为他们有很强的宗教保守色彩，反对堕胎，反对 LGBT（非异性恋者）。而美国的民主党相反，在经济领域主张更多的政府干预，提供福利，但社会方面更加自由，LGBT 都可以，堕胎是女性的权利。

自由意志主义者从两边取出自由那部分。在经济里，主张政府少干预市场，在社会领域也主张政府少干预。中国移民到美国的，都是自己干出来的，所以经济上也是自由派，主张少福利，但是在社会领域很难认同共和党的一些观念，所以有不少自由意志主义者。

蒂尔要把他的思想付诸实践，给了人家 1 000 万美元。他算是有正义感吗？

学生：他的目的是什么？

钱颖一：他觉得要捍卫个人的隐私权。

学生：我很认同他的政治观点。

钱颖一：打开《华尔街日报》，这边是关于阿里巴巴的，那边是关于蒂尔的，都是离我们很近的人的新闻。我们这儿的资源非常多，很可惜，大家不利用这些资源。将来毕业以后，别人问起你们，你们都没有去参加过这些活动，就很奇怪。

学生：本科读哲学的确实不一样，做投资的时候有自己的理念。他不只是为了钱。

钱颖一：他说过一句很有名的话："We wanted flying cars，instead we got

140 characters.”（我们本来要的是可以飞的汽车，现在得到的却是 140 个字符）。这句话的意思是说过去 10 年的投资，收益最高的是社交网络的投资，比如他投资的 Facebook。所谓社交网络，开始就是短信，只能放 140 个字符。

他认为现在的创新是在衰落，现在的所谓创新都不是实质性的。他认为我们现在有个误解，觉得发明创造似乎日新月异，这只是因为你的手机在身边。你看不见机器在哪儿，看不见实质性的东西，所以你以为现在的发明创造进步迅速。但蒂尔认为这是观察上的误差。这点一般人不会想到。通常我们总是想，现在变化多大啊，几年前我们没有微信，现在都是微信了。但是在这么多的发明创造中，这只是一小点儿，主要是因为你每天都能看见，所以觉得变化快。

蒂尔来讲课时，我在海外出差，我就让院办把蒂尔上课的照片拍过来看。我发现周末时候上课的人比较少。我觉得很奇怪，这么重要的机会为什么大家不珍惜不愿意去呢?

学生：我收到邮件，看到上面说要换一张听课证。那几堂课中我有两个时间有课，但我不知道可以只去听其中几堂课。

钱颖一：听课证这点儿东西就把你难倒了?

学生：大家不准备创业，觉得这和自己没有太大关系，没有听过课感受不到可能带来的东西。

钱颖一：本科不能太狭隘了。你可能不准备创业，也可能不搞历史。我们是自己把自己的视野弄得太窄了。

学生：有的跟论文冲突的，还是听了几节。后来没有了。

钱颖一：你去听了蒂尔的课吗?

学生：我没有，我读新闻双学位，有两篇论文要写，包括答辩，还有时间上，自己可能要准备。那时候有点狭隘，觉得对自己完成论文或者以后没有特别多的用处，所以就没有去。

钱颖一：你是学新闻的，新闻自由和隐私的关系是很大的事，在中国也是。到底暴露私人隐私的新闻自由的边界在何处?这些问题都是很核心的问题。

清华和北大的差异

钱颖一：两周前我跟大四毕业班的同学开了一场“下午茶”。他们的反映是经管相对于清华所有的其他院系来说时间特别充足。大家很忙，是自己的选择，选了做社工或其他的事。如果光看学院的硬性要求的话，相对来讲是比较少的。

清华人一般胆子不太大，北大的学生胆子就很大，不上课就不上课，怎么着？上次我在斯坦福见到我们学院 2008 级的一位同学，她在斯坦福读 MBA。她说我一次不上课一天都难过，觉得这事不对，一看就是清华的。北大的那些人根本面不改色心不跳，觉得这理所当然，不上课又怎么了。我们这方面真的胆子不够大。

要追溯缘由的话，我原来想是不是工科和文科的差别。后来我自己否定了，不是。这和清华历史有关，清华原来是北京城郊区的一所美式寄宿学校。就是十二三岁进来，待八年学到 20 岁。而进来以后，所有钱上交。这个地方离城里很远，是郊区，最近的城门是西直门，那也是很远的地方。所以它的管理是非常严的。这个传统一直影响到现在。北大那时在哪里？

学生：隔壁。

钱颖一：不对，隔壁原来是燕京大学。北大原来在沙滩，在城里面，离故宫不远。它没有校园，没有围墙，有栋红楼，学生走读。所以学校整体很散漫是传统，在那个时候就是。

当年，司徒雷登要建一所教会学校。他到清华来，就是现在工字厅那个地方。后来就把对面的地买了，建了一所学校叫燕京大学，是美国的教会学校，司徒雷登做校长。他设计了很漂亮的博雅塔，还有未名湖，都是那时候建的。“珍珠港事件”以后，因为他是美国人，日本人就把他抓起来了。日本投降后，他做了美国驻华大使。他的遗愿就是把自己葬在燕园，就是现在北大的校园里，但是没有实现，现在葬在了他的出生地杭州。院系调整时，北大和燕京大学合并了，北大搬到了现在这个地方。

北大和清华这两所学校的历史很不一样，各自都有强项，都有弱项。

专业与职业选择

钱颖一：你们几位要毕业的同学说说毕业以后有什么打算，这几年要怎么过呢？

学生：我会直接去深圳读书。

钱颖一：采访里有你？

学生：没有我。这几届读研的人比较多，也是一个主流。我非常佩服他们的多元化。您觉得多元化和之前我们被要求做“经世济民”的经济人，这两者之间有矛盾吗？

钱颖一：我一直非常鼓励多元化。你们这届的学生会主席是北京十一学校的，他在中学就是学生会主席。他也是念法双，毕业后想要去美国念法律。昨天来的美国财政部长是法律博士（JD）。

“经世济民”不是很窄的一个概念。每个人爱好不同，兴趣也会发生变化，所以还是应该跟随自己的内心。过去我们把自己约束在一个非常小的范围内。可能我们听说某人是学会计的，就习惯性地认为将来他会成为会计师。其实会计也是很宽的概念，比如可以从事金融领域。有一个同学在中金工作，就是学会计出身的，现在做金融。他就发现在金融人里面会计基础好的人特别少，而他就很独特。你跟会计人比你没有优势，但你突然到了金融领域，你对那些图表可能会有自己的理解，这就是优势。

我在清华学数学，那时候没有经济学，后来跨界了。可能你不去创业，但蒂尔对你的启发不光是创业的启发，是在很多方面的启发。我们这里专业的概念太强了。昨天我和一个同美国财长一起来的小伙子聊天，他说他在哈佛读经济学本科，去牛津念了法律。你看他的路径，哈佛念经济学，本科论文写的是日本经济史，听上去是很冷的领域。在牛津读法律，在华尔街又干过几年，现在做美国财政部长的助理。这是他第一次来北京，去年在华盛顿参加了中美战略对话。

上星期我在新加坡参加学术活动，最后一场是副总理尚达曼（Tharman Shanmugaratnam），他是印度裔，做过财政部长、教育部长，现在是副总理。听他讲，新加坡做得真的比美国好，住宅小区里种族和谐，每一栋楼中任何一个种族都有上限，华人不能超过多少，马来人不能超过多少，所以全部是种族融合的。

学生：他让人很敬佩的一点是，他之前是很厉害的律师，赚很多钱。从政后，他撤离了这个领域。他之前是反人民行动党。他这个人有正义感，也很有想法。

钱颖一：他很专业。在场坐的都是经济学教授，有芝加哥大学的教授，MIT 的教授，都是特别聪明特别有知识的人。我们听完他的对话，都觉得他真的是不得了。

学生：新加坡没有像他那么出色的了。

钱颖一：他会做下任总理吗？

学生：应该不会。他是李显龙那一届的，下一届应该不是他。

钱颖一：他真的非常聪明。

找到更适合自己的未来

学生：我毕业去芝加哥读经济学硕士。申请博士没有申到，先念硕士，然后再申博士。

钱颖一：硕士第一年表现突出就可以了。他们经济系专门招硕士吗？

学生：这是今年新开的项目。这个项目主要是为读博士做准备的一个项目。

钱颖一：挺好。在我看来，芝加哥大学是所有美国大学中最纯粹地追求学术的大学。我们现在有好几位同学在那儿读书。你有什么想法？

学生：以后继续申请博士。

钱颖一：我 10 年前刚来的时候，就知道在国内“推研”是推荐读研究生的意思。我说“推研”就是推迟和延误。我发现现在依然如此。为什么在这离待了四年还没有待够？你有点儿不一样，去了另外一个地方深圳，还有点儿道理。我就不明白为什么这么多本科生的第一选择都是推研，而且是留在本院。

学生：我来经管后问过班上的人，他们为什么选经管。很多人说以后可以出国，可以赚钱多。结果现在很多人选择在这里继续读研。他们好像没有明确的方向感，所以选择去读研。

钱颖一：我觉得这是一种畏惧选择的方案。当不敢在这里选择别的路时，最保险的就是我接着念。你是接着念吗？

学生：可能还是会接着念。觉得自己的积淀太少，见识太短浅，想多学习一下。我本科是信息管理专业，也想换一个方向。

钱颖一：换方向当然是一个理由了。

学生：我是想出国念硕士，要换一个方向。

学生：我是大四，我出国去做助研（RA）。我们很多人读硕士的原因是没有想好要做什么，没有足够的时间去试每条道路，没有找到适合自己的道路。所以在读硕士期间花一两年时间找到那条道路。

学生：我去 LSE（伦敦经济学院）念硕士。因为只有一年，所以没法拿到很多上课的成绩，可能还要再多一年。清华和北大的很多学生被课占据了，经管已经算是比较好的了。

学生：可能大家没有认清自己。也许读完一两年硕士之后还是不知道自己该怎么选择，只不过给自己一个缓冲的借口。中国教育这十几年来一直都是老师或者课本引领我们走一个方向。

钱颖一：我们学院这些年花大力气就是想改变这种状况，我们至少要和其他学院不一样，我们至少要听到不同的选择声音，也有不同的例子。这届毕业生中有两个人去美国念艺术硕士，你会说她们太特殊了。你选新闻也是很有意思的。

学生：对，之后很大程度上做财经新闻方向。

钱颖一：昨天与美国财长对话的是《第一财经》的记者，她是复旦的经济学博士。复旦是很有意思的学校，在某些方面比北大清华有优势。复旦毕业的学生在国外大学担任教职的，特别是文科方面的，多于北大清华。他们自己培养的博士英文也都说得很好。

学生：刚才说到读研读博的问题。我父亲告诉我，本科都是非常浅层次的教学，读研可以接触到更加专业的知识，提高专业水平。我们不是要满足工作岗位的各种要求，提升自己的知识水平对我们自己来说也是很重要的。我觉得他们选择读研读博也是为了个人更好地发展。

钱颖一：我不是反对读研读博，我只是说可以换个地方，你的获取量不是会更大吗？总在一个地方，边际效益是递减的。可以到别的学校，换个专业。

学生：但是去别的学校，研究生的生源变差了。

钱颖一：不一定的。换一个地方会让你有很多清醒的认识。

学生：昨天《第一财经》的记者是复旦的博士，对很多问题把握非常深刻，很多观点非常鲜明。感觉她非常博学，因为她的积淀很深厚。

学生：追问非常及时。

钱颖一：她有积淀在那里。

学生：我个人比较喜欢杨澜。

钱颖一：杨澜在哥伦比亚念了公共事务硕士。

学生：看她的访谈节目，她基本能抓住各种各样的人。

钱颖一：所以马斯克说他喜欢杨澜采访他的那场节目。我为了准备与马斯克那场对话，事先看了杨澜与他对话的那场视频，决心要超过她。这就有压力了，杨澜的后面有一个制作团队，而我没有，每句话都是我自己写的。所以我就找了几位清华教授来参加，因为我们是大学。他搞电动车，发射火箭，搞智能电网什么的，我就从汽车系、物理系、电机系各找了一位教授，请他们提问。杨澜面对的是电视大众，而我们这里是清华学生。所以我的问题中不少与教育有关，比如关于物理课的，关于量子力学课的，这些东西杨澜采访中是不可能有的。

如何改进通识教育

学生：我来清华经管的一个原因是为了它的通识教育。您认为目前的通识教育还能怎么改进？我自己有一些想法，可是不知道学校的想法。

钱颖一：说说你的想法。

学生：我有一些朋友，他们是在新加坡上与耶鲁合作办的文理学院。我不确定清华的通识教育是不是借鉴美国的这种教育制度？我赞同应该学跨学科，包括物理、生物，那个概念很好。不过来到这边发现，“中国文明”“西方文明”这些课，都是老师讲自己的。这可能没有把通识教育的理念很好地呈现出来。各个学科没有打通，而是独立的自体。

钱颖一：新加坡国立大学和耶鲁大学联合举办一个本科文理学院是莱文（Richard Levin）当耶鲁校长的时候开始的。我和莱文交流过多次我们的本科培养方案，他很肯定。李光耀觉得新加坡很多方面做得很好，但是创新能力不足。急功近利做一些项目是根本不能培养创新型人才的。新加坡除了建立新的大学之外，他们和耶鲁合作建立了这所学校。很重要的一个特点就是不强调专业教育，特别强调通识教育，中文可以翻译成博雅教育。美国有这样一类独立的文理学院，比如威廉姆斯学院，都是属于这类大学。

但是，我们现在还做不到。全世界的大学都有这个问题，课程设计得很好，最后靠的是教授。如果教授的激励是做研究，他们就不愿意在教学上花很多时间。研究就必须只关注自己领域那一块。但从教学需求的角度讲，他应该更博学，能够把几个领域的东西连起来，这非常非常难，完全取决于老师。在我们这里就更难了。现在教“中国文明”“西方文明”的老师都不是清华教师，都是从外面请来的。师资是最大的制约，我们说这些课程应该开，但具体怎么讲得取决于老师。大部分老师都不愿意教公共课，他们更愿意教他们专业的学生。

第四章

2016—2018 学年

本科生与院长共品下午茶

（2016 年 11 月 30 日）

钱颖一：以前我去过好几所中学，都是去高中听课。今年 5 月我去了北大附中的初三。我把教你们的“经济学原理”中的一些内容给初中生讲了一讲，当然讲得比较浅。他们做了作业，老师挑出了最好的作业给我。我看了以后，觉得初中生的水平很不错，不亚于高中生。北大附中的初中搞实验，搞文科系列的讲座。那学期去了八个人，其中七个是北大的教授，我是唯一清华的教授。他们还有学生测评打分，因为第一次办人文社科系列讲座，我又是唯一清华的，据说最后打出来的分我领先，所以我感到挺自豪。

《大学的改革》出版

钱颖一：我从 2006 年开始当院长，至今 10 年了。我把这 10 年在学院和学校的讲话和文章精心地编辑，出版了两本书《大学的改革》第一卷和第二卷。两本书的封面照片都是我选的，遭到了编辑们的强烈反对，说没有艺术性，不吸引人。一张是我给 2008 级教“经济学原理”课的照片，我把我自己裁了，只剩下了学生。我记得讲课地点是在美术学院教室，那天讲课的时候，正好是雷曼兄弟倒塌，金融危机爆发，所以是讲金融危机的事。另一张是我在网上找的，不是在清华，是国内一所其他的大学，学生在校园里，手里拿着包子、水杯去上课，我说这不是很生活吗？

这里面相当篇幅是讲教学项目，有 MBA、EMBA、博士、硕士，但其中讲得最多的就是本科。本科中的第一篇就是我在 2007 年 1 月 9 日为本科招生册写的“选择清华，选择清华经管”。那时我们第一次开了一个专业，叫经济与金融（国际班）。你们中不少人都是听了这个名字来的。

2006 年秋天我做院长以后，第一件事就是本科专业的调整。我让营销系老师做一个课题，研究本科招生问题。他们调查了三个省市：黑龙江省、浙江省、北京市。被我们调查的人说，朱镕基很有名，朱镕基是光华管理学院院长。考生中光华和清华分不清楚。那个时候光华的名气比清华大，所以人家误解了，朱镕基院长很有名，有个华也是对的，但是不知道是哪个华。那是在 10 年前，当时做了一本招生小册子，为招 2007 级做准备。明年是 2017 级了。要知道，教育部目录上是没有经济与金融（国际班）这个专业的，所以在上面打了一个星号（＊），就是试点的意思，到现在还是试点。目录上有的专业是经济学、金融学。学生在选专业时忐忑不安，选经济时觉得金融更好就业，选金融时觉得经济更宽，所以犹豫不定。我说咱们别犹豫了，就叫经济与金融吧，再加上一个括号国际班。

从 2007 年开始经管学院招生就发生了重大变化。从 2007 年到 2016 年的 10 年间，我们学院一共招了近 200 个状元，800 多个各省前十名。现在说起中国大学的招生，有一种说法是四个单位在竞争最好的生源：清华、北大、清华经管、北大光华。它说明了我们学院的吸引力。

我做院长花功夫最多的就是咱们的本科。从 2007 年 1 月开始在招生上下功夫，2007 年 8 月的 2007 级开学典礼，是我当院长后参加的第一次本科开学典礼。2012 级开学典礼上我讲的是“无用知识的有用性”，2013 级开学典礼上我讲的是“学好与好学”，2014 级开学典礼上我讲的是“人重于才”。在 2015 级的入学导向上我讲得最全了，讲了经管学院的本科教育体系，讲了两个多小时。我在本科开学典礼的讲话都收集在这本书里。

学校推动的一些改革在我这两本书里都能找到出处。比如教育的“三位一体”，我第一次讲是在 2009 年，后来我 2011 年 2 月在《清华大学教育研究》上发的论文中就提出了“三位一体”，即价值塑造、能力培养、知识获取。学校把知识获取改成了知识传授。价值塑造和能力培养的主体都是学生，从学生角度讲是知识获取，从教师角度讲是知识传授。我们要求主语要一致。

强调批判性思维教育

钱颖一：我们特别强调批判性思维教育。我是最早在 2009 级学院本科生开学典礼上强调的。我在 2010 年清华大学研究生开学典礼上也讲批判性思维教育。二年级的同学正在上 CTMR（批判性思维与道德推理）。现在你们很习惯说的话是你对这个问题 CTMR 过了没有？两年前清华电子系有一个学神，当时还在我们学院读经济学双学位，现在在斯坦福念博士。他很厉害，电子系的课考 100 分，数学系的课也考 100 分，经济学第二学位的课还考 100 分，据说到斯坦福暑期三个月就写了好几篇论文。我知道他的女朋友是我们学院的，我说你是大神，那你女朋友有什么地方比你强呢？他回答一句，她会 CTMR，我不会啊。所以咱们也有比较优势。

2009 年，我请来了四位哈佛本科生，都是从国内出去在哈佛念本科的，请他们来讲哈佛的写作课。哈佛的本科生只有这一门课是必修的，其他都是选修的。哈佛的写作课每学期写三份作业，一份比一份长。写作课主要是把批判性思维融合在写作里面。西方人从小比较习惯这个，我们不一样，我们的文化传统不一样。所以我们一定要把批判性思维放在课名里，再跟道德推理相结合。道德推理中一定需要运用批判性思维，然后才有道德选择。“批判性思维与道德推理”的最初五年是杨斌老师教，后来他到学校工作，就不教了。所以这两年换了老师。

我从清华毕业是在 35 年前。1981 年我离开清华到美国留学。到 2006 年回来做院长时，我在美国待了 25 年。可能对所有人，包括清华里的人，清华外的人，经济学界的人，经济学界外的人，最大的惊讶就是我工作中花时间最多的是本科教育，没有人想到。这条路没有人走过，但我觉得这是特别正确的选择。

今年 7 月在《纽约时报》上有一篇文章，很受关注。文章引用了一个研究，通过一套测试题，比较中国、俄罗斯、美国三国大学生的批判性思维，这套测试题是 ETS（美国教育考试中心）出的。这一研究分别考了这三个国家的一年级和三年级计算机和电子工程专业大学生，结果发现在一年级的大学生中，中国学生平均分最高，俄罗斯第二，美国第三。而三年级的大学生，相比于一年级的，美国和俄罗斯学生的成绩更高，但中国学生的却要低。《纽约时报》的这篇文章讲得有点儿耸人听闻。一开头就说，我们通常认为中国的中小学教育都是为了高考，所以中学期间是应试教育。但是我们的测试发现，中国的高中毕业生，也就是大学一年级学生，与俄罗斯和美国相比，批判性思维水平是最高的。但是中国学生进入大学后，批判性思维水平反而下降了。

学生：计算机和电子工程没有代表性，应该选一些文科学生。

钱颖一：选工科学生不是问题，但有其他几个问题。第一，他的样本不是从一年级追踪到三年级，而是看一年级横截面的样本，再看三年级横截面的样本，所以并不是同一群人。第二，中国的大学生基本没有中途退学的，而美国的大学生中途退学的很多，这样平均值在大三就会高一些。第三，这一点你们比我更知道，因为你们经过了很多考试，其实在批判性思维的测试中，也有很多是一般性的考试技巧。所以三年级的考试技巧比一年级低，是很正常的。中国学生的一般考试技巧肯定是在考大学的时候最高。这些都是分析中可能存在的问题，但是这篇文章在探讨一个很重要的问题。

批判性思维教育很重要，但是如何度量和测评？我们也准备用这套考题来测一测我们的学生。但是如果大家知道题目是怎样的，就会出现中国特有的“测不准原理”：中国学生一旦有了一个考试目标，就会想方设法攻破，即使不懂，也能做出来。考试里面有很多技巧。

今年的语文高考题中有这类逻辑一致性的题目。这个屋子里的人除了我，你们肯定是很有考试技巧的。我看过一本讲江苏南通中学的书，书名是《高考是怎样炼成的》，其中的附录中就有历年高考题。我现在数学题做不出来，语文题也都做不出来。所以一定得经过训练才行。

学生：竞争压力大。

钱颖一：上周五学院专门开了研讨会，怎么把 CTMR 这门课做得更好。我们联系了美国的 ETS，使用它们出的批判性思维测试题，是作为研究，内部使用。

破除头脑中的条条框框

钱颖一：你说没有学“中微”，因为是信管专业，所以没有学。但是如果有兴趣，都可以自己学的。你们要破除心理上和头脑中的各种框框。如果想上博士生的课，也可以去上，这没有限制。我一直想把我们的那张课表消灭了，就是灭不掉。美国大学没有课表，是一本书，大学的所有课都列在上面，你自己去选。心理学告诉我们，一旦有了一张固定的课表，你就以为这是固定的，以为是最好的。课表只是推荐，不是绝对的。

学生：在工科院系就是绝对的。

钱颖一：在我们这儿，不是绝对的。只要有了动机，完全可以倒着学。

学生：对，我现在正在补很多课程。大学本科最重要的是发现自己的兴趣。之后状态就完全不一样了。

钱颖一：今天来的一年级同学特别多。一年级在第一学期期中考试以后，至少有一半学生都很郁闷，因为有一半学生是落在了全班的后 50%。你们可能会想，我一辈子也没有考过这样差的成绩。所以人生发生了转折，以前的规则都不对了，得重新思考。

你们提的问题中有一个是，清华经管和北大光华的差别是什么？其实你们更应该问的是清华经管和哈佛的差别是什么。我自己想想，我其实没有什么特别的，但是很重要的一条，在大权威面前，我敢提问题。如果人家觉得你有水平，愿意同你接触的人就多了。我原来接触的都是学界，现在与蒂姆·库克、埃隆·马斯克、小扎（扎克伯格）等也都挺谈得来。

心智模式的比较：How 与 Why

钱颖一：中国人和印度人是两个极端。我们中国人的强项是执行力强，能把事干成。我们问的问题都是 how（怎样），别给我讲大道理，告诉我怎么干。印度人正好相反，他们总是问为什么？是 why 的问题。白重恩老师有一次去印度，在机场等人来接他。过来了一辆出租车，问他上车吗？他说不上。这事要放在中国，车就开走了。但是那个印度出租车司机把车窗摇下来，伸出头来说了一个字，why？回来以后，白老师跟我讲这个，我们都觉得这太印度人了。你不上他的出租他都要问你 why。我们呢？一道题做错了，得问正确答案是什么，但不是问为什么错。

回到批判性思维。我的体会有两层。一层我们叫 skill（能力），有时候也叫 higher order skill，就是一种通用能力，以区别于物理数学等专业能力。这一层包括通用的逻辑分析能力，通常可以通过考试题测出水平。比如 ETS 每次拿来举例的一道有名的题，是有人争辩说莎士比亚所有的剧都不是他写的，证据是历史上是有莎士比亚这个人，但是他从来没有离开过他出生的地方，从来没有出过国，而且没有一个剧本看到过他的手稿。所以就有了争论，一边说是他写的，另一边说不是他写的，而是另外一个剑桥的或牛津毕业的人写的。测试题是让你挑出哪几个证据是支持哪种观点的。

但是我觉得批判性思维还有另一个层面，就是 mindset，中文不好翻译。斯坦福一个心理学家写了一本书，书名就是这个 mindset。微软印度裔的 CEO 送给我这本书，他说这本书很重要。Mindset 可能翻译成心智模式比较合适，这是一种思维习惯，是很难靠考题来测的。分析一个东西，推演一个东西，怎么推演，怎么阅读，这都可以教。但是想什么，读什么，是很难教的。这跟你的心智模式有关。

在美国的硅谷有很多中国人和印度人。据说清华毕业生有超过 1 万人在硅谷工作，大多是做技术工作的，做到高层管理的很少。谷歌的 CEO 是印度人，在副总裁（VP）这层的更多。一般人会说是中国人的英语不行。但是现在你们的英语都很好。我不觉得是语言问题。还是会提问题，想什么问题，这更重要。所以你们来这里，得珍惜经管学院的氛围环境和教育理念。这些话比考题重要多了。快毕业的同学会意识到这一点。一年级的同学，关心的都是学分绩。稍微把眼光放长远一点，就会觉得这不对了。

创新是要颠覆传统

学生：您说中国人的执行力强，您觉得原因是什么？可能和中国的传统哲学文化相关。

钱颖一：怎么个相关法？

学生：孔子那套我感觉对我自己影响很大。

钱颖一：具体一点，什么方面？

学生：就是得守规矩，孔子很注重规矩和礼仪。

钱颖一：所以这就是限制了中国人思维的框框。我们中国文化潜移默化从小开始就有各种规矩，是不是一个制约因素？

学生：这真的是坏事吗？

钱颖一：先别说好坏，先分析。这是我们中国人的另一个特点，马上要说好和坏。我们先说它是怎么回事。印度出租车问为什么，是因为人家好奇。

学生：他问是想改进自己的服务。

钱颖一：从功利主义的角度讲是为了改进服务。但我有点怀疑这种说法。

学生：我大一的时候上过儒家的修身之道，老师推荐林语堂的《吾国吾民》，讲中华民族民俗内在特性和一些根深蒂固的思维习惯。他说那本书里的中国人是19世纪末和20世纪初的中国人，和现在的中国人有比较大的差别。当时的中国人比较突出的性格是能忍，韧性强。

学生：我暑假在纽约实习，金融行业。后来我去国内一家有政府背景的非政府组织实习。国内和国外的工作受政治环境的影响比较大。如果去日本和东亚地区，职场风格又不一样。美国比较受硅谷的影响，提倡大家沟通，给上司发邮件问可不可以去喝咖啡，在国内不鼓励你这样。如果大家去外企工作，可以更多考虑采取西方的思维方式。如果进政府部门，千万不要用那种思维方式跟人接触，会让人觉得很讨厌。

学生：中国的文化有严格的等级制度，于是就产生了严格的从底层往上爬的思想。

钱颖一：现在鼓励创新，创造性被提到非常高的高度。不管是科学发现，还是企业创新，产品创新，这跟我们的文化有抵触吗？

学生：领导一指挥，大家往前冲，这还是等级制度。你听他的话可以。

钱颖一：可是另一方面，我们中国人的企业家精神很强，比如东南亚的企业家大都是华人。

学生：赚钱啊。

钱颖一：是，中国人特别想赚钱。

比较中国人与犹太人

学生：中国人比较努力。我在美国大学交换时，不到考试的时候晚上很少能在图书馆见到美国人，平常都是中国人在自习。

钱颖一：犹太人比中国人还努力。中国 14 亿人口，只有 9 个华裔获得诺贝尔科学奖，犹太人全世界加起来只有 1 300 万人，就有数百个诺贝尔奖获得者。

学生：我之前去以色列希伯来大学交换。讲到文化的事，中国文化从古至今没有被完全侵略过，没有被完全颠覆过。以色列人、犹太人为什么这么勤奋？因为他们在历史上是非常受人欺负的民族，很多民族驱逐他们，他们在各场战争中流离失所。听过以色列总理内塔尼亚胡演讲，他说以色列人在历史上一直被人欺负，犹太人母亲告诉自己的孩子，你们只有做到各个领域的第一名，做到最强，不管军工还是科研，你们只有做到最强，才能守住我们的文化，才能让我们这个民族延续下去。

钱颖一：他们永远都有危机感。中国太大了，这里不行我可以跑到那里去。

学生：中国从来没有被颠覆过。印度也是被殖民过。

钱颖一：中国也有被颠覆的，但是把人家同化了。犹太人有一支到了开封，就完全被中国人同化了。在开封那边有几个姓是犹太人的，看得出鼻子高一点，但已经全是汉人了。那是宋朝时候的事。

学生：中国人的同化能力真的太强了。

学生：可以解释为什么以色列人那么厉害，但并不能解释中国人不那么敢于挑战。因为中国有2 000多年的帝国，清朝一个皇帝在位接近61年，没有任何一个朝代，没有任何一个地方有这么长的。普天之下莫非王土，哪怕一寸土地都是皇帝的。而在英国中世纪的时候有这样的说法，农民的房子，风可以进，雨可以进，国王不可以进。

钱颖一：那边一直有国王不能进你房子的传统，所以他的权力是有限的。在中国，皇帝的权力是无限的，本质是非常不同的。

学生：包括一直延续到今天还是这样的。政府鼓励创新，但许成钢老师前一段时间有一篇文章很火，他说用政府的钱做创新，有50%以上是诈骗。

钱颖一：这个需要验证，你可以去验证。下星期三，研究生协会让我去讲批判性思维与创造性思维，这显然是现在从上到下都关心的事。现在中国是中等收入了，和20年前不一样了，那时候中国人均收入才200美元。

功利主义的文化传统

钱颖一：我两星期前去看望杨振宁先生，他住在校园里。我跟他讨论这个问题。他说我们的物理学家能做出来像日本人得诺贝尔奖的那些东西，中国在未来二三十年也行。但是真正框架性的东西是做不出来的。我问他为什么？他说自然科学的欧洲传统或西方传统不一样。他的回答与你刚才说的一样，他说孔夫子是我们的文化基础，其本身是非常实用主义的。人从一生下来关注的就是孔子说的周围的社会关系、社会框架，这些限制了你的思维。西方不一样，西方只对一个上帝。你只跟上帝对话，所有其他的都没有约束。

杨先生是从这方面讲的。

中国没有宗教，不问终极问题，而宗教是要问终极价值和终极问题。人是什么，生死是怎么回事等。孔子是说现实社会中怎么遵循规矩。我一直批评短期功利主义，杨先生说这没有办法，功利主义是我们从孔子就开始的，孔子是最功利主义的。他说西方不是，面对上帝，就要追问一些没有任何用处的东西。我们不去问没有用的东西，我们问的东西都是有用的。

学生：孔子真的是那个意思吗？孔子说随心所欲不逾矩。

钱颖一：孔子的东西主要是教导人要很好地处理上下左右的关系，家庭里面的关系，君臣之间的关系，等等。

学生：可以和自己内心达到平衡的东西。

钱颖一：但是他不追问终极问题。我们问的是这个东西有什么用。

学生：理论物理学到最后都是对称性。爱因斯坦讲过一句话，物理研究追求的是美，然后再追求的是真。他认为研究首先要有美感，再看这个东西是不是真的，因为他认为真的东西一定是美的，中国人做研究肯定先看这东西有没有用。

钱颖一：我们现在比那时候又倒退了。我们现在看是否马上有用。有没有用肯定是我们一直的传统，但现在的问题是急功近利。比如你们就问，一年级为什么不开会计课？我二年级要实习，一年级不上会计课影响我二年级找实习。这种功利主义是短期功利主义，还不是长期功利主义。

学生：我还有一个问题，你觉得人不需要跟环境相适应吗？

钱颖一：当然需要适应啊，我也是在环境里适应的。但是只是适应的话，就回到 100 年前的社会达尔文主义了。胡适这个名字中的适，就是适者生存的适。当时传到中国的是社会达尔文主义。学西方有它进步的一面，帮助自己强大，但另一方面沿着社会达尔文主义就是完全的误导。

学生：当时还有杀人论，一篇文章是杀人救国论，社会达尔文主义极端的表现。

钱颖一：社会达尔文主义就是丛林法则，不择手段，成王败寇。

学生：您觉得这种说法怎么样？只有真正掌握了真理，才可以把一切都处理好。

钱颖一：这也是功利主义的。追求真理干吗？爱因斯坦说研究学问有三种追求，有人是为了功利，有人是为了精神上的快感，只有很少数人是为了探求世界究竟是怎样的。他不是说探索世界是为了更好地征服世界，他没有说过。

学生：一个人怎样掌握真理，肯定是跟自己内心对话时才能把真理探求出来。探索世界，探索最核心的，那种时候才能把这个东西弄出来，为了内心比较舒服而已。

钱颖一：可以说内心比较舒服。爱因斯坦追求美、简单、非常简单的公式，一复杂他就难受，简单了他就很舒服。我看到复杂的东西也难受，我在书的序言里提到两个人，一个是爱因斯坦，一个是乔布斯，都是追求简单、简洁。

学生：如果从比较大的时间线来看，他的说法值得挑战。孔子在内的百家争鸣，他们的目的是为了追求在政治中获得一种主流价值。基督教中世纪时候束缚也很严重。

钱颖一：是束缚得很厉害。所以在 1 000 年前，中世纪的欧洲比当时的唐朝宋朝差远了。

学生：症结还在于和政治很有关系，他们后来的宗教改革带动了启蒙运动。思想启蒙运动在中国一直到 20 世纪初才出现，但很快又走回去了。

学生：中国没有遭受巨大的灾难，欧洲改革是黑死病逼着他们改的。

钱颖一：所以中国必须经过大灾难才行？

学生：为什么中国有随缘的文化？很多人分析为什么日本从明治维新之后崛起比中国快那么多？本来文化很相近，是因为日本不改没有办法。中国不会，即使被打成半殖民，这个国家还是在的，中国从来没有被打垮过。抗日战争我们退到重庆，国家还是在。

钱颖一：韩国人是不是和犹太人有点类似？他们觉得自己一直夹在三个

大国之间，所以危机感特强。韩国人的劲我们也是没法比的，不一样。他们说历史上老是被三个大邻国欺负，他们要生存。1998 年金融危机，老百姓都出来把金银首饰卖了支援国家，他们觉得不然不能生存了。犹太人更极端，被打得到处跑。

学生：美国建国就是因为他们实在受不了英国。

科学与科学主义

钱颖一：宗教和法治有关系。你有宗教，才能想到有个上帝在那儿，大家要在上帝面前制定规则。这对不对我不知道。20 世纪 80 年代中国学者到美国，总有一个问题要问那边的科学家，你是科学家为什么还要信教？

学生：现在美国人也不信了。之前有个调查，说 90% 都不信宗教了，都成为不可知论者，因为没办法验证上帝存不存在。

钱颖一：我每次问他们这个问题，他们就反问你，你没有办法证明上帝不存在。

学生：美国的基督教影响最大，在欧洲反而还好。

钱颖一：我们相信科学，科学是可以被验证的东西。

学生：科学让你思考神秘主义的倾向，什么是宇宙，人生是什么样的系统，公共关系是什么，听起来神神道道的问题，真的很值得思考。物理学、化学和生物学之间有什么关系，生物学和人类的终极命运之间有什么关系，科学给了我们一种思维的方法来思考这些事情。

钱颖一：科学在中国很容易发展成科学主义，觉得科学可以解释所有东西。计划经济就是因为人们相信科学，认为设计出来的、有计划按比例的资源配置方式比自发的市场更好。100 年前很多人都相信可以科学地设计出一个更好的社会。计划经济是把科学推到了一种极端。但是哈耶克说计划经济行不通。

最近传马云说，有了大数据，有了云计算、人工智能，将来没准计划经济又有可能了。这是因为政府可以掌握很多信息，以前不可能掌握和处理的信息现在都可以了，这样就为计划经济打开了新的可能性吗？

学生：那不是科学，是技术。每个个体有更大的力量。所以政府和民众之间的博弈，看哪一方可以更好地运用这种技术给自己在社会上增加更多的影响力。科学的本质是提出好的问题，尝试解释它，而不是处理问题的工具，这不是一个概念。

“生命科学”课的意义

学生：我是文科生，在修生物。对我来说，非常难跟上老师的脚步。因为他可以用一节课的时间上完整个生物要学的必修一，必修二，建立在你完全知道这些东西的基础上。北京市十一学校只上一个学期的生物，是科普性的。

钱颖一：你们是很聪明的，可以自己看懂。

学生：生物不一样，她课上讲的一些思维方法非常有用，而我理解时有一些困难，因为我没有知识基础，花非常大量的时间补过去三年理科生学的内容。

钱颖一：这门课的老师是康奈尔的博士。

学生：我个人观点，老师特别重视科普性的东西，实用性的东西，她把太多精力放在实用上了，所以她建立在一个你们都懂这些基础理论的基础上，你们高中学过生物了，所以现在给你讲应用。

学生：我觉得那个老师挺好，课上她的思维很西方，很有特点。她讲自己的人生经历，讲人生拼搏。她毕业后在新华社工作一年，后来到了美国实验室，开始生物研究，又怎么到清华来。关键是要找到自己的兴趣是什么。

学生：她特别反对只局限书本的知识，特别鼓励我们把它应用到生活中。她讲课是建立在我们都懂生物的基础上，所以对文科生压力比较大。

钱颖一：杨振宁推荐我看《双螺旋》那本书。都说21世纪是生命科学的世纪。作为一个清华毕业的人，经管学院毕业的人，你在大学都没有学过生物，就没有受过完整的教育。

一个是物理课，一个是生物课，这些都是应该知道的，这个世界到底是怎么一回事。引力波被发现了，太牛了。你都不知道这是为什么，怎么能行？所以物理科学和生物科学这两门课应该是作为通识教育必须有的，问题是怎么教。

多读课外书

钱颖一：最后问一个问题，过去一个月你们看过的最好的一本书是什么？是教科书之外的书。

学生：《回忆苏格拉底》。

学生：《山月记》，是一位日本作家的小说集。他是一位特别天才的小说家，33 岁就死了。他这本书特别难买，我买的网店居然没有货，店家找的货才买到，是一部很有意思的小说。

学生：我之前看的《美丽新世界》，反乌托邦小说的代表，讲科学设计的一个社会，讲这个社会的弊端。

学生：高彭的《卖故事》，在机场看到的书，觉得挺启发我的，以前从来没有想过。

学生：听了学长的讲座，他叫马兆远，自己写了一本书，《量子大唠嗑》。他学物理的，写了一本物理层面的科普书，讲的不光是物理。挺好看的。

学生：最近看了一本书，《县委书记的治政谋略》，这本书特别厉害，采访了一个以前当过县委书记的人，把他在县委书记任上的权谋方面讲得非常透。2012 年写的，找了两年没有找到出版社。第一版出来之后，淘宝现在全部卖完了。这本书现在淘宝翻五六倍的价格在卖。

钱颖一：我对你们湖南的理解，是通过读《二号首长》，这是柳传志推荐我看的。小说里用的地名都是假的，但是都能跟你们的地级市对上。

学生：《县委书记的治政谋略》，分类是田野调查，是写中国基层的。作者是县委书记，他写的东西，也没有说用一些什么数据，把他的生活放在上面，所以叫作田野调查。

学生：我最近想看两本书，凯文·凯利的《失控》和《必然》，对我们学通识课程非常有帮助。很多东西需要有科学思维才能理解未来商业社会的走向，增强了我对通识教育的认同感，希望我们通识教育做得好一点儿。整部书有预测未来的感觉。

钱颖一：说是到2045年，世界就会突变。

学生：他是说强人工智能会突变。这种书把技术和你对社会的理解结合起来，让我们觉得教育是很重要的。

钱颖一：21世纪我不知道会怎么发展。

学生：阿玛蒂亚·森的书写得特别好。

钱颖一：20世纪80年代我在哈佛上过他的福利经济学课，他是1998年诺贝尔经济学奖获得者，是印度人。他有一本《以自由看待发展》，主题是"作为自由的发展"。他说中国在脱贫方面政府干得很好，印度就很差，但是印度没有出现过大饥荒，而中国曾经有过大饥荒。其实那三年的自然状况不错，大饥荒并不是自然灾害引起的，现在已经有很多研究证明了这一点。然后他认为这是制度的差别造成的。这是他特别著名的一个论述。今年1月份森到我们学院来了。

学生：他用英文写，我英文可以，读得比较快。虽然我不是好学生，我也能看懂。很重要的一点，他真的很关心弱势群体。很细节地帮助弱势群体，提升他们，各个方面的细节考虑得很清楚。他是同时又有思维的那种，很强的思维。

钱颖一：阿玛蒂亚·森还有一本书《惯于争鸣的印度人》。我们原来以为印度人很会辩论，是因为他们曾经是英国的殖民地，是英国的文化传统。看了他的书就知道印度人自古以来就非常好争辩。从历史文化上来说，印度文化就是好争辩的文化。我们的文化肯定不是，我们不好争辩，我们提倡服从。阿玛蒂亚·森是左派，关心穷人。

学生：我最近看周国平的《风中的随笔》。我挺喜欢他的思维。

钱颖一：他是社科院哲学所的。

学生：他一直在追寻有一点避世的感觉。

钱颖一：他写的一些进入了高中阅读?

学生：他的语句特别精致，特别追求美感。

学生：他来清华演讲的时候爆满。

本科生与院长共品下午茶

（2017 年 4 月 21 日）

经管学生会换届的精彩

钱颖一：每次“下午茶”都是非常有意思的时候。我想关心一下你们的事。学生会换届什么时候？

学生：5 月底、6 月初。

钱颖一：为什么我们学院的换届比别的学院精彩呢？有什么原因？据说我们这儿有竞选团队？

学生：对，其他院系都是个人竞选。

钱颖一：我们学院有团队。然后呢？

学生：有市场化。

钱颖一：民主化吧？民主和市场不同。

学生：别的学校应该会来看一看。

钱颖一：我们学院学生会的竞选，搞到知乎上都有了？

学生：一个团队把他们认为不该发生在我们学生身上的事写了出来，写了一篇文章，有人看到，就流传了出去。

钱颖一：是他们写的可读性强，还是大家非常关注清华经管学院发生的事情？

学生：都有。

用经济学原理分析本科招生

钱颖一：你们告诉我这半年学校里有什么有趣的事？学院里面还有什么

我应该知道的事？

学生： 我有一件事。信管大类招生怎么和自动化一块招了，为什么不和计算机一块招？

钱颖一： 运用经济学的推理，你们来说说这是为什么呢？

学生： 从渊源上来说，信管本来是从自动化分出来的。但是从未来角度看，今后潮流是搞数据，所以我觉得信管应该和计算机一起招生。

钱颖一： 学校推动大类招生，把原来按照 49 个专业招生改为现在的 16 个大类。里面有一类是经济金融管理，其中有三个专业：经济与金融、会计、信管，招进来以后第二年再分专业。其他学院在分专业的时候是限制或保证每一个专业里面的人数，所以就不能完全按每个人的志愿分。如果是这样的话，你进来的时候是经管学院，预期第二年重新分一次专业，你们说这会出现什么情况？你们高考后是报清华经管呢？还是报北大光华呢？

学生： 直接去北大光华了，不要在这里再争一次。

钱颖一： 对。所以我说这不行，我们学院必须自由分流，谁愿意去哪个专业就去哪个专业，三个专业任选。但是这就碰到下一个问题，每个专业的人数不能控制，就担心有可能选信管专业的人太少了。所以信管的老师就提出，这边留 15 个名额，放 15 个名额到自动化系那边。第二年选专业的时候，经管的吸引力还是很大的，所以我们期望自动化系那边的好学生愿意选经管。而自动化系那边也希望借经管的吸引力能招到并留住好学生。就是这么一个博弈过程。

在讨论这个问题的时候，学过“经济学原理”还是有用的。在设计一个机制的时候，要从可能的结果倒推回来，要考虑到各方的激励。这次按照大类招生改革，两个相近的专业，会有两种完全不同的行为：有的特别愿意搭上比自己更有竞争力的专业，有的特别不愿意搭上比自己更有竞争力的专业。这两种情况都有道理，取决于专业之间吸引力的差距。法学院也特别愿意跟我们放在一起招生，他们觉得这样可以提高他们的整体招生质量。

四年级同学：毕业后去向

钱颖一： 哪些是大四的同学，你们是最后一次参加“下午茶”了。你们都要去哪儿？

学生： 我读金融硕。

学生： 我出国去耶鲁读MBA，是本科生直接可以念的MBA。

钱颖一： 你这么厉害！怎么申请到的？

学生： 我觉得可能是我的经历跟耶鲁要求的比较相近吧。之前我在学校有做公益，公益的项目做得还不错，接下来就是做实习投资这方面做得也还可以，把这两个融在一块，想之后做这个东西跟他们的宗旨挺接近的，运气挺好的就去了。

钱颖一： 我几年前推荐过一个学院的同学去了。这个项目招本科毕业生直接去念MBA，招的特别少。

学生： 我去哥大读金融工程。

学生： 我读经济学硕士。我是信管过来的，想念经济学博士，但一些课没学，所以先做一个调整。

学生： 我去香港花旗工作。

学生： 我们两个都是读金融硕。

钱颖一： 今年的硕士名额没减吗？听说保研的名额要减少。

学生： 好像没有听到减。

三年级同学：海外交换经历

钱颖一： 哪些是大三的？上学期都去哪交换了？

学生： 我去了伯克利，自费去的经济系，学费比较贵，选了最低要求的课程数量，选了一些博士生的课，感觉那边的课很有挑战性，博士生非常厉害，很让人开眼界。

学生： 我也去伯克利，赶上了美国大选，很有意思的经历。伯克利加州大学的同学比较伤心，教授们也很伤心。

钱颖一：有另一派的人吗？

学生：挺有的，但不敢说话。商学院院长把所有的同学全部集中在大厅，说你们看着对方的眼睛，倾诉给对方忧伤，哭，哭完了之后相互抱团在地上滚，非常惨！

钱颖一：这是一种舒缓情绪的方式。

学生：没有。在他们的意识里，他们觉得美国要亡了，这个国家要完蛋了，自己非常非常悲伤。

钱颖一：是，是有这种情况。

学生：我去了德国。我分享我个人最深的感受。我是新疆北部的少数民族哈萨克族。德国有很多土耳其居民。我发现不管是土耳其也好，还是土耳其式的饮食，在欧洲各个地方的饮食习惯和新疆非常相像，欧洲的很多风景和新疆非常相像，这让我感到非常有意思。

钱颖一：土耳其在欧洲的移民很多。

学生：非常多。

钱颖一：这星期的大事情就是土耳其的修改宪法，你们有没有关注？

学生：我感兴趣。

钱颖一：土耳其的国父凯末尔是军人，但迷恋民主制度。他力排众议，创造了一个奇迹，把伊斯兰教的土耳其变成了一个亲西方的世俗国家。土耳其正在发生很大的事，你应该去了解。它在 20 世纪 20 年代是个奇迹，现在又出现了新情况。

经济学家里我认识两个土耳其人，一个是达龙·阿西莫格鲁（Daron Acemoglu），一个是丹尼·罗德里克（Dani Rodrik），都是很有影响的经济学家，前者在 MIT，后者在哈佛。阿西莫格鲁的书《国家为什么会失败》在中国热销。罗德里克有一则特别神奇的故事。他的岳父是土耳其军队中的将军，几年前现任总统指责他要搞政变。我们印象中的军人都是支持独裁的，但在伊斯兰国家，军人反宗教狂热，军队往往是很重要的稳定力量，因为军队都是受西方训练的，很职业化。罗德里克不相信这个指控，就花了好多时间去调查，《纽约客》上有一篇长文介绍这个过程。最后发现被指控的写于2004年的政变纲领却是用微软在2007年开发的软件打印出来的，显然是假造的。那篇文章特别好玩，因为罗德里克是经济学家，所以用经济学家的推理去找线索。在“经济学原理”课上我推荐给你们的书中，就有用经济学的推理去破案的小说。但这是真事。

学生：在德国我见了很多土耳其人，他们主要开烤肉店。

学生：我也曾经到德国交换，在一个学校就有烤肉店，一大块儿又便宜又好吃。

学生：关键是土耳其烤肉开在了欧洲每个国家，价钱不一样，名字也不一样，根据当地习惯。

学生：相当于麦当劳。

学生：我是去的美国沃顿，没有便宜的菜。

钱颖一：费城城市怎么样？

学生：城市不怎么样，学校周边有校警，全美最大的校警团队。学校这边非常安全，整个城市非常衰败。

钱颖一：这是一个很奇怪的现象，周围经济很衰败，但学校很好。芝加哥大学也是这样。

学生：其实在美国不算很衰败。中国人过去的感觉是和北京对比，加上那边城市中的贫困率特别高，所以说看起来感觉不太好。

钱颖一：你现在是三年级，你刚才说去哪里交换过？

学生：明尼苏达商学院。

钱颖一：明尼苏达怎么样？

学生：那儿的人特别好。因为天气有些冷，大家会用自己的微笑去温暖别人。

钱颖一：你在那儿学什么课？

学生：我觉得每个人都选与自己发展方向有关的课，我没有选商学院的课。我选的是计算机和数学的课。我心中还是有一点儿对这些的眷恋。中学的经历还是有点儿影响，当你看到朋友圈里的人天天在讨论一些让你很感兴趣、非常吸引你的东西的时候，也会受到影响。

钱颖一：当你听到人类发现了引力波证据的时候，你那天的心情是什么样的？

学生：我突然想起自己以前高中的一个学长，那个学长就是学这方面的。但是学长毕业之后找不到工作。他回来跟我们介绍北大，我们问他后不后悔。当时我觉得选择挺难的。发现引力波特别光辉，但有很多很多工作都是垫脚石，它的发现背后有很多很多故事。我想他听到这个消息还是会高兴的。

钱颖一：你们周围有多少人小时候想做自然科学家，但后来没有追寻这个梦想？

学生：我当时想做生物，去了一趟美国霍普金斯大学的生命科学实验室，那里的教授说，我们做实验做三年也得不出结果，你在这里很浪费青春，我就没有去了。因为我很向往的最顶尖地方的教授都这样跟我说了，那就没有什么希望了。

体验中外教育的差别

钱颖一：你刚才说，去了沃顿交换，你觉得在沃顿的收获大吗？

学生：收获挺大的，我自己有一个很大的感触是我们跟他们学生的差距可能不是在能力上。他们那边的硬件条件很好。虽然听起来会有点奇怪，但是硬件条件对帮助学生完成事情还是有很大作用。他们有很多讨论室，在那里可以萌发很多新的想法，他们讲创业什么的可以讲很多，但是我们讲两句就没了。他们各种社团的自由程度很大，这超出了硬件之外。他们的学生在学校使用资金和招募团员权限也非常大，以至于他们给我的感觉是比我们更加成熟。我在那边注意到，学院把最大的一个项目跟学生对接了起来，我认识几个同学，加入社团他们直接管理这个基金，给这些公益机构和社会企业投资。所以他们已经做了很多超出学生日常学习和实习之外的事情，自己发起很多东西。

钱颖一：他们的本科生？

学生：对，都是本科生，相当于本科和 MBA 合作的一些项目，他们与 MBA 和业界的交流，我觉得资源比较好，本科生也能很成熟地做一些事情。

钱颖一：所以你觉得差别不是能力上的？

学生：我觉得差别不是潜质上的。可能在后天的培养中显露出来的能力会有些区别。比如他们的展示能力确实很强，他们确实非常勇敢，有什么想法就会付诸实践，他们的组织力、宣传能力确实很强，这是他们的一些资源带给他们的。我在跟他们组队的过程中，有些学生真的连非常基本的概念都不清楚，还会持续夸夸其谈。但是也有一些学生大二的时候，都能在课上和老师进行非常深度的交流。我了解之后发现，他们自己身边有很多资源，也会主动接触这些资源，这是个综合的过程。

钱颖一：那些在高中跟你们在一起读，后来本科去国外读的学生呢？在一些好的中学里，有一些人出国读本科了。我们在经管学院的本科教育和那边的本科教育，根据你的观察，有什么重大的差别？他们的课程肯定没有我们的多，这是毫无疑问的。如果是在外国念小学中学就很难比了，所以就拿在中国念中学，到那边念本科的来比。

学生：我们会认识那边的中国去的本科生，同他们聊天。他们的本科教育带给他们的差别是，强者越强，弱者越弱，因为自由度太高了。我认识的有非常积极主动的，去主动管基金的同学，也有没有参与什么社团活动，只是在中国学生会里的，都是中国同学，英文甚至没有从国内去交换的同学好。即便接受了一样的资源，但是因为自由度非常大，能够让本身潜质不错的同学充分利用资源，本身没有积极主动性的同学会越来越往后掉，也没有很有效的督促方式。那里的学校不会强制你一定去努力，只会鼓励你怎么样，最终主动权在你的手里。我们交换的时候是大三实习的时候，有的中国同学找到美国特别好的实习，有的同学连中国内地都找不到好的实习，这个差异非常大。清华经管没有这么大的差异。

钱颖一：这又回到了我的那篇文章《均值与方差》，传得很广。我就是说我们这边的方差很小，国外的方差很大。这是什么原因，我们可以进一步探讨。你说了一个原因，似乎是那边提供给人的资源远远超过我们，这就可以放大你的能力。还有什么因素是我们人为地把方差缩小了，比如我们的文化，我们的制度，我们的习惯？我们不能太张扬，或者不能太不一样了？到底是什么原因呢？

学生：我觉得文化确实是非常重要的因素，我们的文化不鼓励大家去尝试去失败，大家会比较害怕这件事情。这也跟他们的制度有关系，美国同学不是不害怕，他们平常不会把这些事情表露出来，学校为他们提供的资源，各种心理辅导，各种职业规划，各种学术导师，不断通过各种标语和文章的形式告诉你，不要担心，无论你遇到什么困难，学校的资源会永远帮助你，不论你的同学抛弃了你，还是创业失败了，永远有学校的资源作为你的后盾，有什么话可以对我们讲。这让学生有一个安全网兜底，能够比较不害怕追求自己想做的事情。这是心理上的兜底，不是物质上的兜底。就是永远有人在后面支持你鼓励你，可以找到倾诉的对象。在跟他们聊天的过程中，他们反映，这对他们来说，是一件帮助比较大的事情。

钱颖一：你在沃顿学了什么课？

学生：学了估值、财务会计、计量经济学。我想充分利用学校的优势，感受一下。我觉得沃顿和经管不一样。在对学生的把控上，心理保障感上，经管更强一些。因为我们有班级概念，各种各样的社工组织，参与到很多组织中，获得信息反馈，我们每个人都能得到差不多一样的机会知道这些信息。沃顿没有班级。我的感觉在经管被动性地知道所有的信息，而沃顿要获得信息还是要有一定的信息搜集能力，这好像使美国学生主动性更强。

钱颖一：我们的同学比较被动。我们为了让大家能够获得更多的信息，把工作做得越努力，同学就越没有了主动性。你说我们应该怎么做呢？

学生：我可能偏向经管这样的做法。在中国上了大学后刚刚是自由化第一步，美国初中高中就很自由。在中国，如果大一突然变成了要主动获取信息，那大家会错过很多事情。

钱颖一：你去了孟加拉国觉得怎么样？

学生：我见识到那里极端贫穷的状态后，思想转变是很大的。我们三个人去了之后，回来感触非常深。当时兴趣浓厚的很多同学，最后说还是要去四大会计师事务所实习，或者要去准备咨询面试。

钱颖一：怎么算都觉得去那里不合算。

学生：去了之后发现有非常深刻的政治和文化因素。

学生：随着时代变化，经管前辈比较少以商科的背景胜任新的挑战，有些经管人转专业限于新闻和法律。我最近跟一些前辈聊天，有些同学担心自己的背景并不够。

钱颖一：听说现在在哈佛念经济学博士的学生有一种热潮是去计算机系听课。我们有一些是靠计算机竞赛来的。特别是现在这一段人工智能、大数据比较火。我们这里以前的一个传统，很多同学喜欢修 C++ 语言。但我们的二学位通常都是法律、新闻、英文，都在文科里，很少跨界到理工科，除了数学。

学生：有很多辅修计算机的。

学生：感觉现在行业细化以后，并不是所有接触计算机的一定就要写代码能力特别强的，商科和计算机融合的地方很多。大家找地方比较难，尤其比较突出的信管的同学。我和他们聊天，有很多同学顺应现在的潮流，非常愿意去 BAT（百度、阿里巴巴、腾讯）工作。在这些公司面试时，别人是科班出身，他们竞争的是产品经理，学统计的人是分析大数据。理想的商学院学生，选择真的很少，很多同学到大三发现自己欠缺一些相应的背景。

一二年级同学：中学的影响

钱颖一：我发现我们的同学好像对中学的忠诚程度和热爱程度特别高，我觉得超过了对大学的。为什么？

学生：我猜想是因为我们现在还在大学里边，可能离开了之后会是另外一种感觉。一般都是对过去更多怀念一些。

钱颖一：你是什么中学？

学生：我是上海华东师大二附中的。

钱颖一：你不认同这个说法？

学生：我觉得中学是你在大学中的一个身份认证，相当于介绍时说我是来自什么地方的一样，是区别于你和周围同学的一个特点。我不能跟院长说我是来自经管学院的，这没有任何的信息价值。

钱颖一：你是什么中学的？

学生：我是成都七中的。

钱颖一：你对成都七中是不是很认同？

学生：是的。

钱颖一：你是人大附中的。你觉得人大附中对你影响比较大的是什么？

学生：影响比较大的是我们好多任课老师是北大数学学院或者物理学院的博士，还有化学学院的。他们给我们理科实验班讲课时，会不由自主地流露出对科学的眷恋，尽管他们离开了科研。他们对这种东西的向往很容易打动我们。

学生：他们劝你们去北大？

学生：我们班当时有七个女生，六个女生去北大读了北大所有的理科学院，一个物理，一个化学，一个生命科学，一个信息科学。感觉同学想当科学家的比例特别高。

钱颖一：你呢？

学生：我也想做学术研究。

钱颖一：但没有想做自然科学？

学生：其实我高中时候曾经想做自然科学，但也是逐渐认识到除了自然科学之外，每门学科都可以有科学研究，每门学科都需要有人去研究。

钱颖一：中学自由度大，还是大学自由度大？根据你们自己的经历谈谈。

学生：我是武汉外国语学校的。我觉得好像差不多，除了中学没有选课自由以外，中学办各种社团，课外活动的自由度大一点，没有各级审批，层级关系方面比较简单。我最近和同学想做社团，问很多人怎么设，各种取名规范，做的事情也有规范，总体来说感觉比较复杂。高中时候办社团说办就办了，贴张海报就开始，比较简单，审批也没有什么流程。

学生：我感觉关于社团这一点，校团委有自己的规定，所以申请的时候，只要符合他们的规定，他们给你的自由度是很大的。我上学期成立了一个社团，交通学会。你只要满足他们在协会名字前面加个“学生”二字，一般都会通过的，一个学校有自己的制度。具体它的制度好不好，可以试试看，把流程走完之后评价，我的评价还是可以的。

学生：我总体觉得大学的自由度高，社工流程化比较好，高中毕竟学习必修课占用的时间使你的脑子里思考不了其他的东西。经管通识教育比较多，每天想的东西和各个学科有关，个人还是觉得在大学每天想的事情自由度高一些。

学生：我想起一件事。去年夏天，一个人大附中的同学跟我吃饭，他说现在的小孩特别厉害，会编程，各种计算机语言。我做志愿者，带一些小朋友到新疆参观。别说电脑编程，他们汉语都讲不太清楚，那件事对我触动很大，新疆和北京之间有着巨大的差距。我想做一些事情，能够为家乡带来一些改变。但是我现在没有想好要怎么做。

学习本科第二学位

钱颖一：我问一下你们这里面有哪些同学在学第二学位。你学什么学位？

学生：数学双学位。

学生：法律双学位。

钱颖一：你学国际关系双学位？

学生：修的人比较少，一共 20 多人。

钱颖一：你学了什么课，有意思吗？

学生：有意思。感觉跟经管比，说实话，有点水。学一些比如“外交学”，还有“全球经济”这种。就是你要学会外面是一套，里面是一套。比如说“外交学”，就要学会我们是怎么样的和我们表现出来是怎么样的是两回事，它就是想让我们懂得政治技巧。

钱颖一：什么技巧？

学生：国家的里子和外面表现出来的是不一样的，可以里面鸡飞狗跳，外面表现的是风平浪静。

钱颖一：你就学这个，没别的？

学生：这就是主要的感受。还有就是他们可能更偏一些历史，尤其是跟我们比，即使他们的经济学也是类似的，可能研究更多的就是各国之间的比较，更偏重历史学。他们不太关注里面的机理是什么，他们只看是什么样的，会怎么样，而不会说为什么是这样。这是它跟我们最大的区别。

钱颖一：我们是要追究一下为什么是这样的。国际政治和国际关系是一回事吗？

学生：在清华是。他们社科学院有经济学、心理学、社会学、国际政治学四个专业。他们第二年才分专业，第一年都在一个大班。

钱颖一：所以你这个第二学位和他们第一学位在一块上课。

学生：对，可是培养方案不太一样。

“批判性思维与道德推理”课的不同讲法

钱颖一：CTMR 对你们的影响有多大？

学生：我大一时误打误撞，没有什么课可以选，后来知道 CTMR 是当时大二的必修课，我就去上了。我是比较崇敬杨斌老师的，我一直是他的脑残粉，杨老师讲话比较有逻辑，他的表达能力非常强。他对那些故事的阐述，完全给我上了大学第一课的感觉，印象很深。

学生：我觉得杨老师讲课比较有感染力，上课时总是鼓励我们小组讨论，结果就是我们后来下课吃饭时还在讨论，所以那时候 CTMR 在我们之间特别火，平常讲话你都要 CTMR 一下，这种感染力我在下一届没有感觉到。

钱颖一：你给这门课做助教吗？

学生：我给两个老师都做过。一些大三的同学说，金老师的课有点照本宣科。但是那一届的助教不知道金老师怎么上课，因为他们没有听过金老师的课。这点很重要，因为那一届的助教之前上的是杨老师的课，所以对接不好，这是事实。我是上了金老师的课以后，过了一年再给他当助教的。这个学期杨斌老师在新雅书院也开了一门课，我也给他当了助教。我喜欢当助教的经历。

钱颖一：新雅书院的那门课不对咱们开放？

学生：新雅书院都是内部课程，都是一学分，特别少，他上课上不完，没有时间上。

钱颖一：它的课程名字叫什么？

学生：伦理道德中的批判性思维。他不敢用 CTMR 这个名字了，但是换汤不换药，教的内容差不多。我个人的感觉是，金老师本科是研究哲学的，他们两门课程特色很不一样，金老师就是在大课上讲一个案例，他的课程和 MBA 课程很像，学生之前要准备很多，把事实理清楚。他在大课上围绕这一段来阐发相对应的哲学脉络。

杨斌老师很不一样。他和《公正》那本书很像，讲很多很小的事情，小的案例。他讲哲学脉络，介绍这个哲学体系怎么来的，在中间插一些小小的案例，大家会觉得后面那个很有意思，后面每一个小案例给你五分钟时间讨论。讨论的时候你也说服不了我，我也说服不了你，所以我们很有激情地讨论。我上小课的经验也是这样的，大家有五个小案例，讨论很激烈，还会很激烈地辩论。大家都很想说服对方。

但是金老师那边风格完全不一样。他会给我们很多原著阅读，小课助教的一个很重要的任务是带领大家读原著，读完原著之后再读案例。我为什么喜欢这种方式呢？因为 CTMR 重要的并不是告诉你有多少哲学脉络，而是 CT（批判性思维），不是 MR（道德推理）。你要不断地对一件事情和别人对话，要和他一直不断地对话。

我们一个班上至少有 20 人，我一个案例讨论一个半小时。在这段时间里，你把案例讨论清楚，对各自的观点互相攻防，真的把对方说服，时间是不够的。而杨斌老师那种方式，五分钟讲一个案例，五分钟时间很有限。我更偏好深入的讨论。

钱颖一：我是第一次听到了这样的比较，因为你是在两边都上过的。你讲得很有意思。金老师学哲学科班出身，杨斌老师原来是学信管的，但他的语言感染力超强。你刚才讲得很有意思。如果一个案例只花很少时间，只讲一点，对入门的学生来讲很有吸引力，因为有激情，很开放。但是要对一个东西深入探讨，是很难的。

学生：而且金老师的案例大部分是他自己写的。

钱颖一：他原来是教 MBA 学生的。MBA 学生和本科生之间确实有很大的差别。MBA 学生都是有过工作经验的，而本科生没有。CTMR 这门课是我引进来的。我当时到哈佛的桑德尔教授办公室去，他给我看他的所有教案，他有 70 多个助教来教小课，他向我解释为什么需要这么多助教。我后来请他来学院讲过一次。这门课的名字是我造的。哈佛的课只是道德推理。他们没有专门的批判性思维课，一部分内容是融在写作课里，因为写作是批判性思维的过程和体现。

道德推理的问题通常是没有唯一正确答案的。我们过去觉得什么都有一个唯一正确的答案。现在突然问你杀一个人，还是杀五个人，哪个选择更好。这里有不同的道德推理过程，有不同的理由，没有唯一正确的答案。这对我们有很大的冲击。但是这一冲击波过去以后，接下来就是看你的分析能力了，这需要你的真功夫。

学生：刚才学长提到的关于一个大案例和几个小案例的问题。我自己对大案例评价不好的原因可能是因为这个案例来自 MBA 课程。当时讲黄光裕的案子，对本科生来讲难以引起共鸣，然后老师非常深入地剖析，他具体在某个时间点为什么做出这一行为。我们理解这个案件很困难。

钱颖一：对，这就是本科生和 MBA 的差别。

学生：对，所以他不太能容易调动同学的积极性。

钱颖一：金老师是大课讲案例，小课讲原著。这和杨老师的讲课方式正好反过来的，杨老师是大课讲原著，小课讲案例。讲原著的好处是不需要像讲黄光裕案例中的具体知识，是比较抽象的东西，这对本科生来讲反而容易接受。一个具体的案例，在不知道前因后果的情况下，很难理解。

学生：理解不了，也不可能在日后的生活中继续应用，反而听一个比较简单的例子，之后会不断地想，想它是不是和 CTMR 有联系。

钱颖一：它会激发你在看其他问题的时候也用这种方法去思考，这是这门课的一个目的。谁在上姜老师的 CTMR 课？他原来是学法律的。

学生：姜老师的课上用案例确实比较多，好多都是一些文学作品和电影作品中的案例。比如 20 世纪三四十年代，五六十年代的电影，姜老师比较喜欢讲这方面的内容，平时会有章节摘出来让大家读。

康德伦理哲学的冲击

钱颖一：我一直觉得“中文写作”和“批判性思维与道德推理”这两门课如果特别给力的话，会对同学们在清华受到的本科教育有很大的帮助。我曾经问过以前毕业的同学，CTMR 中哪些内容对你们的冲击特别大？不少人说是康德，因为他的非功利主义的道德哲学和我们的习惯性思维太不一样，比如人在任何情况下都不能撒谎，即使这样会导致很糟糕的结果。大家觉得康德的冲击挺大，是吗？

学生：冲击挺大。

钱颖一：怎么个大法，你们说说。

学生：他的思想太严苛。

学生：太正。

钱颖一：太正？你说说他的冲击在什么方面？

学生：康德那套理论比较适合用于批判人。所以大家觉得康德特别好用，特别欣赏他，应用价值比较高。另外就是我们班上特别欣赏诺齐克和康德的比较。诺齐克、罗尔斯都是继承了康德，但他们是自由主义的两个不同方向。

钱颖一：好多年前了，刚开始开 CTMR 课，同学们第一次听到康德的时候，我问他们你对康德哪句话印象最深？有一个同学说是“人是目的，不是手段”。后来我琢磨这事，觉得这是因为我们一直都是觉得人是工具，人是手段，所以突然有一个人说，人是目的不是工具，就会冲击比较大。

我们中国人对经济学的接受是非常自然的。经济学是基于结果主义的，只看结果不看过程，所以我们很容易理解。人是工具，是为了经济发展。这也符合结果主义。康德站出来说不是这样的，人才是目的。

学生：CTMR 每次上课对我影响都很大。对于 2013 级这届，我们有个特殊的因素，我们读原著相当多。在读原著的过程中，看到罗尔斯、康德、功利主义的哲学家，他们用几本书构造理论，从假设到推论。这个过程使我在未来想事情的时候，可以把我的思维过程延长，对我思考问题有很大的影响。思想家对我的影响很大，不仅仅是康德。这门课杨老师给我比较大的影响，就是让我接受思维的不确定性。之前高中都是给出确定的答案，讲金融和经济的时候，通过讨论，我们认识到思维有那么多不确定性和开放性，第一次亲身体会到，这些是对我们最大的影响。我觉得我们当时的大课讲理论，小课讲案例更合适。

钱颖一：金老师反过来讲是少见的，就是大课讲案例，小课讲理论。在本科课堂通常不是这样的。

学生：讲大课时应该平衡利弊，大课应该老师带领大家讲理论的东西，他的思维火花告诉我们，任何客观的事情都推不出来主观的想法。比如我可以有 N 个事实列举，虐待小孩带来的后果，对他生理有影响，但推不出来我们就不应该虐待小孩，中间一定是价值观的推导，大家价值观的不同。杨老师有很多闪现他思维的小火花，对我的影响很大。我很喜欢他的授课方式。

学生：其实我也挺喜欢他的，他讲课感染力特别强。

学生：从这门课的设置来看，是面向本科生的通识教育。那种针对哲学系的十几个人的小班教法，是否对整个经管学院两百多名本科生同样适用，这是令人思考的问题。助教这个群体，个人因素有很多。我在上杨老师的课时，有幸接触到我的助教，他专门把他的北大哲学系同学请过来给我们讲康德。他是个非常负责的助教，但是我个人感觉，其实更多的是取决于助教这块。修行看个人。

钱颖一：对，助教的差异很大，有的助教非常投入，有的就一般般，确实助教间有差异。

学生：不仅CTMR课程，所有课在上课过程中，开始时觉得这门课教给我扎扎实实的形而下的知识很重要。慢慢地随着自己长大快毕业了，我反而觉得形而上的东西更重要。就像“中文写作”课，现在觉得白老师教的一些表达的方法，哪怕他当时的一些站姿是怎么样的，怎么样一根粉笔从头讲到尾，这些东西对我的影响反而更大。对我来讲，不是了解到一个哲学理论，而是带给我思维的过程。

对通识教育的评价

钱颖一：这里有一个一般性的规律。对通识教育课程的评价随着时间而上升。第一年上课的时候，不理解，上这个课有什么用？到了第三年、第四年，回过头想，其实这些课比那些技术性的课程更有意义。等再过一段时间，这种想法会更强烈，因为你后来的经验多了，你的见识多了，会更加认识到这一点。

学生：我的父母都是上海财大的。我们在讨论的时候，他们会问经管怎么会计学学得这么少。一开始我也是这么想的。在沃顿交换给了我特别大的转变。那时候我身边都是沃顿的同学，他们所有聊天内容都跟投资银行或者私募股权投资有关。我会觉得这样的人生过起来挺没有意思的。求知过程中，锻炼出来的思维也会更全面理性，反而更受职场的欢迎。在沃顿的时候，我和父母说，如果清华是中国最好的，就不应该和上海财大一样。我们是学会计的，很多书本自学也挺快的，我还比较喜欢清华经管学院学形而上的风格。

钱颖一：你刚才说的那点非常有意思，因为我是第一次听到去过沃顿的同学这么说。沃顿是很好的学院，但是你们记住，这是八所常青藤大学中唯一的一所本科商学院。沃顿是开创性的，最早在 1881 年建立了本科商学院。美国到了 20 世纪初才有研究生学位 MBA。其他的常青藤大学本科没有商学教育。芝加哥大学本科也没有商科。但州立大学本科有商科。一些顶尖的州立大学不愿意给本科生开商科，但州政府要求开，所以才开的。不愿意开的原因是不愿意把本科教育限制得过窄。

在这一点上，至少这十年来的发展，清华经管和北大光华正好做了两个相反的选择。北大整体是通识导向的，但是光华走了一条特别职业导向的道路。清华整个大环境是非常实用的，而我们经管走了一条更加通识教育的道路。这是非常有意思的不同轨迹。我知道一些同学抱怨我们的会计课怎么那么少，开课时间怎么那么晚，等等。这里有市场竞争的压力。

学生：虽然经管让大家都学通识教育，今天来的同学都是从通识教育里收获很大，认可通识教育的。但也有一部分人是比较抵触通识教育的，觉得没有用。我和沃顿学生聊天特别无聊，没有什么别的东西可以聊。现实情况仍然是学生永远意识不到的。

钱颖一：这里有一个短期和长期的问题，到底人的理性有多强。很多实验表明，人并不是像经济学家假设的那么理性。人们关注眼前的利益更多，对未来的利益关心较少。所以沃顿的学生有这个特点，而哈佛、耶鲁、普林斯顿的学生同沃顿学生会有些不同。在这个意义上，沃顿在常青藤大学中比较特殊。

学生：我在经管有意识地把通识教育课程分散到四年上。我自己是转系生，我从新闻学院过来的。

钱颖一：你说应该分散到四年中？

学生：分散到大学四年。我来到经管之后，先上的“中文沟通”，我上得特别认真。接近出国交换的时候，学了 CTMR，觉得自己可以到外国和别人吵架了。但我真正到了外国，看到他们的文化之后，思考了中国文化是什么，回来学了“中国文明”，这个对我启示非常大。我即将进入职场，和别人交流，开始学“中文写作”了，很符合我整个过程中的发展轨迹。

钱颖一：你是倒着学。理论上任何人都可以选择适合自己的顺序学，这些通识课中并没有规定哪些是前置课程，确实可以颠倒过来学。你是转系生，你的例子正好是不按照原来设计的顺序，无意中变成这样的。而你觉得挺好的。

透视选课

学生：大一同学进来之后，都有意识地按照课表选课。

钱颖一：我 40 年前进清华读书的时候，就是每一个班每个学期有一张课表，都按照这张课表的规定选课。在国外大学，本科生是给你一本书，全校所有课程都在这里，每门课注明所需要的前置课程，除此之外，至于你什么时候学哪门是随便的。先学通识课程，再把精力放在主要的专业课程上，是一种通常做法，但不是必然。

学生：如果在大三时候要找暑期实习，这个实习又决定他毕业之后的工作，所以在大三之前掌握一点专业知识还是非常必要的。这样的话，如果能把通识教育往后挪一点，把对应的专业知识往前挪一点的话，可能会好一点。

钱颖一：这是一种考虑。还有另一种考虑，就是通识教育开阔你的视野，提高你的思维，所以应该先学，让你先开点窍，以后你再进到比较窄的专业里面，才不至于迷失方向。

这就引出另外一个问题，问你们所有人，大四第八学期是不是你们都不上课了，都去工作或实习了？

学生：我不工作，也没有实习，做一点其他事情。

钱颖一：大学里真正的学习时间是一二三年级，是吗？

学生：是一二年级。

钱颖一：是一二年级！大三上半年是海外交换。

学生：经管曾经有很流行的说法是，大二下学期期末考试结束本科。

学生：我身边的保研同学已经不学了。

学生：除了大三出国交换那部分，大二下学期期末考试考完本科就结束了。

钱颖一：那是因为 GPA 的问题。那是一种极其短期功利主义的想法。如果只是为了“推研”，确实成绩只看到大二。你们大四都在干吗呢？

学生：我上课啊。我上格非老师的课，

钱颖一：很好啊，说明你大四进入了自由世界。

学生：我自己选点有意思的课。

钱颖一：可不是吗？其他的同学大四在学什么？

学生：因为我也是转系生，我欠了不少课。

钱颖一：转系生都是欠了不少课吗？

学生：上学期我还在上很多课，这个学期上完了，上学期学的“中国文明”，还有一些选修课。我第一年是化学系的。

钱颖一：我听说化学系转系的人挺多的，是吗？为什么有这个现象呢？

学生：我猜每个人原因不一样，我个人感觉是化学系如果想做到比较杰出的成就要在实验室里工作很久很久，而且即使这样，也不一定能有突出的成就。考虑到这点，很多人会觉得自己可能不适合走这条路，不一定能熬到做出惊人成果的那一天，所以可能觉得找一份企业类的或者其他类型的工作更适合自己。

钱颖一：生命科学也是一样的。

学生：是的，所以生物系的转系率也不会低。

学生：学术这东西是很脆弱的。一个人可能一开始觉得非常喜欢，到最后因为一些外部的原因、身边的影响以及发现自己并不真正喜欢，退出是很正常的现象。希望清华给这些人一个引导，可能大家上高中时会怀着一种做科学家的渴望，但是实际上要理解这条路是非常脆弱的。学术只需要一点点人做，而且不是所有人甘于做学术，清华的退出机制就不是太好。其他院系很多时候看他们的特奖获奖人，看他们的榜样就知道，他们的优秀就是大二进实验室，大三发论文，相对而言，他们对职业发展会抱有一种比较鄙视的

态度。

钱颖一：所以我们学院的学生再也拿不到特奖了。理工科都能发一堆论文，而我们的学科发不出论文来。

学生：大家的观念在发生变化。以前的特奖，大家觉得都是身边最杰出、最牛的人。但现在越来越不那么觉得了，很多获奖同学的 GPA 特别高，社工做得特别好，现在这已经不那么符合大家的价值观了。排年级前 3% 和前 30%，其实差别没有那么大。我们也不再认为特奖是多么厉害。

学生：我有一个发现，国内包括清华北大的成绩单上的课程分类和记载的激励作用和国外相比差了很多。国内的课程没有任何分级，面对两门名字相同的课，大家愿意去选水的，因为修完之后体现不出来。所以如果我修了研究生的课，根本就体现不出来。

钱颖一：这个我也观察到了。清华的课号只有计算机能读懂，有很多位数字，是典型的工程师设计的。但是国外的就不是，哪个是本科生的课，哪个是研究生的课，课号一看就知道。我已经给教务处提过多次意见了，就是改不了。他们说我们的课号都是有科学道理的，哪几位代表学院，哪几位代表是考试课还是考核课，都能说出一大堆道理来。

学生：钱老师对我们本科毕业生有什么期望？小范围交流。

钱颖一：做最好的自己。我不说就是要做冠军，这太功利了。

本科生与院长共品下午茶

（2017 年 12 月 21 日）

钱颖一：我是 2006 年 9 月开始做院长的。我的第一场院长“下午茶”是在 2006 年 11 月 9 日，是与本科生的“下午茶”。后来“下午茶”的活动扩展到了本科第二学位、MBA 国际班、MBA 中文班、硕士、博士以及一些特殊场合。今天咱们这场正好是第 100 场，又正好是回归到我们的本科生。你们看 2006 年第一次“下午茶”时我的照片和我的现在，就可以看到我的头发白了很多。今天我还专门理了发，但仍然能看到白发很多。

每一门课程改革都要下功夫

钱颖一：“下午茶”活动每次都是非常有意思的。这跟上课不一样，没有任何压力，大家聊天。每年秋季学期大三的同学特别少，因为大部分出去交换了，今天只有两位是大三的同学。今天还有一位很特殊的大三同学，她在二年级的时候去了英国的剑桥大学读本科。但是她两边都想念，不愿意放弃清华，我很鼓励她。今天有一半同学是大一同学。我给你们的“经济学原理”只上了两节课，感到很内疚。但是我一直为你们的教育做着很多幕后的工作。

我在你们入学导向的时候曾经说过，我们的通识教育课要有所改进，特别是物理课和生命科学课。我们原来有“物理学导论”（较难）和“物理学概论”（较容易），我们现在要开一门新课，叫作“物理学简史”。但不好找到讲课的老师，我很着急。最后我找到了中国科学院物理所一位老师下学期来给咱们上。我看了他的教学大纲，帮他修改了一下。他前面讲经典力学比较多，后面讲量子力学和相对论少了一点儿，我就请他把前面压缩，把后面的内容增加，他同意了。

但是这个星期一我从同学中了解到，选课单上面没有这门课。你说我忙了这么半天，最后你们不能选这门课，我当院长有多郁闷。我就去问了，为什么没有这门课呢？原来清华有新规定，每一门新课要向全校公示，公示若干天以后才能决定是不是要放上去。我实在搞不懂，我们提拔干部要公示，怎么开一门课也要公示？碰到这种问题怎么办呢？咱们只有通过自己的努力，去做工作。今天告诉我有消息了，明天这门课就可以上线选了。我虽然没给你们上课，但做了这些具体的使头发变白的事。听到这样的消息很郁闷，但郁闷之后还要想办法，想办法去做通这件事。下学期还有一门新课，是“生命科学简史”。同学如果还没有修物质科学和生命科学类的课程，这两门都可以修。

我在你们入学导向的时候讲了为什么要引入这两门课。物质科学和生命科学是通识教育非常重要的部分，但是要换个方式教，所以我们就落实了这么两门课。在21世纪，你不知道物理学发展的脉络和前沿，生命科学的脉络和前沿，你将来如果做金融、做投资，就容易被人忽悠。即使从功利主义的角度讲，也得知道一些科学知识。比如现在整天说奇点（singularity）马上要来了。那什么叫作奇点？

我这学期花了很多工夫去听了几门课，“中文沟通”“中文写作”“批判性思维与道德推理”等。我有时候坐在后面听一会儿，就知道这些课的长处以及问题。总的来说，我感到这些课跟我们的理想还有距离，但是我们一直在努力地不断改进。

关注学生来自的中学

钱颖一：我前一段时间又去了两所中学。一所是中央民族大学附属中学，很有特点的学校；另一所是衡水中学。我到了衡水中学，人家给我打出一堆头衔，院长、国务院参事等，学生一点反应也没有。当我提到他们学校去年出的河北省文科状元时，所有人都知道。我说我是他的老师，这就增加了我的分量。我早上五点就起来了，为了看他们跑操。五点半，我在那儿等着，看到天还是黑的，人群悄无声息地拥向操场，每个人前面拿着一本英语书，在那儿念英语。接着我去参加了他们的早读。我听了三节课，数学课、英语课、语文课。

我去听了一堂英语课，是讲科幻小说作家阿西莫夫。你们高中课本里是不是有这一课？阿西莫夫是科幻小说的鼻祖，俄罗斯人，他自己是生物化学博士，还是教授。我问他们，你们看过他写的《基地》吗？他的“基地三部曲”是名著，但他们没看过。我问他们看过《三体》吗？大部分看过。我问他们知道郝景芳吗？他们都知道。郝景芳的《北京折叠》获得了雨果奖，郝景芳是清华物理系的本科生，是咱们学院的经济学博士。现在的工作是做宏观经济分析，业余爱好写科幻小说。他们都知道她，是因为《北京折叠》是高考作文的素材。如果能把咱们经管学院的“院长下午茶”写进高考素材，大家不都知道了吗？

学生：好素材在高考作文中用起来比较高大上。

钱颖一：她是跨学科，是女性，还得了雨果奖。

我做了一张表，是根据我们的同学反馈哪些是超级中学做的。人大附中、北京四中、衡水中学，这三所中学是同学们提得比较多的。现在同一所中学有两个体制，衡水中学是公办的，旁边的衡水一中是民办的。浙江镇海中学是另一所超级中学，本身是公办的，旁边还有蛟川书院，是民办的。不止一两所学校是这样，而是有不少学校都是这样。这和中国经济很有相似之处。中国经济很大一个特点是双轨制，在教育上也是双轨制。一旦是民办的，招生就不受那些约束。你不是衡水地区的学生，就可以进到民办的学校，但整个师资都是通的。我们在座的有衡水中学的，有人大附中的，清华附中的，北京四中的，还有华东师大二附中，华中师大一附中，成都七中的。来自外国语学校的也比较多，南京、成都、深圳、杭州等外国语学校。

学生：我是成都实验外国语学校的。

钱颖一：他们的机制更神，他们和成都外国语学校是一个老板，而且还是上市公司，这两个学校之间竞争特激烈。上市公司叫什么？

学生：成实外教育集团，在香港上市。

钱颖一：非常有趣，我觉得中国的中学改革力度比大学要大。民族大学附中最大的特点是全国招生，都住校，是国家民委办的。他们每天晚上都要看《新闻联播》，其他学校有这个要求吗？

学生：我们中午食堂吃饭的时候所有电视都播放新闻。

钱颖一：衡水中学也是那样的，放各种各样的新闻。

学生：我们文科生可以看《新闻联播》，理科生不让看。

钱颖一：你是什么学校？重庆一中。重庆一中也是很牛的，重庆还有南开中学。为什么文科生可以看《新闻联播》，理科生不让看？各学校都有很多高招儿，很有意思。北京从今年开始不分文理科了。

本科教育理念的变与不变

钱颖一：今年我没有去"冬情"，有关于我的内容吗？

学生：今年给您准备了一个沙画。

钱颖一：今年也是在综体，观摩的人很多吗？

学生：今年一共 2 100 张票全部发出去了。

钱颖一：四年级同学，你们要毕业了。你们有一个同学提出了一个问题，特别让我回想过去的事，就是这些年来我对本科教育的理念有没有转变？我从 2006 年开始做院长，但是我来经管学院兼职上课是从 2002 年开始。我记得在 2002 年秋季学期，也就是 15 年前，第一次在主楼后厅讲"经济学原理"，很火爆，整个主楼后厅地上都坐着人，那时候我还在美国任教。到了 2004—2005 年我休学术假，那一年我在经管学院教了一年完整的"经济学原理"，每一堂课都教。

我看了你的这个问题，觉得可能得这么回答。我的整个教育理念和观点是一致的，没有变化。但是在理解这个问题的程度上，比原来深了很多。我觉得我对大学本科教育的整体方向是没有变的，我们的通识教育与个性发展相结合这个方向是对的，而且我也认为学会思考比掌握知识更重要，所以我反复引用爱因斯坦的这段话，大学不是在于你记住了多少知识，而在于学会让大脑思考。这是大学教育中最有价值的部分，这些我都没有变。

什么变了呢？我离开清华的时候是 1981 年。我们 1977 级是非常特殊的，和你们现在的情况很不一样，这是我原来没有意识到的。整整 40 年前的 12 月是我参加高考的时间，北京市在 1977 年 12 月 10—12 日考试。我那时候是在农村考试的，网上有我的准考证照片。我们那时候的考试题目在你们现在看来太简单了。我是清华 1977 级的。今年入校的是 2017 级。我现在回想的话，有些不能理解的东西现在理解了。比如，你们特别听学长的话，听辅导员的话。而我们是恢复高考后的第一届，所以没有学长或辅导员告诉我们下一步应该如何走。还有你们现在大量做题，有那么多题库，我们那时候没有任何题库，更没有《解题大全》。

我们那时候的知识相对于你们今天的要少很多，你们的英语也比我们那时要好很多。但是，我们那时候比你们现在的自学能力更强，胆子更大。你们现在更多看到的是现有的路径，你们的学长告诉你们要怎么做。我们的批判性思维不是经过学校训练的，而是因为“文革”的历史原因，让我们比较不太会循规蹈矩，而是会独立思考问题。这些让我更多理解了同学们现在所处的环境太不一样了。

我到中学去听课，大概去过十几所中学。现在中学老师的水平比我们那个时候不知道要高多少。衡水中学的那位英语老师，是河北师范大学毕业的，她在国外只待过三个月，但英语讲得很好，是水平非常高的老师。我的中学时代正值“文革”期间，老师能够安心下来讲课已经非常不容易了。当年中关村一小一个叫黄帅的小学生，给老师写了大字报，变得在全国很有名。黄帅上周去世了。

你们这里有好多关于职业发展的问题。我们那时候没有这个词，不知道什么叫职业发展，因为那时候都是分配工作。我们当时选择不同的路径也都是自己去尝试。我在清华时学数学，后来从数学到统计学，再到经济学，这个过程完全是自己探索，没有人告诉我。

总之，我没有改变我的教育理念，但是在具体内容上，特别是在操作层面上有新的认识，在思维层面上也丰富了很多。我现在更加清楚地知道你们目前所处的环境，和你们是怎么走到今天的。你们中有一些人很有个性，比如这位大四的同学。我在开学典礼上见到她，就是我讲“人重于才”的那天。她很有自己的想法，放弃去纽约大学读本科来到清华经管。还有那位大三的同学，她不信邪，即使被剑桥录取了，也要坚持在清华读完，按照现有规定是很难操作的，但我也帮她想办法，变不可能为可能。

我觉得大家来清华经管，收获未必是学到了多少知识，而可能是通过周边同学的事例对你有所启发，你获得了感悟。我对感悟这个词很重视。好多技能是训练出来的，只要多做题就可以了，但悟性不是靠做题训练出来的。今年 9 月刚开学的时候，我让二年级的同学做了一次美国 ETS 的批判性思维试题，在 1 月 5 日再做一遍，看看学完 CTMR 以后这种技能训练是否可以提高。但是，CTMR 不仅是为了提高技能，更是一种观念和心态的改变。我觉得这是训练不了的，但是能感悟出来，从你周边的环境中悟出道理，可以通过“下午茶”，通过同学之间的互相交流感悟出来。但是这方面每个人都不一样，有些人能很快悟出道理，有些人可能要经过一段时间。但大家首先要有意识，不然的话，到了经管学院四年只是学了一些专业知识，或者把通识的课程也当作纯粹的知识学了，也许对你找工作有帮助，但是我觉得这太不够了。

很多人对我当了院长以后在本科生上花那么多时间觉得不理解。但是我觉得本科生是 18～22 岁，这个时间段对一个人的人生太重要了。现在学校也在说“三位一体”的教育。如果你去查重的话，就会发现最早是咱们学院提出的“三位一体”。我们在 2009 年就提出了价值塑造，能力培养，知识获取的“三位一体”教育。我们现在正在具体落实这些事情，我们的改革都是在朝着这个方向推进的。这也正是我这些年一直在努力的事。

探索的动力

钱颖一：关于学经济学的乐趣问题。上次我的导师马斯金来与博士生和青年教师座谈，就在这个房间。对于想做学术的人来讲，肯定挣不了什么大钱，又很辛苦，风险还很大，因为你做出大成就是小概率事件。那到底什么是驱动力？他讲第一重要的是好奇心的满足。人都是有好奇心的，对好奇心的满足是做学术的最大奖励。学术是探究深刻的道理，能发现其中的奥秘，就能得到满足，这本身是巨大的动力。做物理研究，做生命科学研究，做实验是非常艰难的。做经济学和管理学研究也是一样的，探索了半天可能只有一点点成绩，很多时候还做不出来，有时候做出来了别人也不一定认可。做学术探索的动力主要就来自好奇心的满足。

关于职业道路怎么选，与其听别人说，听学长说，听父母或者老师说，不如自己去尝试。你可以从事投行，从事咨询，进行创业，有可能发现自己特别适合其中某一个。但也有可能你都不喜欢。但你得尝试，听别人说不行。我们学院与其他学院的差别是什么？就是我们的选择很多，最后要你自己做决定。尝试了投行，有的人喜欢得不得了，但也有人恨得不得了。人和人是不一样的，首先要发现自己，这只能自己去做。我们给大家提供的机会非常多，限制自己选择的往往不是外界的条件，而是自己心理上的障碍。我经常听到同学说，我都大四了，还要转一个不同的学科，成本太高了。我拿自己的例子来说，我进清华的时候，都是你们大四这个年龄了，因为我之前插队四年。我大学毕业后专业转了那么多次，也从来没有觉得太晚过。我不想对具体的职业规划做评论，我只是希望你们走适合自己的路，和别人不同的路，不要都走同样的路。

投行的一大好处是她是一所好学校，是一个继续学习的地方。特别是高盛，不少人都在那里干了几年后再出去。2002 年的时候，有个美国人来经管讲课，给我们的学生灌输所谓“golden path”（黄金之路）的概念。这是模仿在美国名校读书的人的路径。从经管学院念完以后去高盛这样的投行，在投行干几年以后再去美国名校念一个 MBA，之后再进入华尔街或咨询公司。其实这只是一种可能，还有很多种可能。

大家知道苏世民吧？他刚开始是在投行，干了几年以后出来了，自己搞了一个 PE。在 20 世纪 80 年代搞 PE 是开创性的。有投行经历的后来不少去了投资界，而做过咨询的也有去企业做 CEO 的，这和他们在咨询公司所受的训练有关系，因为做咨询知道公司战略层面的事情。

我做院长的工作挑战性非常大，其中重要的工作是做好顾问委员会的工作。我们的顾问委员中很多是大公司的 CEO，管理好顾问委员会就是在某种意义上要“管理”他们。这些人跟你们分享他们的经历肯定会对你们有帮助。有多少人参加了今年任何一场顾问委员会的活动？这些活动增加了你们多少知识也很难说，但是这些人在电视上在书上看都是神人，到了我们这里你们可以近距离接触他们，至少让你的自信心增加了很多，至少让你感觉自己也可以跟他们对话。

珍惜机会

钱颖一：机会要靠大家自己去抓。我经常听到同学们抱怨某某课选不上或某某讲座没有票。从经管学院出来的学生不应该再提这种问题。哪里有说进不去的道理，怎么会有进不去的呢？得自己想办法啊。清华学生在这点上相对还是弱一点。我 10 年前在我们的校友中调查时就听到，我们的学生不够勇敢。关于选课，同学经常抱怨选不上。通过选课系统可能选不上，但是你要想一想，你为什么一定要选上呢？无非就是有学分和没学分的区别。如果你真的想上这门课，这个学分有多大意义呢？如果学分意义不大，为什么要让计算机选课系统主宰你的命运呢？如果这门课真的对你特别有帮助，没有学分又怎么样？你就去听嘛！

我经常听到说讲座爆满，所以就不去听了。事实上，我发现经常的情况是，开场十分钟以后，一定没有人管门了，你就可以进去了，而且再往后人还会减少。你们在大学要学会执着，而执着的根本动力是好奇心。

今年扎克伯格在我们学院的那场“走进课堂”有多少人去听了？只有三个人？在我和他对话的环节中，我们的学生问，我想去创业，应该选择什么样的行业。他没有回答具体哪个领域，而是说你要做一个你有兴趣的领域，不管是什么行业，而且又说了第二句，最好这个领域是别人没有兴趣做的。这就是说你要跟别人不一样。我说，你的这个回答对在座学生应该很有启发，做你自己很有兴趣的，最好是别人没有兴趣的，这时候你就开创了一条新路。我接着说，但遗憾的是，在中国，情况正好相反。我们的情况是，自己做一件事，往往是因为看到别人有兴趣，别人都在做。我们的逻辑是：因为别人都对这个有兴趣，所以我也变得有兴趣了。这真是两种非常不一样的思维逻辑。

我现在很努力地学习新东西。我最近去了几家“80 后”创业的企业，我去了“今日头条”，去了“学而思”，去了“滴滴”。他们的创业者和你们的年龄比较近。马云和马化腾他们创业的时候离你们太久了，那是太远的事了。但“80 后”的企业家的年龄跟你们也就是差十几岁。这样的企业我们周边就有不少。

学生：“学而思”去年赞助了我们的学生节。

钱颖一：“学而思”的创始人张邦鑫是很有意思的人，农民家庭出来的，很朴素，可以说非常非常朴素。清华毕业生的企业我去了美团，王兴是清华电子系毕业的。清华许多创业的人都是电子系毕业的，我们那一代的有邓锋、谢青，都是电子系的；电子系也出歌星，高晓松和李健都是电子系的。你们了解电子系为什么和清华其他系不一样吗？

学生：他们学的课程中各个领域都会学一点儿。

钱颖一：所以，他们比较跨界。

通识课组的本质

学生：院长，我有一个有关通识课组的问题。咱们现在通识课组很多是对高中课程的延续，如物理学、生物学，高中也是通识教育。咱们的课程接下来延续的话，我接触不到一些更新的东西。

钱颖一：你说得没错，中学的课都是通识的，因为中学没有专业教育的概念，除了职业高中。我们的课表看上去好像是高中课表的延续，但是有本质的差别。如果我们的通识课给你的感觉好像是中学的延续，那就是没教好，如果教好的话是不应该的。原因是中学的学习是被动接受，因为18岁以前人的思维没有成熟，基本上是记忆一些历史事件和概念，并没有思维挖掘的过程，也不要求读原著。大学的通识教育，在本质上非常不同，虽然课名相像。

比如"中文写作"。中学是学写作文，但大学就不同了。我们学院有一位同学，今年的高考作文60分考满分，我看了他的作文，写得非常漂亮。我昨天跟他聊了聊。我说你写的作文我看了，文采飞扬，写得很好，很漂亮。但是我们的"中文写作"课的目的，不是让你按照中学的要求写。我们对修辞没有讲究，但是要求对目标人群有说服力，要有很强的说服力。也许你将来要给学术杂志投稿科学论文，给老板写总结，给政府写建议，给财经杂志写文章，在网络上写东西，各种形式非常不一样，但是有个共同点，就是你要让你的读者看完之后信服。怎么让人信服呢？你要说理，你要有理论，你要有证据，你要有故事。

比如你想说明现在的选课机制不好，那你要让学校分管副校长看完以后觉得确实你说得很对。类似的，你要对现在的社会问题、经济问题、金融问题发表看法，也需要让人信服。昨天的热门议题是房产税，引起很多争论。你要把你的观点写出来，让人家信服。这个目标与中学作文是非常不一样的。当然我也知道，不同教师的教课水平不一样，所以大家的感受也不一样。但是从课程设计来讲，大学和高中的课程设计很不一样。在我开始改革本科课程的时候，我对经管学院在校生和校友做了一次调查。当时很多在校生都说我们的大一就是高四。现在已经很少有人这么说了。

我们的"批判性思维与道德推理"（CTMR）课，不在于课的名字，而在于它的讲授方式和课程目标，这跟中学是完全不一样的。我在你们的入学导向里讲过，人的思维发展有三个阶段：中学是第一个阶段，是无知的确信；刚上大学是第二个阶段，是有知识的混乱；之后才是第三个阶段，具有批判性思维。这并不是我的发明，我的来源是哈佛大学原校长博克的书，书名是《回归大学之道》（*Our Underachieving Colleges*）。其实这也不是他的发明，他是引用了心理学家的研究。他以哈佛的本科生为例来说明批判性思维教育的重要性。

今年毕业的一个同学 6 月份来找我，我之前并不知道他。他说他一直没有找到工作，到了三四月份都没有。之后有一个位于香港的国际上最牛的资产管理公司之一，要招一两个人。这个岗位有 400 人申请，他也申请了。经过 9 轮面试，最后只录用了他一个人。这个人很有意思，他被录用后还去问为什么只录用他，他很好奇。面试官大部分是外国人，他们说 You are different（你跟所有人都不一样）。为什么不一样啊？面试中有一个问题是，投资中最大的风险是什么？一般人给的答案都是金融投资学中的标准答案，但他的回答是，很多人的投资决策是不理性的。这个答案有点儿奇怪，但今年的诺贝尔经济学奖给的就是行为金融学，当然他的面试是今年三四月份的事。我们学院开了一门课，叫“心理学概论”。心理学中有很多实验证据表明人的“不理性”，后来这些研究影响到经济学和金融学，产生了行为经济学、行为金融学。还有，面试官说中国大陆的学生很优秀，知识学得很多，但是我们有点儿担心你们可能欠缺批判性思维能力。结果我们的这位同学就给他讲了人的思维的三个阶段，就是我刚才讲的。这些面试官印象极为深刻，居然中国大陆的学生还会讲这些。最后就只录用了他一个人。当然，这是一个很功利主义的例子，学到的东西马上就用在了找工作上。但它正说明在香港面试的外国人对此很重视。

我们希望你们将来不仅在技术上能胜任，而且能成为各行各业的 leader（引领者）。这是我们的教育理念。这就是为什么我这一个学期，去听沟通课，听写作课，听 CTMR 课。我不相信别人跟我说的，我要自己亲自去听，才能知道这里面的问题究竟是什么。我也要直接听学生的反馈。我也有多种渠道，包括从我指导的学生中获取信息。我经常会问他们每门课的情况。

“人文日新沙龙”系列

钱颖一：“人文日新沙龙”系列是我发起的。2011 年清华建校 100 周年，我说我们要搞一个人文艺术讲座系列，叫“人文日新沙龙”。你们知道“人文日新”在清华的历史吗？在咱们的大礼堂里有一块匾，上面四个字就是“人文日新”。大礼堂里原来还有一块匾，“寿与国同”，因为咱们建校是 1911 年，是辛亥革命那年。这个匾后来被拿下来了。

“人文日新沙龙”我主持了第一场以及后面的几场。第一场我一定找一个跟清华人文相关的人。清华历史上两个有名的文人与清华园的风物相关：一个是朱自清，一个是曹禺。朱自清的《荷塘月色》写的是咱们的荷塘，《雷雨》是曹禺在咱们的图书馆里写的。曹禺的小女儿是我的小学同班同学，我小时候经常去他们家，也同曹禺经常有交流。她的姐姐万方本人是戏剧作家，现在也很出名。我说你得来支持我，清华现在的人文方面不比当年了。曹禺当年是大四学生，在图书馆里写出了《雷雨》。所以万方来第一场，我的开场白就是讲“人文日新”的历史。

第二场我请的是中国爱乐乐团指挥余隆，他是我的好朋友。我们那场“人文日新沙龙”的对话，就是讲艺术和人生。余隆是音乐世家，是上海人，在德国留学。那天聊得特别有兴致，余隆很开心。他说之前他也做过一些对话，但是不像这次对话跟他谈得这么愉快，他后来把对话录像要走了。新清华学堂落成后第一场音乐会要找爱乐来演出，艺术中心主任给我打电话，让我把他请来。因为有前面这场对话，他就来了。有趣的是，音乐会最后的返场环节之前，他还停下来讲了一段话。他说我认识清华是从清华经管学院开始的，你们清华经管学院的人文素养很高，还对我过度夸奖了一番。余隆首创了北京国际音乐节（BMF），这是他的创新，今年 10 月 29 日庆祝第 20 年，可惜那天我跟康卡斯特 CEO 罗伯茨对话，没有去。

“人文日新沙龙”中我同金铁林有一场对话，他是彭丽媛、宋祖英的老师。这场对话叫“金钱对话”，金老师谈得特别高兴。后来在一次看节目的时候我又碰到他，他还记得我们的“金钱对话”。这个对话系列中还有一位是黄延复，我同他对话后没多久他就去世了。黄延复是研究老清华校史的第一人，80 多岁了，对老清华时期的校史研究很深透。他家住在南区，我去他家请他，因为我平常经常读他的文章，知道他对校史很有研究。他跟我说过一句话，“士为知己者死”。我还请他来给我们的 EMBA 学生讲课。他带着我们学生在清华园里走了一圈，边走边讲。走到二校门旁边的一教附近时，他说你知道吗，这里地底下有金子，过去那边有些小水井，“文革”时往里扔金子，怕被查出来，要是挖的话，没准还有呢。这场对话是在我督促下安排的，没想到这是与他的最后一场对话。

现在我主持的对话基本上有两条线，一条是创意的，就是“人文日新沙龙”，另一条是创新创业的，比如库克、马斯克、马化腾等，今年是与康卡斯特的罗伯茨（Brian Roberts），还有之前高盛的布兰克费恩（Lloyd Blankfein）、蒂尔等。

做社会工作的合理定位

学生：我想提一下关于社工发展的问题。我个人做学生的组织工作，完全不出于功利的角度做社工，就想让自己的想法落地。但是很多时候因为各种事务性的事情，或者其他各种事情体验很不好。想知道一下院长对这方面的事有什么看法。

钱颖一：社工的事取决于每个人的情况。我知道现在平均而言大家的社工做得多了点儿，不少人做了好几份社工。

学生：我个人觉得做一份就忙死了。

钱颖一：但是我知道有的同学做两三份社工。

学生：做三份。会做很多，但是真正好好去做的就一两份。

钱颖一：你觉得从做社工中学到什么东西？你做社工的主要动机是什么？

学生：我想把一个新的方案落地，让同学们能够有更好的体验，是很有意义的事情。另外，学习如何跟学院的老师周旋，如何跟校团委周旋，如何把各种事务性的事情处理好。

钱颖一：这是很重要的训练。我的工作总要同各种人周旋。如果你觉得很不喜欢做这样的事情，那你就不要做，去做其他的事情，比如做学术研究就很不一样。但是如果说你将来想把一些事做成，你就必须要学会周旋，这是很重要的本领，是做成事的必备本领。刚刚我说解决不能选课的事，就要周旋。我现在正在周旋的一件事就是为数据中心装修房间，就要跟学校很多单位周旋。

学生：没有必要的周旋其实是浪费时间。

钱颖一：可以说我做院长的绝大部分时间都是在做“浪费时间”的事。但是你要知道，要想把事办成，这是常态，你一定要意识到这一点，这是绕不过去的。所以你要开始学习，你得学会做。所以从你的社工实践中，可以得出两个结论，或者将来避免做，或者学会并有效地去做。

学生：一般我们学经济学的会想到两种解决方法。我们既可以从自下而上调整我们自己，同时也希望能够通过一些手段改变整个流程。

钱颖一：很好，你的这个想法是不要按照一般的周旋路径，要另辟路径。假如你将来想干成点儿事，不管是投资还是管理，你要从社工经验或者教训中有所感悟，这对你一辈子应该都是有帮助的。除非你不愿意走这条路，比如你就钻研学术，那就不用周旋。

“硬科学”和“更难的科学”

学生：我想说的问题是，因为我上了理工科院系的专业课，觉得经管的专业课比较随便、松散。

钱颖一：水。我替你把话说到位。

学生：想问一下，我们的竞争优势在哪里？

钱颖一：你是几年级？大二，然后你去上了一些什么样的课？

学生：我上了“数双”的课，电子系大一的“程序设计”，我还旁听了PPE（哲学、政治学、经济学专业）的课，他们上课起码所有人都不会看手机，比咱们认真。

钱颖一：这里有几层问题。一个是学科的不同，理科和工科的课程内容看上去比较“硬”，所以叫 hard science（硬科学），而人文社科的课程比较“软”一些，这在全世界的所有大学都一样，这是学科性质不同。做理工科的有时候看不起做文科的，说我们的研究可以放火箭，你们文科就不行。有时候听到这种说法我们会自嘲，说你们是 hard science，而我们经济学是 harder science（更难的科学）。为什么？因为我们的工具不如人家，人家可以做可控实验，我们在多数情况下不能做，所以我们得想出巧妙的办法，比如工具变量、自然实验等办法来模拟。自然科学的范式很明确，工科也很规范。经济学自己觉得已经在社会科学中相对来讲很严谨了，但与自然科学仍然不可比。

比如你要说明清华的教育比其他学校的好，你不能把一个清华学生拿出来，说他找到了好的工作，而比较另一个非清华的学生，他没有找到好的工作。严格按照科学的方法，你要从小培养双胞胎，都经过同样的中小学后，把一个放到清华，另一个放到另外的大学，看看这两人的发展结果。显然这是做不到的。所以就要想出一些奇妙的办法，比如比较两类学生，高考成绩正好差一分而没有被清华录取的与刚好够分被清华录取的，从统计上讲，这两类人可能水平差不多，但是因为随机因素，一类上了清华，另一类没有。看看这两类人在大学毕业以后的表现差别。所以理工科和社会科学在学科上确实有不同。

第二是学习方法的不同。理工科的学习方法很多是靠大量做题，把知识点学到。但是这未必能培养出创造力。而经济管理的课的学习就不能只靠做题了。很多人读经济管理学院的初衷就是，既有理科基础，也有文科兴趣，把两者结合起来。我是数学专业毕业的，当时题做得很多，但是现在早忘记了。好多东西正因为它比较软，所以学起来更困难，更需要多花时间，不仅体现在课上，还体现在课下，比如像“西方文明”课。

学生：但是我觉得吴老师的“西方文明”课是很硬的课。

钱颖一：他的课是很“硬”，但朱老师的就不那么“硬”。朱老师的课很有他的特点，很放得开，更具有北大特点，尽管吴老师也是北大教授。我经常拿清华和北大做比较。北大的一些课看上去有些水，但是人家没少出人才。有时候我喜欢做比喻，好比养鸡，一种叫“圈养”，一种叫“散养”。学生培养的方式，从整体上讲，清华更像是“圈养”，而北大更像是“散养”。通常我们会说，圈养更加科学化，更扎实。但是最后你看结果，比如看出院士的多少，看其他一些指标，结果可能差不了多少，甚至有时候清华未必更有优势。所以，回答你的问题，看待教育改革，我们需要突破以前很多的隐含假设。

但是你说的看手机是另外一回事，这是第三层的事，就是课堂的注意力问题。哈佛商学院 MBA 上课的时候是不允许带手机进课堂的，手机都要放在外面。我知道你们中学也是不许带手机进课堂的。我讲课的时候只要看到下面同学在看手机，就特别不高兴，讲课情绪受到很大影响。

所以我想要回答你的问题，要从多个方面去想。课程性质不一样，教学风格不一样。清华的传统是严谨、严格，有它好的一面，但是有时候需要留一个空间让学生去思考，需要有一些我们叫作“留白”的空间。也就是说，要有一些放松的空间，让人去自由发挥和想象，这挺重要的。如果什么东西都排得太满，是有问题的。而清华更多的问题是安排得太满。清华老师特别负责任，特别敬业，生怕学生学的东西不够多，不够扎实。物理学的四大力学，少学一个都觉得基础没有打好。物理系的朱邦芬院士跟我说，他们专门去查看了周光召 40 年代在清华的成绩单，发现他只学了两大力学，四大力学没有学全。但是他后来当了中国科学院院长。

所以要留出一些空间给学生。这对学生是很大的挑战，因为如果学生不适应，就会觉得太“水”。其实要看你怎么看，有的水里面的宝藏很多。你要想办法把水变成养分，这就需要你们去思考。说到你们要思考，有时候需要有意识地稍微放松一点儿。清华学生的主要问题是对自己要求很高，但想象空间过窄。

为什么要读原著

学生：我之前当了 CTMR 的助教，观察到比较有意思的现象。现在课上关于哲学流派或者道德流派的看法，主要来自老师和助教的讲授。我记得杨斌老师上课的时候，对大家有看原著的要求，还是比较严格的。我自己觉得看原著对学生而言挺重要的。如果只是助教讲授的话，讲的是助教对内容的理解。现在学生就不太有激励自己读各种各样流派的原著。

钱颖一：我觉得读原著非常重要。你们要这么想，现在不读原著，今后就更没有时间读原著了。吴老师的“西方文明”课让你们读三本原著，柏拉图的《理想国》、马基雅维利的《君主论》、卢梭的《论人类不平等的起源》。

学生：吴老师让读原著和 CTMR 的要求特别不一样。

钱颖一：怎么不一样?

学生：吴老师要求大家就是阅读书上说的，但是 CTMR 特别注重理解，我觉得就以我的水平，自己理解肯定是错的。

钱颖一：你怎么知道自己的理解是错的?

学生：感觉是这样。助教也是经管的本科生，他也不是哲学的科班出身，我觉得他也不一定是对的。就觉得所有人都是错的。

钱颖一：这都是可能的。我觉得读原著是很重要的，读原著在咱们现在的教育体制中比较欠缺。因为我们的教育体制，特别强调知识点的掌握，而知识点都是后来的人梳理的，有可能不是原来的意思，和原著中的不一定一样，原著中最原始的想法可能不是这样的。所以我们消费的都是加工好的食品。好处是很快能“掌握知识点”，坏处是你根本不理解这个概念是怎么演变过来的。读原著的好处是让你知道在当时那种环境下这个思想是如何产生的。打个比喻，一个是加工好的食品，一个是未加工的食品。从养料上讲，加工好的食品好像营养齐全。但是我们现在知道，其中是很有问题的。那些未加工过的是原生态的，有可能更好。读原著的好处是让你追溯本源。我觉得咱们还是原著读得过少。

大学教育：认识你自己

钱颖一：我下学期让谷老师开一门写作课，这样下学期我们有三个写作课课堂。老师讲课多样化是好事，同样都是“西方文明”课，吴老师和朱老师的讲课方式是不一样的，彭老师讲课也不一样。朱老师的课更适合那些在宽松情况下更有自由度地发挥的同学。

学生：您说到吴老师和朱老师的区别。我就是上了朱老师课的人，我觉得在看原著上花的时间并不比上吴老师的课少。但是我读的原著都是自由选择的。因为我按照自己论文的方向相关的，专门看古希腊，关于他们的分化史等。在您《大学的改革》书中，有一篇是您对通识教育的期待是在十几年、几十年之后，大家回忆起还知道这门课核心的内容。这个核心内容肯定不是内容层面的，而是传递一种精神。在咱们的课程设置中，很多课程上过了就过去了，大家并没有得到一些核心的精神。我们现在的通识教育课，有点儿像把本来比较水、比较自由的课变成一门硬的需要好好应对而不是留白的课程。本来应该是留白的。

钱颖一：你说得对。这方面老师是有一部分责任的。在中学时，老师是全部责任，但是到了大学，很大一部分责任在学生自己。我学了那么多数学课，现在求积分都不会了，但是留给我的是什么呢？是逻辑的严谨性，论说的简洁性。第一，你的推理不能跳跃，你必须一步一步有逻辑地推理，哪怕是经济学问题，管理学问题，大学的改革问题，都是一样的。第二，不要啰嗦，要简洁，删除那些无关的部分。我在书的前言里面，专门说了这两条。爱因斯坦、乔布斯都是极简主义者。这是我从数学课里学到的东西。“西方文明”也好，“批判性思维与道德推理”也好，也不一定要记住内容本身，你要学会的是思考问题的方法和角度，是不同的可能性，这些对你的影响还会是长远的。

这位同学在“中文写作”课上写“研究《红楼梦》中服饰如何体现民族融合”，是吧？

学生：是。

钱颖一：这也是一个非常不一样的角度，但是从这里也可以有很多发现。她是大一的同学。

钱颖一：你没有去交换？多数人都去了，你是怎么想的？是春季去，还是没想去？

学生：就不打算去了。因为在我看来，第一个原因，有点儿功利主义，如果没有到特别好的学校，就不会去；第二，去那里可能为了更多的体验一种外国的文化，那种思维方式。我之前有类似的交换项目，有很多体会，有很多朋友是留学生，所以并不需要用这样一个机会弥补自己的生活方式。而且我对现在自己的生活方式很满意。

我的问题有两个，他们之间有很大的相关性。第一个，我最近学投资学，老师给我们推荐一部电影叫《大空头》（*The Big Short*），讲的就是次贷危机的事情。金融危机之前，所有的金融机构都在把按揭贷款不断地做资产证券化。但是他们真正意识到出问题的时候，是去基层调查房屋。他发现有些房屋实际是用了一只狗的名字注册的，以此获得一笔很大的房贷，同时加上信贷机构不断地为他们的金钱利益提高评级，最后导致崩溃。这让我觉得，金融体系崩塌是一定的。很多人实际上处在象牙塔里。

这让我想到，我上大学之前，为了进入清华，用了相当长的时间在学习上，同时缺少了很多经历和过程。当我进入大学之后，我用同样的时间不仅在学习上，同时也在弥补我之前缺少的很多东西。我意识到这一点是在我实习之后，我发现虽然我是清华的，好像我的知识比别人强，但在很多操作能力、社会经验还有人际关系上处得并不如一般的学生，让我觉得上大学好像又把自己关进了象牙塔，让我感到对目前的处境非常困惑。如果我以后进入了金融系统，会不会出现大空头的情况？我一直处在象牙塔里，并不知道底层的情况。

钱颖一：我觉得你能有这样的想法非常好，因为上大学非常重要的一个功用是自我发现，就是发现你的缺陷，发现你的不足，也要发现你的长处。你现在就在这个过程中。我很好奇，实习中什么样的经历刺激你有这样的想法？

学生：我有过一份实习是在一家咨询公司。我之前对奢侈品管理很感兴趣，就去相关的珠宝公司，去高级定制公司实习，发现跟这些所谓的社会上认为很富有，或者想要进行资产配置的人进行沟通的时候，开始认为的人际交往理论并不适用。但是感谢学院提供很多别的一些项目，让我知道怎样以他们可以接受的方式和他们沟通，这也是慢慢学习的过程。

钱颖一：你说的是一般性问题，为什么？因为中国的高考制度，造成高中就必须集中在某些学校，不然你进不了最好的大学，这是现实。这就造成了一些扭曲，教育中出现疏漏的地方，甚至是完全空白的地方。像她通过一些事情悟出来了，发现原来世界不仅是这一维度的，还有另外三个维度。在大学里，获得这种认识本身是很重要的。古希腊的传统是认识你自己（know yourself），包括认识自己的长处和不足。大家能考进清华，说明大家在一些方面肯定是过人的，全国有 2 000 万高中毕业生，960 万人参加高考，700 万人上大学，3 300 人上清华，只有 180 人能上经管，你们一定是有很多过人之处，不然不可能坐在这里，这是第一点。

第二点，她悟出来了，也恰恰是因为你花了很多时间在高考，你在其他方面可能远远不如一个平均的人。这是一个逻辑推理，但一般人不往那儿去想。在一些方面，不同能力之间是互补关系，但在另一些方面，它们是替代关系。“阿尔法狗”很厉害，它把对手都打败了，但是这么聪明的一台机器，赢了以后不知道跟对方打一个招呼。这是任何一个普通人都会说的，但它不会。这是一个极端的例子。清华毕业生很聪明，学了这么多东西，但有可能我们的待人接物远不如一个连小学都没有毕业的人。我们要知道我们这方面有弱点。所以我觉得你有自己的想法，这很好。别人都去交换，对很多人都是有帮助的，但不一定对每个人都是有帮助的。你通过实习，感悟出待人接物的道理，这是需要认识和磨炼的。你们工作以后会发现，中国是人情社会，这方面的要求就更高。即使你出国了，也一样。

大学教育绝对不仅仅就是学一些课程。刚才我们讨论那么多内容，我们说到了“人文日新沙龙”，说到了做社工，说到了不同课程的比较，也说到了从实践中悟出的道理。这些内容都不是简单的课程能覆盖的。

本科教育比较：清华与剑桥

钱颖一：这位同学有很不一样的经历。她是 2015 级三年级的同学，在经管念了一年级后到剑桥读本科，现在还继续在清华念。从这两边的体验中有什么可以跟大家分享的？

学生：两边的教育理念不一样。英国是专业教育，我们进去就是经济学，学的东西不是选修课，只有经济学的几门课，一般不能选其他学院的课，即便是选的话，也只限选经济学领域里的。相比之下，清华经管学院是在通识教育的理念下，一直尝试各种不同的课程。所以我觉得两边比较的话，我个人更加倾向于经管这边的方式。最近我也发现，从 2016 级开始，有一些会计学的课从大二上变到大一上了。

钱颖一：对，这是我在同学们的压力之下不得不做的一个改变。我们把“会计学原理”前移到大一下学期，原因是大家说如果“会计学原理”在大二的话，所有其他的专业课都要往后挪，这会影响到实习面试。北大光华从一进校就学了很多专业课程，这是市场竞争，也是很现实的问题。所以我们就稍微做了调整，我们把“会计学原理”放到大一下学期了。还好没有放在大一上学期。这是面临现实问题的时候不得不做出一些调整的一个例子。

学生：其实我觉得专业教育和通识教育之间的不同是，专业教育可能更多的是为了就业，而通识教育可能更多是以更长远的角度看。国内的就业环境压力之下，学生面临了找工作的压力，即便听到老师说的我们需要长远发展的角度，但是在现实压力之下，还是需要在其中做权衡。

钱颖一：剑桥大学是英国的学校。欧洲大陆也是一样，一进大学就分专业。我们现在做的改革是学习美国的模式多一点。当然也有学制上的差别，英国的大学是三年制，而我们是四年制大学，与美国大学一样。这是在 20 世纪 20 年代的时候确定的学制，所以在这方面美国大学的体制对我们的影响更大一些。在四年制大学中，第一二年以通识为主，第三四年以专业为主，是能做到的。如果是三年制大学，就比较难做到，顶多做一年通识教育，之后就要转入专业教育。剑桥还有一点与我们很不一样的，就是它那边的生师比特别小，所以成本非常高，它完全是精英教育。

学生：对。

钱颖一：所以在剑桥，老师对每个学生的关注度都很高，这种模式很难复制，成本太高了。整个剑桥一年招多少本科生？

学生：3 000，可他们有 32 个学院。

钱颖一：所以平均一个学院不到 100 个学生。

＊＊＊

学生：很感谢钱院长的分享，最宝贵的时间总是过得最快的。今天的活动很特别，第 100 场"下午茶"。今天我们准备了特别的礼物给院长，点一下蜡烛。钱院长是 2006 年开始当院长，到今年应该是举办了 11 年的"院长下午茶"，今天我们插了 11 根蜡烛在蛋糕上，想送给钱院长。

钱颖一：A surprise（一个惊喜）！

学生：今天我们是想代表经管学院全体学生向钱院长送祝福，也是借蛋糕的机会，上面写的是"院长下午茶第一百场"，感谢您的陪伴。

钱颖一：谢谢。

学生：钱院长来到经管学院以后，从经济学家跨界做了教育家。我想送给一位老师最好的祝福应该是桃李满天下，也希望这 11 年来所有在钱院长"下午茶"得到指导的学生，将来能够成为中国各行各业的领军人物。我们也要好好努力，将来能在中国各行各业做出贡献，永远记着"院长下午茶"上钱院长给我们的指导。我们一起祝福钱院长。

本科生与院长共品下午茶

（2018 年 5 月 17 日）

40 年前入学清华

钱颖一：今年是我们清华 1977 级入学 40 周年。你们大一同学是 2017 级，我与你们中间相隔了 40 年。校庆期间我们年级在主楼举办了一个返校日活动。我们是“文革”后的第一届大学生。77 级是唯一一级高考在 12 月举行的，入学是在 3 月，1978 年 3 月。这是历史的原因，决定恢复高考是 1977 年 8 月份做出的。这段历史很重要。昨天是“5·16”，“5·16”是什么日子？

学生：“5·12”过了第四天？

钱颖一：“文革”知道吧？1966 年 5 月 16 日是“文革”的开始。“文革”最后一天是哪天？你们都是高考尖子啊！

学生：我们是理科生。

钱颖一：抓“四人帮”是 1976 年 10 月 6 日。到了 1977 年 5 月，邓小平复出。他复出后做的第一件事不是抓经济改革，而是抓教育改革。他在 8 月开会时提出恢复高考。但是，当年高校招生方案都定了，他说不能再耽误一年了，重新制定高校招生方案。所以 8 月决定，10 月公布新方案，12 月举办高考。假如当时说那就到 1978 年再恢复高考吧，那我今天还不知道在哪儿呢？所以我们叫 77 级，尽管我们是 1978 年 3 月份进入清华的。78 级是 1978 年 9 月入校，所以 77 级、78 级都是在 1978 年入校的，今年都是入校 40 年。今年还要纪念十一届三中全会和中国改革开放 40 周年，那是 1978 年 12 月。但是教育改变是先于经济改革的。

困惑、纠结与“囚徒困境”

钱颖一：我这些日子一直都在想，你们现在都有哪些纠结，哪些困惑。今天我想和你们一起 CTMR 一下你们的清华经管经历。你们自己也 CTMR 一下自己。每个学期修 30 学分的课程，四年要做 N 个社工、M 个实习，还要做不知道多少案例竞赛、歌咏竞赛、体育竞赛，各种各样的竞赛。最不幸的或者最有幸的是，周围是一群最聪明的同学，而且每个人的想法跟自己非常相似，大家都在同一个维度，开展带有同一个质量品牌的竞争。当然，四年级同学很快就要结束这种竞争，而一年级的同学还有很长的路要走。有的同学说了，这是 GPA 的“囚徒困境”，也就是说这是一个均衡点，但是从个人角度、从社会角度讲都不是最优的。

我仔细想了想，觉得这不太准确。“囚徒困境”博弈中有唯一的均衡点。但是我们这里也可能有另外一种均衡：大家不是这样去竞争，或者这样去拼比，每人有自己的定位。就如一个同学说的，在他人组成的潮流中找到自己的位置。那也是一种均衡，也有竞争，但是不是这样同质的过度竞争。

4 月 26 日我们全院开了本科生大会，你们都在。其实不仅仅是几位要出国交换的同学被对方学校因为申请过程中涉嫌抄袭而被拒绝的问题，我们有很多更一般性的问题。你们会说，这都是因为太忙，浮躁，选择太多，社工太多，实习太多。原来是大四实习，要找工作，后来说不行，大四的实习取决于大三的实习，大三的实习又取决于大二的实习，大二的实习取决于大一是不是熟悉门道，所以你们都会从后往前推做非常完美的计算。这种计算是应该的，但这些计算取决于你的信息。而你们的信息基本上都是从上面一届学长那里听来的，所以信息都是一样的。结果你们每个人都在做一模一样的事情：拼命提高 GPA、社工、实习这三项指标。你们在清华经管的四年，所有人都在这样做局部最优化。

现在需要你们停下来检视一下，提醒一下自己：我是不是天天在做短期、局部最优的事，但长期、全局来讲是非常傻的事？在“中级微观经济学”课上，老师会出这种题，让你们算出导数等于零，算出来以后你以为是最大值，其实真正的最大值在边界上。你最优化了半天，选来选去，觉得特别得意，后来发现其实不对，最优也许在边界上不可微分的地方。我是从这个比喻来分析你们现在的困境和纠结。

4 月 26 日的会后，我跟同学有不少交流，有的同学给我写邮件，我也了解到更多一些情况。我就发现，这不只是二年级出现的问题，而是很一般性的问题。大家极其忙，竞争极其激烈，现在反映在简历上的内容越来越多，不可控制了。大家都很聪明，知道这是困境。我发现，本来我们提出通识教育和个性发展相结合，希望每个人找到自己的位置。后来发现大家找的位置都一模一样。我原来以为，中学是竞争最激烈的地方，因为你们要参加高考，高考决定你们的一生。我现在发现不是这样的。你们在中学都很突出，其他人和你们距离比较大，所以你们当时非常自如地考进了清华。没想到进了清华，进了经管以后，人生发生了变化。你们都说，周围都是非常优秀的同学，正是因为优秀的同学，使得竞争非常残酷，等等。所以出现了我们现在看到的同质竞争，而且是没有效率的竞争。

关于这次专业分流。咱们是清华唯一一个由学生自由选专业的学院，其他学院都是要根据某种排名来确定专业分流。最后的结果呢？我们的三个专业中（信息管理与信息系统、会计学、经济与金融），信息管理与信息系统专业只有两个人选，会计学只有五个人选，加起来七个人。剩下的人选的都是经济与金融。我不相信这是你们掌握了充分信息并且独立决策的结果。更可能的是我刚才描述的一种特殊环境下，别人都这么选，我也要这么选。

我还观察到一个现象，就是大量退课。有退课本是正常现象，不合适就退，这没有什么。但是明显的数字偏大，而且是在学期过半，期中考试后退课，那就说明有问题了。咱们用数据说话，不能瞎说。我看了有这么几门课。“微积分 A”，有 12 个人退课。“一元微积分”是 B 类的，15 个人退课，“线性代数 1”，21 个人退课。这都是大一的学生。大二的例子，“中级微观经济学”，32 人退课。这些都是基础课程，前置课程，不学中级微观，怎么学金融和后续的课程呢？前面的单变量微积分没有学好，怎么能学多变量微积分呢？为什么退课？因为期中考试分数不太理想，学长说了，如果你 GPA 低的话，海外交换不行，实习不行，推研也不行。但是你没有想想，他们给你讲的这个故事是非常不完整的。我相信你请毕业一二十年后的人给你讲，绝对不是这样的故事。

四年级同学的选择：工具理性与价值理性

钱颖一：四年级的同学马上要离开了，离开之前总是要对学弟学妹有一些交流，讲点心里话。三年级的同学交换刚回来，可能有很多特别的焦虑，明年就要毕业了，是找工作，还是推研、出国。二年级的同学特别迷茫，不知道该怎么办。一年级同学主要是听学长的。每个年级的情况都不一样。我今天想利用这个机会，跟大家交流。我看了你们提出的问题，所有问题都是关于选择的问题。经济学就是研究选择的。当然，这些都是你们自己的选择。你们很焦虑，很纠结，有时候很无奈。

先从四年级的同学开始吧。

学生：我自己选课、实习、做社工，都做了一些不太符合常规的选择。我们决策时有两种方式：一靠工具理性去算，二靠价值理性去悟。算的时候需要充分的信息，也需要有大的投入，最终产出好像是最大化的结果。找实习，刷习题，都要占用很多时间。使用价值理性去悟，是经管学院这几年学到的最有收获的一点。更多地想选择背后有什么意义，对你人生会有什么样的改变，多大程度上突破了你在疆界上的拓展，达到境界的提升。通过境界的提升，会获得很不一样的选择。

钱颖一：你的第二种方式是怎么学来的？

学生：第一种要掌握各种信息，多投入时间。第二种在大一时特别重要，要找好小圈子。

钱颖一：你的小圈子是怎么找的？具体描述一下。

学生：我是通过“中国文明”或者“西方文明”这种课，课下和老师同学沟通。

钱颖一：多和他们沟通。所以不是太算计时间，下课就赶快走了。

学生：对，不是赶快走了，赶快复习去了。有了小圈子，就能交流八卦，交流思想。平时大家读一本比较好的书，我们会讨论从这本书中学到了什么东西。经管开大会，讨论这个现象的原因是什么，可以做哪些。我作为大四同学，也希望留下一点遗产。

我在本科教育咨询委员会上提了一个提案，想给“中国文明”“西方文明”设计不一定全上的小课，为了让同学们更快地形成小圈子。到大二有点晚，同学可能进入成功或者焦虑的惯性了。所以要在大一做。

钱颖一：所以第一学期特别重要。

学生：因为第一学期，同学们对大学的认识是模糊的。

钱颖一：灵活性特别强。

学生：要有自己的定位，定位之后就往不同的方向走了。大一有“经济学原理”，强调的就是工具理性的计算。同学们很快学到“算”，但没有学到“悟”。

钱颖一：对，他说的很有道理。一个“悟”字。我觉得悟性很重要，但不知道怎么培养。理性可以通过做题训练，但悟性怎么培养？你说的机制挺有意思，找“中国文明”或“西方文明”课，和经济学没有什么关系的。

学生：对，一个是自己读，还有跟人聊，对悟或者思有帮助。

学生：我在思维方式上跟他挺相通的。我从两个方面说，一个是工具理性，一个是价值理性。

工具理性方面，第一你要想的是因为你要基于一些信息去算，第二你要有函数去算，这是两个方面。第一个信息方面，很多时候大家到大四才会发现，原来清华是这样一所综合性大学。这方面我觉得可能大一的时候，基本圈子是经管内部的，好像觉得有些无聊。为了认识不一样的人，我专门加入了一个全校的社团，认识一些跟我一样奇奇怪怪的人。我当了社团的主席。这个信息来源可以帮助我看到很多不太一样的世界，发现原来建筑学院的人是这样想的，美术学院的人干的是这样的事情。我们一天到晚很鄙视理工科的人，其实他们这么牛，他们要抢我们的饭碗。我觉得大家可以跳出经管学院的圈子，多去探索一些不太一样的人和事。

再就是怎么样算，要想算什么样的函数？大家想跑得更快，还是想跑得更远？目前来看刷社工、刷实习可以帮助你跑得更快，但是有些看起来没有什么用的课可能帮你跑得更远，因为这些课你在清华经管不上，你这辈子也不会上了。有很多事情，你现在不做，工作后会有更多的机会做，有很多比实习高端很多的事情。这是在工具理性方面。

在价值理性方面，大家有挺多玩儿的时间，我觉得也挺好的。你可能觉得自己考上了清华，就比原先没有考上清华的同学上了一个档次。我之前见南大的朋友，感觉他们真的两耳不闻窗外事，很喜欢自己的专业，不管他们是学社会学的，还是学考古的，都很神奇。为什么我们清华的学生不能像那样呢？

钱颖一：在清华神奇的人少，是吗？

学生：可能相对而言，我们这边的学生比他们那边更世俗。所以在这个圈子里，可以多一些拓展型的。钱院长刚才描述的所有点对我全不适用，我觉得非常惊讶。因为我自己的感觉是挺不典型的经管人。我自己想转方向去做科技方面的产品设计。所以我现在真的不是要走的，我还是想延一年，我现在上的是美院计算机的课。

另一方面，我觉得我又是典型的经管人，因为经管的必修课我一门都没有退过，我一直都上下来了。我现在要转的方向和以前的课看起来八竿子打不着，但是之后它的思维方式会带来启迪。大一的时候学的，到大四发现它这么有价值，这么有意思。即便可能数学、编程的基础比理工科的差很多，但是之后发现自己还是很牛。

钱颖一：你说我刚才描述的那些都不适用你，但是经管的所有课程你都上了，这很有意思。这像另外一个同学说的，在优秀的潮流中找到自己的位置。刚才你说到南京大学。南京大学挺有意思的，我相信能考上清华的人，也都能去南京大学。你们知道南京大学 2009 级本科毕业生的一篇毕业论文创造了一部话剧，叫《蒋公的面子》。这部戏到清华来演过，我看了。作为一个大四学生，能写出这样的东西，还是很了不起的。我们这里世俗一些，那边有一些神奇。你用的词叫神奇，这说明了问题。我们学院有全中国这么优秀的原始才智（raw talent），可是我们没有更多神奇的人。

他刚才讲得很清晰，一个是工具理性，还有一个是价值理性。但是，即使我们就局限于功利主义，现在看上去貌似最优的决策，其实也不一定是。因为你把自己的信息集合限制得很窄，或者把自己的时间长度限制得太短，这样计算出来的决策也不是最优的。除了工具理性之外，还有更有意义的价值理性，所以这是两层。CTMR 就是教大家做这样的分析。现在有一种对精英学校教育的批评，你们应该听到过“精致的利己主义”这个词。有时候我也用这个词，有时候不用，因为这个词还不能完全概括眼前的情况。

你刚才讲的和你自己的经历本身，跟你在乌鲁木齐一中的经历有关吗？

学生：可能会有点儿关系。虽然说乌鲁木齐的经济不是很发达，但是它的特点是多样文明的交汇区，我们有天生的多样性。

钱颖一：多样文明的交汇区。你们三年级以上的都去海外交换过，平时有没有觉得可以从多元文明里汲取养分？你的路线不太一样，传统说法叫留级，现代说法叫延期毕业，意思是一样的。你这个分享非常有意思。四年级的其他同学呢？

学生：我有一个问题。之前把工具理性拆解成最大化目标函数和目标函数是什么，但这不是两个独立的问题，是同一个问题。如何最大化目标函数，这是大家逐渐会学的，也是非常简单的。四年下来之后，都会一步步不断做出让自己变得更好的选择。但最重要的是什么是好，这是一个问题。就是人生的意义是什么？这在我思考的问题中可能是一个非常重要的问题。你不可能通过事实推演出一个价值体系。你的人生要有一个目标，才能判定好和坏，与目标符合的就是好的，如果你连自己的目标是什么都不知道的话，就没有好坏之分了。目标问题令我非常困惑，您这么长时间走到现在，觉得最终的东西是什么?

钱颖一：我们办了一个后 EMBA 班，参加者是特别成功的企业家，比如马化腾。这是五年前我们开创的，因为这些人在商业上这么成功，所以我给他们设计的时候，我说你们就寻找人生的意义吧。因为没有人知道答案，所以他们才来这里上课。你现在想这个问题，本身已经很有意义了。我也是在不断地思考这个问题。在我现在做院长的工作中，我觉得本科教育就是最有意义的一部分。现在的结果跟我最开始设计这些课程时相比，有些做到了，有些跟我原来想象的不一样。这个过程本身是很有意义的。你是四年级的，你要去哪里?

学生：我要去香港工作，投行。我去做投资。

钱颖一：还有谁是四年级的？你说一下。

学生：我是从女生更感性的角度看的，可能没有特别逻辑的分析。在经管这几年我有一个非常明显的感觉，我对成功的定义是越来越狭窄了。我之前和一些不同专业的同学聊天，一般会问你们专业是干什么的？你们未来的就业方向是什么？我自己的思想禁锢在未来就业导向，或者是未来能够给你带来什么好处上。为什么会这样？我反思一下，觉得是刚学经济学的时候就学最优化资源的配置，但是对一些不是这种功利性的目标到大二才学，进入我的思想比较晚，给我带来的冲击也没有这么大，导致我思考问题非常功利化。所以，当我和其他院系的同学交流时，他们和我有不一样的地方。

还有一个问题，我越来越把我自己的小共同体当作我的一个核心目标。我思考问题首先想的是我和我的一个很小的区域，但是我不会把整个国家和全球当作我的共同体。很多社会性的问题，我会倾向于站在外面的角度看这个事情，而不会很轻易地把自己和他们放在一起。比如最近争议很大的中美关系，我可能不太了解，但我会想，作为一个个人，我有怎样的优势和劣势，但很少把我放到所有中国人的角度。

相对于其他理工科学生，我的选择是非常多的。我和一些院系交流的时候，他们对自己的定位非常狭窄。我和理工科的人交流，他说可能去研究所，或者当老师，他很少说去企业或者社会组织。经管的人会说去金融机构、互联网公司或者政府部门等。我们的选择非常多，这是一个优点。经管人对成功的定义往往是做“大佬”，比如学术大佬，实习大佬，社工大佬，非常狭窄。

钱颖一：其他院系的同学不是更厉害吗？他们能发 SCI（科学引文索引）文章，他们更厉害。

学生：其实他们非常单一。

钱颖一：我们更多样，这是毫无疑问的。

学生：高年级同学说社工没有那么有用，在你的简历上留下一行就够了。

钱颖一：为什么只关注简历呢？为什么觉得简历决定一切？

学生：大家觉得四年的最终目标是为了找到一份工作，毕业后能够找到一份工作，成为一个短期的目标。

钱颖一：这是一个现实的问题。

学生：对于未来成功的认识，不应该是本科毕业后找到一份工作，找到一份你觉得很好的工作。其实是更长远的，我自己的理解也不是很强。我可能很专注于把目标放在研究生毕业后，能够直接进入一家比较好的公司。这种对于人生更长远的了解和认识非常缺少，对未来长远的定义比较模糊。大多数人也没有，成功的大佬可能也没有这种很明确的定义。

三年级同学的焦虑：自我发现与他人评价

钱颖一：听一下三年级的同学，他们是刚从海外交换回来的，有些对比。

学生：在三年级很自由，有两个方面比较重要，一个是认识自己，一个是认识世界。在国内这些院校里，前一方面做得不是很好，所以我觉得是在这种情况下，大家不断认识世界，或者在世界里寻找自由的点。大家觉得投行和咨询看起来是工资最高、学东西最快的地方，所以都想去。大家过去之后发现，可能这并不是自己想要的，可能自己并不适合，所以才会产生焦虑。那些非常强的人，他们一般不会特别焦虑。

钱颖一：这是不是一个比较普遍的现象，就是我们不太知道自己。这是为什么？是我们从小的教育过程中就没有这个环节？还是说都要听别人来评价自己，自己不去审视自己？

学生：很大一个原因就是和自己的成长环境有关。外国同学，就是牛津剑桥的同学，都是说从小很喜欢学习，所以进去了。我们清华很多学生，从小可能因为外界的因素，比如家长会表扬你，这就促使大家好好学习。

钱颖一：都是学习，但是原因不一样。一个是别人说你好，你受到了奖励，所以就学习；另一个是自己喜欢学习。虽然都是学习，但是不一样的动机。一个是外部的推动，一个是内在的动力。

学生：内在的激励是更长久的。

钱颖一：在我们成长的环境中，我们更多的是这样，可能整个亚洲都是这样，就是特别依赖于外界评价。别人说你好，你就觉得特别好，自己说自己好不算数的，别人说你好才算数。从小就是父母说你好，班主任说你好，你的同学说你好，都是别人给你的评价。

学生：而且，我们从小到大的教育体系中，就没有教会我们要发现自我。我在毅伟商学院交换，就觉得大学教育中，他们会有这种老师。在清华，老师会跟你说，这个行业怎样，那个行业怎样。而在那边他们会先让你发现自己是什么样的人，他们非常重视你是非常有活力的人，适合做什么，这是非常重要的一点。只有发现自己的特性之后才能更好地寻找。

钱颖一：我们提出通识教育和个性发展，是说每人的发展路径不一样。基点是什么？是因为每个人不一样，但这首先需要自我发现。你刚才说的在毅伟商学院时，他们让你自己发现自己怎么和别人不一样。她说的这一点很重要。

学生：我觉得发现自我的过程很重要。我原来和一些美国同学交流，他们在哥大也是同质化竞争，也很激烈，但是有两方面促使他们没有像我们这样极端。一方面，他们的制度会有一定的约束，比如抄袭这种事情是不准发生的。第二个方面是发现自我，鼓励大家去寻找多元化的路径，最终没有都往投行、咨询去。他们觉得自己是真正喜欢其他的地方，或者在其他的地方有一些偶然的机会，真正走出这样一条路来。可能一开始他意识到我自己很适合走这条路，而不是说我就是随便走那条路。这个意识很重要。

钱颖一：她说的这点挺重要的。你要主动去发现自己的不一样。

学生：我是从新闻学院转到经管学院的。我到大二的时候，因为没有太多跟学长交流，每天都忧虑如何在剩下时间内把课程修完，等我回过神来发现确实有很多值得焦虑的东西，简历上没有什么内容，也没有加入什么金融协会，自己在需要找个实习之类的时候，就比较容易被拒绝，或者很难找到实习机会。这时候就会觉得好像大家走的那条路是很有用的，因为有用所以大家才会走。我们申请国外大学，听中介建议我们申什么，修什么课。我们其实最适合最喜欢的都不是别人建议的。我们没有勇气追求自己真正喜欢的东西，可能不是很想承担那样做的风险。

钱颖一：你觉得这是规避风险？

学生：对。大家学经管出来之后从事金融行业，觉得是比较稳的路。但是要转别的比如写戏剧这样的，未来的预期偏差会很大。这种风险可能会让我们没有办法迈出那一步。

钱颖一：你是从新闻学院转过来的，和清华经管学院其他学生不一样。你感觉新闻学院和这边的文化有什么不一样？

学生：有两个特别不一样的地方。第一，那边一届五十多个同学，大家非常亲密，很融洽，集体感更强一点。到了经管学院，错过了和大家认识的时机，所有人都各忙各的，奔着自己的目标飞速前进。第二，新闻学院非常讲情怀，关注时事热点，未来发展，把自己放在环境中，自己未来做的事情会给这个环境带来什么改变。经管学院更偏向追求大家都认为是最好的东西，都很不服输。

钱颖一：不服输就要竞争，但学校不是体育赛场。

学生：您说的《蒋公的面子》，我查了一下作者，她就是南京大学戏剧影视艺术系的。我想清华也没有这个专业。

钱颖一：专业一点都不重要。

学生：我们有郝景芳。

钱颖一：她是物理学学士，经济学博士，业余爱好搞科幻创作，她是我们学院的博士，现在工作是在中国发展研究基金会，做宏观经济分析。我不觉得南京大学那个人的专业有这么重要。我觉得还是那个同学说的，南大的环境确实还是不太一样。北大清华在首都，这个地方信息巨多，当然有它的好处。但是并不是信息越多一定越好，信息太多了，可能让你沉不下心。相对来讲，南京大学的学生肯定比北京的学生更专注。

学生：我回答前面的同学关于中国学生和外国学生的差别问题。我有一个比较极端的想法，这很大程度上是跟个人家庭背景环境有关。这也更能体现出大学本科教育的价值。在国外，如果你家庭背景比较好，经济也好，文化也好，就比较容易把孩子送入顶尖的大学。中国相对来说非常公平，就是看高考的分数，高考题对大家来说只要智商不是特别差，又特别努力的话，可以考出一个比较好的分数来。在某种程度上，中国上顶尖大学的这部分学生，在家庭条件上可能不如美国学生的家庭。这对教育提出什么样的要求？就是在大一的时候，要更加强启蒙教育。这部分教育，同学之前在一般的家庭或者一般的高中没法获得，需要给他们加入更强的启蒙教育。

钱颖一：你有一个很好的观察。我们这边可以是起点很低，但通过努力，就能考到这里来。你说这就需要在启蒙上加大力度。但是我还有另外一个观察，就是我们做这件事更难。为什么更难？同学到了这个阶段，他的家庭对他的期望就更要成功。

学生：我觉得我的家长对我期望很低的。他们知道清华压力比较大，只要能顺利毕业，找到工作，就可以了。

钱颖一：还有一个变量，当然就是经济的发展阶段。中国和美国发展阶段不同。中国还是发展中国家，我们增长特别快，我们的上一辈很苦，我念书的时候人均200美元都不到。现在基本是脱贫以后的第一代。所有发展中国家都是同样的问题。如果你觉得家里对你的期望没有那么大，这反而是给你创造了好的环境。

学生：在上大学之前，从你的家庭背景、教育背景和成长经历来说，大家的三观已经基本确定了。普遍来说，周围的同学看到的也是他们之前的经历塑造了他们的性格，包括家庭的期望。但他们自己的内心期望是不一样的。在大学期间，是一个开阔眼界的时期，运用身边的资源，出国的经历也可以让你整个人提升。最重要的是找到人生意义。包括我身边的同学，可能家庭对他们是一种平和的期望，没有那么高的要求，他们自己也比较知足。这是一种人。还有一种人，自己从小很拔尖，家庭对他有比较高的要求，自己在成长过程中得到周围的表扬，虚荣心得到很大的满足，于是就会追求这样的梦想，不断地前进。

在我自己这几年的过程中，并没有那么高的追求。但因为很在意周围人对自己的想法，激励自己不断地工作学习。从内心来讲，从整个人生发展道路来说，自己找到自洽的状态，不能靠周围人的想法过完这一生，不管是找到自己的定位，或者认识自己也好，自己生活状态中最重要的是自己的满足程度。

钱颖一：所以家庭的期望很重要。同学中有休学的，有退学的，有患病的，有没有共同的特点，是不是家长给的压力特别大？我们最近有这种例子，来自家庭的压力太大了。

学生：家庭的压力从高中甚至更早时候就已经出现了。

自由与选择

学生：为什么西南联大出大师，核心就是自由。

钱颖一：西南联大当时的整体环境差，在打仗。何兆武先生的《上学记》，就是关于那个时期的。我前天又去拜访他了，他就住在我的隔壁单元。他是 1921 年生人，他拉着我的手不放，想多聊。他在书中说，西南联大那个时候就是自由。西南联大是个反例，国力不强，战争环境，条件艰苦，还可以办好大学。

今年是西南联大成立 80 周年，杨振宁是第一届本科生，1938 年入校。他是 1922 年生人，今年是 96 岁，他说他今年要回西南联大，纪念西南联大 80 周年。何兆武跟我讲，你们知道西南联大很成功，但还有一个西北联大，很失败，你们知道吗？在西安，也是三所学校合在一块，但是搞得不好。西南联大也有很偶然的因素，三所学校有三个校长，清华的梅贻琦，北大的蒋梦麟，南开的张伯苓。蒋梦麟在西南联大待了一个星期就去重庆任职了，所以他不在。张伯苓也不在，就剩下一个勤勤恳恳的梅贻琦。

在西南联大，清华人比较突出，势力也比较大，这有客观原因。清华的钱比较多，因为那时候有一个基金。另外，绝大部分清华教师在日本占领北平以后迁到了昆明，所以人很多。北大不是，当时日本占领北平的时候，北大还有一些教授、学生留在北平。结果抗战胜利以后，在北大从西南联大回到北平后，就把这些人都开除了，不承认这个伪北京大学。顺便说一下，北大当时不是在隔壁，那是燕京大学的校园。北大的红楼在沙滩，那才是老北大。所以讲清华历史上的事情，工字厅、荷塘月色就在这里，但是北大说的一塔一湖，都是后面的事了，那些原来是燕京大学的。历史不能随便穿越。

竞争对选择的影响

钱颖一：有的同学说高中时候的竞争没有到经管以后的竞争激烈，你们觉得是这样吗？

学生：是的。

钱颖一：你们一致同意这样的看法？

学生：同意。

学生：高中的时候最后看你的成绩，上哪个大学。

钱颖一：如果一定要上最好的学校，高考就考一次，万一考不好，这风险多大啊。

学生：高中时同学相互之间没有形成竞争。

钱颖一：上个学期我去过衡水中学。他们每周都推出一周之星，你的目标是多少分，你现在还有多少距离，教室外面的墙上都贴着这些。我就觉得竞争很厉害。所以，我听到你们说到了清华经管以后反而竞争压力更大，有些不解。现在理解了，因为你们的高考竞争对手在其他学校，不在身边。上了清华经管后，竞争对手都在身边。

我仔细回想，哈佛的学生，耶鲁的学生，斯坦福的学生，有一点跟我们特别不一样，那就是每一个人都会说，我跟别人不一样。波特的企业竞争战略就是两种：一种是你的成本比别人低，另一种是你的产品跟别人不一样。用在咱们这里，要不你投入时间更多，要不你跟别人不一样。比如你念过一年新闻，谁能跟你比？现在的问题在于竞争是在同一维度上的，都是拼学分绩、刷实习、刷社工。其实这里原来也不一样，让你们弄成一样了。本来实习的性质是不一样的，但一到简历上全都变成一样了，最后都变成了一个数字。你们得有这个本事，讲简历上没有什么东西。

你们分析的根源挺好，确实是自我发现不够。这里有很深层的原因，因为我们的文化不是反省自己、发现自己的文化。这种竞争是没有出路的。总是说不能输在起跑线上，而起跑线越定义越往前，要考清华北大，就必须上重点高中，上重点高中就必须上好的初中，上好的初中必须上好的小学，上好的小学就必须上好的幼儿园，幼儿园之前要有好的胎教。

“被上经管”：社会认同的影响

学生：犹豫了很久，可能我的想法会有一些不一样。首先和大家说一说焦虑的事情。每个人都焦虑，我自己现在特别焦虑，可能我自己现在希望能够不要二次焦虑，不要因为焦虑而感到焦虑。

钱颖一：不要因为焦虑而感到焦虑。罗斯福说过，最大的恐惧是恐惧本身。

学生：可能生活在经管这个环境里，焦虑是正常现象，不要太把它当一回事。心态放得比较平和，反而有的时候觉得日子没有你想象得那么糟糕。

在你过得比较顺的时候，就不要想太多事情，按照现在的轨迹往下走挺好的，不用想太多。当你手风不太顺的时候，可能就要更多地想你这手牌怎么打，可能要想一想我是一个什么样的人，我能够把什么样的事情做好，去定义一个含有你自己的东西的目标函数。但是你自己并不是一个变量，而是定值，只是我们能很好地认识我们的定值到底长什么样，很可能我们对自己的认识有变化，不同的时期会觉得自己适合做不同的事情。最后一点，作为经管人，我很多时候觉得是被动上经管的，这是我交换时候想通的。

钱颖一：你居然能想到你是被动上经管的？是家长还是班主任让你上的？

学生：是因为高考分太高。

钱颖一：所谓不报经管可惜了。

学生：我们和国外商学院比差距很大的一点，就在于我们没有真正感兴趣的东西，可能有的同学真正对经济金融感兴趣。

钱颖一：对，你们是被动上经管的。因为是社会感兴趣，所以家长就感兴趣，班主任就感兴趣，所以你就“被上经管”了。很多同学都是被上经管的，而不是主动上的。你怎么在交换时候意识到这点的？

学生：因为我是大三，我有时候会和大一同学聊，他们选方向时会有自己明确的想法，觉得自己喜欢什么东西就想了解什么东西。大部分的外国同学在高中时没有学过我们的理化生就学金融，他们觉得对这个东西感兴趣。

学生：我是大二的。我现在有一个疑问，经管很多时候强调同时做很多事情，要学习、实习、做社工。我觉得不可能把精力分配在这么多的事情上。某周有很多这样的事情同时来的时候，你就会很焦虑，时间分不开了。我比较烦恼，喜欢很专注投入地做一件事情。比如我做作业，想先把作业做完，而不是今天做一点，明天写一点。

钱颖一：经管学院除了很多优势之外，你们身边的这些优秀同学也是非常宝贵的。问题就是怎么去发现优秀同学各自的优点。

学生：我有好多想讲的。您谈的为什么进入经管之后，反而竞争比高中激烈了。高中很多时候你的选项是别人帮你选的。进入经管有很多选项，出现了和别人差异化发展，是不是我做得没有那么优秀，很焦虑如何选择。大家对优秀的标准认同太单一了。

钱颖一：这个认同单一是怎么造成的？

学生：我寒假的时候去印度做了一段时间义工，认识了不同年龄段的人，他们远远慢于我们，他们不会焦躁。我 19 岁没有做这件事情，我 22 岁做也不晚。我当时做义工，有 18 岁的高中生做，也有 70 岁的老奶奶做。出国的同学说社会活动上做义工这一项，他们不是真的想做这件事情。那里的高中生没有申请大学，他会选择这一年做义工，如果他以后想做教育这个行业，就会先了解一下基础教育是什么样的。他们是自己主动的选择，而我们很多时候是默认选项。我们进入大学也是这样的。

钱颖一：你提到几个东西很有意思，我不知道为什么大家默认 18 岁上大学，22 岁如果转职业，就太晚了。这种东西已经成为默认的东西了。现在好多同学都说，我都大四了，还转专业，就觉得焦虑得不行。我觉得是你用默认选项作为强有力的暗示。这跟我们急于求成有关。

学生：整个社会都是这样的，大家喜欢看公众号的文章，比如多少岁你被同龄人抛弃了。

钱颖一：多少岁你就被抛弃了？

学生：多少岁人家已经怎么怎么样了。

钱颖一：怎么没有反过来的文章呢？到 30 岁重新开始上学。以色列人很牛的，高中毕业 18 岁，男生要当兵三年，女生要当两年兵，之后他们也不会直接上大学，他们要到世界周游一两年之后，然后再回来，才开始念大学。我们都知道以色列人无论在学术上还是创业创新上都非常优秀，并没有因为在我们看来拖了那么长时间，去当兵去旅游然后才来念大学，就被耽误了。以色列人在美国的研究生院里都是岁数偏大的，但并不影响他们的发展。

学生：都是社会风气，就是那种“10 万 +”浏览量的公号文。

钱颖一：为什么没有反过来励志呢？反过来也可以写很好的励志文章。

学生：应该也有，但我们不是他们的目标受众。

大二同学的焦虑

钱颖一：三四年级是过来人，听他们感叹人生。一二年级处于最悲惨的时候，拼命刷学分绩，刷各种各样的东西。一二年级的同学，诉诉苦也行，讲什么都行。

学生：我说一下我的心路历程，我是大二的，大一在新雅书院。

钱颖一：上次座谈会你来了，我说看着面熟。新雅的同学又是不一样的。

学生：我第一学期的核心问题是，我为什么要来这里？我当时觉得我对自己没有那么高的要求，我爸妈对我也没有什么期待，我自己因为没有目标，所以不想付出太多辛苦，第一学期心里很不舒服。我当时和我们做学生工作的老师聊过，他跟我说，你一定要找到一个能立足支撑自己的地方，比如他很喜欢话剧，他是学生的时候喜欢表演。他说他有一年成绩也挂掉了，女朋友也分手了，就在他面临崩溃的边缘时，他的话剧拿了国家话剧比赛的一等奖。他觉得这是他的一个自我立足的地方。

钱颖一：你选的什么专业？

学生：经济。大家问理由，我就说我不喜欢化学，我不喜欢编程。

钱颖一：排除法。

学生：对。室友选了经管，我觉得这可能是比较不会错的，所以就选了。不是说经管不好，只不过我没有想明白。大二上学期我一直找评价标准。我觉得经管比较主流的评价标准很明确，就是三方面，学习、实习、社工。我没有自己的评价体系，上学期我一直觉得自己很垃圾。我跟很多人聊，他们说你看看谁谁谁。

钱颖一：谁谁谁都是什么样的人？

学生：各方面可能比你稍微弱一点的人，既然我是垃圾了，他们也都是。

钱颖一：但人家活得很好。

学生：这些是从第一学期到现在的问题，我到现在还是没有想明白。你用什么标准评价你自己呢？我自我分析后，认为我的主要问题是没有很喜欢的东西，经济学我觉得挺好玩，但也没有那么强的热情。这样的话，我的快乐感很需要成就感来支撑。我不喜欢社工，我觉得报表之类的这种事情让我很烦。比如我现在在时代论坛，老是办讲座申请，你就要到处递表格，这个行不行，那个行不行。说恋爱恋爱，我的两个室友长期脱单，脱单了两轮了。这时候我觉得因为我没有碰到喜欢的人，所以对恋爱本身没有那么强的想法。所以我的问题现在也没有解决，我也不知道成就感去哪里找。我没有找到我人生的意义在哪，没有找到我人生的方向在哪，也没有找到自我价值的立足点在哪，我觉得我现在就是漂着。

钱颖一：听完你的故事，我觉得你的可能性会很多。

学生：可能对于经济金融方向市场确实太饱和了，因为门槛不是那么高，选择这个方向的同学那么多，我选的专业是经济与金融。将来各种多元方向发展，做量化比不上计算机的同学。

钱颖一：你们有多少人在学编程？你也学过编程。因为现在编程被认为是很厉害的。

学生：但是我们可能对 AI（人工智能）的理解没有那么高深，这也是焦虑的普遍来源。除了大家想获得社会对我们的认可外，还有对自我价值的认同。这个过程也可能是找到自己的过程，所以这也是为什么每个人最后选择了自己喜欢的方向，找到一个圈子。

对我个人来说，我也是一直在焦虑和相对比较满足之间波动。可以分享几个比较有意思的事情。为什么大家即使自己寻找自己的价值，也是那么焦虑？我的父母开导我的是，大家已经到了比较优秀的平台，自己也都很要强，就是因为大学对于人的评价方式很多元，他会看到你的很多面，所以每个人在对自我评价的时候，看到的都是别人比我更厉害。比如看到了 A 同学的成绩比我好，B 同学的实习比我优秀，C 同学的社工做得很厉害。所以我也觉得我是所有人中最差的，很垃圾的那个。比如能够给我安慰的一些事情是，我经常被很多事情压得忙不过来的时候，就会修仙，就是熬夜。熬夜的时候我也知道，家人可能对我期待也很高，他们只会跟我说少熬夜，他们期待我健康、开心。虽然这两件事是很难做到的。我很能感受到父母想宽慰我，或者他们对我的这种爱。很幸运我现在很喜欢我的专业。

钱颖一：你学什么专业？

学生：经济与金融，我还学数学，导致我还没有实习过。现在比大家走得慢些，这也没有什么。可能将来走得也比大家慢，不会那么出色。我觉得我会有比你厉害的地方，但这也可能是自我安慰。

钱颖一：这就很好。将来的竞争都不是与你现在周围的人，都是与外面的人。你们现在老想着同学互相之间竞争，其实不是。

避免二次焦虑

学生：刚才那个学长提到了不要二次焦虑这个问题。我最近一段时间心理比较健康。我很长一段时间，特别是上大二以后，没有办法跳出焦虑的怪圈。周围的同学都这样，如果我不焦虑，反而不是那么正常的事情，好像我没有紧张很多事情。现在想想，要接纳焦虑这件事本身。认清自己，或者看到自己想要的价值点，就是在焦虑中才得到的。焦虑其实也不一定是那么坏的一件事。

钱颖一：新雅的同学和转系的同学不一样，他们的学籍还留在新雅，仍然住在一起，你们接触的人跟经管的人不太一样，你们是和其他专业的混住在一块。

学生：我们宿舍有一个学 PPE 的，有一个学生命科学的。

钱颖一：那你周围人的可比性就少了，不像经管的同学，一个宿舍都学一样的，要上就都上，要退就都退。PPE 是不一样的专业啊。

学生：这也是大二的时候令我更焦虑的事情。可能大家做的事情都不一样，大家的节奏也不一样，大家会陷入资源陷阱，比如我没有退过课，牺牲了一些学分绩。比如我认识到适量实习对自己很有帮助，但等我意识到这点的时候也有点晚，而且我选择的学业上面会重一些。跟上大家的节奏是挺好的事情，我有一些落后，可能就这样吧，最近有点佛系。我看到自己已经在努力了，自己能做的事情也在做，已经做得不错了。

钱颖一：这不就佛系了吗？经管的同学在整个清华里是不是也是有点特殊的，竞争过度激烈了。

大一学生：选择与追求

钱颖一：大一同学分享一下。大一还是处在比较不错的状况中。谁是大一的同学，你们分享分享。

学生：我提供一点不同的声音，我不焦虑。刚才大家分享得特别精彩，没好意思打断。就我个人而言，大学的压力比高中小。我真这么觉得。

钱颖一：你是成都外国语学校的，我们聊过作文，你高考作文满分。

学生：对。我现在讲故事，我现在生活，因为我也很喜欢故事，我个人很喜欢故事。学习之外，周末的时候，我没有做社工，也没有联系实习，PE、VC 是什么意思，我是前不久网上查了才知道。什么四大会计师事务所，具体哪四大我也不清楚。周末的时候跟朋友一起去北京各种景点，或者不是景点的风景区走走，比如护国寺，每周末去一个地方玩一玩，很喜欢和陌生人聊天，比如出租车司机，或者路边的小摊。我在话剧队，平时演话剧，有很多排练，每周有中戏老师过来给我们代课。平时生活没有那么赶，那么紧。

分享一点自己的想法，今天很重要的主题是选择。我一直觉得没有人可以事先写好自己的自传。为什么我们一定现在要想好我毕业时干什么，我有点偏向随遇而安，我会尽自己所能遇到更好的自己。关于选择，我们太关注把目光放在眼前的选择中，关注选择的方向到底是什么。选择本身不是静态而是长期的过程。选择过后的过程也叫选择，选了一条路就走，有事了就做，很多时候怕选择，因为没有办法放下其他的选项。你做了选择，会不会其他选项更好一些，这样的想法是一种自我折磨。选择是一门艺术，选后，心态就要调整到把后面的做好。因为在选择之前，想让自己面对选择不焦虑是不可能的。知道选择之后，尽自己的所能去选，一定时期之内有了这样的信心可能就没有那么焦虑了。

选择背后重要的是一种追求。人追求的不应该是一个目标，而是一种目的。我个人比较追求那种说出来可能有点矫情的东西，追求生活和生命本身。比如我自己真实的想法就是如果交换去美国、加拿大、英国，都可以，比如我毕业后，到底读研还是出国，只要是适合我的就都行。当然不是说就不管这方面的事，但我的态度就是这样，我非常注重快乐和心安，怎么快乐怎么心安就怎么来，但不是说完全没有追求。你让我天天在宿舍睡到很晚，跷课，不学习，天天玩儿，这种状态并不能带来快乐。真正的快乐是你有事了就把它做得很好，有非常丰富的生活，有自己喜欢的节奏，读自己喜欢的书，听听音乐，具体在哪个地方听和谁一起玩儿，这个就是可供选择的。可能我的样本特殊一点。

我们演话剧，你去找不同的人物，要真正进入一个角色，要去体察他不同的内心活动，我们演一个角色之前，要写他的人物小传，要给这个人写一个传记，你把他的角色套到你的身上，平时做训练，人的微表情，行为的传递。在戏外，我小学在乡镇的学校，初中在二线城市，高中到了省城念，大学到了这里。我基本上对中国每个层级的教育都有接触，不同老师和不同同学。我有很多同学，三五年前他们已经打工了，有的结婚生子了。有的跟我在不同的北京的大学，也有的出国了。不同的人，包括我自己平时跟外系的同学，话剧队有时候辩论，接触很多。我话剧队最好的一个朋友，是个女生。她平时是非常开朗的一个人，她这个学期没有来，她因抑郁症休学了。我自己家里，我妈妈在我高二时，就是脑膜瘤做了开颅手术，我外婆寒假的时候也中风，这样下来，我形成一个理念，我们学习也好，工作也好，为人也好，这里面核心就是人。

所以我个人的真实想法就是自己和我爱的人、爱我的人以及身边的人能够更好一点。这个好的标准是大家共同构建的，所以我并不在乎我以后去哪一家公司，我以后月薪是多少，是十万还是八万。对于优秀的定义本身，举例来说，有可能是一万，有可能是八千。

最后说一句，我觉得优秀的定义，真的不是在于你做了什么实习，你有多长的社工，当了什么部长。我们刚进来在这个教室里，一开始没有开空调，大家都觉得热，在没有人提示的情况下，这位同学就把空调给我们打开了，我觉得这种很小的细节本质上就是一种非常优秀的品质。我们通过受教育积淀下来并内化的这些东西是值得追求和珍惜的。

钱颖一：你这个经历很有意思，你从乡村一级一级这么上，这种经历很少有。

学生：农村包围城市。

钱颖一：你说人不能事先就把自己的自传写好，这句话很有意思。他说每一个里面都可以有各种出彩，不一定非得是这一个东西。他的高考作文是“我看高考”，60 分满分，既写过去又写现在，从古写到今。去年正好是恢复高考 40 年，所以高考出的这个题目。

给学院的建议

钱颖一：咱们时间差不多了。你们有谁特别想给学院提什么建议？

学生：CTMR 课可以调到大一上。

钱颖一：我们纠结过。放到大一会对你的冲击感更强。放到大三大四，前面知识积累很多，你从这门课里获得感会更强。所以冲击感和获得感之间要有平衡。原来放在大二的春季，后来放到大二的秋季。你们觉得放在大一下学期更好？

学生：应该是放到大二的，因为这是知识的应用，前面需要知识。

钱颖一：又有知识应用，但是又有冲击性。经济学基于功利主义，但这门课开了另一扇窗，让你知道原来还有其他的价值。也许可以有些课堂放在一年级，有些课堂放在二年级，让同学自己去选。

学生：如果想改一改三种考核方式的评价标准，可以考虑从辅导员这边开始。因为我觉得对同学们来说，辅导员的价值观影响很大。

钱颖一：你是说刷学分绩、刷社工、刷实习这三种？你觉得辅导员对它们的强化太厉害了？

学生：对。辅导员的价值观会非常影响同学们的选择。

钱颖一：我们那届大多数人，包括我，都是插过队、工作过的。所以我们那时候的辅导员对我们没有影响，我们班里岁数大一点的人影响班里年轻一点的人。但是我们和班主任感情很深。你们和班主任之间有什么联系？

学生：和班主任接触比较少。辅导员的年龄和我们比较接近。

学生：所以更亲近，平时的日常事务与辅导员接触也更多。

钱颖一：辅导员制度是清华重要的传统。

学生：有没有可能使更多的专业课更小班化一点？

钱颖一：主要是教师资源的问题。

学生：文科生经常说数学太难了，所以开了 C。但理科生觉得“西方文明”要求看的书太多了，有没有“西方文明 B”？

钱颖一：现在的微信微博是不能替代读书的，读书必须得一本一本读，从头读到尾才行。现在读书越来越少了，这不行。理科生不能只算题，不读书不行。

第二编
双学位本科生与院长共品下午茶

第五章

2008—2013 学年

双学位本科生与院长共品下午茶

（2008 年 12 月 5 日）

钱颖一：经管学院每学期都有“下午茶”双学位专场。今年，我们本来打算在舜德楼咖啡厅举办，但大家看到，咖啡厅还没有装修好。不过，它很快就可以同我们见面了，但我们还缺一个名字——一个有历史文化、有启示的名字。咱们书店的名字“三境书屋”取自清华国学大师王国维的“人生三个境界”，我们需要一个与书屋相匹配的咖啡厅名字。各位同学来自大学的各个院系，希望大家想一想什么名称合适，可以联想到更多的人文色彩。

课程设置中的“留白”

钱颖一：说到人文，今天如果大家登录大学网站，可以看到顾秉林校长关于清华文科发展的一段话，其中特别提到了陈寅恪在王国维纪念碑碑文上的那句话——“独立之精神，自由之思想”。同学们有的来自理工科，有的来自文科，大家由于第二学位选择了经管学院，就与我们学院产生了密切联系。“独立之精神，自由之思想”这句话也因此显得尤其重要。另外，清华校风是“行胜于言”，但不是不言，特别是文科，如果都不言了，又怎么建设文科呢？现在，学校领导鼓励同学们在学术上要有“独立之精神，自由之思想”，要敢于讲话，不怕讲错话。

这当然也涉及我们的培养方案问题。我看了从大家那里收集来的问题，很多也与此有关。在昨天举行的“下午茶”本科生专场中，同学们提出了不少关于大学人才培养方面的问题。我们说要给同学留出足够的时间、空间去思考，为大家的创造性思维提供发展空间，正如国画中的“留白”。

学生：我知道在座的各位老师中很多人第一学位都不是经济学，但后来在经济学上都取得了很大成就。现在我觉得，我们双学位同学的学习层次可能和第一学位就读经济学的同学不太一样，相比之下还不够深。不知学院是否考虑过调整我们的培养方案，从这些同学当中也争取培养出一些经济学“大家”？

钱颖一：关于你说的课程设置是否太浅这个问题，我的想法是，大学教育和高中时期很不一样，学业课程很大程度上需要依靠自己，老师只起引导作用。前几天，我和物理系的几位老师讨论时，大家都感到很困惑：现在怎么就培养不出拔尖的创新型人才？在西南联大时期，条件那么艰苦，却培养出了不少人才。结果我们发现，那些拔尖创新人才，并不是课堂上教出来的。你刚才的问题里有一个隐含假设，就是学生是课堂上老师教出来的。老师也有这种认识：如果老师没有教给学生足够多的知识，那么就是老师失职。但是实际上，老师的角色在于引导，他们需要给学生“留白”，学生就要利用这种“空白”时间充分思考、钻研，求得自身发展。

我现在担心的是，同学们面临的现实压力压抑了大家的创造力。创造宽松的大学环境、让大家充分发掘自身潜力，才是我们应该推崇的目标。那些常常被吹捧为行之有效的“人才培养模式”，其实是计划经济的思路。当然，这样的“留白”也是有成本的，比如有同学会利用这些时间去玩游戏与看连续剧，这是同学的选择。

目前我们还是受过去模式的影响，课程繁多细密，灌输知识之外没为学生留下足够的思考空间，也就是没有足够的“留白”。大家忙于吸收知识，等这些知识遗忘之后，学习带给同学们的是什么呢？我知道我们的同学第一学位要上很多课，学了“经双”时间就更加紧了。去年我们办双学位“下午茶”时，有位同学提出了这样一个问题：为了上“经双”课程，自己牺牲了许多社会工作，实际情况确实如此吗？

学生：学了“经双”，时间是很紧，主要压力还来自第一学位。

学生：对。主要还是时间所限吧。在时间稀缺的前提下我们只能有所放弃。

钱颖一：听说你们现在从事社会工作的压力比学习还大，这一点又属实吗？

学生：这跟所属院系有关吧，不同院系有不同的导向与风格。

学生：我是水利系的，就以我们班为例，29 人中 26 人有社会工作，社会工作岗位数超过人数，也存在身兼七八个职务的现象。

学生：是的，大家的时间都很紧张，根本无法“留白”。

学习双学位的负担

钱颖一：缺乏时间思考的确是我们同学面临的一个严重问题。上大学时期没有时间思考。

学生：“经双”的课，我每学期三门，学四个学期，两年学完。刚开始有几门课，压力比较大，比如“经原”（经济学原理）“中微”（中级微观经济学），但到了后面，课程负担就少一些。学到后来可能习惯了，也会渐渐觉得轻松。

钱颖一：那你觉得我们“经双”的课程要求太低了吗？

学生：其实并不是这样的。尤其刚开始，要求还是很严格的，比如钟老师的“经原”。但到后面，有些课是考查，所以要求可能就没那么严格了。

学生：“经原”“中宏”（中级宏观经济学）要求严，但学得扎实。有的课程要求就放松了一些。是否在考试周进行考试很重要。

学生：我来自计算机系，正在读大四，已经修完了“经双”的全部必修课程。我来总结提炼一下自己的双学位学习感受。在全校各个院系中，我们计算机系的课程压力相对是比较重的。相比而言，“经双”的学习压力并不算大，或者说带来的额外负担并不算大。其中，前几门基础课很重要，对我影响最大，也受用终身。总体来说，“经双”收获的知识是有利于提升人生积淀的。但我也有个建议，希望“经双”开设的课程能更注重个性化培养，引导同学们与自己的专业相结合去思考问题。另外，提供更大的自由度，开放更多可供选择的课程和考核方式。

钱颖一：我们现在“经双”的课程设置是四门基础课加专业课，专业课意在推动同学们深入探讨经济问题。

学生：我们了解到北大的“经双”学位名额很多。就我个人而言，不太赞同这种普及化的双学位教育方式。我认为我们的双学位人数虽说已经少于北大，但再加以压缩，办成精品教育可能会更好。

钱颖一：人数少也会产生一些另外的问题，清华的专业多，双学位名额少了就会分不过来。我们也在向学校建议，增开与经济学相关的全校性选修课。另外，我们双学位同学与经管学院也应该多开展交流。我听说，这次双学位同学会在“冬情”晚会上表演一个节目。这就很好，有助于推动我们学院与不同院系之间的融合，促进学院文化的多元化发展。

学习双学位的契合点

学生：我是新闻学院的，一直有这样一个困惑：我们文科院系的专业与经济学专业的契合点究竟在哪里？或者具体一些，我们新闻学专业的同学在学习了经济学后，对自身会有什么帮助？文科专业和经济学结合在一起，会存在“复合弱势”吗？

钱颖一：我引述一个例子来解释你这个问题。有一次，一位著名美国电视台主持人接受采访，被问及“你最后悔在大学没学过哪门课”时，他回答说“经济学原理”。确实，未学过“经济学原理”课程，未受过经济学相关思维训练的主持人或记者，是难以提出高质量问题的，尤其是财经记者。

我在接受某电视台采访的时候，就遇到过我自己给记者提供问题的情况。因为如果问一些不太有水平的问题，是难以回答的。所以，只好自己提供问题，然后再自己解答。一个缺乏专业知识的财经记者，也无法判断受访学者的水平高低。

白重恩老师：水平较低的提问者，是难以使受访者兴奋的。

学生：我有一个与刚才新闻学院的同学相似的问题，经济学与法学之间又有什么契合点吗？

钱颖一：在研究对象上，经济学与法学之间存在许多交叉，比如合同问题、产权问题、公司治理问题。在研究方法上，经济学分析方法可以在法学研究中得到应用，比如科斯定理在法学研究中就有很大影响。

加强与经管学院同学的交流

学生：刚才钱院长谈到加强“经双”同学与经管学院同学的交流问题，我也觉得很有必要。不同院系的同学在行为方式与思维方式上的差异互补会使大家广泛受益。不知道经管学院有什么具体措施来推动不同专业同学之间的交流？

钱颖一：关于这一点，学院方面也在思考，像刚才谈到的“冬情”晚会，就是很好的交流平台。还有经济协会的活动。

钟笑寒老师：像我们的“中国经济专题”这门课的考核方式就是做一个期末小组项目，并且我们将双学位学生与经管学院学生强制分为一组，这也是一个有效的机制。

钱颖一：其实，在国外大学不会出现这类问题，因为那里本科不存在系别概念，只有专业之别，这样有助于不同专业之间的学生增加交流。复旦大学成立了复旦学院，便是为了消除本科生中系别隔阂的一个尝试。每个学院自成体系，上课、住宿在一起，本院系同学都不与外院系同学在一起，时间一长，各院系都形成了自己的文化，会阻碍相互之间的交流。

白重恩老师：我们可以跟经济协会商量，扩大经济协会在双学位同学中的影响力，让双学位同学真正融合进经管学院。比如，在“经原”课上向双学位同学做演示，介绍经济协会的各类活动。

学生：我们还希望后期的专业课能与经济系同学一起上，这样大家可以更多互动。

白重恩老师：这点我们也希望做到。可是，一方面，这容易造成课程时间冲突，因为你们白天都在上自己第一专业的课程。另一方面，专业课课容量也太小，其他院系的同学选不进来，我们以后可以考虑增加一些专业课的课容量。

钱颖一：我们设立经济学双学位的时间还不长。经济学是一门社会科学。我不建议大家沿袭理工科的学习模式，而是希望它能为每位同学提供全新的视角，激发新的思维。我想，二三十年后大家一定会感受到经济学教育的价值。

双学位本科生与院长共品下午茶

（2009 年 5 月 28 日）

学习“经双”的动机

钱颖一：我特别想知道你们学经济学双学位最开始的动机。通过这一段的学习，这个动机是不是有所改变？可能有的同学对原来的专业不是特别满意，有的觉得增加另外的专业可以成为复合型人才，有的是纯属好奇和兴趣，还有的是寻求一种新的思维方式，可能大家有不同的目的。

学双学位的工作量是蛮大的，本来第一学位的学分要求就很多，特别是工科、理科。经济学双学位要求 36 学分加上一个毕业设计。经过这段学习之后，有哪些让你觉得很值得的地方，有哪些觉得比较失望的地方？我想听听大家这方面的想法，特别是把它放入你在清华的整体经历中考虑。你是学日语的，怎么想到学经济学双学位呢？

学生：学双学位有助于将来出去工作或者考研。现在是第二学期，刚开始时自己特别迷茫，感觉没有入门。现在觉得一些学习方法，一些理论还是掌握了，并且可以运用了。虽然现在还是感觉不到趣味性，但感觉到是有用的。

钱颖一：你选择日语的初衷？

学生：当时报考第一志愿是经济，第二志愿是日语。

钱颖一：你们几位数理基科班的呢？

学生：我大一时看过很多经济学方面的书，对经济学有兴趣。大二正好赶上第一届经济学双学位，运气比较好，所以我就选了。现在对我帮助最大的就是“经济学原理”，课本包括作业都要求很高，所以我觉得很好。到现在为止，我感觉作为经双的学生和经管自己的学生还是有很大差距。不是在课程上，而是整个经双的氛围，还是偏工科的思维。我们更多做技术性的东西。

钱颖一：一种解释是时间太紧了，配置给经济学的就这点时间，所以把题做完就完了。还是说不是因为时间，而是一种对待事物的态度？

学生：对我来说是态度问题。比如经济学课上，老师提到很多新的想法，对我们初学者来说，觉得这个想法很有意思，但是以我的能力难以讨论。

钱颖一：同学之间的讨论呢？

学生：很少。

钱颖一：你是基科班的。你说用工科的办法学习我很吃惊，因为你是理科的。

学生：我现在觉得我的思维有点工科。

钟笑寒老师：工科双学位同学做研究的习惯特别好，每周写研究日记，解决了什么问题，而且写得很清楚。

钱颖一：工科学生很早就做这种训练。

钟笑寒老师：另外学软件学得快，给工科学生讲三个小时，第二周程序就做好了。

钱颖一：对，在这方面有优势。

学生：我记得非常清楚，第一节课钱老师上的时候，您当时讲了大学中的学科体系，我非常赞成。所以我想把基本的培养体系走过之后，看一下这个学科到底是什么样的。因为我比较清楚数学这门学科的系统，比较清楚物理这门学科，它是自然科学的。信息学院是纯工科的。我觉得自己欠缺一个社会科学。选经济学不一定能代表整个社会科学，但它是比较典型的。而且在清华也没有别的机会，所以就选择了经济学，要完善自我。

钱颖一：我觉得你这个动机很好，在清华学生中，这是我第一次听到。你就是想了解社会科学。你说你对数学有比较全面的了解，物理作为自然科学你有了解，工程方面信息你也了解，你特别好奇想知道一下社会科学。除此之外还有一块是人文学科。好像清华给你提供的唯一渠道是采取学双学位的办法，但这是成本很高的办法。

学生：我觉得成本不是很高。学经济学的话，可以向钱老师学，您是一个桥梁。

钱颖一：我说成本高，是要学 36 学分才能了解它。

学生：对我们来说，36 个学分没有什么。比较客观地说，我是比较轻松的。我也上其他系的课，如果你对自己的要求比较高，这 36 学分是比较轻松的。

对"经双"课程的建议

学生：我当时选"经双"是因为我想转经济。数学是我自己报的，读完本科之后想选另外一个和经济相关的，所以报了"经双"。学到现在，"经双"让我学了很多经济方面的知识，"经双"的学分有点多，我的第一专业是数学物理，所以学很多的数学物理课，对我的压力比较大。

我觉得如果能减掉几门课，把最重要的几门课保留，那是最好的。"计量"等比较重要的课修下来之后，再给我们比较宽的范围，选修几门比较感兴趣的。我可能会选一些比较偏计量、偏金融的课。这样"经双"对我们的帮助会更大。所以我有一个建议，我希望"经双"的学分少一点，课程要求高一点。现在给"经双"开的课要求低，不来上课没关系。

钱颖一：怎么会这样呢？

白重恩老师：我大概能够理解是为什么。因为"经双"的同学多样性很高。比如你是基科班的，你学的有些课数学对你非常容易。这位同学是学日语的，对他们这类同学来说，可能就不容易。我们教"经双"的时候挺难的，到底针对哪一类同学，不能只对基科班的同学，就把文科的同学丢了。经济学第一学位的同学背景相差不是那么大，"经双"的同学就不一样了。所以在要求上面，当老师们遇到这种多样性的时候，他要照顾比较多的同学，就可能会要求比较低。看我们以后能不能探索一下，对不同的同学有不同的要求，大家都能感到有挑战，这样可能会比较好一些。

钱颖一：经管学院一学位的课程中只是数学课文科生和理科生是分开上的，经济学的课都不分开上。

白重恩老师：经管文科同学学的数学比人文社科同学学的要多，所以还是不一样。以后我们要探索，怎么样让所有的同学都觉得这些课有挑战性。

清华教育模式的几次转弯

钱颖一：关于通和专，老清华在三四十年代有过很多争论。最后的结果是一二年级通识教育，数学、物理、心理学、政治学都学，用两年时间，然后再选专业。理论上现在清华是通识教育基础上的宽口径专业教育，但实际上不是。第一年进学校时已经开始了专业教育。

学生：北大元培班他们做到第一二年很随意，但事实证明他们没有比我们好。因为作为一个模式推广下去，要考虑到很多同学钻空子，很多人选课完全是哪门课好过，就业好，他们就选。事实证明，因为框子太宽，他们培养的学生没有我们好。

白重恩老师：你说他们没有我们好，你的标准是什么？

学生：好就是毕业时候如果做科研的，一是看去的学校，二是看发的论文。

白重恩老师：我们现在还看不出来。

学生：哪些同学是好的，四年之后，自己班里的同学们大家会有一个公认的。虽然不一定非常准，但是基本上有一个概率是对的。

钱颖一：我在北大教过元培班的学生。他们有他们的问题，培养方案有点缺少结构。但是我们现在的方式也有很严重的问题。你的衡量标准是四年，你特别自信地说四年后我们能看出谁好谁坏。其实四年后看不出来，短期是看不出来的。

我是清华1977级本科生。从77级到现在，按照这种模式培养了多少本科生？几万了。清华的生源公认是全国最好的，但出了多少人才？你想一想，西南联大八年一共培养3 700个学生，出了多少优秀人才？这三千多人也就是我们现在一年毕业的人数，那时是八年累积的毕业生数。衡量的标准不是说四年后。你还是得看到十年二十年后。我们大学教育本身还是有欠缺。

学生：我们电子系是以培养工程师为目标。清华既然是以工科和理科为主，就强调基础。基础非常重视，结构非常明显。现在一二年级做通识教育，三四年级做技术专业，两年时间要学完整个电子系的课程，不太可能。

白重恩老师：后面还有研究生阶段。如果我们相信只要考上清华的人，只要花力气，都能培养成世界最顶尖的工程师，我们培养人的模式是对的。但是我不认为如此。我觉得这里面有一部分会成为非常好的工程师，但是另一部分可能会成为很好的数学家，还有一部分可能会成为很好的社会工作者。我们都不知道，每个人自己都不知道。你需要有一个自我发现的过程。每个人自我发现以后，还要让真正对工程有才能、有兴趣的人学工程，真正对数学有才能、有兴趣的人学数学，真正对社会工作有热情的人去做社会工作等。

我想大家都会知道，做工作热情第一重要，虽然才能也挺重要。如果一个人对某件事情没有热情，再培养可能也没有热情，他会做一个合格的工程师，但是他可能无法做一个卓越的工程师。要做非常顶尖的工作，需要热情才能都具备。但是，这需要有一个匹配的过程。我觉得可能我们匹配的过程太短了，或者说根本没有。中学那几年基本上为了考试，全在做题目，根本不是一个自我发现的过程。上大学马上给你一个专业，这个专业有的是家长帮我们定的，有的是学校帮我们定的，在座的有多少人能说因为我对这个专业有热情，所以选了它。

钱颖一：白老师讲的是，其实你不太知道自己适合什么。

今天我给你们带来一段爱因斯坦专门讲工程师的话。1952 年，清华放弃了通识教育变成了工科学校那一年，爱因斯坦专门有一篇文章，是针对工程教育说的。他说：

> 仅用专业知识教育的人是不够的，通过专业教育他或许可以成为一种有

用的机器，但是不能成为一个和谐发展的人。要使学生对价值有所理解并产生热烈的感情，他必须对美和道德上的善有鲜明的判别力。我还认为应当反对把个人当作死的机器来对待，学校的目标始终应该是青年在离开学校时是作为一个和谐的人而不是作为一个专家。照我的见解，在某种意义上，即使对技术学校来说这也是正确的，尽管技术学校的学生将要从事的是一种完全确定的专门职业。发展独立思考和独立判断的一般能力，应该始终放在首位，而不应当把获得专业知识放在首位。如果一个人掌握了他的学科的基础理论，并且学会了独立地思考和工作，他必定会找到他自己的路，而且比起那种主要以获得细节知识为培训内容的人来说，他一定会更好地适应进步和变化。

这是爱因斯坦专门对工程和技术说的。1952 年爱因斯坦说这些话的时候，清华大转弯，变成了一所工科大学。

白重恩老师：清华大转弯是别人要清华大转弯的。

钱颖一：已经快 60 年了。我们不是讲国外如何，我们是讲清华。说到老清华，我念一段冯友兰回忆清华往事的，他当时是文学院院长。清华曾经有五个学院，法学院院长是陈岱孙，理学院院长是叶企孙，今年是他诞辰 110 周年，刚刚纪念过他。“两弹一星”23 位元勋里面有 14 位是清华毕业生，多是他的学生，或者是他的学生的学生，比如王淦昌就是他的学生。工学院院长原来是顾毓琇，后来是施嘉炀。文学院院长是冯友兰，梅贻琦 1948 年走的时候，他是代理校长。另外还有一个农学院。

冯友兰说，在 40 年代的时候，清华的教授会经常讨论那些没有完全解决的问题，就是大学教育的目的问题。大学教育培养出来的是哪一种人才呢？是通才还是专业人才？如果是通才，那就在课程设置方面要求学生多学一点关于政治文化历史社会的，总之，人文学科。如果是专业人才，那就不必要有这样的要求了。这个分歧用一种比较尖锐的说法就是大学教育应该培养人还是制造机器。这两种主张屡次会议都未能解决，后来折中为大学一二年级以通才为主，三四年级以专业为主。这就是当时的情况。这是一个有争论的问题，当时的解决方法就是这样。

学生：清华有一个定位问题。这个转变是不是因为当时的校长蒋南翔？

钱颖一：院系调整是在他来清华之前做的。这必须放在当时的历史环境中看。历史环境是什么？当时是一面倒学苏联，我们模仿他们。你们知道我们的主楼的历史吗？1957 年，毛主席到莫斯科访问，有一个特别著名的接见留学生的讲话：世界是你们的，也是我们的，但是归根结底是你们的。你们青年人朝气蓬勃，好像早晨八九点钟的太阳。就是他在莫斯科大学接见中国留学生时讲的。我曾经去过莫斯科大学，看到他们的主楼就想起了清华的主楼。当年苏联人问毛主席，这个楼好不好，他说很好，可惜我们中国没有。最开始清华设计主楼的时候是民族风格，据说像现在北京西站这样的，后来就设计成莫斯科大学主楼的样子了。原来的设计比现在的高，也有一个尖塔，但后来中苏关系不好了，就把尖塔的设计砍掉了，但整体风格和莫斯科大学主楼一模一样。

我想说的是，同建筑一样，整个教育思想完全是按照苏联模式的。清华 1952 年以前有五个学院：理学院、法学院、工学院、文学院、农学院，院系调整后把四个全部拿走，只剩下一个工学院。所以不是蒋南翔他一个人的思路，是整个体制变化造成的。

学生：关于培养人还是制造机器的问题。大部分人知道肯定是培养人好，但现在的市场经济环境……

钱颖一：机器价钱卖的高。

学生：尤其是在短期内。人有短视的心理，大部分人是比较短视的。

钱颖一：但是我想，清华这样的学校可能更有条件搞通识教育，因为你已经被贴上清华标签了，所以你的活动空间显然比另外一个学校的毕业生要大。对后者来讲，几乎是没有什么选择，必须是学应用的才行。但是对于清华学生来说，空间相对大很多。

学生：但是现在这个空间缩小了。

钱颖一：但不是零。

学分绩的作用有多大？

学生：清华的规定限制了转专业。我们宿舍有两个同学因为本专业成绩不够好，所以没有转成专业。

钱颖一：对，这是一个制度问题。

白重恩老师：一定要学电子很好的，才能去转学非电子。

钱颖一：这本身是很滑稽的事情。

学生：现在规定在年级前百分之多少才能转专业。很多同学觉得，刚开始进大学选系很盲目，进来发现不喜欢，结果转不出去，越来越读不下去。

学生：清华每年进来本科生 3 000 人，两年之后，会不会出现这种情况，就是 80% 的学生都想去比较热门的专业，比如经管、电子等。这样的话，有很多专业明显容量不够，而很多专业又招不满。

钱颖一：假定所有人都要去念金融，金融业的竞争就会异常激烈。

学生：我们班大二分流的时候，很多同学转到电子，但转到电子和经管的同学不一定是真感兴趣。我高中特别喜欢经管，我保送时来基科班，想有比较好的数学物理基础，这样可以做深入研究。但是我现在不会转经管，因为转经管规定只能转信息管理，那个专业我不是很喜欢，所以我修一个经济学双学位。我们只有用一个学分绩来决定能否转专业。

白重恩老师：这个市场处理信息的能力太弱，只能看到几个很容易看的指标，比如班上学分绩的排名。为什么学分绩对你们这么重要？

钱颖一：转系、推研、出国交换、找工作都看学分绩。应该拒绝给所有找工作的人提供成绩单。哈佛商学院就是这样，它说我们所有毕业生都很好，所以拒绝提供成绩单。

学生：这样也存在不公平，有的同学学习特别努力，学分绩特别高。

钱颖一：推荐信可以反映出来。今年我们挺有意思的。我们有十几个学生推荐出国，学分绩最高的那个学生是最后拿到录取的。国外对学分绩这个东西不是那么看重。

白重恩老师：还是要有一些基础条件的。我们经济学本科生申请出国时，我们花很大力气写推荐信。这是要有一些人愿意提供这个服务，这是一个成本很高的东西。如果我们简单地说这个人在班上排名第几，这样的推荐信五秒钟就写好了。但是写信的时候不仅要看学分绩，还要写出被推荐人的特点，很不容易。所以这是信号的提供。

钱颖一：学分绩造成的扭曲比我想象的大很多。一旦成为单一指标，决定你能不能推研，能不能交换，能不能出国，能不能找到好工作，马上就出现追求容易的课，给分高的课。经管学院有两门物理课，其中一门原来是给文科生开的，数学少一点。但有百分之二三十的理科生都去选这门课，为了提高学分绩，而不是为了学知识。你想想多大的成本啊，花那么多时间在那门课上，却没有收获，因为好多东西你已经学过了。这种浪费不可思议。

学生：我的一个核心思想就是申请出国的时候我要告诉对方老师，我在这个方向是可以的，我要给我不行的指标做一些解释，只要说得有道理，他们不会特别在乎那些指标。我的精力不在一两项指标上，而是跟老师综合地谈，你为什么选择我？对我最后万一考不好给出合理的解释。他们会详细看你的成绩单，但不在乎你的分数，而是看我学没学过这门课。我最后申请时 GRE、托福非常差，GPA 也一般。我告诉他们三年修了 193 个学分，他们理解，你原来是这么想的，就觉得这些指标没有那么重要了。我在清华的经验就是，在任何时候，你只要自己争取，老师就会觉得你是积极向上的人。就怕你自己没有这些想法。

钱颖一：你们之间要多交流交流，就能听到以前听不到的。比如这位同学托福、GRE 考得很差，GPA 一般般，也能申请到好学校，关键是你要能解释。经济学学了那么多课，什么题都会解，但不会论说（argue），怎么行？学了二百多学时的课，还觉得自己没学够。

学生：学“经双”的同学都是比较折腾、比较活跃的同学。大家想学，想在自身基础上有所改变。学校有培养方案，归根到底最后你要成为什么样的人，要掌握哪些知识，打下哪些知识结构和形成哪些技能体系。除了上课之外，大家可以自学，完善自己的知识结构。我过来没有什么障碍，我属于基科系统，我们的特点是全校所有专业所有院系都是我们的专业，我们指标是随意取的，我们想去读日语、英语、社会科学是完全没有问题的。

“经双”的投入与产出

学生：大家现在把经济学双学位当作一学位学，这个思路是错误的。“经双”是第二学位，不可能投入像一学位那样的精力去学。我们第一届的学生出来之后，和经管学院本专业的学生的素养是不能比的，差距真的比较明显。“经双”的定位，以最小的付出达到收获最大的效果，不可能把“经双”当作第一学位来学，大家的时间精力肯定是不够的。

钱颖一：我不是太同意你这个说法。从学科上花的时间看，双学位确实比一学位时间要少很多，这没有错。但是，不能仅用投入多少时间来衡量，因为这里有很多是因素，有很多是兴趣。机械地看投入很多，知识学了很多，课学了很多，这是一种度量方法，但显得很单薄。我和白老师的共同一点是，我们俩本科是学数学的，本科期间没有学过一门经济学课程。

白重恩老师：只学过政治经济学。

钱颖一：现代经济学的课一门都没有学过。后来我们到了研究生阶段才慢慢补过来的。以我们两个人的例子来说，你现在的经济学知识比我们两个当时在本科毕业时的知识，不知道要多多少。我们当时是零。

白重恩老师：可能还是不同的人要有不同的投入。假如你学了一两门经济学的课以后，或者两三门经济学的课以后，发现自己对这个东西特别感兴趣，是你以后想做的，不妨把它当作第一专业，把你的第一专业当作第二专业，也是可以的。如果你在这方面有足够的热情，有足够的才能，我觉得没有理由你一定要死守原来的。

另外一些同学，像这位同学刚才讲的这样，就是想了解一门社会科学，我肯定以后不会把它当成我的职业，这样就可以把它当作第二专业学。因此，要求不必太高，把基本的东西掌握了，能够看到媒体上各种各样似是而非的观点时，能知道错在什么地方。所以大家不要都是一个模式，我在“经双”上花的时间都要跟别人一样多，或者跟第一学位一样多。不同的人有不同的做法。

学生：我大一选的时候是按照经济学的兴趣学的，大三快结束时，突然发现“经双”培养中后续的很多课程和前面的“经济学原理”基本是重复的。当时想学公共财政，但有很多东西停留在比较粗的阶段。感觉“经双”对学生的培养可能没有像经济学一学位的同学那么深入。我希望未来有可能考取国外的博士，但心里没底，感觉自己学的东西只是皮毛而已。在申请读博或者硕士的过程中，要求你在经济学范围内有一定的研究经历，但我心里没有底。

白重恩老师：如果你真想以后朝这方面努力的话，不妨去选第一学位的课。不一定要选择那么多，不要觉得要把课表上的课都学完，知识结构才完整，其实不是的。你也不要觉得我一定要把这些课都选完了才能跟其他人竞争，完全用不着这样。

钱颖一：我觉得有这种想法的人特别多，觉得一定要基础打扎实，要有很多的准备才能继续学。不是这样的。

白重恩老师：我们时间有限，一学位的课很多时间都不合适。但是我能选其中的两三门，或者一两门，我就把那一两门学得特别好。如果你能够找到一些有兴趣的问题，做一些研究也可以。大家千万不要想着一定要在本科阶段把教学大纲上或者培养方案上的所有东西都学完了，才能和别人竞争。千万不能这样想。

学生：还有一点，本科阶段的二学位对数学的要求实在太低。我看到的好像只用到求导，极少能解一个方程。但是我个人希望向那方面发展，因为未来做研究工作要用到很多数学。

白重恩老师：研究生阶段可以再学。

学生：我是“经双”第一届毕业的学生。今年“经双”的毕业生有些去工作，有些出国读研究生，金融经济方向都有。大部分同学是在本科系继续读。我毕业后来经管学院读经济方向的研究生，感觉本科所学的双学位是非常有帮助的。真正深入进去后发现自己在这方面有比较敏锐的感觉，喜欢这种思维方式，这是开发的过程。

我们那届有同学是土木工程系的，去了沃顿商学院，据说是房地产经济学方向，他是土木加“经双”。还有计算机系的同学，他们学了“经双”之后，最后申请的是计算金融，还有学运营管理的，工业工程相关的专业，都是和本专业有关系的。

钱颖一：“经双”和本专业结合起来是优势，关键是怎样发挥自己的优势。比如，我们知道现在 MIT 和哈佛都有专门的生物医药方向的 MBA，做生物医药企业的管理。大家有生物或者生命相关的化学化工的基础，再加上经济学，想往这个方向发展就非常有优势。关键是大家要善于发挥自己的优势。

学院对“经双”会有更多投入

钱颖一：今天借这个机会交流，开阔思路。涉及体制问题的，我们要帮助改变。我们要增加职业导向这样的活动。刚才这位同学讲的 GRE、托福、GPA 如果考得不好，你要会解释，你要有理由。信息的交流非常重要。我们现在一个学期搞一次“下午茶”，这是一种交流形式。我感觉你们之间好像交流不太多。上清华，向老师学习是一方面，同学之间互相学习是另一方面。上大学从三方面学，从书本、从老师，还有一个重视不够的，就是同学之间的互相学习。

双学位是跨院系的，这里潜在的优势多了。同一个系的毕竟比较同质。跨院系就不一样了，我们这里有生物的，有数学物理的，有日语的，有建筑的。刚才我和白老师都说了，念双学位的不是一般的人，选它表明了你有不同的想法。这些人要是能凑在一起探索的话，那可不得了，这中间互相学习的东西太多了，可能比原来第一学位班里让你感受到的思想碰撞和新的想法更多。

去年（2008 年）是第一届经济学双学位学生毕业，在七十多人中就有六个是全校前十名优秀毕业生。我觉得你们之间恐怕还是应该多搞一些这样的交流活动。不要每次都是由我们学院组织。从去年这个时候开始，在第一届双学位毕业之前我们搞过一次“院长下午茶”活动。我们每个学期搞一次“下午茶”，希望你们能够有更多的机会交流，这个价值是非常大的。

白重恩老师：今年的毕业班还会有一场你们同学组织的联欢活动。去年我们做了总结，可能没有给大家看。希望今年我们还能够把这场活动做好。

钱颖一：我们再搞一个入学导向活动，这会有很大的帮助。

白重恩老师：现在“经双”有班主任，也有辅导员。辅导员可以起更多的作用，可以多组织一些这样的活动，不一定就是每次都由老师主导，同学之间可以有更多的交流，这很重要。我们希望辅导员能够在这方面多做一些工作。

钱颖一：赵冬青老师是我们新任分管学生工作的副书记，以前做过辅导员，做过班主任。

赵冬青老师：班主任是大家获得信息的渠道。说到双学位，我的体会这是自愿的平台，可以利用这些资源，但是利用得怎么样，取决于自己的想法，如果没有目标，资源就会利用不好。刚才发言的同学都很有自己的想法。

双学位本科生与院长共品下午茶

（2009 年 11 月 20 日）

钱颖一：“经双”从 2006 年开办以来，到现在已经毕业了两届学生。在此之前的那两届合起来一共招了 150 个学生，今后每一届招 150 人。

大家都有很多具体的问题。四年级同学有很多急迫的问题；二年级同学有很多迷茫的问题；三年级同学日子过得比较好，好像暂时还没有什么太多问题。我先谈点经管学院正在进行的改革，之后我们交流大家关心的问题。

经管学院本科教育改革介绍

钱颖一：关于经管学院的本科教育改革（指第一学位），经过半年多调研，在 10 月中旬学校召开的一次研讨会上，我代表经管学院做了发言。之后根据发言稿，写成了一篇《经管学院本科教育改革：思考与方案》，全文刊登在刚出版的《新清华》第三版上。今天早上，我收到一封邮件，一个 6 字班的学生，说在校内网上也看到了这篇文章。

我们经管学院在本科教育改革上下了很大功夫，学校也非常重视。在 10 月 10 日召开的学校院长会议上，我发言时做了全面介绍，各位院长普遍非常认同，不光文科学院的院长，理科、工科院系的院长、系主任也都很认同。尽管这项改革还没有涉及经济学双学位，但我觉得有必要把这其中的思想跟大家分享一下。双学位学生来自不同院系，你们这个群体有一定的特殊性，就像经济学里讲到的“自我选择”。大家之所以选择双学位本身，就已显露一些特征，是其他没选双学位的同学不具备的，不然你们就不会选双学位了。你们希望自己的知识面更宽阔，在第一专业以外能拥有更多社会科学方面的知识，当然也有可能不喜欢第一专业，但恐怕多数人不是这样的。

我们的这次本科教育改革提出了两个理念：大学既要为拔尖创新人才脱颖而出创造环境，也要为每一个学生个性发展和人格养成提供条件。这是两个目标。在具体做法上，我的那篇文章阐述了三个方面。第一个方面，就是真正落实通识教育。我看到你们当中有一位是热能系的同学，我看过你们的培养方案，我跟你们的系主任一起交流过。我也看了如计算机系等系的培养方案。全校统一要求 140 学分。但我发现实际上，真正的通识教育部分的学分被压得很少，大部分都是专业课，选修课也很少。有一次，我到教务处去了解情况。相关负责人说，我们这边选修课很多呀。但我仔细再一了解，发现大多是“限选课”。什么是“限选课”呢？就是从若干门中选一门，听上去是“选修”，但实际上跟必修差不太多，比如四门里选两门。所以，一旦你仔细去看那个方案，好像是很灵活，实际上还是很死板的。

经管学院的改革方案，在学校要求的总共 140 学分中，有 70 学分是通识课程，50 学分是专业课程，20 学分是“任选课”。所以，今年 2009 级进来以后，新的培养方案就有三个部分：通识部分、专业部分和任选课部分。

第二个方面，我们引进了一个“优秀人才培养计划”。数学、物理、计算机系的同学可能知道，最近清华开启了“清华学堂人才培养计划”，我们经管学院是文科，不在其中。我们自己搞了一个“优秀人才培养计划”，所不同的是，第一，我们从大学三年级开始；第二，我们有三个方向：一个是学术方向，一个是创业方向，一个是领导力方向。希望我们的学生将来有做学术的，有创业的，也有在各部门担任领导工作的。这也是经济管理学科的特点决定的。

第三个方面，就是我们强调要培养学生的批判性思维（critical thinking）能力。这可能是我们这次改革中最深刻的方面，因为前面两个方面不过都是涉及知识结构或者课程设置的调整，而批判性思维是我们过去教育中最缺乏的部分，不仅涉及经济管理学科，而且涉及所有学科，如自然科学，人文、工程等。

重点是培养学生的思维能力

钱颖一：大学教育不仅在于传授知识，还要培养思维能力。对此大家可能没人反对。可是关键是怎么把它具体化，如何逐步落实，这方面一般人就说不出来了。最近，我读了一些心理学方面的书。1952 年以前清华的心理学系是全国最好的系，1952 年以后就关门了，直到去年学校才重新恢复成立了心理学系。

心理学家把人的思维能力分为三个阶段：初级阶段，中级阶段，高级阶段。批判性思维是高级阶段的思维能力。我理解批判性思维的主要意思就是两个。一是，你要对既有结论，包括物理、数学、工程等自然科学以及社会科学中的很多论断，善于怀疑，提出挑战。盲目地遵循、迷信现有的结论是低级阶段的思维方式，小学生、中学生常会这样。但更重要的是第二个意思，就是在此基础上，还必须是建设性、创造性地搜集证据、提供论据，并且评判不同的观点、论断，这就比较难做到。世界上很多人的思维方式往往停留在中级阶段，这是什么意思呢？就是没有办法判别哪个观点、见解更有道理。你这么说，他觉得有道理；你反过来说，他也觉得有道理。有时还会给自己加一个充满自信心的辩护，就说这叫“辩证”。比如，认为改革有道理，不改革也有道理，说什么都有道理。其实任何道理都依存一些条件，要是说不出具体条件的话，就说明认识水平不够。比如，要懂得在什么条件下牛顿力学有道理，但是在别的情况下，爱因斯坦相对论就更有道理。自然科学、社会科学都一样，而这方面我们还比较欠缺。

“经双”学生关心的几个问题

学生：我高中在南京外国语学校，2007 年参加保送的时候，钱院长刚好在杭州介绍清华经管学院。听钱院长讲完后，我第一志愿就填报了经管。保送考时没考好，调到了第二志愿清华法学院。我是理科生。

钱颖一：法学院招收理科生吗？

学生：“南外”的保送可以文理兼用。当时，作为高中生，我还不知道什么叫经济学，第一次见到钱院长时，对您讲的那个“让大象自己上门来”的笑话印象非常深刻。之后大一就上了您开的那门“经济学原理”（1）和（2），大一就上了一年，听过您的课，记得最后还拿了一个最佳小论文奖。因为对经济学很有兴趣，所以上大二时就选了经济学双学位。去年也参加过“下午茶”，当时想的问题跟现在不一样，问的是该怎么学之类的问题。

我现在要提的问题是，我本身对经济学比较有兴趣，大三是比较重要的时期，我想要规划未来方向。一些“经双”的同学会觉得，以后可能会转专业去申请经济学方向，但是经管学院真正给我们的指导并不多，尤其我们大概只知道经济学分成三部分：微观、宏观和计量。比如，我是法学院学生，想转成经济学专业，但是与理工科相比数学基础差一些，那我应该做哪些准备，以后怎么申请？经管这边的知识、资源，我们怎么利用？

再有，一个实际一些的问题。这学期刚开学的时候，辅导员替我们争取过，能否给“经双”同学在经管学院找一个固定的自习室，我们平时可以在一起讨论问题？因为“经双”同学来自各个院系，大家平时见面交流机会比较少。当时大家都同意，但是不知为什么后来就没有声音了。

第三个问题，经管课程好像仅限经管同学，我们选不了，又没法旁听，是不是有些课可以开放给我们，比如最基本的英语课。

钱颖一：关于第三个问题，除英语课以外的经济学课程都开放了吧？

学生：也会有很多课不对我们开放的。

教学办老师：是这样的。现在只能用经济系的课来做学分。如果你想选择选修课，经管的课都可以选，但不能算作第二学位的学分。还有一个课容量的问题，选满了，就选不进来了。

钱颖一：你的第二个问题是自习教室问题。实际上，前几天我做了一件事情。现在一进入伟伦楼大厅总显得非常压抑，入口边上就有楼梯，前面是大屏风。我们重新设计了一下：把楼梯拆了，把朱院长的题词放到墙上，打通成一个更大的大厅，供同学交流用。这已经设计好了，但是缺钱。经管的本科生从1980年到现在有30年了，于是我们就动员1980年、1981年、1982年、1983年、1984年入校的毕业生捐款，已经捐够了所需的150万元，准备把大厅改造成像舜德楼那样的大厅，摆上桌椅，我们的教学办公室搬到一进门的地方。大厅就作为学生交流场所，就是你刚才说的可以自习，也可以随便坐坐的地方。现在，钱有了，想法也有了，就等学校批准了。所以，你说的这点是可以实现的。应该在下学期就可以完成这件事。

你说的第一个问题，我们也一直在考虑。“经双”的毕业生最近两年也有出国的，读硕士、博士的都有。事实上，我们这次讨论“优秀人才培养计划”，也考虑了学术人才计划会对双学位学生开放。一旦落实，你三年级就正好赶上。2008级的同学肯定能赶上，你是2007级的，估计也有可能。如果你能入选“优秀人才培养计划”，教师会指导学生做一些研究，对将来继续深造读博士、出国，会大有帮助。

中国学界为什么缺少杰出人才?

学生：刚才听了您的开场白，感触很多。有几个问题，我一直挺困惑的。可能不如刚才那位同学问的那么实在，属于比较虚的问题。我常听到有人议论，中国经济学家中缺少杰出人物。在中国，经济学的学术氛围好像还没有形成，尤其是关于这次金融危机的，国内有许多经济学家也不断分析预测经济发展趋势，其中很多还是不太准确。第一个问题就是，我们的经济学氛围到底还有哪些地方是欠缺的，问题出在哪里?

第二个问题是，我也听到外面许多人议论，经管学院给人留下充满活力的感觉：交流机会丰富，与国际接轨，学生能力的培养全方位、多层次。但是，这其中也存在一个权衡的问题。有人质疑说，会不会有些同学就是冲着这些来的，以至于最终造成自身的浮躁，不愿意脚踏实地、心平气和地做学问，而去追求各种活动机会。那么我想问钱院长，对此我们应该如何做出权衡?

第三个问题比较实际，是关于我们“经双”同学的英语能力的。由于我们来自外系，英语课只需要通过“水平一”（大学英语水平测试一），主课繁忙时英语课基本就不上了，英语能力明显跟不上。而现在我们双学位的经济学中有一些课程，使用英语教材或幻灯片，在这种教学形式下，我们就有些力不从心。钱院长对我们“经双”同学的英语能力有什么思考？

钱颖一：第一个问题。你不必把这种现象限制在经济学里面，不只是经济学，在整个社会科学和自然科学中都存在。几个月前我碰到物理系系主任、理学院院长朱邦芬教授，我们一起在学校的院长会上开会。他的第一张幻灯片上是蒋南翔的话：如果清华培养不出像林家翘这样的人，我们的教育就是失败的。蒋南翔确实说过这句话。这是蒋南翔的第一句话，他的第二句话是：1949 年以来，清华大学没有培养出像林家翘这样的物理学家。这也是他的原话。

物理学界可能有类似的现象。数学界有没有类似的现象呢？恐怕也有。20 世纪来自中国内地的最伟大的两位华人数学家，一位是华罗庚，另一位是陈省身。那么，现在是不是培养出了这种水平的数学家呢？可能也没有，看来数学也是这样。生物、化学可能也好不到哪儿去。经济学是一门后起学科，可以说我们在 20 世纪 80 年代才把现代经济学引进来，而引进数学、物理可有年头啦，但是比较突出的科学家还是不多。

你想知道的是为什么。我一个多月前专门与杨振宁先生在工字厅对面的甲所一起吃饭。那天，他先做了一场学术报告，在一个很小的范围内，在座的还有一些海外留学回来的人。我坐在杨振宁旁边，就问他这个问题。他是西南联大 1942 年毕业的本科生，后来又念了两年清华硕士，算是正儿八经西南联大和清华培养出来的。我说：“当年那么艰苦穷困，怎么还能做出那么多学问、培养出那么多杰出人士？”他给出的答案出人意料：“没别的事好干呐。”他介绍说，当时在整个昆明就只有一家电影院。这就联系到你后面那个问题。他说没什么事好干，言外之意，他除了念书、做学问，就没其他事情可做了。这只是纯粹从时间配置的角度讲，只是原因之一，还有很多其他原因，在这里一时半会儿也说不清。当然，他提供的可能是一个重要的角度，耐人寻味，也就是选择的问题。

大家学过经济学，在人的理性假说下，你的选择集合越大，就会越有利。证明很简单，你只要证明扩大集合包含着原来的集合，就能推导出来。但是，这种证明的分析方法没有考虑到人的非理性因素。行为经济学表明，人的自制能力很有限，当一个选择来临时，你就做这一件事。突然冒出来两个选择，你就可能会犹豫不定，就会去做另外一件事。当面临 N 个选择机会时，比如像经管很多学生有 N 个选择，就会乱套，不知道该怎么选择为好。可见所谓浮躁，与选择途径多、机会多相关。

工科的这种情况就比较少。据我了解，基本上一进校门就知道六年之后要干什么。具体讲，就是念完基础课、专业课，再念硕士，之后大概再去什么样的单位，从一进校门就看得清清楚楚，就是这样一条路。到经管就不是这样，选择很多。如果缺乏自我约束能力，可能到最后处于一种很糟糕的状态。

做经济学研究也是这样。在特别穷困的时候，没有别的事做，只有一心做学问，反倒能产生好的学术成果。有时，我们自嘲地说，中国经济增长太快，最大的代价之一是产生不了精深的经济学思想。为什么呢？因为谁都在找你：政府请你，企业请你，媒体请你。如果你抵御不了这种诱惑，就不能一心做学问。人自身有很多弱点，去追求虚华，在别人的一再吹捧下变得有名后就自鸣得意，会更频繁地参加这类活动，显然就无暇做学问了。于是，我就提出一个假说，经济学研究水平与经济发展水平成正比，与经济增长速度成反比。经济增长很快，会让你心里很浮躁。当然，这只是个假说，完全可以被推翻。

关于英语训练，确实我们有点力不能及，以我们现在的力量，只能集中在我们第一学位的本科生，保证一年级的“英语写作”课和“英语口语”课都能开好。今年开始我们开设了一个中级班和初级班，包括写作、口语，学生进来需要先接受分级考试。因为经管学院有些同学中学就出过国或者念的是外国语学校。但是双学位的同学都是二年级过来的，我们二年级就没有英语课了。我们的教学目标是，在一年级时就要把英语语言问题解决掉，到了二年级我们就假定你全都能够用英语自如交流了。所以，关于英语课，你们还需要去向学校做些工作。

科学与艺术、国学与英文

学生：我在北大旁听了很多课。都说科学和艺术是一枚硬币的两面，我就发现现在的科学家的艺术修养不是特别高。在北大的时候，我也和一些朋友、年长的老师谈到另外一个问题，就是当年国学修养比较好。在中国的那个年代，唯一的事情就是学国学、中文，清华四大导师等都是这样的，后来他们才去学习西方的一些政治、经济、文化等方面的知识。我的一个想法是，我们是不是也应该学习一些自己的国学等传统文化，把自己的东西学好了之后，才能把人家的东西学得更好?

钱颖一：你刚才说科学家的艺术修养。上次我听杨振宁先生讲物理学和美学时谈到，两者实际上是相通的。他举了几个数学家、物理学家的例子表明，物理学追求美。他还写下一个方程给我们看，特别举了狄拉克的例子，赞叹这个公式多么漂亮!

你说到国学。上星期报道，清华又重新成立了国学研究院。不过你看当年那一代人，他们的国学功底基本上是在中小学打下的，而不是上了大学以后再去学，那个时候可能已经太晚了。最近，我又读了一些书，可以看到梁思成等人在清华学校上学时的情况。上午的课有数学、物理、美国历史等，这种课全是英文讲授，他们都特别认真地学习。下午是中文课，他们就在那儿打瞌睡、逃课，远没有像上午那么认真。好几本校史上都是这么说的。我猜，他们可能在进清华学校之前，国学方面的功底就已经很深厚了。我还记得，那时候杨武之，就是杨振宁的父亲，让他在很小的时候就读《孟子》，还专门让历史系的一位教师去教他。这是有记载的，所以他们很小的时候就具有国学功底了。如果上了大学再去补国学，我感觉可能就太晚了。

英语到了上大学以后再学也已经太晚了，这就是为什么要趁早学语言。

其实我觉得，中国人花在英语上的时间是最多的，但效果很差。原因可能是学得太晚了，学习方式可能也不对，都是为了考试，死记硬背语法。

你们知道林徽因吧？梁思成的夫人。她的英文为什么会这么厉害？她从1924年到1928年，在美国一共待了四年，而我在美国留学长达二十多年，英文没她好。后来我一琢磨，确实比不了，人家12岁时入读英国教会办的北京培华女中，根基就比较好，之前还在上海的小学学习过。

教师应该把学生放在第一位

学生：您刚才提出来经济增长率和经济学研究水平成反比。我在大三的时候有一些想法，比如，想找一些经管老师尝试去探讨、研究学问，但是发现经管老师特别忙。我想问的是，如果你是一个学院正规聘任的老师，是不是应该把学生放在第一位？社会兼职等其他一些杂事是不是可以抛到后面？丘成桐先生指出过中国大学的一些问题，其中有一条就是老师兼职太多。他说在哈佛，要求老师每年待在学校里面不准出去，不知道是不是真的？还规定必须花多少时间在学生身上，而且也是他们乐意做的事情。经管改革培养方案，从学生方面确实是有了很多改进。但教与学是一个问题的两面，从老师方面，有没有什么改进举措？学生会去找找老师，谈谈自己的想法、打算、计划，很多时候会被挡回来，没有下文了。

钱颖一：美国的大学通常规定，一星期的五天之中，在外面做咨询的时间不能超过一天，也就是五分之一的时间做咨询是合法的，但是另外四天的时间，必须从事教学研究活动，这是有规定的。其实清华也有类似的规定。当然，存在怎么执行的问题。

据我所知，与经管学院不同，工科院系是另一种状况，他们做项目，还让学生帮着做。这其中有很多项目都是为企业做的短期见效的项目，并不是那种有学术意义的研究。不光是经管学院，我想清华很多学院的老师都忙得不可开交。相对来讲，反而美国教授的“空闲”时间更多，用来做学术和指导学生。教师应该把学生放在第一位，这份职业就是这样，这是毫无疑问的。

但是，在中国的现实中这不容易做到。

清华经管与北大 CCER 的“经双”比较

学生：在金融课上，我所在的小组中确定的调查主题是“经双的开设和我们对它的学习”。我们去北大调查，发现北大 CCER（中国经济研究中心）开设的经双方向比较宽，有会计、金融等，你可以从中选择自己喜欢的课程，而不像我们是定了方向的。还有，北大的师资配置也比较好，就是即使对经双的学生也用很好的老师给他们上课。相比之下我们这里似乎师资配置没有那么好。再有，光华那边企业招聘的相关信息也会对第二学位的学生公开，但似乎在我们这里，第二学位就得不到招聘信息。是不是因为北大、清华在开办经双这件事情上理念不太一样呢？

钱颖一：这就要讲“经双”的历史了。你只看到了其中的一面，我来给你介绍一下它的全面情况。北大 CCER 有上千名的“经双”学生，里面既有北大的人，又有非北大的人，还有研究生。

我们“经双”学生每年 150 人，不允许外校的学生来读。而且，我们刚开办两三年，北大已经办了十几年了。你说的这个职业咨询开放是什么情况？

学生：CCER 的双学位学生说，他们能得到很多光华第一学位学生能得到的信息。但是，我们好像同属于经管学院的学生，却得不到那么多的信息。

钱颖一：我们会想办法加强对“经双”同学的信息沟通。你看我们现在，“冬情”我们要求“经双”的同学参加了吧？“下午茶”我们有双学位专场；你们当时提出要有专门的毕业典礼，我们也举办了；开学典礼，我们也有专门的。你刚才又提出一个招聘信息问题，我们也会做。我们才开办两三年，时间还比较短。

环境科学与经济学

学生：因为是“下午茶”时间，那我就问一个极端务虚的问题。因为这几年我一直有一个问题，就是左右这个世界各种事物运行的本质规律是什么？

与之相关，我无法摆脱一个困惑。我是环境专业的，都说环境潜力无限，是21世纪一个新兴产业，可学了一年，感觉越学越困惑。即使我们研制出了最新的污水处理技术，出于各种制度和经济的原因，中国的大部分工厂也不会采用。包括眼下的哥本哈根会议，虽然提出二氧化碳排放等重大议题，但真正左右会议进程的还是各国政治利益之间的角逐、权衡，“环境”这个话题目前似乎更多成为外交上的一个筹码，甚至是一个噱头。我的导师研究二氧化碳吸附，他就说我们研究学术，也许某种技术几十年、一百年后才会应用到实际，但是这已经与我们没有任何关系了。常常感觉我们可能耗时费力做了大量研究却并不能真正解决实际问题，或许，决定事物发展方向的规律或道理可能更多还需要在经济、政治这些学科中去寻找。这就不免对工科学科的意义感到有点困惑迷茫，不知您怎么看？

钱颖一：站在你的角度，你说在技术层面做了大量研究，后来发现实际上背后存在经济利益。经济学家喜欢分析这个，但有时也会说，最终还是政治上的讨价还价、国家之间的博弈来决定。他们也会这么抱怨。

但是，你如果反过来想呢？比如那部“An Inconvenient Truth”（《难以忽视的真相》）的纪录片，美国前副总统阿尔·戈尔（Al Gore）参与制作的。政治家也好，经济学家也好，很大程度上都要使用科学家提供的证据。十年前没人相信全球变暖，可现在大家都接受了，为什么呢？那正是因为有确凿的科学证据，说明全球温度在上升，温度升高会如何如何，并预测如果任其发展，最终会造成什么样的后果。

当然科学证据本身不是自然传递的，它还要依靠很多像戈尔这样的政治家，他善于四处演讲。电影中有一个镜头，画面显示是在清华主楼后厅，你们看到没有？

你的问题是，能否找到最终的决定力量？西方人会说：“有啊，上帝啊。”经济学家会说是经济利益、经济规律之类的。政治家的答案是，这背后充满了政治利益的角逐，压过经济规律。我想，这其中可能都有一部分道理。

比如经济学家会说，自由贸易好。那为什么奥巴马这么聪明的人，他还要给中国的轮胎加税。那是出于政治考虑，其中一个因素为了通过他那个更重要的医疗改革法案，而达成某种妥协。奥巴马说："请你们来投票，支持我这个法案。"议员们立即回应道："我们可以支持你的法案，但你得先给中国的轮胎加税，我们这个地方有很多轮胎厂的工人。"好像又是政治因素压过了经济因素，对不对？可是，你也可以说里面最终起决定作用的是经济利益。

你能说科技人员就没有力量吗？显然不是。技术难道就没有作用吗？当然有。假定你突然有一个甚为可行的电池解决方案，所有的政治谈判会立刻全部打乱，石油就变得不重要了。假定大家真的突破了蓄电池的技术，电动车变为现实并广泛应用，这个世界就真的完全不一样了。

科技人员会说，别看那些政治家吵来吵去，其实最终这个世界还是由技术决定的，如 IT、纳米、材料等，这也不是没有道理。下一个世纪，生物学可能决定所有这些讨论的话题。以前没有那么多的伦理问题。如果人类没有掌握人体器官的移植技术，哪里会产生如今这么多的难题啊？一旦器官能够移植，你说能不能交换呢？若能交换，能不能买卖呢？事情一下子就变复杂了。现在，干细胞之类一大堆问题突然间全都冒出来了。因此，你也可以说技术特别重要。

你所从事的环境技术研究或提供的相关服务，包括生物医学工程等，必然是各种因素、力量相互作用，共同决定了事物的发展变化。当然，这中间肯定存在更重要的因素、稍微次要一些的因素。或者，在某一时刻或阶段，某些因素更重要；在另一时刻或阶段，其他一些因素更重要。不同的力量、不同的需求，最后达到某种均衡。正是各种变量加在一起决定了某种的状况。军事、政治、经济等不同领域都是这样，当然也包括环保。

一般人都存在某种偏向：站在自己的领域，当一件事情发展比较顺利时，容易把它归功于这个领域；当事情进展不妙感到迷茫时，容易归咎在别人的领域，并声称：我无能为力，都是其他领域所致。

双学位本科生与院长共品下午茶

（2010 年 5 月 13 日）

学分绩导向是一个全国现象

钱颖一：“下午茶”活动是一个沟通交流的平台和机会。我这次陪同顾秉林校长去美国的大学访问，在斯坦福大学校园里碰到了一位“经双”的同学，原来是工业工程系的，现在斯坦福那边念金融工程专业。

大家来自不同的院系，一个共同目标就是念经济学双学位。当然，你们也都有不同的想法或动机。我到芝加哥大学的时候，专门拜访了芝加哥大学本科生院的一位副院长，他说芝加哥大学第一大本科专业是经济学。我问他：“你们有多少人选择经济学作为专业？”他回答：“至少 25%。”第二大专业是生物，但是与经济学相比，选择人数只是个位数百分比，相差就很大。第三大专业是历史或英文。

现在学校正在召开第 23 次教育工作讨论会，交给我一个课题，是关于清华的本科教育改革。其中有一个很重要的问题，就是通识教育应该怎么开展。我一直在做各方面的调查研究。去年从 2009 级开始，我们经管学院第一学位的本科培养方案做了很大的改动，更多地强调通识教育。当然，双学位的同学是一个特殊群体，你们选择经管学院的双学位，与其他一般同学肯定不一样，就是希望在自己的知识结构方面有所不同，有更多的向往和追求。

今年 5 月 4 日，温家宝总理到北大跟学生座谈的时候，重复了钱学森曾经提出的问题：为什么中国就培养不出杰出人才？在刚才那场“本科生下午茶”中，我就跟我们第一学位的学生在探讨这个问题，后来讨论就集中在学分绩的束缚上，谈到大家都是学分绩的“奴隶”，讨论就陷入其中。

为什么会出现这种问题？老师说我们推研不只看学分绩，出国更不看学分绩，投行也不看学分绩。但是有一个同学说：我的一个学长跟我说，学分绩是很重要的。2009 级的学生刚进校门，已经根深蒂固地认为学分绩至关重要。你们来自不同院系，也存在这样的情况吗？推研、出国留学、交换、奖学金全都由学分绩决定吗？

学生：是的。

钱颖一：也就是说都是一样的。我做院长后，做过一件“伟大”的事，就是把学分绩小数点后边的数字去掉了。据说，你们其他院系小数点后面都还是要计算的。

学生：还有看小数点后面三位。

钱颖一：看小数点后面三位?！我原来还觉得，我最无聊的工作就是把小数点后面去掉了。没想到还有看三位的！

学生：学分绩问题是一个全国现象。各大学之间毕业以后的差距越来越小，那么通过什么来评价你真正有多强呢？数据是一个最好的评价方式，学分绩数据就是一个相对来说比较好的评价方式。

学生：那不一定吧，比如清华的 90 分，浙大的 95 分，还有哈工大的 85 分，这之间怎么评判？怎么比啊？

学生：这里面还有一个档次问题。先有档次，再在档次里加以细分。

比较 MIT 和哈佛

钱颖一：我们现在跟世界一流大学比到底差别在哪里？综合起来判断，如果说专业课教育的话，无论从专业课的数量还是到学时数，我们只比美国大学的多，不比它们少。

比如 MIT，以工科著称，我们在座的工科学生比较多。MIT 大学本科的专业课要求一共 10—12 门课，就这么多。斯坦福、伯克利工学院情况也差不多。但 MIT 要求所有学生，包括工科学生，要学四门沟通课程，其中两门是人文社科学院开的，另两门是与专业相关的沟通、写作课程。这叫作 Institute

Requirement，是整个大学的要求。

讲到 MIT，我们学院有一个 2006 级的学生，入校一年之后转到 MIT 去念经济学和数学双学位，今年毕业，美国多所知名学校都录取她读博士。4 月 14 日晚上，我正好在波士顿，同经管学院和基科班在哈佛念 MBA、读博士的几个学生一起参加晚宴，她也赶来了。那天她正在哈佛与 MIT 之间进行痛苦选择。有 12 个 MIT 教授给她打电话，劝她留在 MIT。她后来决定去哈佛，她的理由是，已经在 MIT 念了本科，念博士就想再换一个学校。如果她的本科不在 MIT，我可能就会建议她去 MIT 了，MIT 的经济系非常强。

给她写推荐信的几个 MIT 教授都特牛，包括埃丝特·迪弗洛（Esther Duflo），今年获得了克拉克奖，希望她留在那里。她在 MIT 经济学和数学双学位成绩全是 A。她转到 MIT 后，除了政治课以外的清华所有学分都转了，包括在我们这儿学的经济学课、数学课。

她告诉我在 MIT 本科所学的课程，包括数学学了哪几门课，经济学学了哪几门课。我觉得从那些课来讲，数量不多，但教课质量很不一样，像迪弗洛的发展经济学、格伦·埃里森（Glenn Ellison）的博弈论等，都是大经济学家教的。当然，她对 MIT 也有抱怨，认为 MIT 每一门的课业负担都太重，留给自己的思考时间比较少。

我们再来看哈佛的本科教育。我在哈佛见到迈克尔·桑德尔教授。他给本科生教的“公正”这门课是哈佛选课人数最多的一门。你们中有知道这门课的请举手？20 人中五个人知道，四人在网上看过他的录像。在上一场“下午茶”的时候我也问过同样的问题，30 个人里面大概也只有四五个人知道。他的这门课最早在校内网上，后来传播很广。他在哈佛的 12 集讲课视频，现在挂在网上，在 YouTube 上面的教育类中点击率居于首位，在中国的人气也很旺。我会请他明年 5 月到我们学院来给我们上堂课，他已经答应我了。

今年 3 月份我去了一趟上海。哈佛在上海搞了一个上海中心，在浦东香格里拉对面新起的楼中，他们租了一层，造了一间与波士顿哈佛商学院一模一样的教室，还设有其他的讨论室。下个月，芝加哥大学北京中心准备揭幕，就在人大附近。斯坦福在北大校园里也设有一个中心。

3 月 18 号，哈佛的上海中心举行开幕仪式，我也参加了，校长、院长等来了一大堆人。中午的演讲就邀请了桑德尔讲“市场的局限”。他对经济学家关于市场的看法多有批评，比如人的器官交换有没有市场等这类问题，当然有些问题经济学家可以回答。

本科教育是为人的一生做准备

钱颖一：本科教育的意义到底是什么？哈佛用五年的时间推出了一个新的本科教育计划。哈佛大约每 30 年要对大学本科教育进行一次调整。1945 年，哈佛出台了关于本科教育的一套完整方案。到了 1979 年又在整体上做了一番调整，然后就是这次——2009 年。现在与从前相比，时代发生了很大变化，如全球化、文化多元化等，所以他们做了大量调整。他们花了五年时间，从 2005 年就开始着手。

比尔·科比（Bill Kirby）曾担任哈佛文理学院（Faculty of Arts and Sciences）院长，他参与了这个本科教育计划的制订。文理学院是哈佛最大的学院，是唯一授予 PhD 博士学位的学院，所有哈佛的本科生和非职业学院的研究生都在这个学院。哈佛的医学院、法学院、商学院等都是职业学院，只招研究生。哈佛最近成立了工学院，但是隶属文理学院。我就把他们的工作报告拿来，其中通识教育的理由（The Reason for General Education）一节，针对所有哈佛本科生，读后我很受启发。

哈佛本科课程分为三部分：通识教育、专业课、选修课。我们清华，不仅清华，包括所有中国学校，如果仅拿专业课跟美国顶尖的学校比，撇开老师教课质量上的差别，课程设置我们比它们只多不少。事实上，我们的专业课可能太多了，即便跟 MIT 比也过多了。我看过你们材料系、机械系、热能系的课程表，专业课程很多。

那么，我们欠缺什么呢？首先是通识教育方面的差距。刚才说的桑德尔的“公正”课和“经济学原理”课都是哈佛上座率最高的课。通识教育中提供八类课程，每一类里面大概有一二十门课，可以随便选。哈佛规定的唯一一门必修课是“英文写作”，除此之外就没有必修课了。我们经管学院从去年开始引入了“中文写作”课，这是必须上的，对应他们的“英文写作”课。再有一个欠缺，就是高年级那种研究导向的课程也与之相差较大。

大学除了专业教育外为什么要搞通识教育？学校的领导、负责教学的人通常会说，“我们的工科学生应该学点经管、法律，将来会很有用”。这不对。其实通识教育是否与现实相关、是否在实际中有用，并不重要。通识教育是学习人类文明的成果，并非充实自己的实用知识。

大学本科期间同你未来的一生都不一样，因为大学毕业后你在时间和精力上都有很大制约，包括你上研究生院以及以后去工作。在大学本科期间你没有这种制约，你有唯一的机会，可以不受制约地学习、思考。通识教育是为你将来的一生做准备。而我们在多大程度上想到了这个问题？我们所想到的是为你毕业找工作做准备。有调查显示，特别是清华的工科生，大多数人毕业五年后都不在原来所学的专业了。可以说，你在大学可能花了大部分时间在谋划未来，但这只不过是在为你未来的五年时间做准备而已，并不是在为一生做准备。

我们在大学一年级有一个入学导向，这对中国学生更重要，因为我们从小学一年级到中学毕业，中小学教育基本上是应试教育。我们更需要有一个disorientation（去导向），然后 reorientation（重新导向）的过程。在清华，在中国大学，大一就是高四，大学和中学之间无差别，照样考试。中学时是为了高考，现在是为了推研。所以我说，通识教育不是“餐前食品”或“餐后食品”，点缀一下，比如听两门诗歌欣赏、文学赏析。它们本身就应该是目的，是“正餐”。在我看来，那种学点经管、学点法律对我们工科学生有用，可以造就复合型人才的观念是一种实用主义。

同学们选经济学双学位，刚开始可能也都是出于实用主义考虑，比如找工作有更好的出路、将来可以申请出国等。这很正常。但一旦进来，歪打正着，就要走对路。我们都一样，人生许多事情都来自错误原因，但最后可以得到正确的结果。但要有能力认识到这一点。

首先，对功利主义要做分析。“功利主义”是一种结果主义哲学。在某种意义上，邓小平的“三个有利于”就是功利主义的。不过也亏得功利主义，中国经济改革才能成功。因为只有这样才能从当时“文革”的那种极“左”思潮中解放出来。我们不要争论，“不管黑猫白猫，抓到老鼠就是好猫”，不管过程只看结果，这对中国进步有巨大的推动作用。这是第一点，必须肯定。

其次，实现大学培养拔尖创新人才的任务需要有长远眼光。我们培养不出杰出人才，很大问题在于大家只顾眼前。工科方面可能更是这样，学生一进校想的是马上就做一个项目，凭借这个项目就可以念研究生，可以写博士论文。这次我同工科的老师一起到斯坦福、伯克利工学院，他们感到清华的工科与世界一流的差距还是很大的。

举一个例子就知道差距了。我们到伯克利工学院，看到一个实验室是由十来家大公司共同支持的。我们的老师马上提出一个问题：“我们的研究院、科研院如果也是由若干公司资助，可能就会出现竞争，毕竟公司间存在商业机密。”但人家说了一句话，让我特别受启发：“我们这从来不做五年以内能商业化的东西，这些都是早于竞争阶段的研究。”在那里，研究课题都是五年以后才能进入商业化，所以在这个阶段，公司之间不存在竞争的问题。相比之下，我们的课题都要能立刻转化。

在我看来，中国的大学中必须得有至少 1% 的大学要做“超前式”的研究。所谓超前式研究就是那些五年后、十年后有用，但是现在没有用的研究。清华不同于其他国内院校之处应该在哪儿呢？就是要更加超前。清华要做有长远意义的研究。

为什么从数学转学经济学

学生：您本科是学数学的，后来去学经济了。我本科也是学数学的，我想问您，是什么原因促使您从数学转向了经济？

钱颖一：是自己的兴趣，而这与当时的中国经济改革背景有关。20 世纪 80 年代在美国的时候，我是从中国大陆出去的第一批学现代经济学的，那时叫西方经济学、数量经济学。我对中国的经济改革有兴趣。当时在美国学习经济学专业的绝大部分中国大陆留学生在本科期间学数学、物理，也有少数人原来是学政治经济学的，就很吃力，因为他们的数学基础不强。

学生：那么后来为什么做转轨经济学？

钱颖一：还是出于兴趣。最开始研究理论，我的导师马斯金是一个经济学理论家，我的博士论文很多以中国为背景探讨理论问题。中国经济改革问题中的现象，主流经济学很难直接解释。我就觉得这事太有趣了。

学生：那您不是为了学以致用去学这些？

钱颖一：有啊。但我喜欢学术的严谨性，对调侃的那类东西，兴趣不大。我毕竟是学数学出身，我对模型的严谨、精妙着迷。我又不是脱离中国现实的人，也想学以致用，但并非那种急功近利式的学以致用。20 世纪 80 年代我就经常回国，参与有关经济改革的讨论，对中国的现实问题乃至每一步发展我都很关注，但不满意表面的解释或分析，觉得不深刻。所以，我把新学的博弈论、信息经济学运用于中国改革实际中。我同马斯金学博弈论，与科尔奈谈社会主义国家的经济改革问题，并把它们结合起来，写我的论文。后来的很多研究，也都是这么产生的。这就是学术研究的乐趣。

学生：我有可能还是很传统的，相信“修身、齐家、治国、平天下”能让我更满足，而不是科学发现。

钱颖一：你可以这样，因人而异。一个重要的培养理念就是根据个人情况，根据个性、偏好来发展自身。比如，有人喜欢科学发现，有人喜欢“修平之道”，对吧？不应该用一个标准来衡量。

学生：对。

钱颖一：所以，不存在“你们”“我们”之别，东西方都一样。在座的里面有人就喜欢证明数学定理，有人喜欢物理发现，有人喜欢管理企业，有人喜欢商业经营，也有人愿意当教授，可以自由选择。

学生：我问过不少学长、师长，如果我的理想就是创业，他们会跟我说：如果想创业的话，在哪个院系都能进行。我来经管学院，相比其他院系在创业方面，优势怎么样？

钱颖一：在经管学院有一个技术经济与管理系，这个系有十多位教师。我们还有两个研究中心：一个叫技术创新研究中心，另一个叫创业研究中心。我们这次到伯克利访问的时候，学校和伯克利签署了技术创业项目合作协议，主要是为理工科学生开设的项目。项目已经搞了一年，里面有一些课程，主要由我们的老师教，也有伯克利的老师教，有一些学生参与那些课程和项目。那天这个项目的两位清华学生在伯克利专门讲解了他们的创业商业计划：一个讲医疗设备，另一个讲手腕可以感触脉搏的音乐播放器。他们做了商业计划书。

学生：如果我在其他工科院系学成后，并在经管念完硕士、博士之后再去创业，您觉得有什么区别？

钱颖一：条条大道通罗马。创业人形形色色，有的先学工程，后来又修管理，有的是正相反，有的全都涉猎，有的根本没学过，我觉得没有固定模式可言。这就是为什么每个人要根据自身情况而定。像盖茨、乔布斯等没念完大学，但我们也不能说，要想成功一定要在大学期间辍学。

我们制订了一个“优秀人才培养计划”，对本科三四年级同学、双学位同学都开放。这里面有三个方向：学术人才培养计划，创业人才培养计划，领导力人才培养计划。这是我们在经管学院按照个性化培养的方案。

今天下午，我们宣布这个计划对双学位学生开放。具体说，如果你对创业感兴趣，就可以在三四年级的时候申请加入这个计划，我们不以授课形式，而是做一些实际项目。

功利环境下的选择困惑

学生：外语系复系已经快 30 年了，但一直没有出过出众的人才。现在，我感觉清华校园中虽然学风依旧，但大家所谓研究学术其实只是完成作业而已，更多涉及一些非常实惠的东西，真正懂得思考一些比较超前的人极少。

钱颖一：有人说复系时间太短，其实一点都不短，已经30年了。清华从1925年开始招收本科生到1937年抗战开始，这中间才十几年啊，就出了曹禺、钱钟书等人。

学生：第一，现在社会大环境充满了功利色彩。像我们来说，肯定要搞翻译，因为赚钱很快。第二，同学之间的交流十分有限，其实肯定有人热爱学术，回家后读一些作品，搞一些研究。而老师只是督促学习，并没有给大家提供这种交流机会。第三，现在我们每个同学都在这种环境影响下，看淡了学术方向。大家觉得读书、写作都没什么价值，跟自己工作并无瓜葛。如果你想要工作，读小说并无多大价值。就我个人来说，现在读"经双"后还在学英语，其实自己的本科就是在完善通识教育。因为以后我并不想直接从事学术事业，也不想直接求职工作，可能考虑读研，再增加对各方面的了解，之后再去找工作。您认为我们现在的问题出在哪些方面呢？

钱颖一：我想听听你们的想法啊。你们有第一学位专业，又掌握了一些经济学知识，具备跨学科优势，你们应该有更丰富的想法。

学生：我的第一个想法就是，本科所学知识距离现实社会十分遥远；第二点，我不想把数学落下，我觉得无论如何数学最终会发挥作用。经济学会刺激我更好地应用数学，对我未来发展大有好处。

学生：我跟大家交流过程中发现，生活真的跟理想不同，有人可能完全为了追求学术。从小学、初中到高中，在12年的教育过程中，我们仅仅是为了一个目的"考上好大学"而读书，考上大学以后现在是为了毕业而读书。完全没有追求本性的意愿，没有创新意识或创新能力。创新能力能够靠培养吗？大学里再去培养创新能力是不是太晚了？

钱颖一：我们只能做我们分内的事。到了大学当然已经很晚了，但总比不做强吧？

学生：我在环境系。在研究中，课题组进展很快，面试也带有功利性，完全不是为了学术。国家安排项目，提供资金，然后你才能推进。

钱颖一：人类的许多重大科学发现，都不是直接为了某种应用。我一直想介绍一篇文章，叫“无用知识的有用性”，是弗莱克斯纳写的，他曾任普林斯顿高等研究院第一任院长。文中专门提到，麦克斯韦发明电磁理论时，根本不曾设想到它的应用，但是后来的应用却是难以想象的。人类出于纯粹的兴趣和好奇带来的发现，日后会引发意想不到的结果，对于世界文明的进程影响极为深远。而相反，颇具讽刺意味的是，急功近利追求发明，却往往达不到效果。

人是有巨大潜能的，但这个潜能如何发挥出来？急功近利，一味追求物质回报或求取短期利益，制约了巨大潜力的发挥。相反，好奇心驱动的探索奥秘能够激发无穷的潜能，也会带来更大的长远收益。

我们现在面临的问题就是浮躁。我们现在大事小情，忙得不可开交，各种诱惑此起彼伏。诱惑膨胀后，人的欲望随之膨胀，就开始经不起诱惑，这从长期看明知对决策不利，短期却无法抗拒。结果贪欲战胜了理智，短见牺牲了志向。

在艰难岁月中，也是不得已，就发愤苦读。20 世纪 30 年代，清华和德国签有《校际合作协议》，季羡林先生赴德国哥廷根大学留学。后来二战爆发，战事一起，他无处可去，就待在德国，一直到 1945 年德国投降以后才回国。在德国滞留的 10 年间，他深入研究了梵文，撰写了大量文字。

经济学视角下的环境保护

学生：现代社会发展经济，特别注意环境保护。我个人觉得，环境问题在现阶段充满矛盾。我们现在请来的一些教授都是环境方面的专家，研究环境经济学等。想问一下，如果从经济学角度看，经济就是供求关系，或许它会达到一个比较好的均衡点吗？

钱颖一：经济学的出发点是，资源都是稀缺的。经济学家并不是不关心环境问题。很多经济学家研究环境问题，包括碳税、污染权交易等，都是经济学家搞出来的。你以一种什么方式，或者成本更低的方式，或者效率更高的方式来实现环境保护。或者说，有些方式我们原来不知道它成本到底有多高，而经济学家可以通过模型让你知道，“哦，原来你这种方式下成本是这么高”。

你说经济学在方法上有别于其他环境研究者，确实如此。经济学的成本收益、税收扭曲，有一套工具研究这个问题。发展中国家和发达国家当然不同，发展中国家的重心肯定得放在发展上。但是经济学的很多工具、模型却可以通用。所以，我觉得你修环境、经济学双学位，是很好的学科选择。

学生：我之前上经济学的课，觉得经济学给我一种全新的思维方式，挺感兴趣。环境对我国来说属于热点问题，希望能在这里得到解答。

钱颖一：我觉得有两个领域特别值得关注，一个是环境，一个是健康。现代经济学研究健康、医疗卫生问题，也是主流大趋势之一。当然也提出了一系列新问题，像是否允许器官交易。经济学家会说，有市场，效率自然更高。但这立刻引出来一系列复杂的问题。以输血为例，对于无偿献血大家可以接受，那么有偿供血市场好不好呢？很多人可能觉得不好。

再议学分绩

学生：如果我没有修“经双”的话，推研的时候来经管学院学习，需要达到什么样的要求？

钱颖一：以经济系为例。推研时要求你用 15 分钟时间讲述一个你正在研究的题目，让考官相信你做这个题目有一些新想法，题目本身还要有意思。我们不看这个学生的成绩，也不看以前曾经学过什么课。我们经济学夏令营欢迎大家来参加。夏令营是干什么的呢？除了老师给大家讲座，就是每个学生利用 15 分钟讲述自己研究的项目，由我们老师进行评估。

学生：您刚才主要讲了现行大学教育中存在的问题和学生应该学习什么，我也非常赞同。如果按照您的思路，大学是为了今后的生活做足够储备，那么我们现在应该做什么？

钱颖一：现在清华要求每个学生有 13 个学分的素质课，还要求刷卡。虽然大学领导很重视，但是清华没有这个氛围。是不是因为功课太重？华中科技大学和东南大学也都是工科院校，但据说这两所学校的学生听人文社科讲座的氛围十分热烈。为什么清华学生就不愿意去听？有一次，有一位知名教授来讲“数学与美学”，听者稀稀落落，搞得组织者很尴尬。是不是我们的功课比华中科技大学重啊？

学生：实际上是学分绩的问题。我们报考填表的时候都有学分绩。

钱颖一：又回到学分绩了。

学生：我觉得这是清华传统。你来了之后肯定会找学长聊，学长会跟他的学长聊，到处都是这样。

钱颖一：现在已经发现，2009 级同学来学校几个月就深深相信 2008 级同学告诉他们的，2008 级又相信 2007 级说的。

学生：主要是告诉大家学分绩很重要，最有意义，其他东西都不重要。很多人都持这种观点，大家的共识就是要搞好学分绩，其他方面暂时没有精力顾及。

学生：其实学分绩是中国独有的特色，欧洲和美国没有学分绩。

钱颖一：学分绩是有的，但使用的方式完全不一样。

学生：可以把素质教育的一些课业放到学分绩里。

钱颖一：我们不是有一个综合素质测评吗？但我发现这里面有问题。估计在那个综合素质测评里怪才、歪才的分数最低，因为他不善于跟人打交道，人家给他评的就最低。从某种意义上说，这很不利于多样化发展。有些人，比如证明出费马猜想的那个人是个很“怪”的人，他拒绝领取菲尔兹奖。陈景润也很“怪”。所以不能用一种素质测评来衡量他们。

为什么北大学生比清华学生更有个性

学生：我一直在想，为什么都说北大学生比清华学生更有个性呢？

钱颖一：为什么？

学生：精英意识问题，北大的这种意识很强。

学生：清华校风有问题。

钱颖一：校风是什么？

学生：清华比较低调，各方面不能太出众。

学生：我是觉得咱们清华提倡又红又专。我上大学之前觉得它是一个贬义词，现在到这里突然发现它是一个褒义词。

钱颖一：建校百年的口号里就有这一句。

学生：其实我觉得，提这个对今后的发展，不敢说它是真正有利的。

钱颖一：你觉得是为什么呢？

学生：因为又红又专首先还是功利主义，要学最直接的东西。其次是它限制了你的思想。

钱颖一：北大没有吗？

学生：最起码不会提这样的口号。

钱颖一：北大提什么口号？

学生：民主与科学。

钱颖一：兼容并包。中国还未出现一个诺贝尔科学奖的获得者。如果 10 年、20 年后，连续出现了两三个，但其中没有清华毕业生的话，清华将何以自处？

学生：是不是因为清华特别注重实用发展？除了我们的清华园，台湾也有清华，我也去过，发现他们那里清华的校园风气跟咱们这边完全不一样。是不是由于不同教育体制下会产生偏差呢？

学生：清华太严谨，就害怕说错。

钱颖一：我们怕错，这是一个很重要的原因。你想创业、创新，最大的天敌可能就是怕错。但是创新 99% 有可能是错的，而那 1% 是对的。我们很大的思想障碍是怕错。

学生：我高中一个班的同学中有七个考入北大，就我一个来清华。现在感觉高中的时候我最有个性，现在我却最没有个性了。

钱颖一：一种假说是，没有个性的学生考到清华来了，有个性的、张扬的去北大了。还存在第二种假说，并不是性格不同的人选择不同学校，而是入校以后，学校的环境、校风、文化等改变了一个人。你原来是同学中最有个性的人，而到清华后却不如那七个同学有个性了，这是支持第二种假说的证据，表明是学校改变了你原来的性格。你现在上几年级？

学生：今年大二。

钱颖一：我还以为你上大四呢。那说明清华能在不到两年时间内就改变了一个人，改变程度很厉害啊。

学生：我也是。

钱颖一：你也是大二？

学生：对。一般来说，辅导员、学长在你入学的第一个月就建议你应该做什么、不应该做什么。而更追求个性化发展、相对自我的发展观点在清华会受到比较大的限制。

学生：北大有没有辅导员？

钱颖一：北大辅导员不是学生而是老师，体制不一样。我们的辅导员是高年级学生。班主任不起什么作用，还是辅导员作用大。

学生：我觉得对我个人发展来说，辅导员对我影响非常大。

钱颖一：班主任影响不大？

学生：见不到。

钱颖一：一般来说，对问题的思考或者影响最大的还是同学。

学生：是学长。

钱颖一：是学长。不是横向的，而是上面的。同学有几种：一种是上面年级的，一种是同年级的，还有一个是下面年级的。哪一种影响大？

学生：上面年级的。

钱颖一：你们觉得学长影响大，是吧？

学生：北大是同一年级学生住在一起，咱们是跟同院系的学长住在一起。

钱颖一：学生住宿安排问题已经被多次提及。我们完全是按院系安排宿舍的。比如机械系的同学住在一栋楼里，你接触到的永远都是机械系的同学，你跟他说的都是相同的“语言”。所以你很难跟生物系的人解释你的想法。你跟外语系的人怎么进行沟通、解释？

沟通很重要的一点是，经济学家必须跟一个学外语的人讲清有关经济学的事情，这很锻炼沟通能力。或者我是学原子物理的，要跟另外一个学习社会学的同学讲清楚，或者一个社会学学生能跟一个学医学的说明白，这是沟通很基本的要求。但是我们现在这种班级组织和住宿方式，使得你跟周围交流的人基本上都是同属你本专业的那些人。我们已经提出过多次了，应该改变学生的住宿方式，但是很难。

双学位本科生与院长共品下午茶

（2010 年 11 月 25 日）

钱颖一：今天到场的还有钟笑寒老师，他一直在负责双学位项目的具体实施，也在执教“经济学原理”和“博弈论”课程。何平老师和施新政老师都是从海外取得博士学位后回来的，何平老师还担任研究生工作组组长。

理解“经双”的定位

钱颖一：大家来学习经济学第二学位，说明同学们是一个比较特殊的群体。第一学位的学业已经十分忙碌，能做出这样的选择说明大家有更广泛的诉求。我们一直把“经双”同学作为经管学院学生群体中的一部分。过去几年经双班中涌现了一些非常优秀的同学，毕业后他们有的读硕士、读博士，也有的出国；涉及的专业多种多样，有的与原来所学专业相似，也有的更偏向经济管理。

今天到场的绝大多数是 2009 级二年级的同学，这学期刚刚进入“经双”项目。也许大家知道，经管学院在本科培养方面，我指的是一学位，在过去几年进行了大幅度改革。大学本科教育与中小学教育、研究生教育都不一样。在大学本科期间，即一个人在 18 岁到 22 岁这一时期，正是思想极为活跃、学习思考能力极强、主动性也极强的人生阶段。我确信一个道理，在中学以后，只有大学本科这四年的教育是在为将来的一生做准备。在大学本科，我们的课程设置是为了给大家提供新的思维方法、看问题的不同角度以及分析问题的思路，乃至形成世界观即对世界包括对中国的新认识。从这个角度讲，开设经济学双学位不仅是提供另外一个专业，也是在为大家今后的人生做准备。所以我想，学习经济学双学位还应该有超越学习专业的目的。

大家多数来自工科，也有来自理科和其他文科。经济学不同于这些学科，它是社会科学，它研究社会与人的行为。中国社会正处在快速发展和变化之中。经济学的分析方法，从狭义上讲是分析经济问题，从广义上讲也可以用来分析一般社会问题。经济学家看问题的角度、分析问题的思路和方法都极具价值，远超出它研究经济问题的价值。

2009 级的同学刚进入“经双”学习三个月，也许已经看到了这样一种新的思维方式、分析问题的方法，不仅跟工科、理科不同，跟其他文科也不一样。它打开了一扇窗，增加了一个维度，对认识经济、社会乃至整个世界都有重要的帮助。

遇到问题时找谁？

学生：在双学位方面我一旦遇到问题，由于没有对应的老师，因此不知道该去找谁，尤其是自己想加以扩展的时候不知道该问谁？

钱颖一：这是一般性问题。工科的生师比是比较低的，容易找到老师。我们整个学院不算双学位的 450 个学生就有 4 000 多名学生，而只有 140 位老师。生师比远高于工科院系。

学生：但如果自己产生、构建了一个思路，比如针对某一方面形成的思路写出文章的话，有没有机会去找老师进行一些交流？

钱颖一：你要主动去找老师。我只是说老师见学生的时间很有限，但如果你的想法很有意思很有趣，一定有老师会关注到。当然你找老师时要想到这样一种环境，跟你们本系的情况不太一样。

钟笑寒老师：可以先找班主任。

钱颖一：对，他们也有职责。现在我们学院教师中有一半都是海外博士，而在工科绝大多数都还是自己院系留下来的博士。过去五年，在我们招聘的 55 名新教师中只有两名是我们自己学院培养的博士，其他 53 名全都是海外博士。这对你们来说是一个好消息。班主任中有刚从美国拿到博士学位回来的，他们对研究前沿问题都比较熟悉，所以具有突出的优势。不过也要知道，我们学院的教学方式跟工科院系不一样，并非以研究项目为中心，也不会组织学生投入到项目里去。我们不是这一路数。

用现代经济学分析中国经济问题

学生：我们现在学的一些经济学课程直接跟西方经济有关，那么对我国的经济状况，我们应该做怎样的了解呢？

钱颖一：我们有一门课叫“中国经济专题”，在这门课上，我们都会邀请国内举足轻重的经济学家来讲。你是二年级的学生，那门课开设在四年级，是一个挺不错的机会。其实我倒不主张你非要去等那个机会。我觉得经管学院的另一大特点就是资源多，有时一个晚上有三场讲座，而且都是国内经济管理方面大腕级的人来讲。

我们有诸多讲座系列。一个是“中国经济高层讲坛”，两个星期前我们邀请了国家统计局副局长许宪春来解读经济形势。他在国家统计局是负责中国国民经济核算，就是核算 GDP 数据。随后，我们还要邀请中国建设银行董事长郭树清、国家统计局局长马建堂以及中国人民银行副行长刘士余。还有一个系列是“中国经济 50 人论坛长安讲坛”，也是由中国顶级经济学家、政府官员来讲。在管理方面我们有“中国管理最佳实践”系列，“清华经管学院顾问委员讲堂”系列。当然，还有大量讲座、讲坛等并未列入这些系列。

我们课上提供的分析方法是源于西方经济的，但这些方法只不过是让西方人率先发现或发明了，我们完全可以拿来运用，同数学、物理一样。再有，在西方经济中发生的一些事情对我们有很多参考价值。我们总觉得中国经济问题很独特，好像不符合一般经济规律，其实这种看法不对。我们经济中出现的大部分问题，在其他许多国家都经历过。中国经济有特色确实不假，但你要学会使用经济学的分析工具既能分析一般规律，又能分析特色问题，同时也要借鉴其他国家已经历过的事。比如，我们只经历过两次外面的金融危机，但在全球范围内，金融危机从 19 世纪开始已经爆发过 N 次了，有很多值得我们借鉴的地方。

院系之间缺乏交流的原因

学生：我大四了，总觉得经管学院的同学跟其他院系的同学交流较少，同清华整个大环境的融入感还不是很强。据我了解，百年校庆之际，经管学院的学生会也喊出了“要投入清华大怀抱”之类的口号，但我没有感到经管学院在这方面有哪些举动。比如我知道，工科院系之间经常举办一些友谊赛，还有“期中舞会一起跳”“卡拉 OK 一块办”等，但经管学院却是“舞会自己跳”“卡拉 OK 自己唱”，什么东西都自己来。

何平老师：这不对。研工组举办过舞会，邀请过工科院系的学生参加，来了很多男生。

学生：即使这样，我觉得我们系与经管学院的交流还是寥寥无几。比如研究一个房地产课题，本来我们觉得能跟经管学院的老师充分交流，结果还是房地产研究所自己在搞，而经管学院的老师不见踪影。我的一个想法，明年就是百年校庆了，这是一个难得的契机，可以推动工科院系和经管学院之间的交流，不知道钱院长对这方面怎么看？

钱颖一：你说的情况我也知道。在经管学院我也一直跟同学们讲，不能总是自成体系，自己跟自己玩儿。我倒不知道“舞自己跳，歌自己唱”，但我知道他们不经常参加校学生会的活动。在座的有经管学院学生会的同学，你们也说一说。在跟其他院系同学交流方面有什么计划，有什么打算？

学生：我是经管学院学生会外联部的。其实我们自己也一直知道经管学院存在大范围融合问题。实际上，经管学院可能一向同法学院、人文学院这类学科院系关系比较密切一点，甚至与基科班关系也比较近一点。至于同工科院系，关系就一般了，不知道是因为男女比例还是课程分配？经管学院举办任何一次活动从男女生比例讲，基本上可以“自给自足”。

钱颖一：宿舍楼完全是隔绝的吗？

学生：我们的女生一向与美院的女生合住在一起。

钱颖一：男生呢？

学生：男生单独住在 30 号楼。对于这个问题，无论从地理条件还是人文条件上，我们自己确实也充满困扰。比如这次学生会选举，竞选主席的学生提出的口号就是“开放融合”，就是针对经管学院的这一现状。我们希望向全校展示我们经管学院到底是何种风貌，不像外院系所言的傲慢感觉。

钱颖一：从工科院系角度来讲，你们跟文科院系中哪一个比较近？

学生：我们汽车系一向与人文学院合作更多，汽车系新生舞会、男生节大量活动都是跟人文学院一起合办的。

学生：我们经管学院跟其他院系同学交流比较少的一个原因是，我们本身专业同其他专业确实挂钩太少了，所以我们一提到机械系、化学系，就只能提一些很表面的东西，比如钳子或药水之类的。

钱颖一：这其实有一个深层次的问题，对此我们也跟其他院系的院长、系主任进行过交流，就是我们的宿舍完全按班和院系来安排的。你提的问题还是一个表面现象，只是唱唱歌、跳跳舞什么的。更深层次的问题是，我们学校培养出来的学生沟通能力普遍不行。比如你们只有在跟机械系、建筑管理系、基科班、美术学院同学住在一起的时候，互相之间才知道跟非本专业的人怎么沟通、怎么讲故事。全都同自己院系的学生住在一块，必然欠缺这方面的能力。其实我们学校很多系主任都对这件事有看法、有意见。清华学生普遍欠缺沟通能力。你想，机械系的同学都只跟自己同系的同学住在一块儿，经管的同学也只跟经管的住在一块，所有人说的都是自己学科内部的语言，还怎么对外沟通呢？其实这是挺大的事儿。

何平老师：其实国外有很多学校像英国的牛津、剑桥……

钱颖一：它们的书院（college）有意把各专业混在一起，而我们完全走到了另一个极端。原因何在？道理很简单，就是学生工作是按照班级和院系开展的。于是，我们同一个学院的学生就住在一栋楼里，一到四年级顺着楼层往上，这样当然便于管理。我去问过北大，北大学生住宿不是这样的，他们同一个年级不同专业的人住一个楼，比如这一层都是这个系的学生，另一层则是其他系的人。至少严格的院系体系被打断了，同年级不同系的同学住在一起。

这总比我们这种安排强。当然这还不是你说的牛津、剑桥那种概念，那种干脆更是以整个 residential college（住宿书院）为单位，在这类 college 里各专业、各年级的学生都混住在一起。目前我们的住宿安排方式不利于培养、教育学生，只是有利于管理学生。

这种住宿安排也强化了另外的一个问题，就是一年级学生听二年级学长的话，二年级听三年级的，三年级听四年级的，整个一条线路脉络清晰、作用强劲，以至于我们老师、院长的话一点儿用都没有。

经管学院提供的实习机会

学生：我是机械工程系的学生。随着所学知识的逐渐增加，到大三的时候，我们系里会组织大家实习，在现实中实践自身所学。我不知道，在经管学院作为“经双”学生，我们以后能否得到学院安排的一些机会？我们到大三的时候经管学院这边专业课已经学得比较多了，肯定希望学以致用，不知道这边有没有类似的机会？

钱颖一：我给你介绍一下在我们这里实习是什么概念。大家都习惯用“实习”这个词，但其内涵是不一样的，学科上差别很大。

我们在大一暑期会安排学生自发组织社会实践活动。比如你们三四个人打算去江苏江阴某个地方，可能源于你亲朋好友的介绍，了解当地一家企业的情况。这自有其目的，目的是什么呢？主要还是发挥学生的自主性。不管什么关系、渠道，你通过策划、安排这样的活动，创造了一个与社会接触的机会，并组织几个想法一致的同学一同前往调研，这就是目的。

大二暑期则由我们学院组织，有组织、有计划地，比方说调查、研究农村医疗问题。那么，有教师组织团队，事先设计好问卷，送达某个地方，完全由机构来组织安排，问卷可能拿回来做进一步分析，以期对农村医疗问题有所帮助。

大三暑假就完取决于个人了。每个人到市场上寻找实习工作，为期两个月，可能是投行，也可能是咨询公司。怎么找呢？完全市场化。自己投简历，需要熟悉整个过程，包括市场是怎么选择的，你是怎么写简历的、怎么面试的，为什么有人拿到机会你却拿不到，或者你抓住了别的什么机会，等等。学生来源五花八门，经济、会计、管理甚至法律、人文等无所不有。所以，这种实习跟你们工科与专业结合十分密切的情况不同，更是一种社会体验。

你们在大三可以像我们的同学一样投简历，接下来去面试，面试后招聘方决定是否聘用你，之后暑期再去。这一过程中老师的作用微乎其微，全部过程都由学生自己掌控。实习确实会对社会经验历练很多，所学内容如会计、金融等知识也会有些应用，但是否结合得那么紧密，也因人而异。有些人觉得用到不少，也有些人认为无非就是输入一些数据。总之，存在各种情况。

学生：您刚才提到的农村医疗调查，也给"经双"同学提供了名额，我们也可以去。但是由于工科院系大部分有自己的小学期，时间上有冲突，因此大部分人无法参加。

学习"经双"的功用

学生：我已经大四了，决定在本专业继续直博。以后我们的工作、事业或生活可能从狭义上讲，与经济学没有任何关系了。如果是这样，那您觉得，经济学双学位对我们的未来人生到底还能起到什么样的有益作用？

钱颖一：经济学双学位中的前面若干门课程，如"经济学原理""中级微观经济学""中级宏观经济学""计量经济学"等是社会科学的基础课程。无论你将来从事什么专业，这一部分课程提供了经济学分析问题的理论框架和实证方法，也对分析任何社会问题都相当有用。

何平老师：经济学能做的事太多了，例如从事学术、参与试验、前往政府部门等。首先你要想清楚这些事情，经济学本身不是一种职业，不能成为你的理想。

学生：我是大一的同学，还没到修双学位的阶段。钱院长应该能经常看见我，因为坐在"经济学原理"课第一排正中间。我们法学院的同学受益于第一节没有课，所以上"经济学原理"课总是能坐在第一排正中间，非常不好意思。

钱颖一：没有什么不好意思的，谁让你们前面没有课。为此我也收到了经管学院学生的抱怨邮件。这也没有什么不好意思的，该坐还得坐。

学生：虽然是双学位，但其中存在 major（主专业）和 minor（次专业）的关系。所以，对于修第二学位的同学来说，他们投入的精力肯定是不足的。我知道，学双学位的同学也抱着不同的目的，有价值的目的，有工具的目的，还有感情的目的。我想问一下，经管学院的老师希望通过双学位给“经双”同学何种启发？除了知识外，还有什么样的理想？

钱颖一：作为老师就是教书育人，一学位、二学位这是现有体制。你说叫 major 还是 minor，说实在的，我们不在乎，但体制如此。我们的体制是什么呢？就是你报考的时候必须填报一个院系，这就是你的专业。作为我个人和我们老师来讲，你们同经管学院学生一样都是我们教育的对象，我们承担一样的责任，就是为了使大家都能成为受过良好教育的人，将来能够成才。

如果说我们的教育目标更高一点的话，就是希望你们的专业知识不要那么狭窄，这一点跟其他院系有所不同。对此我们很自豪，相信这种教育理念更适合未来。在这次经管学院顾问委员会会议上，我们专门介绍了经管学院的本科教育改革，得到了顾问委员极高的评价。这些委员都是商界精英，但当他们听到我们增加的不是商业管理课程，而是人文社科课程的时候，叫好声一片。因为他们是过来人，深知一个人即便将来从事商业、工程等十分具体的工作，通识教育也无比重要。一位顾问委员还专门给我们的朱镕基老院长写了一封信，提到经管学院的课程改革是广泛而前瞻的。我们的这些改革内容确实是前瞻的。

回答你关于双学位的这个问题，在现有体制下我们只能设置双学位。我们所能做的就是，不断改善经管学院的课程，包括在尽量让大家顺利完成第一学位的前提下不断丰富双学位的课程，我们这一专业设置能够为大家提供最好的一种教育。至于大家将来具体走哪条道路，是继续在原来的专业，还是综合发展，或者转至经济管理专业，那是大家的自主选择。

这学期的课也上三分之二了，马上就要考试了？

学生：其实我没有选上课，就是去旁听的。

钱颖一：那也很好。我觉得，旁听还是拿学分，根本不重要，重要的是学到东西。当然，你也上过很多法学院的课，你可能也感受到我们学院的课程和法学院的课程在学科上很不一样，教学方法上也都不同，应该很受启发。

学生：我是出于感情动力去上课。

钱颖一：刚才你提到了三个动力，我还一直在想，前两个还能够理解，第三个感情动力我还没有想明白，想必你原来有些出处。

学生：其实，社会学主要锁定人们行为有四个目的。一个是工具理性，因为以后要使用。一个是价值理性，也即自身有价值，但在短期之内并不作为工具。还有一个是传统行为，就是大家都如此，或者上一届已经形成某种传统了，在群体中人们就会遵守、延续这种传统。再有一个就是情感行为。

是否继续留在清华深造

学生：有一个问题，研究生是不是应该在清华读？因为您也留学过海外，能稍微阐述一下您的感受吗？

钱颖一：通常情况下，在海外学校，一个学生读本科、研究生，往往不选择在同一个学校，因为希望吸取不同学校的好处。我不理解，为什么在国内清华的本科生一定要在清华念研究生，北大的本科生一定要在北大念研究生，他们为什么不交换一下呢？2003 级的一个学生，2007 年从经管学院毕业后去北大光华管理学院念了两年硕士，我觉得这很好啊，这两个学校的优点你都能吸收到。换一所学校可以学到更多。当然有一点，你换了一个地方需要重新调整，可能需要付出一定的固定成本。你看看 MIT、Caltech（加州理工学院）是不是这样？他们并不是本科在 MIT 念了，还要在 MIT 念博士，他可能去斯坦福念博士，而斯坦福的本科生毕业后可能到 Caltech 或 MIT 念博士。这是清华的问题，而不是工科的问题。

学生：我听到很多学生提过一个比较流行的说法，就是“入主流、上大舞台”，并说留在清华读研究生可能更好。

钱颖一：入主流、上大舞台本身都没问题。问题是，这其中有多样化选择，并不是唯一一条道路。是否必定得经过清华本科、清华硕士、清华博士这一条路呢？

斯坦福的一位经济学家爱德华·拉泽尔（Edward Lazear）通过研究斯坦福商学院 MBA 学生毕业后的经历，试图回答一个问题：什么样的人容易成为企业家（创业家）？他考察了众多变量后，发现其中一个变量最显著，就是变换工作次数频繁的人，也就是尝试过各种不同工作的人。他还回答了一个问题，什么人容易成为 CEO、CFO？结论是学过经济学的人，就是说经济学更带有一般意义，而非仅作为某种专业价值存在。他收集了斯坦福 MBA 学生的成绩单以及毕业十几年后他们的就业情况，这是严谨的学术研究。

这个结果听上去也符合直觉。假如一个人总在一个岗位上，比如当会计师，将来成为企业家的可能性很小；但假如一个人既从事过会计，也做过人力资源，又曾负责综合管理，岗位转换比较多，那这个人将来成为企业家的可能性就比较大。

工具理性和价值理性

何平老师：我补充一下。我觉得钱院长说得非常有道理。我个人认为，不要把读双学位当成一个跳板，期望成为经济学或金融学专业、管理学专业的一员。更重要的是，大家可以把经济学知识作为自己知识体系中有机的组成部分。那些成为 CEO、CFO 的人，我不相信他们本科专业就一定是经济学。

钱颖一：高盛 CEO 本科专业是历史，桑顿也是学历史的，黑石 CEO 苏世民本科学的是政治学和心理学。他们那一代搞金融和投资的在本科很少是学金融的。

何平老师：但是这些人都学过经济学，经济学会成为一个人知识体系中非常有价值的部分。我希望大家把自己的经济学知识和自己的专业知识有机结合起来，让它们成为你通识教育的一部分。通识教育很重要的一部分是使你的心胸开阔，理解通畅，目的在这里。

钱颖一：你所说的还是工具理性。什么是价值理性？咱们还是说上“经济学原理”这门课。工具理性说这门课有用，因为我学了它将来可以再学“金融学原理”，学了“金融学原理”可以帮我找到一家好的金融投资公司的工作，这就是工具理性，考虑的是“它有用”。价值理性说的是这门课本身就有价值，不管这对应聘是否有帮助。

我刚才看了我们一个本科生写的一篇文章，提及王小波曾说过的一句话。当他那些同学问他：“为什么要学高等数学，高等数学有什么用？”他第一句话是：“高级数学没用。”第二句话：“高等数学是好知识。”他的出发点就不是工具理性，而是价值理性，认为高等数学本身有价值。我们这个社会长期以来太功利，什么都要去问个“有没有用”，人家回答“这有用”后，又怎样呢？于是说：“可以找到工作。”再问：“找到后干吗呢？”回答：“可以挣钱。”“挣钱干吗啊？”如果继续没完没了追问下去，最后得出的结论好像就是为了挣钱而挣钱，那还有什么意义呢？我能猜到，刚才这位同学说到工具理性、价值理性的时候，在法学院可能无人不晓，但在其他工科院系未必都知道这些概念。

学生：我还有一个问题。成功的企业家在本科时期就主修经济学专业的人，我看好像也确实不太多。这个现象对经济学的学习或教学有什么启示？

钱颖一：但是他们都上过经济学的课。

何平老师：不要说学经济学就是因为你们以后想用它，如钱院长所说，也要看重价值理性。这种因素迟早有一天会在你身体内发挥至关重要的作用，会左右你的思维。也许你们现在还无法体会，但还是那句话，既然要学就认真把它学好，追求这种价值理性，就一定要把它学透。如果只是机械地为了某种目的、为了考试去学，肯定是学不透的。只有让它成为你身体的一部分，它的价值才能充分体现出来。它的好处并不在于能让你考高分，而在于以后它在你脑海中突然有一天灵光闪现。

主流与个性

学生：刚才说到“入主流、上大舞台”。但我觉得做人应该与众不同一点，塑造自己的特色。比如我选择“经双”，一来因为自己比较感兴趣，二来也考虑到我们学院相对比较封闭。我是计算机系姚班（清华学堂计算机科学实验班，也称“姚期智班”）的同学，我们班修双学位的只有两人，而修“经双”的只有我一人。我希望与众不同。但如何与入主流协调呢？

钱颖一：经管学院关于本科教育改革，实际上提出了两个主要理念，一个是通识教育，包括知识、能力和价值三个方面；另一个就是个性发展，也就是你提到的这点，强调每个人都不一样。

过去我们在这一点上特别欠缺，几乎千篇一律，没有那种富于个性的培养方式，却有很强的另一种文化特征，即不鼓励你跟别人不一样。相对于其他院校，清华在这方面可能表现得更明显、更厉害。而这样的结果却是，一方面造就了自身优点，比如平均数比较高，然而另一方面，培养出来的人差异性太小。而一旦差异性不显著，在这样一个变化日新月异、创新日显重要的社会中，杰出人才甚至怪才就很难涌现出来，这就成为问题。其实姚班也是想尝试改变这种状况。但问题是，一旦固化了也很难产生个性化趋向。所以像你这样希望与众不同，就很好，就应该鼓励。

学校的教育工作讨论会专门围绕这个问题进行讨论，所有系主任都已经意识到这是清华的一个大问题。怎么改？我们学院开展了“优秀人才培养计划”，分三个方向。何平老师就负责学术方向，另外还有创业方向以及领导力方向，各不相同。我们鼓励经管学院的学生选择不同的双学位，包括数学双学位、法学双学位、计算机辅修等。此外，还有很多个性化的发展举措。其实我们设置经济学双学位也有这样的目的，希望学生发展能够多样化。在这一点上，我们的观念应该还是比较领先的。

何平老师在清华念本科时，从机械工程系转到经管学院，说说你当时怎么念了两年就转到经管学院来了。

何平老师：我不喜欢机械制图，画不好那东西。真的是因为此，所以我觉得还是社会科学更适合我，可能跟我的性格也更符合一些。

钱颖一：钟老师呢？

钟笑寒老师：我就是“三清”的，在经管学院读本科、硕士、博士，同时也读过本科双学位，是自动化的双学位。所以我还是比较理解双学位同学的辛苦。自动化双学位和经济学双学位不同的是，经济学是社会科学，它告诉你怎样认识这个世界，同时让你懂得如何能更好地把握自己的人生。所以我想，经济学双学位的附加值应该大于自动化双学位。如刚才所说，许多东西是很多年以后才能认知其价值的。我希望大家踏踏实实地学好双学位，也许五年、十年以后会觉得这还是物有所值的。

双学位本科生与院长共品下午茶

（2011 年 5 月 19 日）

钱颖一： 从 2006 年起，我们开设经济学双学位，迄今已有四年时间，学院一直很重视这个教学项目。过去这几年我们“经双”每年录取 150 名学生，今年有 500 多人报名，所以我们录取了 300 人。以后每年都会招收 300 人，我们充分考虑到大家读双学位的愿望。

经管学院本科教育改革带来的变化

钱颖一： 大家来自经管学院以外的院系，有一个共同因素把大家汇聚在一起，就是对经济学的兴趣，当然，也有些同学可能出于对本专业的纠结。我想跟大家介绍一下经管学院在这段时间中本科教育上的变化，这些变化不一定给大家带来直接影响，但可能会产生一些启发。

上周五，我们学院几位老师到学校向袁驷副校长汇报，介绍了学院做的很多事情，得到了高度认可，也感到有望在全校推广。我们学院作为学校的一个试点，正在着手推进一些事情，这些事情有助于你们的思考。

昨天下午，我请来了哈佛的迈克尔·桑德尔教授到我们学院讲一堂课。在此之前的星期一晚上，我们学院在主楼后厅举办了他的讲座，现场听众七八百人，挤得水泄不通。他在哈佛一千人的大教室上课，组织互动式交流。昨天他来我们学院讲课，也有三百多人听讲。他把哲学思想应用于现实中的一些现象或问题，这与我们传统的讲课方式大相径庭。传统课堂上总有唯一正确的答案，而他讲的那类伦理道德问题，大都没有唯一答案，引发争论。例如同学考试作弊，你会去揭发他（她）吗？有一半同学举手表示应该揭发，另一半反对，认为不要揭发。这类问题就可能没有唯一正确答案，但背后存在重要的道德推理的逻辑。这些提问和探讨方式是我们过去不熟悉的。

昨天他在经管学院的讲课，也是作为我们这学期首次开设的一门新课“批判性思维与道德推理”的一部分。这门课要求所有经管学院学生必修，昨天那堂课就作为第 12 周的这节课。主题是什么？他讲的是忠诚与责任。这类词汇是我们每天都可能会用到的，但在实际中却会引发许多思考。第一，从家庭开始，是否忠诚于父母兄弟姐妹。第二，是否忠诚于所在的企业或学校。假如企业一向善待于你，但是当你发现企业生产毒牛奶时，你要不要揭发？或者大学有很多评估，你是否愿意隐瞒所在学校的问题？当被问及这些问题时，你忠诚于学校表明它一切很好，还是实事求是地指出它还存在什么问题，比如课程质量很差。第三，是否忠诚于自己的国家。在这种情况下，忠诚的抉择最为困难。爱国主义的价值在哪里？是为国家做好事，还是因为自己是国家的公民就无条件维护它？具体的例子很多，例如参加奥运会为自己的国家拿金牌，但如果你发现有人使用了违禁药品或体操运动员年龄不够，你觉得应该去说实话还是缄默不语？

学生：对您来说忠诚是什么？比如外面人来清华采访，您可能会隐瞒一些事情，您的隐瞒对学校是忠诚的吗？

钱颖一：桑德尔是在提出一个问题，不同学生有不同的回答，每一个人对忠诚的理解不一样。他关心的并非你“是”与“否”的具体回答，而是你的价值观和思维推理过程。有人认为在任何时候都应该诚实，按照康德的说法就是永远“不能撒谎”。还有一种观点认为透露问题所在从长期看对学校发展有益。虽然都是揭露问题，但两者动机截然不同。当然反过来，也可以不告诉真相。一种观点是，因为我不希望外界制造舆论，搅得沸沸扬扬，所以我不愿意让外面的人知晓。另一种考虑是出于责任、义务，维护学校声誉，即便做错时也努力维护。前面两种观点表明应该如实诉说，后面两种则反对告知实情，但各自理由是不同的。桑德尔在课堂上的授课目的就是要对这样的问题进行深思。可以说，这门课程充满了哲学的思辨。

再一件事是英语训练。平常我们用英语讲话比较容易，而在课堂上一旦用英语当场提问的时候，回答起来就相当有难度。五年前，我们在经管学院学生当中做过调查。我们特别注意到，有90%的学生表示，进入清华以后英语水平比高中时代退步了，当时我很震惊，后来发现这是事实。当时英语要求四学分，于是，我们开始要求所有学生进入清华后第一年都要上八学分的英语。经过这四五年，我们再做调查时就发现，学院多数学生的英语水平进步了。去年，外语系在全校做了一次调查，得出的结果是，除经管学院以外，90%的同学说进入清华后英语退步了。学校决定从今年开始，针对所有学生，要求英语八学分。我们学院超前了四五年，提早拿到数据，发现问题，更早解决。

过去几年，我们增加了“批判性思维与道德推理”“心理学概论”“中文写作”“中文沟通”“中国文明”“西方文明”等通识教育的课程。在全国的顶尖学校中，清华的通识教育就整体而言比较落后。经管学院现在第一二学年的课程基本上以通识教育为主。今晚有一个清华大学“时代论坛”请我去做讲座，我会做详细介绍。如果大家有兴趣，可以阅读我最近在经管学院网站上发表的一篇论文《论大学本科教育改革》，其中强调，本科教育就是通识教育与个性发展相结合。在最近的清华百年校庆大会上，胡锦涛总书记所做的报告中也提出了要全面发展与个性发展相结合。

什么是“本科生院”

钱颖一：你们都是清华的本科生。在历史上，清华曾经称为清华学堂、清华学校。在很长时间里，即1912年到1928年我们叫清华学校，是八年制，有中等科和高等科，相当于中学加大学预科，并没有大学本科。

以陈岱孙为例，他1920年从清华学校毕业，正是他们年级的同学向学校赠送了现在放在大礼堂草坪前面的日晷。毕业后，他到美国威斯康星大学，插班读大三，两年后大学毕业，1922年他到哈佛读经济学博士，1926年毕业，1928年回到清华任教。无论梁思成、周培源还是闻一多，这些从清华学校毕业的人选择的道路基本上都是如此。

清华从 1925 年开始招收本科生，1929 年第一届本科生毕业，同时所有的旧制的学校全都停办，于是清华才真正变成了一所大学。

虽然你们都是清华本科生，但往往更认同所在的专业。其实更重要的一个概念应该是清华本科生院，是它将我们大家联系在一起。当然，并非简单的名称，后面有更重要的思想内涵。

1941 年是清华 30 年校庆，梅贻琦在当时写了一篇文章《大学一解》来纪念清华 30 年，发表在《清华学报》上。其中有一条指出大学教育应该在“通”，不在“专”。现在回顾 70 年前他的话，我觉得很值得思考。30 年前我在清华念本科时，对清华历史可谓一无所知。我在相当长时间里根本不知道校训是“自强不息，厚德载物”，因为从 1949 年到 2001 年，它不是清华校训，当然就没有人知道了。

现在对过去的清华以及西南联大，有丰富的描述、记载或研究等。我回到经管学院以后才重新学习清华的历史，发现如此丰富。当时这些人是怎么教育出来的？举一个李政道的事例。当时叶企孙在理论部分 60 分给了他 58 分，实验部分 40 分给了他 25 分，加起来才 83 分。

以上一是给大家介绍了学院改革的大背景，二是提出本科生院的概念。现在清华还没有本科生院，而复旦已经有了，新生第一年都要进复旦学院，至少表面上存在。我们不在乎这些名称，但从教育实质上讲，应该具备一些重要的共同点。现在大家普遍担心的是能否找到好工作，来念书获取双学位也是想成为复合型人才。但我想说，“下午茶”就是要说一些你们平常闻所未闻的事情，在其他地方也无从听到的内容。不然，就没有意思了。

如何看待社会上的“经管热”

学生：您如何看待社会上的“经管热”或“经济学热”？很多优秀学生都选择投行等回报率比较高的行业。

钱颖一：市场力量强大，选择金融领域是出于市场的诱惑。我们原本可以非常简单，招收大批学生，培养金融技能，对我们来讲轻而易举。但我们并不想这么做，我们既不鼓励学生入投行，也不禁止。我们为同学开辟多种优秀人才通道，我们优秀人才培养计划中有三个方向：学术、创业和领导力，但没有投行。我们有意开辟出其他的选择空间。人的价值并不局限在金融领域。

学生：中国就业压力巨大，招聘公司对学生专业有选择性，无形之中形成了一种压力。

钱颖一：这是“鸡生蛋，蛋生鸡”的问题。高盛在美国招聘时就不看专业，会招收一些学历史的学生。可是高盛来到中国招聘，不但看专业，还会了解读过多少金融方面的书，这其中就存在差别。

在学院顾问委员会会议上，我面对那些投资银行家讲解经管学院本科课程改革，他们的反馈是：“我们还以为你会讲很多金融课程改革呢。你所讲的这些东西长远来看是需要的。我们根本不在乎毕业生是学电子的还是学历史的，我们需要有能力的人。”他们强调他们最在乎的就是这一点，只不过我们还没有提供这样的教育，他们只好求其次考察毕业生技能怎么样。所以你们要有长远眼光。

双学位本科生与院长共品下午茶

（2011 年 12 月 19 日）

数学思维的意义

钱颖一：你当时怎么没有选择复旦跑到清华来？

学生：因为我是搞竞赛的。

钱颖一：在座的有不少是搞竞赛的。搞竞赛的同学有一些共同特征吧？你说说。

学生：我觉得之所以搞竞赛是因为高中的课程本质上挺无聊的。总是要找一点东西分散多余的精力吧，然后就搞竞赛了。竞赛题其实蛮有意思的，它其实是挑战你智力极限的一个过程。比如有时候你千方百计地想一个题目，想了十几个小时也没有想出来，然后突然想出来，那种快感，真是不得了的。我上大学以来，很多工程性的科目就没有那种快感。

钱颖一：你是什么专业的？

学生：我是自动化。

钱颖一：那你为什么学自动化？为什么不念物理呢？

学生：我当时对数学很感兴趣。其实我当时犹豫，到底是押数学还是物理。

钱颖一：北大数学学院很有名。

学生：当时高中保送的时候没想好，觉得清华名气大，然后就来清华了。

钱颖一：你是哪个省的？

学生：我是福建厦门的。

钱颖一：你从来没想过去香港？

学生：没有，我有同学去香港。

钱颖一：今年的福建状元就去了香港。

学生：但是我感觉他们目光比较狭隘，香港毕竟是个弹丸之地。

钱颖一：那你觉得自动化系现在挑战还不够？

学生：对，所以有时候就很喜欢数学系的课。我当时听说钱老师您也是数学系出身。我想问您一个问题，您在经济学方面做出那么大的成就，数学思维对经济学研究有没有什么重大的帮助？

钱颖一：我觉得数学思维比数学技巧更有帮助。这种思维对我每天做的事都有帮助。任何一篇文章我都不能容忍中间没有逻辑。这完全是数学思维训练的结果。我们那时候学的是数学分析，就是证明。证明不是计算，是要你论证，不能写显然，要写完整证明。

我觉得这个数学训练是极其重要的。我们国家的社会科学原来不行，把它当作文科。我是20世纪80年代从中国大陆第一批到美国学经济学的留学生，我们那一批中绝大多数在本科都是学数学或者物理的，后来转学经济学。其中一个原因是西方经济学用到很多数学。但是更重要的还是经济学中的逻辑推理。

我们上个星期举办了一场活动叫“老清华的社会科学”。老清华的经济学、政治学、社会学、心理学在20世纪30年代是非常强的。清华是在1926年建的这四个系，当时还没有工学院。清华的工学院是在1932年建的。当时从美国和欧洲回来一批受到现代科学训练的社会科学学者。所谓现代科学训练就是有逻辑、有证据。你看社会学要做田野调查，心理学要做实验，经济学和政治学都要有理论框架和数据验证。这些都是跟物理学学的。现在大家学“经双”就可以发现，其实经济学是模仿物理学的。物理学把自然现象用数学公式描述出来，然后再去做实验来检验理论公式的预测是否准确。经济学也是试图这么做，但是受到局限，因为做可控实验的机会不多。

所以回答你的问题，我不觉得解微分方程的那些技巧有多重要，但我觉得数学的思维方式很重要。顺便说，我觉得这种思维方式跟数学或者物理更近，跟工程不那么近。工程要解决实际问题，中间需要计算技巧，而且在推理上不一定要那么严谨。我觉得这种严谨的推理还是很重要的。如果没有这种训练的经济学家，他在推理上会有很多漏洞。

另一方面，学数学和学物理又有重大的不同。学物理的人马上就会说你的理论有什么证据支持，你有什么实验的数据来检验。但数学是不需要问这个问题的。所以在国外数学不叫自然科学。他们就说数学与科学。刚开始我就不懂，后来才理解，数学是不需要经验验证的。但是科学都需要经验验证。

学数学的人搞经济学就要意识到一个问题，光有数学模型是不行的，还必须要有数据去检验。因为经济学最终是社会科学。数学是保证内部一致性的，但是作为科学，还需要理论模型与观察到的现象有一致性。数学可以从听上去很荒谬的假设出发，比如两条平行线相交，就可以推出一个体系。但自然科学不行，社会科学也不行。经济学、政治学、社会学、心理学这些都是社会科学，如果你提出一个很美妙的理论，但是和数据不符，那就不会被认可。你假设人是理性的，人家不会挑战你的假设，但是会挑战由这个假设推出的预测与观察到的现象的一致性。比方说如果人是理性的，那么一只股票亏损了就应该卖掉该股票。但是证据表明，很多人即使亏了钱也不卖。行为经济学、行为金融学就产生了。对待赚钱和亏钱，人的行为并不是对称的。证据表明，人们确实卖出赚了钱的股票，但是亏了钱的股票却不卖。所以就需要新的理论。

我确实从数学中受益。我写讲话稿，总是注意逻辑的一致性、严谨性。要是追溯的话，我觉得是和数学训练非常有关系的。

经济学中的思想与方法

学生：我有个问题，经济学毕竟是社会科学，它是有别于物理学和数学的，我现在觉得会不会前沿的社会科学研究过于数学化了，缺少人文主义的关怀？

钱颖一：我觉得越是大师，他们想问题越深刻，他们能透过数学模型看到经济问题的本质，而学生和刚刚毕业的博士、助理教授对技术的东西越是在意。

这里面也有职业不同阶段的侧重问题。我跟青年教师座谈的时候说，在刚刚博士毕业的阶段，或者在做博士生的时候，研究的比较优势还是掌握最前沿的方法，其中更多的是技术方面的内容，应该把主要精力放在这些方面。随着工作经验的增加，你可能会更多地运用这些方法到不同领域。比如在经济管理学科，往往是到了正教授阶段，会投入更多的时间在经济政策和企业咨询方面。但是青年教师应该尽量少做。这是在不同年龄段的侧重。

经济学是社会科学，科学的传统就是要精确化，哪怕是做一个很小的问题。有时我们会说这个问题太小了，比如研究早餐麦片市场，但是在小问题上可能就会发展出非常细致的新的计量经济学研究方法，可以应用到其他问题上。所以不要小看它。

当然，非常出色的博士论文和在做助理教授时写论文有可能是革命性的。最近我主持《财经》杂志举办的年度对话，其中有迈克尔・斯宾塞（Michael Spence），他是2001年诺贝尔经济学奖获得者。他的获奖原因之一是他在哈佛大学的博士论文，是写在信息不对称的情况下，劳动力市场上的信号显示作用。我在20世纪80年代写博士论文的时候，不知道博士论文长什么样，就去问我的导师马斯金。他让我去图书馆找来斯宾塞在70年代写的博士论文。我找出来看了，就是后来他获诺贝尔奖的主要论文。这篇论文并没有用太高深的数学，但是有深刻的经济学思想和洞见，当然也有数学模型。

本科生又不一样。本科生在18～22岁，这一段时间通识教育很重要。因为在18岁之前还是未成年，思维能力有限。通常在上大学之后远离父母，独立生活，思想也越来越成熟。我们以前对大学本科的观念是专业教育。现在我们学院是通识教育与专业教育并重，其中大学的前两年以通识教育为主，后两年以专业教育为主。我们知道专业教育如何做，但是通识教育还在探索。

在通识教育中，对人文的、社会科学的、自然科学的核心知识应该有所了解。到了大学高年级、研究生特别是博士生阶段，应该比较专。

马斯金是哈佛的本科生和博士生，在 2007 年获得了诺贝尔经济学奖。他在三个月前来清华，我就跟他讲经管学院开出了通识教育的一些课程。他很赞成，并且说一般人只看到美国大学的研究实力，这当然是美国大学的强项。但是他说美国教育非常重要的是本科教育中的通识教育，一般外国人看不到这一点。比如英国本科就不是通识教育，是专业教育。我原来以为英国本科是通识教育，因为美国的本科是学习英国的。其实不是，美国大学在学习英国大学的过程中，做了很多改变，发展成了现在这种大学本科以通识教育为主，研究生阶段以专业教育为主的模式。

美国大学本科也有专业课，但是比起我们来说要少很多，各个学科都是这样的。比如经济学专业，“经济学原理”“中级微观经济学”“中级宏观经济学”“计量经济学”这些是专业基础课，然后再加上五六门专业课，专业课的要求可能与我们第二学位的要求差不多。当然，优秀的学生可以自己去多选。英国大学本科三年，而且一进校就分专业，同我们一样。

学经济学不能只读 PPT

钱颖一：经管学院 2010 级本科生已经进入新轨道。我把我们的新课表拿给耶鲁校长看，他说与耶鲁本科生院的大致一样，只是对外语和数学的要求更高。当然，不同的是他们在每一类通识课程组里面可能有十几门课可选，而我们还做不到。不过，他们也无法规定这么多必修课。他说他们的教授权力很大，校长也没有办法。

现在清华大学都在讲改革，特别是工科。全校统一要求的本科毕业需要 140 学分的课程，加上 30 学分的毕业设计、暑期实践、军训等。这个学分数与美国大学差不太多。但关键是这 140 学分的内容是什么。工科院系除了学校规定的必修课以外，剩下的基本上都是专业课，而且大多是必修课或限选课，没有空间再念其他课程。经管学院安排了 70 学分的通识课，50 学分的专业课，还留出 20 学分的任选课。

大家念双学位是很辛苦的。我在北大也教过课，所以我知道在北大念经济学双学位和在清华念经济学双学位是很不一样的。原因是清华同学的第一学位通常都是课程很重，是在这种情况下来念第二学位的。在北大，有一部分学生是第一学位的课程很轻松，需要多一点挑战和充实，所以念经济学第二学位。我发现在我们这里，课间休息时大家全趴着睡觉，而在那边，课间休息时间正好是很兴奋的时候。在北大有一些念小语种的学生来念经济学第二学位，而清华没有这样的专业。北大那边一年招 1 000 人读经济学第二学位，其中 800 人是北大的，200 人是校外的，还有研究生。我们这边一年招 300 人，只招清华本科生。

学生：我最近在学“经济学原理”，我读了课程 PPT。我读 PPT 时发现，原先很多比较奇异的东西，现在我读得就比较顺利。

钱颖一：你看书看得不顺利吗？书上应该更准确呀？

学生：我觉得 PPT 从数学角度让人更容易理解。我是学计算机的，在定义的层面，比较奇异的东西，我理解起来比较困难。比如我就不知道银行存款是不是应该算在里面，我对储蓄的定义有点搞不清楚，就是储蓄和存款这两个方面。

钱颖一：这是一个很典型的问题。你对 PPT 情有独钟，这是一个问题。数学基础强的人都会觉得 PPT 很简练，最重要的东西都给写上了，好像树干一样。但学经济学不能这样学。特别是你们这些有理工科背景的人学经济学，这是特别要忌讳的。老是看 PPT 不行，经济学不是这种学法，一定要看书。

理科生的思路很不一样。以前我也是这样。我刚开始学经济学的时候总觉得书写得太啰唆了。那时候还没有 PPT。经济学的东西有时候可以总结成一个公式，或一个定义。但是最终它要解释现实世界。现实世界像一棵树，有树枝，同时上面的叶子也很茂盛。你不能看着不顺眼，就把叶子都劈掉，只剩树干。你必须得学会写公式，同时更要把这个公式解读得很丰满。

你学过“会计学原理”了吗？现代会计和古代记账不同的就是现在是复

式记账会计（double entry accounting），左边和右边要平。这是从一维到二维的跳跃。对国家来说，居民的储蓄是一边的，对应的另一边是支出，比如投资。平衡的话就是储蓄等于投资。当然也可以是不平衡的，如果储蓄大于投资，那么就有资本流出，当然也可以是小于，就是资本流入。同样的公式，故事可以是银行，不是国家，但解读就不一样了。书中都会讲故事，一旦变成符号，就没有故事了。光看 PPT 是不行的。

我们学院有个毕业生现在在哈佛商学院读 MBA，他在给曼昆的“经济学原理”这门课做助教（哈佛叫 Teaching Fellow），昨天晚上的“冬情”他还来了。他说他在小课上从来不用 PPT。PPT 现在是个很大的祸害。我从来都是写稿，不用 PPT。PPT 只在一个情况下是好的，就是展示图片，比方说生物，要展示实验结果图片的话，就要用 PPT。如果纯粹是文字的话，我觉得 PPT 是很糟糕的。我相信你们慢慢也能体会出来。

学生：我感觉经济学一方面可以把数学，比如微积分、线性代数、博弈论、概率论等应用到经济里面，还有一方面就是从具体的数据里面抽取一些关系，从具体经济学现象里面抽取出一些模型。像一些微观经济上的东西我能体会到，比如平时去沃尔玛就很容易体会到，但是像宏观经济调控等一些相关的内容，我就比较难去体会。怎么样才能增加这种体会，提升自己的敏感性？

钱颖一：有些人觉得宏观数据倒是容易体会。你要是去一家投资银行实习，做点宏观预测，就会有体会。

学生：就是需要氛围。

钱颖一：找宏观的数据反而更容易。你把统计年鉴打开，全是数字。当然每个人都觉得自己是宏观经济学家。老百姓都会说，这个 CPI（消费者价格指数）不对。因为大家都有直接感触。宏观的问题每个人都会说上几句。

理工科学生学习经济学的优势与短板

钱颖一：我收到了几个问题。有一个问题就是理工科的学生学经济学有什么比较优势。

我原来学数学，刚开始时觉得有数学优势，学着学着后来发现这个优势就没有了。20 世纪 50 年代的时候，可能只有在微观经济理论中使用的数学比较多，当时把这个领域叫数理经济学。这以后，几乎所有的经济学领域都用到很多数学。到了 70 年代和 80 年代，很多宏观经济模型用动态规划研究经济周期，研究经济增长，使用很多数学。更不用说金融领域了，数学模型更多。现在数学大家都会了。也许计算机编程现在还有一些优势。

我觉得自然科学的背景还是有好处的。因为会知道研究好不好，数据很重要，对数据的解读很重要。这个本领将来用在经济学上还是很有用的。但是，不能机械地把自然科学的东西搬到经济学中。我举个例子。把物理学中的非线性系统机械地搬到经济学里就没有成果。一个基本原因就是经济学和物理、工程都不一样，因为它涉及人的行为，涉及人对激励的反应，这在物理世界中是没有的。当然不是完全没有可能。比如关于期权定价的公式，确实与物理上的有些公式类似。但是这种机会很少。

尽管理工科背景的同学数学基础都很好，但是大家一定要学“经济学原理”。从这里你可以获得经济学直觉。比如人对激励、对价格做出反应，这是基本原理，可以有很多不同的表现形式。另外，在研究人的行为时，心理学的影响也比较大。所以经管学院开设“心理学概论”这门课。心理学的理论要基于做实验。诺贝尔经济学奖授予了心理学家丹尼尔·卡尼曼（Daniel Kahneman），他的研究对经济学和金融学的贡献很大，经济学家买他的账。因为他基于实验对经济学家有关人的理性的假说提出了批评。当然，那些实验基本是在教室里做的，实验对象都是大二大三的学生。但是这毕竟是通过实验发现人的行为规律。但是这跟股票市场中的操盘手还不完全一样。这个批评也是对的，但那种实验做不起。心理学家研究人的偏好怎么形成，人的行为怎么形成，习惯怎么形成，记忆怎么形成，再怎么调出来。人对过去的回忆并不总是准确的，但是你也不能假定回忆是随机的，肯定有一些规律。这些研究与决策理论有关。

理工科学生的最大弱点，其实不光是理工科，全清华，全中国都一样，就是我们不会讲故事。我们很实干，能把事情做成，但是不会讲故事。

几年前，当时的美国劳工部长是赵小兰。他父亲是上海人，早年到美国，是一名水手。我们两人都在哈佛商学院顾问委员会里。她跟我聊天，说中国各级领导人都令人印象深刻，从中央领导到省市县各级，中国的干部都有一个本领，就是对数字掌握得非常充分。她说见到省长、市长、县长，每个人都能给你讲 20 分钟的各种数字，吸引外资，GDP 增长，财政收入增长，等等。我们觉得这很正常，但是她觉得很不得了，因为其他国家的官员很难做到这一点。比如美国总统很难记住几个经济数字，除了失业率和通胀率可能就不知道其他数字了。而我们这里的干部，数字概念很强。大学校长就会跟你讲，我们学校有多少院士，其中多少科学院院士，多少工程院院士，我们的录取分数线是多少，一级重点学科有几个，二级重点学科有几个，等等。还有就是排名。每个省、市、县，每个企业，都知道自己在某个方面的排名。赵小兰说你们的干部这方面太厉害了。接着她又说，你们不行的是讲故事。仅仅把数字罗列出来，那不是故事。你的故事是什么？这就讲不出来了。

你们将来要去面试，找实习或找工作，是一样的。我们学院增加“中文写作”“中文沟通”课，从大一就开始要做演示。我们鼓励学生参加案例比赛。我们开设的“批判性思维与道德推理”课，就是让大家在那儿辩论。中国经济比印度经济的各方面都强很多，但是论讲故事我们比不过印度人。我们的经济学家总是给你一大串数字。数字当然重要，但是数字本身不是故事。故事要有前因后果，要有开头，一点一点深化，最后才是结果。最好是结果能出乎预料，这样才吸引人。

我昨天看了今年的“冬情”。这是经管学院的第十五次学生节。我觉得比往年有进步，好多的表演里面有故事情节。比如每年都有一个节目是海外的交换生发回来的。过去每年都一样，就是祝大家“冬情”好，我现在墨尔本，我现在多伦多，等等。今年通过一个故事串起来，就与往年不同。

讲经济理论就是在给你讲故事，这个故事讲通了，理论也就通了。再有，你给老百姓讲经济的时候，你不能讲得这么复杂，你得讲简单的故事。找工作也是，叫作 elevator pitch（电梯谈话），就是在电梯里相遇这么短的时间内，你要把你的研究讲给别人听，引起别人的兴趣。找工作也好，找投资人也好，都要用到 elevator pitch。有人会说这是不是太浮躁了，就一两分钟？因为你要竞争，还有很多人等着呢。而且听者也很有经验，最重要的信息可能就在这短短的几分钟里面。

我们在座的文科生在这方面可能有点优势，但也不一定。像清华这个地方，理工科太强势，问题更大。我们可以把方程解出来，结果放那儿就完了。人家是从这儿开始讲故事。我在哈佛读博士时候的同学阿比吉特·班纳吉（Abhijit Banerjee），是印度人，他现在是 MIT 的教授。我们两个人同样解出一个公式，我解出来就完了，他在那儿可以解读出很多经济学道理：如果这样解释的话为什么不对，为什么只有那样的解释才对，等等。

所以 PPT 害人就害在这儿，它只能展示一根树干。但是会讲故事的人，他可以说，这根树干如果往这儿长，它会是什么样的，如果往那里长，它又会是什么样的，这根树干为什么要往上弯，等等，最后他给你描述了一棵枝繁叶茂的树。大家学“经济学原理”，千万不要把所有的树叶都弄掉，最后只剩一根树干，就是几张 PPT，还是要学会把故事给讲圆了。每一个人讲的方式都不一样。虽然都在讲需求弹性，每个人用的例子，每个人讲的方式，都是不一样的。听不同的讲法，对理解经济学有好处，将来对你影响政府政策制定者或影响企业老板，都有帮助。人家不是要看你在黑板上写的，人家是要听你的故事。

我们在硅谷的工程师，在写软件上搞不过印度人。我问过这是为什么。回答是我们的工程师编程是干干净净的，就是程序，其他什么都没有。接下来换了一个人后就没有办法接着做。印度人编完程后，旁边写上密密麻麻的全是“评论”，为什么这一行要这么写，不那么写，有很多解释，所以后面的人很容易接着干。这是我听来的，我不是这方面的专家，但我专门问过硅谷的人。我们做硬件可以，但我们做软件就不行。

学生：我们“经双”的同学在上“经济学原理”之前，至少都学过微积分，所以我觉得“经济学原理”的教法就不能像经管的大一学生那种教法。这学期我报了一门钟笑寒老师的政治制度与经济发展的课，我觉得他这门课就很好。他首先给你讲直观，给你一种丰富的直观，这个事情为什么这样，然后建立模型，这些模型都是很多著名论文里面的模型。比如第十二讲就讲到钱老师您的那篇文章，财政分权的好处，然后他就建立模型，建立模型后再回到更加具体的解释，也就是说我们的直观认识就有了一个数学基础或者说更精确化的解释，最后再列出参考文献，然后考试就考这个模型。

钱颖一：你提的问题我很能理解，但我有深一层的用意。我自己的学习经历是“倒着学”的，先在课堂上学“高级微观经济学”，再自学“中级微观经济学”，再去教“经济学原理”。我知道这样学经济学的成本和问题。你说我学过微积分，更容易理解数学模型。但是我认为，仍然不能省略“经济学原理”而直接跳到“中级微观经济学”。如果是这样，我觉得总有一天你们会像我一样要补“经济学原理”。“经济学原理”不用微积分，就是让你们把故事讲出来。“经济学原理”就是画图讲故事，而且只是画图讲故事。你会觉得不过瘾，觉得有个模型不是更简便吗？

学生：有吃不饱的感觉，有时候读书会把“中微”和“高微”拿来比较着看，包括各个概念精确的定义，里面的逻辑推导。

钱颖一：会有吃不饱的感觉。但是它提供了一些东西让你将来一辈子受用。如果你不学，你就永远没有机会从最简单的开始，而不是从模型开始，来讨论经济问题。要学会用供给需求曲线分析问题，用大白话把这些事情叙述出来。一旦到了模型，就已经窄了。我一直认为这是非常需要的。你要用不同的判别标准来看，不能只看用模型更加容易解题。做研究看一篇论文，当然要看模型。但是“经济学原理”课教给你的是思想性、直觉性的东西。也许你们现在去欣赏这一点是很难的。

学生：一位老师在讲“计量经济学”的时候抱怨过，说现在的学生都把时间花去学英语了，反而很多应该知道的东西不知道，比如某某模型都不知道。

钱颖一：我觉得这两者不矛盾。我觉得英语很重要。昨天报纸上江泽民为《党政干部要学外语》这本书专门写了一篇序言，这是曾培炎编的一本书。我们的朱镕基老院长特别强调英语的重要性。这个将来你们会体会到，真的特别重要。计量经济学的模型当然也应该会。其实如果这些内容没讲到，自己学也行。我觉得有一个误区就是什么东西都要老师讲了才算数。

就业和专业选择

学生：大四比较关心就业方面的问题，您对经济、金融、会计三个就业方向上的不同有什么看法吗？因为现在我在考虑具体选一个。

钱颖一：会计的需求量巨大，像四大会计师事务所。会计的起薪很低，但可能斜率大，这是会计行业的特征。今年的投行非常不好，全行业不好，不是一两家的问题。金融业风险较高，2008 年和 2009 年都不好，2010 年还不错，2011 年又不行了，到底是周期性的还是长期性的？投行也在招聘，只是要比原来少。我的感觉是今年会计的就业会相对好一点，金融特别是投行比较麻烦，商业银行不知道。上星期我们开了会计教育咨询委员会会议，请了四大的和我们的校友，他们说实际上他们的薪酬增长率是非常快的，几乎每年翻一番，条件是你要待下去。

学生：我们理工科学生学经济学可能有一个目的是要去创业。理工科学生作为一个领导者的话，他学经济学是否有实际的作用？还有，我们计算机系有一些同学毕业以后去读 MBA，或者毕业以后直接来经管学院，然后可能也想向这方面发展。那本科学经济学双学位和到了研究生阶段再去学经济学有什么差别？

钱颖一：我觉得这同本科学经济学双学位还是不一样的。就像我刚才说的，我们的双学位的专业课程设计是与国外顶尖大学经济学第一学位的专业课要求差不多的。当然，学生自己花多少工夫那是另外一回事。再加上你还有第一学位的基础，你看问题的视角就很不一样。你和只学计算机的人已经非常不一样了，你跟人的沟通能力的深度和广度也很不一样。研究生的时候学经济学，是很技术性的了。说到对你创业有帮助的，对你将来做干部当官有帮助的，说实在的，最有用的就是“经济学原理”。

学生：那跟 MBA 比呢？

钱颖一：MBA 就更不一样了。MBA 教你的全都是管理的门道，经济学方面最多学“管理经济学”，也是从很实用的角度来学，基本上就是应用的“中级微观经济学”。经济学双学位是让你对经济学有一个系统的了解，包括宏观、微观等。这不一样。

经济学中的实验方法

学生：学理工科肯定是要读书做实验。但是学经济的话感觉应付考试还行，但是要把握它的整理脉络，是不是要进行一些实际的探索？

钱颖一：学经济学不是通过搞一个企业或者去政府做事来学习的。其实经济学研究需要收集数据，而且现在也开始要做实验了。我们正在建行为经济学实验室，就是有学生在那里作为实验的对象。

学生：经济学的发展方向是什么？比如我们水利工程，以后的发展方向就是信息化，把计算机的知识合理地利用起来，这是一个方向。还有就是交叉方向，比如与环境、资源进行交叉，这是发展方向。那经济学的发展方向呢？

钱颖一：经济学研究中利用大数据是一个趋势，比如金融交易中有海量数据，网络平台上有海量数据，比如阿里巴巴平台上的数据。阿里巴巴称从它的交易里面得出的通胀率比统计局算出来的还准。有可能的。统计局的数据也要去收集样本，而阿里巴巴平台上的数据，不仅仅是最后实现的交易数据，还包括讨价还价过程中的数据，它们都有。所以现在数据的来源不一样了。不仅如此，过去做可控实验是很难的，在市场上只能看到均衡价格。现在网上可以做很多实验，可以控制信息，把一些信息屏蔽住，看消费者的选择。从科学角度来讲是非常有价值的，过去不可能做的现在都有可能了。现在你们短信中的信息也是多得不得了。通过分析短信中的关键词，可以预测明天的股市等等。这些以前都不可能。我不是说这就是将来的发展方向。我是说这样的事情以前没有，将来都有可能。

学生：这也是一种交叉学科。

钱颖一：交叉学科有两种可能，一种是两边都不沾，一种是两边都沾，所以一定得小心。你说你是做 A 和 B 两个学科的交叉，但人家总会问你到底是 A 还是 B。

双学位本科生与院长共品下午茶

（2012年12月13日）

钱颖一：今年上半年，六十多年来第一次教育部成立了国家教育考试指导委员会，我被聘为委员。这个委员会就是要改革考试制度，其中包括高考。你们都是高考竞争中的精英，没有参加高考的，也是保送生。

在这次“下午茶”之前，我到北京的几所中学听了好几天课。我在北京念中学，那是20世纪70年代，还在“文革”之中。我这次去了清华附中、人大附中还有北京四中。黑板上右边写上每天的课程，从第一节到最后一节，数、生、外、历、政等。有一门课是劳动技术，这门课我们以前没有。让我印象最深的是英语课。听完后我就特能理解，为什么你们总是说到了清华以后英语在退步。中学的英语每天都有，一星期至少五六节。这几个学校我听下来，我觉得都教得挺好。所以我也就能理解为什么大学英语不太好教。

大家来自清华不同的院系。我本科也不是经管学院的，是数学系的。

无用与有用

钱颖一：每年经管学院的本科生开学典礼上，我都会讲一个主题。今年讲的有点儿意思，因为你们没有参加，所以给你们讲讲。今年8月16日我在本科生开学典礼讲话的标题本身还是很有震撼力的。《中国青年报》第二个星期就登了。题目是“‘无用’知识的有用性”。

这个标题不是我的原创。将近100年前的20世纪20年代，就有一个人写过一篇文章，用的是这个标题，The Usefulness of Useless Knowledge，是弗莱克斯纳写的。弗莱克斯纳何许人也？他是普林斯顿高等研究院的首任院长。这个研究院在普林斯顿大学旁边，但不是大学的一部分。它是1930年建立的，这里面有爱因斯坦，数学家哥德尔，计算机鼻祖冯·诺依曼。我第一次去是在 1981 年，去看我在清华的同学，他当时在普林斯顿大学数学系读博士。

今年 8 月我又去了普林斯顿。我在哈佛读博士的导师马斯金是 2007 年诺贝尔经济学奖获得者，他在 2001 年去了普林斯顿高等研究院，今年年初又回到哈佛，所以他要搬回哈佛。他在普林斯顿住的房子就是原来爱因斯坦住的房子，所以我就很好奇，得去看看。正好 8 月份我到美国开会，就去看了，发现后院很大。我的导师带我到高等研究院转了一圈。研究院这么有名，一共只有 25 个终身教授。

其实弗莱克斯纳最早出名是在 1910 年，他写了一份报告，后来叫《弗莱克斯纳报告》，是讲美国医学教育的。现在的美国医学教育体系都是这个报告之后改革的结果，所以他的贡献非常大。我同我导师说，弗莱克斯纳有篇文章，叫“无用知识的有用性”，写得非常精彩。我的导师说，普林斯顿高等研究院有五个部分：数学，物理，生物，社会科学，历史。教授做的领域都不一样，但有一个共同点，就是他们做的研究都是 useless（无用）的研究。我就跟他感叹说，中国现在的功利主义太强。

我在回来的飞机上就写了这篇文章。我觉得这个主题挺好，无用知识的有用性。我主要讲了三个例子，一个是物理的，就是原来这篇文章中的，讲麦克斯韦的；一个是经济学的，讲马斯金的；一个是工程的，讲乔布斯的。这三个例子分别是理科、文科和工科，都是说明那些当时看来无用的知识，在长远看是有用的。

中国教育中的短期功利主义

钱颖一：我们现在整个社会太功利了，我叫作极端功利主义或者短期功利主义。功利主义（Utilitarianism）是经济学的哲学基础。但功利有短期和长期之别。我们现在的问题是急功近利，短期功利主义，造成极其短视，即使用功利主义来判断，也不是很理性的。所以我觉得考虑到短期无用的知识长期会是有用的，本身是一件很有现实意义的事。当然，我这篇文章最后有一段说明，有用未必就是唯一的价值判断，因为知识的价值可以是内在的。不过，这篇文章的立意仍然是在功利主义的框架之下，就是经济学的框架。

你们来自不同的学院，报经济学双学位的目的也会是觉得它有用，我觉得这也没有错。不过我还是想说，有用无用取决于时间的长短，在现实中，一些想法暂时用处不大，将来可能会大有用处。

社会上批评中国的高等教育有两大类问题。第一类问题是学生普遍素质下降。素质一词的英文翻译是什么？有翻译成 quality education 的。素质现在是一个筐，什么都可以往里装，把一切非专业技能方面的东西都叫素质。第二类问题是没有培养出更多拔尖创新人才。

学生：本科我在清华待了四年，跟各个学院的同学都有接触。我就发现经管的同学往往是最重视现值的。比如“入主流，上大舞台”，我感觉这是用非常理想的语言包藏着非常现实的一颗心。根据您的看法，对我们这一批就业有什么建议？

钱颖一：我对就业，从来不建议，那都是每个人个性化的事情。经管的学生很功利，这本身就是自我选择，不功利的去美术学院了。其实也不对。美术学院有两大部分，大部分是设计，是工科。其实“入主流，上大舞台”也可以是很功利的，包装成这个样子。现在有的人说我不想挣钱，我去西部支教。其实也可能是很功利的，是为了简历上好看。

两个月前，微软分管科研的高级副总裁到清华来。他说他是创业起家的，最开始跟他太太在波士顿创业。他说那时候既没有钱，也不想发财，连想法都没有。他创建了几个公司，后来被微软收购了。我说我们清华的学生都想创业，往窄了说是太想挣钱，往宽了说是太想成功。他说这样不太可能有特别大的根本性的创造。我后来想一想，这正是我们整个教育太急功近利的问题，即使不说赚钱，也仍然说你得成功。

学生：我想问一下，您心目中这种成功是怎么定义的？

钱颖一：成功可以是多维的。中国过去的成功只有一维，就是做官。过去就是“万般皆下品，唯有读书高”，然后是“学而优则仕”。这是传统的，我们的观念很简单。我们读书是为了什么？就是为了做官。现在多元了一些，挣钱多也是一个成功的标志，或者你的粉丝多，也是成功的标志。

我上星期在一个论坛上碰到达利欧（Ray Dalio），他是做对冲基金的，全球第一，他去年的奖金是 40 亿美元。他儿子也在，是哈佛本科生、斯坦福 MBA。他在干什么事呢？在中国做一个社会企业，叫 China Care，在机场旁边，专门收治中国的残疾儿童，特别是为患有兔唇病的儿童做手术。他说 50 美元可以做一个手术，这样可以解除一生的痛苦。社会企业不同于其他企业，虽然也得挣钱，但不是为了赚钱，而是为了一个社会目标。我们的学生有时候也做这类事，但主要是为了写在简历上，这也是很功利的。

虽然成功的概念在不断地延拓，但是我们传统文化还是很强的，是刻在骨子里的。学习是为了脱贫，知识改变命运，也是功利主义的。但艺术改变人生就是另一回事了。

学生：您刚才提到的有用性。一层意思是说，有些看上去短期没用的，实际上长期是有用的；而另一层是说，有些是有内在价值的。两者有交集吧？

钱颖一：可能有。通常我们说有用是指它可以带来生产力，比如带来收入。这与欣赏音乐不同。现在中国家长让小孩学音乐也是很功利的，是为了小升初加分，而不是欣赏音乐。我说的内在价值，是指即使它不会帮你挣钱，放在简历上也没有用，仍然对你有价值。比如学物理，纯粹是为了探究这个世界的秘密。比如发现原子核，不是为了造原子弹。作为一个人，有知识的人，了解世界本身就是区别于动物的，就是有价值的，即使没有用这些知识造出其他东西来。

教育要回归到人本身

学生：我们学校里有各种各样的人才培养计划。我觉得“人才”是帮别人干活的。我们要培养出“人物”。

钱颖一：严格说有三种人：人手，人才，人物。首先是人手，是有用的工具。人才对社会有影响。人物对社会的影响就更大。所以你想的是你觉得人才不够，应该有人物，要有重要社会影响的人。

这么去想还是有它的局限。人物为了什么？人才为了什么？以人为本是什么意思？人本身就是价值。当人本身有价值的时候，那就不一样了。你刚才说人才不够，要有人物。那我马上就会说，人物是干吗的？最后其实最重要的还是人本身。人本身是目的，这是康德说的。教育要回归到人本身。

眼光和思考比知识更重要

学生：如果我们不跳出功利主义的框架，我觉得其实长期理性和短期理性都是一样的，只是有人的眼光不是足够好。我觉得当年您就很有眼光，从数学转到经济学。那我们怎么去培养这种眼光？

钱颖一：你说的要有眼光，非常重要。特别是做领导的，他们的眼光很重要。你说眼光是知识吗？有一部分是知识，但不完全是。要看得远，看得宽，看得深，看到别人看不到的。要有开放的心态，应该对哪怕是非常不同的意见，甚至是疯狂的想法，都有容忍的态度，觉得别人也许有点儿什么道理。

今年的清华大学研究生开学典礼，学校让我代表教师发言。我讲了梦想、思考、会通这三个词，在《新清华》上连载了两期。我引了一则故事，我觉得挺有意思的。1921 年爱因斯坦第一次到美国，好多记者都围着他。当时波士顿流行招聘的一套考题。其中有一道题是关于声音的传播速度。一位记者就问爱因斯坦这个问题。这则故事的滑稽之处在于，爱因斯坦是最有资格回答这个问题的。但爱因斯坦说，你在任何一本书中都可以找到答案，然后他接着说，大学教育的价值，不在于记住很多事实，而是训练大脑会思考。

这么多年来，我们的教育就是围绕知识传授。我不是说知识不应该学，但是还有比这更重要的，就是学会思考。我说思考比知识更重要还有一个原因，就是你们应该意识到你们一生中从事的工作将会有超过一半的概率不是你今天在清华学习的专业。所以，学会思考而不是专业知识，更能帮助你应对专业的变化。你们当然又不太一样，因为你们现在除了本专业以外还有一个经济学双学位，但是仍然有很大概率可能将来的工作既不是你们的第一专业也不是你们的第二专业。比如我念数学的时候，不会想到我将来学经济学。我读经济学的时候是想做学者，没想到会做院长，搞教育。

功利主义的时代环境

学生：感觉好像还是老清华那个时候是比较出大师的一个年代。可能时代氛围不一样了。

学生：因为现在自由太少了。他们那一代有很多时间可以用来读自己喜欢的书。

钱颖一：但是很奇怪，那时候应该更功利主义，为什么呢？那时候又穷又有战乱。现在的条件肯定要比那时候好，这是毫无疑问的。人们总是困惑，为什么西南联大培养出这么多人才？那个时候清华四分之一的本科生是学经济专业的，也是比较实用的，为了更容易找工作。多数学生是一样的。但是有少数学生不这样，出了一些杰出人物。

学生：我们刚刚是在讨论为什么没有大师。那个时代肯定环境与现在不太一样。

钱颖一：也许需要有时间的流逝。假如说过了几十年再往回看，回忆我们今天的“下午茶”，也很神奇。咱们这段时间就没有可能被人记住吗？但还是得有实质内容才行。没有实质内容，光靠时间消逝，留不下东西。

学生：您觉得是过去的那种环境有利于人的培养，还是现在的环境有利于人的培养？

钱颖一：你这问题看起来简单，其实很难回答。什么叫有利于？什么叫人的培养？用什么作为判别指标？

学生：功利主义在中国严重，还是说整个西方社会也一样。

钱颖一：功利主义在中国肯定是更严重的。首先，我们这里除了经济发展没有其他价值。其实中国经济改革是受益于功利主义的。改革开放初期，目标是脱贫，致富，而不争论是非。没有这一点，中国经济不可能发展到今天，我觉得这本身是有意义的。在其他文化中，基于宗教的价值观并不是经济发展。我们是个无神论的国家，历史上就是这样。所以自然地功利主义是相对比较强的。其他国家有宗教，可能有点儿平衡。在中国，功利主义现在越来越强，比我念大学的时候还要强。极端的情况是，只要能挣钱，不择手段。两三年前的例子，明明知道蛋白质含量不高，为了应对检测，就可以添加三聚氰胺。一个段子说中国人的化学知识都是从食品里学到的。你要是有点道德底线，绝对不会这样。而且关键是，这还不是个别企业的问题。

第六章
2013—2018 学年

双学位本科生与院长共品下午茶

（2015 年 12 月 21 日）

学习双学位的三个目的

钱颖一：在我国大学，本科第二学位显得要比国外大学火，这里有一个制度原因。我们是进大学前报专业志愿，好多人第一志愿未必就是自己最想念的专业，而且转专业很难。另一个原因是我们定义的“专业”太窄，大家想成为复合型人才，想让将来的就业或研究有更宽的路子。

几年前我在第二学位开学典礼上有个讲话。我讲学习双学位有三个目的。第一个是不同于第一学位的专业，这是最显然的。第二个是获得另一种思维方式，比如说环境问题，环境专业是工程的思维方式，但经济和管理的思维方式就不太一样。各种思维方式都有其特点，工程师有工程师的思维方式，数学家有数学家的思维方式，经济学家有经济学家的思维方式，做管理的又有做管理的思维方式。第三个是另一种体验，就是对经管学院文化的体验。经管学院也鼓励我们学院的学生去其他学院修双学位，比如数学、法律、新闻、英语等等。

清华本科教育历史

钱颖一：中国的大学和美国的大学很不一样的一个方面是我们有班级制。有班级的好处是班内互相特别熟。班级这个词翻译成 class 会有问题，因为在美国，全校同一年的都是一个 class，不是我们的班级概念。另外，我们现在是以入校年编号，他们都是以毕业年编号。比如，2013 年入校的在我们这里是 2013 级，在美国则是 Class 2017。顺便说一下，老清华和“文革”前的清华也是按照毕业年编号的，“文革”期间和之后把这个规则改了。

今年是清华办本科 90 周年。1925 年清华招收第一届本科生，史称一级，后来的二级、三级、四级、五级、六级就是这么排下来的，直到 1936 年。在 1925 年的时候，中国已经有很多大学办本科了。清华开始办大学本科起步较晚，但起点很高。从 1925 年到 1937 年，才 13 年的时间，清华就成为全国最好的大学本科。20 世纪 30 年代清华设有四个学院：法学院、文学院、理学院、工学院。40 年代从昆明回到北平后又增加了农学院。

地理位置很重要，现在北大的校园是原来燕京大学的校园，北大当时的校园在城里的沙滩。北大是欧洲大陆大学的模式。欧洲大陆的大学，比如巴黎大学，在城市里，没有校园围墙。北大也是在城里面，学校也没有围墙，所以他们的自由散漫是从那时就开始的。我原来以为清华和北大的差别是工科和文科的差别，其实不完全是。在城里办学，没有围墙，谁都可以进出，那个时候他们上课就很散漫。他们在沙滩，离天安门非常近，五四参加游行很方便。清华在城外，离天安门太远了。

清华初建时是典型的美国式寄宿学校。学生 13 岁进来，要在城外的校园里念八年。美国的学校很注重体育，清华也是。这与中国的传统很不一样。体育传统也包括一定的纪律性。当年清华的对面是燕京大学，是教会学校。现在在中国有些历史的高校中，名字是原来的、校园也是原来的已经不多了。比如上海交大，它原来在徐汇区，现在主校区搬到闵行了。北大从城里搬到了燕园。当年北大图书馆不在这儿，在沙滩红楼那里。所以在这里讲北大校史无法对应地理位置。而在清华讲梁启超当年发表“君子”演讲，马上就能指向同方部。南京大学继承了中央大学和金陵大学，但校名变了。浙江大学新校区搬到紫金港了。武大倒还是在原来的地方。

马斯克的故事

钱颖一：我不知道你们有谁参加了 10 月份我同马斯克的对话？我专门给电机、航天航空、物理、汽车四个院系留了位子，因为他的行业与这四方面有关。同时，我也分别请了电机、物理、汽车三个系的各一位教授作为嘉宾提问。你们中有学管理学双学位的，他讲的东西对你们应该很有启发。上大学绝对不只是上课。马斯克本科也念了双学位，还是转校生。他先在加拿大读了两年大学后转到沃顿。沃顿是美国第一个本科商学院，成立于1881年，很长时间它是常青藤八所大学中唯一的本科有工商管理专业的。马斯克在沃顿学商业管理之外又学了物理学第二学位，所以他本科一共念了五年，两个本科学位。他的学历就到此为止了，之后没有读硕士，也没有读博士。

你们大部分都是工科背景，对乔布斯不一定佩服，可能觉得他的产品技术含量不够高。但马斯克不同，他是搞高科技的，他不仅是CEO，还是首席设计师。上星期又搞了一个OpenAI，是人工智能。我问他，你没念硕士和博士，怎么能做那么多高科技的事？他说这些都可以自学。

他说物理学重要，但不是物理学的公式，而是物理学第一性原理，就是要刨根问底，追溯原始假设，这个思维过程对他帮助最大。他说创新有两种，一种是用比喻和类比的思维方式，这是一种捷径，因为你不用刨根问底去问为什么，也能做出东西来。这是我们通常习惯的方式，但不会做出根本性的创新。他说他不这样，他用物理学第一性原理的思维方式。比如火箭技术，有两个原因让他有决心做。第一，过去50年火箭技术没有太多改进，从登月到现在没有什么改进。第二，他到俄罗斯买火箭，觉得太贵了而且数量有限。他就分析为什么这么贵，发现是因为火箭不能重复使用。如果可以重复使用，价格可以降到十分之一甚至百分之一。他是追根溯源，这是他思考问题的方式。

他说物理学给他的另一个启发是量子力学。量子力学对他的启发是很多在宏观上看是对的规律到微观上就完全变了。他说这给他的启发很大，就是说通常的直觉换到另一个环境中就不对了。“薛定谔的猫”又是死的又是活的，这在我们的直觉上是不可能的。但是我们的直觉是在宏观环境中的，不适用于微观环境。物理系的朱邦芬院士问他对最近中国中学要减轻负担，要砍物理课的看法。他回答说物理课很重要，但是现在的教学方法要改，因为基本上是教学生背公式，计算。

马斯克在掌握科学技术上比乔布斯强，这是毫无疑问的，他的公司在技术性上比苹果要高。但他们两人有一些共同特点，其中一点是，这两个人都经常穿梭于旧金山硅谷和洛杉矶好莱坞之间。我今年夏天去硅谷见马斯克。他平常住在洛杉矶，SpaceX 的总部在洛杉矶。而特斯拉的总部在硅谷，他每星期要到硅谷来一次。洛杉矶里面两大行业，一是好莱坞，二是航空航天。加州理工学院的喷气实验室，就是原来钱学森工作过的地方，就在洛杉矶。马斯克还串演过钢铁侠，所以他很有好莱坞情结。乔布斯在被苹果赶出去后，搞了个 Pixar，后来被迪士尼收购了，也在洛杉矶。

你们之中有美术学院的，有学日语的、中文的、国际关系的、工程物理的、生命科学的、航空的、电机的等等。我们现在的教育问题，就是培养不出在艺术和科学之间，在硅谷和好莱坞之间，在旧金山和洛杉矶之间的那种人才。现在动漫、科幻、高科技、游戏这些行业都是相互连接的，而我们呢，文科和理科都还分得那么清楚。一说是文科生，就给不上物理课找到了理由。这是你们自己给自己加的框框。你们给自己加了很多个框框。

马斯克和霍金最近发表了一个声明，说 AI 是比核武器更可怕的，是可以毁灭人类的东西，所以要有所管制。他要规范 AI 技术的发展。将来的战争真的跟游戏没区别了，这和我们原来的思维完全不一样了。过去我们觉得这个学生很糟糕，整天打游戏，这是我们传统的观念，打游戏挂科。但是也许就是这些打游戏的做出了未来的高科技产品。

马斯克的人生愿望是什么呢？他要把 100 万人送上火星。后来我追问他，我说 15 年内人类上火星的概率是多少，是不是大于 50%，他说是，15 年内人类上火星的概率大于 50%。

蒂尔的《从 0 到 1》

钱颖一：《从 0 到 1》这本书你们听说过吗？作者是蒂尔，我请了他三次，把他说动了，他同意明年 3 月来经管学院开一门课，共两个星期。

他说一般的人才分布是正态分布，多数人在中间，奇怪的人在两边，是少数。但是创业者分布是反过来的，中间很少，两边的人多。没有老师给你们讲过这些吧。概率统计是另一种思维方式，所有人都要学。我们学院有一个奥运冠军，我跟她谈，我说知道你很忙，但有两门课你必须好好学，英语和概率统计。没有英语，你的视野就窄了。概率统计呢，我说你将来不管做什么，你一定要有概率统计的概念和思维方法，这样你看事情，说出来的话就不一样。

蒂尔在《从0到1》那本书中说他绝对不投资竞争激烈的行业。马斯克有两家公司：SpaceX和特斯拉。他不投特斯拉，他投了SpaceX。因为特斯拉做电动汽车，几百家公司都在做，竞争太大了。而SpaceX是航天，全世界没有几家在做。按照他的推理，从投资者的角度看，没有一定程度的垄断就没有超额利润。

不设限的未来才有意思

钱颖一：我现在积极推动创新创业教育，我尤其重视创新思维和能力的培养，并不以毕业后创业为导向。学生可能十年后出去创业，甚至不创业。我在经管学院当院长，也需要创新，尽管不是创业。我们的教学改革都是创新。我不认为我是教育家，我只是一个教育实践者，教育改革者。就像我当时学数学的时候没有想到将来会学经济学一样，我学经济学的时候也没有想到将来会搞教育。这些都不是事先设计和计划的。现在我想把很多信息传递给你们，你们不要觉得马上会对你找工作有用。

学生：您不知道您的未来，不会很慌张吗？现在大家都是希望比较明确未来，比如说五年、十年是什么样子。

钱颖一：那多没意思啊。

学生：我感觉经管的学生都想去投行，但是感觉那些都是设计好的。

钱颖一：不完全是。我很鼓励他们大二暑期去投行实习，你知道我这么做的目的是什么吗？

学生：去了后就不想去了。

钱颖一：是的。你只有体验后才知道这样的工作是否适合你。另一方面，投行是一个很好的职业训练场所，那里有很多聪明的人，就像清华是个很好的学习的地方一样。清华的好处是什么？除了教授就是你能碰到很多聪明的同学。将来你如果要创业，首先你要有伙伴，要有很聪明的伙伴，很可能就是你在清华的同学。

今年的“双十一”我去了马云的活动，在水立方。我在那里见到一个老美，他原来在高盛做到了第四把手。但是一年前他离开高盛到了阿里巴巴。所以不要把这个看得那么死，将来的出路有多种。你一定要去实习一下，不然你就不知道人家在干什么，你不去的话心里总是很痒，觉得那很高大上。

你们现在选了第二学位，将来有很丰富的可能性，但你们要对自己有个估计。如果前程都能看到底，那就不好玩了，就没意思了。

你们一定要这么想：你都到清华了，肯定与随机从中国人中抽出来的一个，条件概率是很不一样的，所以你不能浪费这个机会。我经常鼓励你们尝试不同的路径。我最不喜欢听到你们说，听学长说的，所以就去做。我说你一定要想出点和别人不一样的。

经管学院有个学生是杭州二中毕业的。他大一暑假去了墨西哥，学西班牙语的同时，给那边的人讲防治艾滋病。

学生：这正是经管学院吸引我们的地方，比我们学院告诉我们的有更多可能。院系的氛围很不一样。

钱颖一：我们这里的氛围就是，去做一个不同的人。你们其他院系更多的是把你前面的路定义得太明确了。我们这也有定义明确的，比如投行、会计师事务所等。但我的办法不是说你别去，我说你去。有人喜欢，有人讨厌。我不是说这个不好，我不贬低任何一种工作。我就是觉得这里面有很多选择，不要以为这世界上的金领工作就只有这一种，你有很多可以选。

在对话中我问马斯克，你把自己看成是工程师还是企业家。他说他想做一个有用的人。我们总是要在两者中选一个，但他说想做一个有用的人，这就上了一个层次。这些人的思维会超出人们给他们设定的框框。我跟这些人对话，真的很有意思，非常有意思。

马斯克做可回收的火箭，几次都失败了，还在试。而且他不是唯一做的，亚马逊的贝佐斯也在做。

学生：对，贝佐斯的火箭发成功了。

钱颖一：但是马斯克马上说贝佐斯的火箭是很小的，不能算。

当前大学的问题：就业导向还是急功近利?

学生：施一公院长以前在我们系也提到过，就是大学生不要以就业为导向。

钱颖一：大学有不同的学科，也有不同的层次。绝大多数专业、绝大多数大学的毕业生当然是以就业为导向的，经济中也需要。我理解他是希望清华生命科学的学生中有更多人做生物科学研究。但这只是一类，不能概括所有的学科和所有的大学。他还抱怨那么多聪明的人都跑到经管学院来了，不去学生物。我还觉得最聪明的应该去学数学和物理。是不是就业导向，不是一个一般性问题。我更强调不要太急功近利，这是一个一般性的问题。急功近利可以反映在当前的就业，也可以反映在尽快出科研成果，追求快速发表论文。

这里面也有市场和社会行为。高盛在北京面试时，问的问题是加息对某种证券价值的影响，以及比这更复杂的技术性问题。但高盛在纽约面试的时候不问这类问题，倒会问你读过莎士比亚的什么书。

学生：为什么在中国和在美国差别这么大?

钱颖一：有很多原因。人家在中国从来就没打算培养高层领导人，没有培养你将来要在高盛做接班人，他们在中国招的就是技术人员。你这里就是人家的一个市场而已。定位是完全不一样的。如果将来要培养你成为高层领导人，那对你的期望就不一样，艺术、哲学、宗教你都要懂。

学生：我们想做有趣的人，但是不知道有没有能力做一个有趣的人。

钱颖一：这跟能力无关，这是愿望。你看看，我们有多少限制都是后天加在我们头脑中的。我们不知道自己有没有能力，我们不敢尝试，隐含的约束条件这么多。你是说风险很大吧？

学生：我是说机会成本高。清华同学觉得一份安稳的工作很好。

钱颖一：今天晚上七点钟我要去看我们学院一位大四学生的演出。她是人大附中的，读信息管理。但她的兴趣是话剧，今天晚上在音乐厅，上演她编剧的《套中人》。

高考报志愿时总有人问选专业还是选学校。你们高考的时候对此是不是很纠结？一个好的学校但不是很理想的专业，一个很好的专业但学校一般，对吧？我从来都跟别人说选学校是第一位的，因为没人问你是什么专业的，都是问你是什么学校的。这是从虚荣的角度讲。但实质上是你进了学校后还有其他选择，还可以选其他专业，或者读双学位。专业根本不是那么重要的事情，除非你只考虑特别短期。

学生：我看到一篇文章，就是说有些人咨询他，问这个问题，选学校还是选专业，他就提倡说选学校。

钱颖一：肯定是选学校，学校是跟你一辈子的，专业可以换。而且大部分人毕业五年后就不在原来的专业工作了。

双学位中的多种选择

学生：我是学管理学双学位的，我感觉其中课程的选择还不是很多。

钱颖一：修第二学位，第一重要的是一种承诺，我要投入时间，我要进入另一个学院，这是第一重要的。至于这里面的课程，你可以自己设计，比如你为什么不多选一些经济学的课程呢？

学生：但是有限制啊，“经双”的课程限制“管双”的学生选，这不是我们能决定的。有一个优先级，优先经管学院的，基本上就选满了。

钱颖一：这些限制我们尽量减少。但你是为了学分还是为了听这个课？你要是真的对那门课有兴趣，你去听这门课，谁能把你赶出去？还是说你又要听这门课又要学分，那就不一样了。

学生：我感觉教管理学的老师还是很多的。

钱颖一：我们学院一共有七个系，五个系是管理学科的，两个系是经济学科的，包括经济系和金融系。我们刚在管理学双学位中增加了一个创新创业方向，这就增加了一些课程。

学生：但那不是学出来的啊。

钱颖一：对。但有些课程可以给你启发。

学生：今年开出的经济学双学位中的金融方向是什么性质的？

钱颖一：和创新创业方向类似，因为有些同学想多学点金融的课。其实我觉得即使不开这些方向，自己也可以去学。

学生：我觉得开了以后有一个好处，就是引导作用。可能入门时你不知道，但学了以后你大概有一个框架。

钱颖一：是的，但是我觉得清华学生应该有这种能力，你们自己去设计。

学生：如果什么事情全部变成了自己去拼很多才能获得，那会很累，真的很累。

钱颖一：人生本来就很累。

学生：我们学院很容易能做到的事情，是可以做到的。

钱颖一：但是你要知道，如果你很容易做到，那别人也很容易做到。你要想到，一旦我这条路铺得很开，那别人也可以走了。

学生：但是手里掌握的资源不同，比如经管的同学去投行很容易，我要投 100 份简历，甚至更多。

学生：我们竞争的对手并不在清华，现在要面对的不是清华的同学。

钱颖一：我觉得要命的是短期功利主义。老是要问这门课对我的就业有没有用，我觉得这是很要命的。有的人就是继续研究，有的人是就业，就业之后再去念书，各种可能性多得很。我觉得是不是就业导向并不重要，更致命的就是什么事情都想到马上就有用。

双学位本科生与院长共品下午茶

（2016 年 6 月 7 日）

聊天中的经济学

钱颖一： 去年 11 月，就在清华音乐厅，萨默斯（Lawrence Summers）来对话。他是哈佛的经济学教授，当过哈佛的校长，美国的财政部长。我在读博士的时候上过他的课。我是 1984 年到哈佛读经济学博士的。他 1982 年获得哈佛经济学博士，1984 年就成为终身教授，30 岁还不到。后来我知道，他父亲原姓是萨缪尔森（Samuelson），他的伯父是保罗·萨缪尔森（Paul Samuelson）。他的母亲是肯尼斯·阿罗（Kenneth Arrow）的妹妹。这是当代美国最厉害的两位经济学家。萨缪尔森在 1970 年获得诺贝尔经济学奖，是第一个获得该奖项的美国经济学家。阿罗是在 1972 年获得诺奖的。你们在微观经济学中学的一般均衡理论的阿罗—德布鲁（Arrow-Debreu）模型就是他的工作。阿罗是我的导师马斯金的导师，马斯金是在 2007 年获得诺贝尔经济学奖的。所以萨默斯是阿罗的妹妹和萨缪尔森弟弟的孩子。

萨默斯是公认的非常聪明。前两天他在《华盛顿邮报》上有一篇文章，说特朗普当选美国总统的危害性远大于英国退出欧盟。英国将在 6 月 23 日投票，决定是否退出欧盟。他观察到每次民意测验出来，市场都有反应，有波动，比如英镑对美元的汇率，英国的证券市场，都有波动。但是，特朗普的情况就不同。美国专门有预测总统候选人当选概率的民意调查，但是证券市场与这个信息之间就没关系。所以他就说，股票市场到底是不是有效率的？看来不是。他对比英国退出欧盟，股票市场对英国脱欧就很敏感。

我读博士的时候，他与博士生座谈，也是像“下午茶”一样的聊天。他告诉我们，本科生考经济学题有一个诀窍。如果经济学考题你做不出来，就画一条切线找那个切点，通常答案就在那个地方。他说这是他对哈佛本科生的指导。这是有道理的，因为通常这个切点就是均衡价格。他说，切点很重要。这不是数学概念吗？切点切线，是数学的概念。但是在经济学上对应的正好就是价格。这个故事我到现在都记得，这是 30 年前的事。所以你们学那么多课，不用刻意记住，多聊聊天，就有额外收获。我们中国学生，题目来了，先写方程，只要有方程，我就能解。美国人不这样，他们会画曲线。

我每次在“经济学原理”的第一堂课都讲抓大象的笑话，人人都记住了这个。2002 年进校的学生，今年是他们毕业十周年，所以 4 月份校庆的时候就跟他们一起座谈，一块儿吃饭。我问他们，你们还记住我讲课的内容吗？所有人都记住了我讲的这个笑话。其实这个笑话里面有经济学原理。

这个笑话是这样的。一个经济学家，一个数学家，一个软件工程师，被指派一个任务，去南非抓一头大象。三个人的思路不一样，所以有不同的方式。首先，数学家不出门，他要先证明南非至少存在一只大象。这是数学家的基本思路。软件工程师不一样，他立马就到了南非，编了一个很好的程序，从好望角开始向北走，每走 50 米停下来画一个圈，把所有有四条腿的东西都抓过来，跟计算机里的大象图片对比，把误差小于一定范围的叫作大象。然后再做一个停止指令，因为不能走过了。经济学家呢？经济学家也不出门，这就跟工程师不一样。经济学家说，其实很简单，当你把价格定得足够高，大象自己就过来了。这个笑话有它的道理，就是说价格作为一种机制，有激励作用，而且这是一种间接而非直接的机制。这就是经济学的思路。如果你们记住这个笑话，并在想问题的时候能用这个思路，就挺好的，对吧？原来价格能起到这样的激励作用。所以今天给你们补一个笑话。

我最近有一个很有意思的经历。两个月前我接到一个电话，是北大附中打来的。他们今年开了一个叫人文社科的系列讲座，让我给初三“衔接班”的学生讲讲经济学。我之前去中学都是去高中，从来没去过初中。从初中到高中升学的时候，各个学校都在争夺优质生源，“衔接班”就是希望把最好的初三学生留在本校上高中。他们找了一些大学教授讲哲学，讲历史，讲法律，已经搞过八九场了。

我就去了。这些学生都是“00 后”的，大概是 2001 年左右出生的。我讲的还是经济学原理，讲得很通俗，有趣。之后这个老师来找我，说你讲的大家很喜欢听。他们的学生在听完之后都要写一些读书笔记，他们给了我几份他们写的东西，让我很惊讶。写得非常有条理，而且还很有创意。我发现初中学生很有水平。所以这就更加增强了我原来的一个假说，人原本的想象力是特别丰富的，念完小学就少了一些，念完中学又少了一些，高考完以后就更少了，到了大学以后就快没有了。

经济学是一门经验科学

学生：我在看宏观经济学的一些东西的时候，有些搞不清楚，就是现在的宏观经济学领域，到底有哪些东西是已经解决了的。我举一个具体的例子，就是央行的货币政策与物价稳定。当我们达到了一种通胀目标之后，又发现可能会造成资产泡沫。但是它为什么造成资产泡沫呢？我有点搞不清楚，到底哪些问题是我们已经彻底解决了的，哪些问题是我们没有解决的？

钱颖一：经济学是一门经验科学。原来的共识是关于货币发行与通胀之间的关系，弗里德曼因为这方面的研究获得了诺贝尔经济学奖，就是说，通胀是货币现象。它的背景是 20 世纪六七十年代，通胀比较高。现在我们碰到了另外的问题，货币发行与通胀之间不是这样的关系了，不仅是中国和美国，全世界都是这样。当然货币和经济增长之间的关系，利率传导机制等，还是有很多共识。但是，在具体政策问题上，有争议。到底央行的货币政策要不要管资产泡沫？当年格林斯潘把通胀控制得很好，但是他刚下台资产泡沫就破裂了，结果 2008 年的金融危机就来了。这一直都有争论，到现在都有。

经济学一旦到了政策层面，除了科学成分还有艺术成分。什么是艺术成分？就是现实中的边界条件都是需要主观判断的。刚才我跟姚明聊天。打球现在很多都用到大数据计算。他说其实打篮球里面有很多计算，但是他觉得最后的时候还是你个人的判断，就是你的感觉。

经济学试图像物理学一样，要严谨推理，依靠数据。但是在具体的政策操作层面，就与工程比较相似。工程是要把事做成，尽管有的时候搞不清楚道理。物理学就不是，一定要追根刨底，搞清楚最终规律。

心智模式比较：中国和印度

钱颖一：印度理工学院（IIT）很厉害。据说清华在硅谷有一万多校友，北大有五千，全是好工程师。但是，谷歌的 CEO 是印度人。微软的 CEO 也是印度人。没有中国人在这样的美国大公司做 CEO。这个问题你们得思考。

学生：有人说是语言问题。

钱颖一：我不觉得是语言问题。微软的 CEO 纳德拉给我一本书 *Mindset*，我不知道中文怎么翻译好。

学生：思维模式？

钱颖一：我翻译为心智模式。扎克伯格来清华讲课时，他说我不讲如何创业，我讲为什么创业。这话听着特别普通，但是中国人不是这样想问题的。我们总是问 how 的问题，就是如何做，而不问为什么做。这里的原因非常复杂，有我们的文化因素，历史因素，意识形态因素，都有。

中国人动手能力强，执行力强，清华是其中极端的，做到了极致。印度人跟中国人正好相反。印度人能讲，老爱追问为什么，但是要他们把事情落实了，就难了。我们不问为什么，而是问怎么做。我们的心智模式不鼓励甚至是压制问为什么。

我们不问为什么，只问怎么做。这与我们的短期功利主义也有关。这是我们的 mindset，还回到这个词。这个词非常重要，是心理学的术语，但是不好翻译。我翻译成心智模式或思维定式。比如我们总是会觉得自己的知识不够，一定要再多学，而且要在同一个地方学。人家马上就问你，为什么不能自己学？

学生：因为我们系的老师都是这个行业里面比较顶尖的人物，跟他们交流的话，对这个行业会有更深的理解。

钱颖一：也许这个行业他们的顶尖只是过去的顶尖，现在不再是顶尖了呢？或者这个行业的定义也在变化呢？

学生：至少他们的顶尖可以引来一些比较好的资源。比如今天上午我们系就邀请了一位非常牛的美国人来做讲座。我听了之后就有一种醍醐灌顶的感觉。

学生：也有可能是宏观上的意识形态影响了一个人的判断。西方人觉得印度不仅跟他们说的话一样，都是英语，而且他们的 mindset 都差不多。

钱颖一：还是 mindset 的问题。语言只是一部分问题。现在你们的英语都很好，你看你们中有那么多外国语学校毕业的。

学生：我觉得不仅仅是语言的问题，还有教育模式的问题。

钱颖一：教育模式是有问题。

学生：我一个同学在澳大利亚新南威尔士学习。他跟我介绍了他们那儿的教育模式，比如他们和我们开同样的课，我们的课就会针对一些技术细节来讲，而他们上课不仅有考试，还包括项目（project）。这个项目不仅包括要选址，要考虑技术细节、经济细节，还要考虑地理因素，总之，考虑得特别全面。我那个同学去的时候，作为中国留学生感觉就是做事特别厉害，比如他算东西特别快。外国人确实在这点上不如他，经常来请教他。但是他的外国同学想得特别慢，也特别细，先考虑政治，再考虑经济，想清楚了之后再慢慢往前推。就是思维模式的问题。

钱颖一：我觉得你们这些人已经跟你们系里的其他同学有很大不同了。你们这些学“经双”和“管双”的同学，你们的思维方式已经跟别人不一样了。

学生：其实我觉得印度人写代码比中国人厉害，原因可能是他们的语言，而语言造成了思维方式的不一样。

学生：但印度也有印度语。

钱颖一：其实好多印度人的英语也是他们的第二语言，他们都有自己的本地语言。

双学位本科生与院长共品下午茶

（2017 年 4 月 21 日）

经管学生会换届中的团队竞选

钱颖一：你们知道经管学院学生会换届吗？你们的印象是什么？竞争激烈。其他学院学生会换届没有这么激烈的竞争吗？

学生：我们都是以个人竞选，经管学院有团队竞选。学生会部长都是竞选班子里的。

钱颖一："院长下午茶"是我们经管学院的一个传统，最开始只是本科生，后来又增加了 MBA、硕士、博士，后来也增加了本科第二学位。这是院长跟同学之间的无障碍沟通。我们经管学院氛围很宽松。我们现在的第二学位有经济学第二学位和管理学第二学位，一年招 600 人，经济学和管理学各 300 人。累积三年的话，就有第二学位在校生 1 800 人。我们的本科第一学位每年才招 200 人左右，四年也就是 800 多人。所以第二学位的在校生人数远远大于第一学位的在校生人数，而且大家的背景非常广泛多样。

去年我就建议经管学院学生会里设立一个专门的第二学位部。后来学生会回复我说换届的时候再设。刚才我之所以问学生会换届的事，是因为要建立第二学位部，就要等学生会换届。我们对第二学位特别重视。现在清华的第二学位多了，而我们学院的第二学位是全清华规模最大的，按照学生人数占了全校第二学位学生的 2/3。

访问北京十一学校

钱颖一：大家互相之间不一定都认识，我先请每个人介绍一下自己现在第一学位的院系，第二学位的方向，也说说你们的中学。我接触到的经管学院的同学，一说到自己的中学都非常自豪。

学生：我一学位是数学科学专业。我今年大四，之后去美国读金融工程硕士，中学是北京十一学校。

钱颖一：我到你们学校去过，见到你们的校长李希贵。你们的咖啡厅可以称为奢华级。

学生：对，我们学校硬件比较好。

钱颖一：我看你们十一学校真的不得了。看你们小卖部里卖的纪念品，很高大上。

学生：是，我们原来宿舍有两人一间的，有独立卫浴，24 小时热水。

钱颖一：我看了咖啡厅的大软座，大沙发，我们这里都没有。我觉得你们对十一学校的忠诚度比对清华要高。

学生：我初高中都在那里念的。

钱颖一：十一学校的教室不是按照班级分的，是按照课程分的。我看了你们的语文教室、地理教室、化学教室，布置的都不一样。语文教室里布置了与鲁迅相关的内容。

学生：我们是走班上课。

钱颖一：你们的校长李希贵很神奇。

学生：对，他挺厉害的。跟您一样，挺有人格魅力的。

钱颖一：他原来在山东省做教育厅厅长，然后又做校长。

大学生的中学情节

学生：我是北京汇文中学的。

钱颖一：这么有名的中学。

学生：对，它是东城区最大的中学，占地最大。

钱颖一：我没去过，这个学校很有名。

学生：1871 年建校，蔡元培原来是我们的校长。

钱颖一：你听听，对自己的中学多自豪，超自豪。我发现同学对中学的自豪程度，真的非常强。为什么对中学的印象这么深？

学生：感觉是对三观的塑造。

钱颖一：三观的塑造是在中学吗？你们说的中学是指高中？

学生：初高中六年。

钱颖一：初中的时候就近入学，上高中不都换学校了吗？

学生：我是故意不换的，就觉得好。

钱颖一：你觉得六年对三观的影响比清华的四年更大？

学生：三观在中学已经形成了，清华可能是后期的修饰。

钱颖一：中学六年，从 12 岁到 18 岁。你觉得汇文对你三观形成的影响比清华要大？

学生：对。

钱颖一：你在巴蜀中学，也是这样吗？你也在那里念了六年。

学生：我觉得清华对我影响更大一点。

钱颖一：你呢？中学还是大学对你影响大？

学生：我觉得还是大学，因为我们的中学是效仿衡水中学的。

钱颖一：这位是衡水中学的。现在衡水中学要把分校开到浙江去，这是一个大新闻。它是一个超级中学。你是来自衡水地区的吗？

学生：我是河北邯郸地区的。

钱颖一：所以衡水中学可以在全省招生。

学生：其实我们也是，江西临川一中也是全省招生。我是赣州地区赣南的。

钱颖一：因为招生范围不一样，别的学校就抱怨了，你把我这里的优秀生源拿走了，所以你才办得好。

学生：其实如果不这样的话，我们那儿可能三年都轮不上考到清华的。

钱颖一：你们学了经济学，你觉得这样有道理吗？这样做是不是可以把好的学生集中起来？

学生：他们的教育资源好，这样做也是合理的。

学生：我是美院艺术史论系的。我报的是管理学双学位，因为我们有一个方向是艺术管理。

钱颖一：你怎么想到报艺术史呢，是从小有兴趣吗？

学生：不是，是中学老师推荐的。

钱颖一：为什么给你推荐这个专业？

学生：一开始不了解，后来了解了一下，觉得还挺有意思的。然后就报了。

学生：我来自日语专业，今年大三，修的是管理学双学位。上次有幸见到院长是在东京的经管学院校友会成立会上。我的高中是中央民族大学附属中学。

钱颖一：最近有好几个人跟我说一定要去你们学校看看。民大附中是全国招生，别的中学都不能全国招生。上民大附中要求必须是少数民族。你是什么民族？

学生：满族。

钱颖一：你会满语吗？

学生：真不会。

“超级中学”现象

学生：我是自动化系的，现在是大二。我高中是江苏江阴的南菁高中。没有什么著名校友，进清华北大的也不多，年均估计五六个，和衡水没法比，因为我们只是当地招生，不会全省招。

钱颖一：江阴的文化底蕴很深厚的，名人很多。

学生：有这种说法。但是小学生都只知道徐霞客，还有刘半农。名人还是有那么几个，比较出名的是华西村。

钱颖一：华西村有名啊。大家知道苏世民书院，多数是国际学生，带他们去江阴看华西村，这是给他们安排的一项了解中国的活动。

学生：他们以前有点公社化。

钱颖一：他们每天早上要放红歌的。

学生：我老家在旁边大概一公里的样子，都能听到。

学生：我是电子工程系的，现在大二，选修经济学双学位。我的高中是县高中，山西省临汾市第一中学。我们中学在前十年比较好，一年能有十多个进清华北大，最近几年只有三四个，是被省会城市的超级中学压的。

钱颖一：一般一个省就只有一个超级中学？

学生：一般是有一个。我们当时初中比较好的学生被吸纳过去了。

钱颖一：北京和上海比较特殊，有很多学校在竞争。其他省大部分是有一个超级中学。

“衡水中学模式”的蔓延

学生：您刚才提到经济学。上大学学了经济学后知道了“囚徒困境”。河北省现在的高考状况就是一个“囚徒困境”，现在已经陷入了最差局面。如果没有衡水中学，清华在河北省还是录 100 人，大家都可以轻松一点，不用太紧张就可以考进前 100。但是现在因为有了衡水中学，它管得很严，所以别的学校也要管得很严，学生要很努力才可以。竞争来竞争去，大家都非常努力才能考进前 100。本来好像不用学习太努力就可以考上清华，现在得学习非常努力才能考上清华。所以现在河北的清北分数线明显很高。去年参加山西招生组的志愿者听招生办老师说，山西和河北的卷子一模一样，但是清华在河北的录取分数线是 707，而山西的状元才考 690 多分。

钱颖一：卷子是一模一样的，都是用全国卷？

学生：山西的状元如果在河北可能连上海交大都录不上。

钱颖一：山西的状元考 690 多分，河北的 700 多分才能上清华？

学生：在河北，清华的提档分是 707，上交是 703，所以就是非常夸张，700 分以上的有 200 多人。

学生：这属于批卷标准不一样吧。不会差这么大。

学生：如果是理科的话，批卷标准最多差在语文上，别的学科差不了太多。

学生：对我们县来说，过去管理很松的，现在基本大面积效仿衡水中学的模式。现在我们学生五点半起床，从高一到高三的作息时间是完全一样的。就算到了高三也是十点睡觉，五点半起床，中午强制一个小时午休时间，不允许学习。一天八个半小时睡眠。

钱颖一：强制关灯。

学生：强制熄灯、断电，寝室里没有插座。

钱颖一：手机充电呢?

学生：不让用手机。没有任何自己用的电器。

钱颖一：三年是没有手机过来的?

学生：高中三年都是这样过来的。

学生：我们不是。在北京可以用。

钱颖一：你们在衡水中学不带电脑?

学生：最多有上机课可以用学校的电脑。

钱颖一：没有手机跟家里怎么联系?

学生：有电话，宿舍里有公用电话。

钱颖一：你那个学校也是吗?

学生：理论上不允许用，但是人人枕头下面都会有手机。

钱颖一：这就是你们跟衡水中学的差别。

学生：对。

学生：因为没有地方充电，所以带了也没用。除非教室，但是教室太危险了。

钱颖一：你现在回头想，你从中受益还是很大的。你刚才说的“囚徒困境”，只是从考上清华北大人数上讲，但是你刚才没有说的是，是不是所有人的平均质量都提高了？假定分数和学习质量之间正相关的话。

学生：很多衡水中学毕业的学生想起母校时都有一个相同的感觉，非常怀念，但是也不想再来一遍。就是那段时光过得跟庙里的和尚一样，心非常静。我刚从衡水中学出来的时候，满大街都是安卓手机，当时脑子里非常懵，安卓是个什么牌子，真的不知道。但是毕业之后到大学，周围的生活更加丰富了，当年一门心思潜心学习的那种经历没有了。所以非常怀念，但是确实也不想再过一遍。

钱颖一：你说的这点很有意思。我现在指导着经管学院一个本科一年级的学生，衡水中学的，去年河北省的文科状元，他还上了报纸。所以我对衡水中学毕业生有一点接触。衡水中学有点半军事化管理。衡水中学毕业的同学对学校很怀念，但不想再过一遍。

学生：很多人是这个意思。

钱颖一：衡水中学的直接影响还只是在河北省内。你设想一下，假定河北省的高考名额不固定，那北京的十一学校、汇文中学都会受他们的影响。因为现在每个省的名额是固定的，所以才有“囚徒困境”。如果名额不固定，那提档线一划，山西就没一个能进清华的了。衡水的制度除了作息以外还有什么？

学生：跑操。跑操是在网上很火的视频，就是人贴人，跟阅兵似的。人和人前后的距离就这么一点，如果一个人的步调不和谐，可能一溜全倒下了。

钱颖一：你们有吗？

学生：差不多，而且跑操的时候，学生手上都拿着书。

学生：那是跑操前会有一段时间背英语。

学生：就是列队的时候开始看书，然后再跑操。

钱颖一：我得去一去。我去过好多中学，但民大附中和衡水中学还没有去过。

衡水中学是因为某一个校长。你们那也是吗？一般都是有一个非常偏执的领导，不然不会这样。

学生：对，十几年前衡水中学也很烂，招不来学生。结果这个校长来了以后搞了这一套制度，逐渐在省里抬头，开始拿了省第一名，开始吸引人才，之后越来越好了。

钱颖一： 现在还是这个校长吗？

学生： 他走了，后来到石家庄的一所私立学校当校长了，被人家高薪聘请了。现在是另外一个校长。

钱颖一： 石家庄二中原来是省实验中学，现在被弄得抬不起头来。

学生： 我觉得他们有一种贵族的高傲。

钱颖一： 是没落贵族？

学生： 好像有那么一点意思。

学生： 我们临川一中现在是江西的超级中学。2001 年换了一个新校长，他一直干到 2015 年。在 21 世纪初，临川中学没有多大名气，后来它就慢慢发展壮大了。

学生： 我是社科学院心理学系，大三，学的是“管双”。我是山东的，高中是县级中学，也是效仿衡水中学的典型，但只是学了它的皮毛，没有学到它的精髓。靠着这种严厉压迫时间的方法，我们起床时间更早，高一到高三，快高考那几天才能五点半起床。我们班主任要求五点半到教室，晚上九点多下课，十点二十熄灯，管得特别严。老师在宿舍的窗户上看你有没有睡着，是会监视的那种生活。我们学校最苦的不是学生，是老师。我们现在是山东省排前五名，每年有十几个进清华北大。

钱颖一： 山东的超级中学是？

学生： 胜利油田一中。山东是群雄并起的感觉，没有特别大的，都是十几个进清华北大，二十几个算多的。

学生： 我的本专业是土木系，双学位是“管双”，现在大四。高中在河南的许昌，县级中学。我们高中也是规定我们五点半进教室，四点五十起床。睡觉是十一点，这个制度实行一段被取消了，因为睡眠不足，后来改到十点睡觉。河南除了郑州之外，其他市都是这样，豫东周口竞争更激烈。

钱颖一： 你们一说都是受衡水中学的影响。衡水中学在全国的中学中有引领作用吗？

学生： 我们学校的领导、老师都会去衡水中学调研。

钱颖一：所以衡水是全国性的、标志性的，搞出了一种模式。

学生：印象比较深的是，我们高一军训时，模仿衡水中学的跑操，跑步的时候人和人之间保持一拳的距离。

钱颖一：这个画面很震撼。

学生：很好看。

钱颖一：像军队一样。

学生：我们上高中的时候，每周开班会之前先放他们跑操的视频，每周都要看，一直看了三年。

钱颖一：你是来自甘肃？

学生：对。衡水中学基本上就在我印象当中。全国的高中好像都在试，除了北京。

学生：我觉得河南还有一个现象，除了郑州之外其他的市有一种农村包围城市的现象，县级高中往往考得比市级高中要好。可能市级高中相对氛围比较自由，管得比较松，县级学校压迫厉害一点，高考的结果是县级高中比市级高中好一点，除了郑州之外。比如郸城很典型。

钱颖一：这里有很有意思的经济学问题。中国是大实验场，各个省独立做实验，不仅一个省出现了这种情况，很有意思。到底哪种是社会最优的，值得研究。

中国中学的底气

学生：我的中学是成都外国语学校。您刚才提到判断一所好高中的标准，我们和传统学校不太一样，有部分同学本科就出国留学。在这方面我们学校在四川很有优势。

钱颖一：你们有两所中学，一所叫成都外国语学校，还有一所叫成都实验外国语学校，这两所学校之间还竞争，但是同一个老板。

学生：对。

钱颖一：经管学院在2007年第一次招了文科状元，就是来自成都外国语学校。

学生：对，是我们班主任带的。

钱颖一：那年招了成外的三个学生，都是那年四川省的文科前十名，包括第一名，她们还写了一本书《我们一起上清华》。她们是同一个班主任。

学生：对，我们看了那本书。我们学校基本上每一届至少会出一个成都市状元。2015 年的省文科状元也是来的经管学院。

钱颖一：成都实验外国语学校和你们不一样，特点是什么？

学生：教学质量大概是差不多的。我们有一点优势就是有很多保送生，每年 100 多个保送名额。

钱颖一：但外国语学校的保送生限制特别大，不能转系。很多人进清华后就很郁闷。你没选保送？

学生：我后来参加了高考。

钱颖一：同一个老板，下边两所私立学校相互竞争，这也是一个很有意思的现象。

学生：现在有三四所学校了，在香港上市了，叫成实外教育集团。

钱颖一：中国的中学多么丰富啊，有各种各样的，竞争也多，很有意思。那天我到人大附中去，我对刘鹏芝校长说，中国最牛中学和世界最牛中学的距离小于中国最好大学和世界最好大学的距离。她说她现在在普林斯顿办中学，她的中学比美国的任何中学都要好。可是中国的大学校长没有一个人敢这么说。中学校长就敢啊。

学生：人大附中有很多机会。我们学校从初中开始有很多选修课，觉得学校的氛围确实比较活一些。自己成长的空间比较大一些。这六年并没有受到很严格的控制。我们学校就这届出国班读本科的大概有 100 人出国。

钱颖一：你觉得出国班跟你们这个班比起来有什么特征上的不同呢？

学生：我在高三的时候，是走两条路。我也申请了美国的学校。最后结果没有来清华好，所以还是来清华了。其实第一实验班的一部分同学从高一高二就开始准备出国，可能还是觉得国外的环境比较好。

钱颖一：你觉得来清华也不错。

环境工程国际班

学生：不知道您知不知道环境工程国际班？

钱颖一：知道。你是第一届的吗？那还是陈吉宁当校长的时候搞的。

学生：对。就是因为一直跟着在上您和钟笑寒老师的“经济学原理”课。

钱颖一：陈校长和我说，得让这个班的学生跟经管学院一起上课。

学生：我们是第一批高考进来的人，现在要毕业了。

钱颖一：是不是加一个“国际班”一下考分高了很多？

学生：对，招了好多状元。然后状元都快心理疾病了，觉得跟自己想的不一样。

钱颖一：为什么跟自己想的不一样？

学生：状元可能是特别理工科的那种，但是我们班比较偏管理。毕业后想让你从事国际谈判。现在那些国际环境公约，谈判都是外交部在做，他们不懂环境的东西，也不会把控。所以想要一些有理工科背景的人，本科的时候通识教育，然后学一些经管，还有国关、法律。这个项目听起来很好，但并不是每个人都合适，所以有一些状元觉得项目很好，还有出国交流什么的，就来了，其实并不适合他们。我后来去过几次谈判，觉得也不太适合我。

钱颖一：我们参加巴黎气候变化协议谈判，依据的模型是清华能源研究院做的。很多数字都是要计算的，谈判时都要用这些数字。比如中国说到2030年的减排目标，这个数字是要算出来的。谈判的时候讨价还价，具体哪一年达到标准，要有数字支撑。这里既有模型的计算，又要谈判，这样的专业不是很好吗？

学生：我去了以后，感觉推进每一步真的都很困难，可能到最后谈了半天也谈不出来什么东西。《巴黎协定》听起来很好，但是它特别宽松，整个国际体系本来也就是这样的。我觉得当时可能有点迷茫。我也有一些读博的同学，一直走这个方向，就是为国家做贡献。

钱颖一：你们是第一届，后来每一届都在招吗？都招得不错吗？

学生：对，越来越好。

钱颖一：原来我们学院有经济学专业，金融学专业，我改为经济与金融（国际班）。后来环境专业也搞了一个国际班，法学专业也搞了一个国际班。

学生：我们这届招生计划是八个人，因为北京考生报的太多了，北京一下子招了六个人。然后就变成十几个人了。

钱颖一：那时候陈校长跟我说要对你们这些同学特别照顾一下。所以你们的“经济学原理”是跟着我们经管学院一起上的。

学生：还有“中微”“中宏”“计量”。

钱颖一：那你念经济学双学位时候这些课就不需要再念了，都可以免了。

法学院的格调

学生：我是法学院的，现在是大三，学经济学双学位。我下周来经管学院兰克费恩参加金融硕士的考试。

钱颖一：现在金融硕士的吸引力很大？

学生：我前面做过一些法律方面的实习，就发现和金融这块蛮接近的。本来一直对金融挺有兴趣的，所以报了金融硕士项目。

钱颖一：美国华尔街的金融机构里面很多是念法律的。我知道高盛的 CEO 布兰克费恩是学法律的，凯雷的鲁宾斯坦也是学法律的。

学生：包括《从 0 到 1》的作者蒂尔。

钱颖一：蒂尔也是学法律的，他本科学哲学，研究生读法律，以后做投资。在华尔街，基本上两类人，一类学经济金融的，一类学法律的。

学生：可能会感觉国内的法学和国外的法学不太一样。他们更注重案例分析，我们就是学条文，更注重法律解释，和德国那一套一脉相承。

钱颖一：经管学院的一些学生念“法双”。他们觉得法学院的课很有意思。

学生：法学院也是部分课有意思。

新雅书院的通识教育

学生：我是新雅书院的。

钱颖一：你是想到经管来？

学生：大二分流想来经管，之前想去 PPE（哲学、政治学、经济学）。

钱颖一：为什么不去 PPE 呢？

学生：因为后来还是想学深一些，PPE 总体来说宽，培养的目标跟我想要的不一样。

钱颖一：你们是新雅书院第一届？

学生：第一届。

钱颖一：你是怎么被他们“忽悠”去的？

学生：当时挺想学 PPE 的领军计划，项目报的就是新雅书院，对通识教育很认同。整个一年都是学很通识的东西，当时专业选择也不是很确定。

钱颖一：这个 PPE 是新雅书院提供的专业？

学生：是。还有一个叫 CDIE（Creative Design and Intelligent Engineering），智能工程，是工学和艺术结合的一个专业。这两个专业都是交叉学科。

钱颖一：你们这一年级多少人？

学生：一共 65 人。

钱颖一：分流时可以自愿选，没有任何限制？

学生：除了协和和美院，因为专业课补不上了。

钱颖一：选经管学院有多少？

学生：应该有 14 个。

钱颖一：选的最多的是哪里？

学生：经管算是比较多的。还有计算机。

来自军队的体验

学生：我来自甘肃省，我们学校比大家的都低一个档次。我当时考虑去我们省最好的学校，甘肃省最好的高中面向全省招生，但离家太远，父母不放心，所以就在我们县上的高中，最后很幸运考到了清华。

钱颖一：你是哪个专业的？

学生：我是工程物理系。我二学位选修的是管理学双学位。我可能年龄比大家大一些。我是2012 级的，我在2013—2015 年休学去海军服役两年。老师刚才讲的衡水中学的作息时间问题，他们为什么是早上五点半到十点，那是完全仿部队的。我上次见您是在 2015 年，您跟马斯克对话。马斯克是我非常喜欢和佩服的一个人物，我经常关注他的一些活动。我自己想学管理学双学位的原因有三个。

第一个原因是我在工程物理系上了很多课，工程物理系开的课很杂，数学、物理、电子、电力、计算机软件、硬件、机械力学，所有这些课程都要学。我们把清华大部分的工科门类都学了一遍，但是比较浅，非常杂乱无章。这其实不是我的认知方法。我更喜欢从宏观上看事物，这是我学管理学的第一个原因。第二个原因是我以后从事的工作应该是国家核电的出口管理，我需要商学和管理学的知识。第三个原因是现在我做社工，在社工这条路上发展也需要管理的知识。

部队是纪律非常严明的组织，但是反而在这样的组织下，它并不压抑人的潜力，它把人的潜力拔高到一个极致，甚至是超越极致。一旦把它释放出来之后，如果他进入了别的领域，他所释放的能量比别的人强很多。

举一个例子。在大家的认知中你觉得人做俯卧撑可以做到多少个？30 个。我说一个数据，大家可能不敢相信，我们做俯卧撑压根不是数个数的，而是掐表，可以做多长时间？将近一个小时。我们在做俯卧撑，负责训练的军事长在宿舍里面打完一局之后出来告诉我们，起来休息。大家想想，这样的训练可以把人的潜力拔高到什么程度？

钱颖一： 我到以色列去，很多以色列人都说他们的创新精神来自在军队服役。后来我发现以色列的军队和我们的军队概念上不一样。以色列的军队极其散漫，他们给我看的照片就是将军和士兵之间很随随便便的样子。我突然悟出一点，我们的军队是集团军，特别大的规模，纪律性特别重要，甚至是第一重要的。他们的军队基本就是“游击队”，现代化的游击队，都是很小规模的，但是高科技，所以需要巨大的灵活性。比如我们的军训就是整齐划一。但是以色列的军队不是这样的。他们的地域那么小，他们的组织单位也特别小，就是我们说的游击队的感觉。这使得他们有很大的灵活性和冒险精神。

这是一个悖论。听上去，高中毕业后要当兵，不是耽误学习了吗？但是他们真的从当兵中受益。我看了好多文章都说这是以色列人特别有创新能力的重要原因。以色列真是很神奇，非常神奇。所以你当兵两年，你是2012级的，现在刚读大三。

学生： 对。

钱颖一： 你的这段经历是非常有意思的。

为什么要转系

学生： 我是“经双”的，今年大四，是基科班的。

学生： 我高中是北京十一学校的。

学生： 我们两个人高中是隔壁班的。大学我们两个是一个班的，都是物理系的。之后我打算学经济学，申请的是硕士。

学生： 我上过许成钢老师的课。我听过三遍他的课，我觉得他的水平挺高的。

钱颖一： 我们两个是在哈佛读博士时的同学。你对政治经济学感兴趣，还是对什么感兴趣？

学生： 他讲的东西什么都包括，历史、政治、哲学、法律，什么都懂。我对LSE（伦敦经济学院）印象挺好。

钱颖一： 你们两个都是北京十一学校的？

学生： 都是参加物理竞赛的。我们学校保送六个学生到物理系。

钱颖一： 你不搞物理了，学金融。还有谁？

学生： 六个人全都不搞物理了。

钱颖一： 为什么不搞物理了？

学生： 我们系只有 1/3 的人搞物理，我们选课随便选。

钱颖一： 但是你们六个人为什么不搞物理了？

学生： 我们当时保送的时候想搞物理的全去北大了。去北大的都是想搞物理的，有三个去北大的，都是搞物理的。

钱颖一： 第一次未来科学奖的物理奖给了清华的薛其坤教授。我们这边的物理很强啊。怎么会到我们这边的学生都不搞物理了。六个人到清华都不搞物理了，而三个到北大的都搞物理了。这是为什么？

学生： 我是一开始就没打算做物理。

学生： 一开始听说北大偏理论，清华偏应用。

学生： 我个人是奔着清华的工科选择比较多才来的。

钱颖一： 所以没有奔着想搞金融。

学生： 当时想把金融作为选择之一，也想着计算机、材料什么的。

钱颖一： 现在计算机比较火，因为大数据、人工智能。

学生： 现在是条条大路转计算机。

学生： 对，自动化也是这样的，全都搞计算机了。

钱颖一： 交叉学院也是计算机，软件学院也算是计算机，合起来的话计算机应该招不少。

学生： 电子招的人比较多，学的偏硬件。最后找工作，大家都去写代码了。

钱颖一： 你说转系这件事，是很小众的，一般人不考虑转系。有的人转系，有的人选择双学位，有各种方式。

学生： 可能看专业。我是化学的，2015 级一开始入学时有 60 多人，现在只有50多人了。今年2016级可能有十多人想转系。

钱颖一：我们只有在大一结束的时候有一次转系的机会。有一位同学问为什么不能降级转系，我问了，经管说不行。别的系可以吗？有人写了很长的信抱怨。你们那里还有降级转系的。

学生：我这一届当时应该是前十名有七个人想转经管。最后转了五六个人。经管比较有竞争力。

钱颖一：社科里面心理学很有吸引力。心理学很有意思。

学生：但是我们系可能60%以上的人会出国。

钱颖一：你原来报清华想学心理学吗？

学生：是，但是我发现现在没有那么感兴趣了。

学生：为什么？

学生：因为它更偏生物了。

钱颖一：心理学可以是偏生物的，也可以是偏社会的。

学生：我现在想读管理硕士。

双学位学生之间的交流

钱颖一："经双""管双"有这么多学生，你们互相之间交流多吗？

学生：我感觉大部分是在做项目、做大作业的时候有交流。

钱颖一：什么课有大作业？

学生："经双"不太有，"管双"比较多。基本每个课都会有大项目、大作业。期末期中会有展示，还有分组展示。

钱颖一：除了课程之外，念双学位还有什么别的收获？你们跟一学位的同学有联系吗？

学生：联系挺多的。

钱颖一：通过什么？

学生：我原来加入金融协会，加入量化投资协会。

钱颖一：我们这有一个量化金融实验室。

学生：经管有一些想做量化的人，接触挺多的。

自学能力很重要

学生：您本科的经济学课是自学的吗？

钱颖一：全都是自学的。今年是我参加高考 40 周年。1977 年恢复高考，高考是在 12 月份。那年有 570 万人参加高考，只录取了 27.5 万人，录取率 4.8%。去年 950 万人高考，录取了 700 万人。我们是“文革”后的第一届大学生，真的非常努力学习，什么难学什么，不像现在选容易的课上。我们都很珍惜时间，觉得这个机会太难得了。我本科在清华学数学，明天数学系纪念成立九十周年。

学生：您的自学能力比较强？

钱颖一：那是环境使然。“文革”开始时我读小学三年级，后来就全靠自学了。那时候没有辅导课，没有辅导材料，也没有老师教，如果想学，只有靠自学。所以能学出来的人肯定都是自学能力强的，都不是应试能力强的。当然这个机制从整体来讲是效率很低的，因为我的中学同学绝大多数都没有考上大学。同时，我们那时候还有点批判性思维能力，也不是正规训练出来的，而是经过“文革”，在社会课堂中培养了独立思考的习惯。现在学生的基础知识肯定比我们那时候强多了，但是欠缺我们那时的一些东西，比如自学能力和批判性思维习惯。

学生：前几天我听到斯坦福物理系教授张首晟说，他自己从来不上课，全靠自学，他的自学能力很强。

钱颖一：他是在复旦念了一年后到德国念的本科，所以他也不是复旦毕业的。后来他到美国做了杨振宁的博士。我认识他，上次到经管学院来演讲，是我介绍他的。这次他在大礼堂演讲，我不在，是谁介绍他的？

学生：薛其坤。

钱颖一：他是做理论的，薛其坤做实验。张首晟做得很好，但不是我们国内大学本科培养出来的。

学生：他说自己从来不上课，全是自学。

钱颖一：我们那时候没有办法，只能自学，因为没有老师。

学生：他说就算出国之后，他也不愿意听课，就是自己一个人学，他觉得自己的自学能力特别强。

钱颖一：马斯克就说，听课学习太慢了，自学更快。

双学位本科生与院长共品下午茶

（2017 年 12 月 21 日）

钱颖一：第二学位是我们经管学院非常重要的本科项目。我们的第一学位每年才招收 200 人，而我们的第二学位是每年招 600 人，其中经济学双学位 300 人，管理学双学位 300 人，三年加在一起就是 1 800 人。这是什么概念呢？清华每届的本科生是 3 300 人，这其中有 800 人在经管学院念第一学位或者念第二学位，占每届清华本科生的 1/4。看校友的情况，第二学位毕业生中出了很多人才。

思维差异：理工科和经济管理

钱颖一：在清华，念经济学第二学位和管理学第二学位的学生人数占全清华念第二学位学生总数的 2/3，另外的 1/3 是其他各种双学位，有法律、英语、数学等。我们在双学位中开了一些方向，有金融方向、创新创业领导力方向，还要开大数据方向，财务管理方向等。这些都是细节，重要的是经管学院的第二学位给大家开了另一扇窗，这对你们将来的职业发展以及人生发展会有很重要的影响。

将来大家选什么样的职业路径，什么样的专业领域，取决于你们自己。不管做什么，我觉得好奇心特别重要，这对做学术尤其重要。10 月底我们的顾问委员会会议期间，我的导师马斯金在这个房间与博士生和青年教师座谈的时候，就反复强调这个因素。你要想做学术，物理也好，工程也好，社会科学也好，人文也好，做研究本身很艰难，也不容易做出成果，那么驱动你的很重要的动力是好奇心的满足。金融学家用一个方程就可以把期权的价值算出来，多有意思啊。

同学们理工科背景的多，数学都比较强。在经济学和管理学中，数学很有用。但是我们也一定要注意，数学与物理学的关系和数学与经济学、管理学的关系是类似的。也就是说，数学是一种工具，最终你要研究的是现实中的经济问题、管理问题。举个例子。在我最初学经济学的候，发现联立方程组中总是缺一个，其实就是在充分竞争下企业的经济利润要等于零这样一个条件。这在经济上是有含义的，但是如果没有经济学直觉的话，就不会想到它。这在数学上就是一个等式。所以这是有理工科背景的人比较缺乏的，需要特别注意。

我们学理工科的强项是逻辑严谨。比如在课间，我们的同学总是会问我光考虑了 X 大于零的情况，没有考虑 X 小于零的情况。在数学系，如果你不考虑这个情况，一定是不对的。但是在经济问题里面，很多情况下 X 小于零不是现实问题。但是在金融里面，这取决于允不允许做空，允许做空就可以是负的，不允许做空就不能是负的，所以这是跟经济问题连在一起的。我们更容易从数学的可能性，而不是经济现象的可能性去考虑。这些年我经常会遇到中国学生来问我问题，说你没有讨论到这种情况，没有讨论到那种情况。作为数学问题是有意义的，但是在一定条件下可能就没有经济上的含义。

今年的诺贝尔经济学奖授予了行为经济学领域。这是经济学和心理学的结合。管理学除了经济学之外就是心理学的影响最大，比如领导力问题就跟心理学非常相关。2009 年我推动在经管学院开了一门课“心理学概论”，请了我在伯克利加州大学的同事彭凯平教授来上这门课，我那时候就知道心理学对经济管理学院非常重要。他本科是北大毕业的，但是他在北大的老师是老清华的。老清华的心理学系是全国最好的心理学系，后来迁到北大去了。清华后来恢复成立了心理学系，彭凯平当了系主任，最近他又当了社科学院院长。

不模仿，不随大流

钱颖一： 每个人的经历都不一样，别人不可重复，时代也不一样。你们是大二的才 19 岁，大三的 20 岁，大四的 21 岁，大概是这个岁数。你们现在选任何其他领域，哪怕是重新开始，一点都不晚。障碍是什么？是你们太听学长的了，是他们告诉你们 GPA 很重要，现在转专业太晚了，等等。也许这是基于他们个人的经历，但很有可能是误导，更可能不适合你。我读大学的时候没有这么多的框框，为什么？我们是“文革”后恢复高考的第一届大学生，我们那时候没有学长指路。

上次扎克伯格来学院走进经管课堂。有同学问他找什么样的领域创业。他说你要找一个你自己很喜欢、最好是别人不喜欢的领域。我接着说，可惜在中国，大家选一个领域，往往是因为别人都选。比如现在大家都报计算机，因为 AI 很热门，叫文化也好，叫习性也好，或者传统也好，就是随大流。

现在你们跟我们那时候相比，知识多了，视野也宽了，但是好像心理上的各种压力反而大了，路越走越窄了。所以大家要放开思路，千万不能只听学长的。你们几乎把所有的权重都放在学长的话上了，这是为什么？

学生：因为想走学长走的那条路。

钱颖一：那为什么你想走学长走的那条路呢？美国著名诗人福斯特有一首有名的诗，大意是，森林中有好多条路，我选择了一条很少走过的，这就再也不同。准确的中文翻译是什么？

学生：黄色树林里分出两条路，而我选择人迹更少的一条路，从此决定我一生的道路。

钱颖一：我觉得进入清华的人，你们的“原始才智”都很厉害，但是后来的发展可能会很不同。为什么会不一样呢？就是刚才那首诗说的，是选择的路不同。如果大家都选了辅导员和学长说的路，那就是一回事。经济学告诉你差异化的意义。

回到我在经管学院做的教育改革。一个重要的起点，就是要纠正我们对教育认识的偏差，即完全的知识导向，知识点导向，考试点导向。基础知识扎实可能是我们的优点，但是我总爱引用爱因斯坦的那句话：大学教育的价值，不在于记住很多事实，而是训练大脑会思考。学会思考是教育最核心的目标。我不是说知识点不重要，美国的中小学就走到了另一个极端，知识点学得太少，他们应该增加知识点的学习。你说为什么英国的中学找上海的教师给他们去上课。有人就用此说明中国的教育很成功。中国教育有它的成功之处，不能完全否定，主要是在知识点传授这方面。但是，在让学生学会思考方面，我们是欠缺的。

我们要做点人工智能不能做的事，做点阿尔法狗还做不出来的事。机器能做什么？大量做题、刷题。机器的记忆力肯定比你好。所以我们要做机器不能替代的。一定是两个极端，一种是修花园的工作，厨师的工作，机器是替代不了的。另一种就是有创造性、批判性、整合性的工作。而重复性的工作，靠我们以前熟悉的路数，靠死记硬背、大量做题、刷题来熟练记忆的东西，机器都会做，而且做得比你好。

我很想知道你们的一些趣事。你们中工科的多。工科作为第一学位很好，工科同学的思路和我们不太一样，比如环境问题，工科思维会想在工程上降低污染排放，而经济学想的是通过价格或通过排污权市场来达到减排效果。现在的北京市市长是原来咱们环境系系主任、校长陈吉宁。他在清华读的本科，后来在英国帝国理工读的博士，是偏管理的环境科学。他看到管理方面的书爱不释手。在2015年冬季毕业典礼，也是他参加的最后一次毕业典礼上，他说最近看了一本书《异类》（*Outliers*），这是一本有关管理的畅销书。以工科为基础学习管理，很有前途。

从衡水中学看“超级中学”

钱颖一： 我上个月去了衡水中学，很有意思。我是头一天去的，早上五点起来，看跑操，知道跑操吧？

学生： 都在学。

钱颖一： 为什么都在学呢？

学生： 因为都想复制衡水中学的高考录取率。

钱颖一： 你们周边有衡水中学的同学吗？

学生：挺多。

钱颖一：衡水地区是河北省在 GDP 上排倒数第一的地区。一般都说经济越发达的地方教育越发达，但衡水不是。现在衡水的部分经济是靠衡水中学拉动的，比如周边的住房、酒店等。早上天还黑着，五点五十开始跑操。其实不在于跑操，而在于每个人手里拿着英语课本，边跑边念。跑完以后晨读，然后再吃早餐。我去看了，他们的餐厅工作效率远远高于清华。

学生：菜是定好的？

钱颖一：不是定好的，每个人选的是不一样的。班和班之间有几分钟间隔，一个人的排队时间不会超过两分钟。他们就是把科学管理企业的流水线生产方法用在了办学校，包括餐厅。真的让人开眼。你们心目中的超级中学还有哪些？

学生：我觉得人大附中是。

钱颖一：我让经管学院的十几个学生，每人列出十个超级中学，然后我把这其中重复最多的三个拿出来，结果是人大附中、北京四中、衡水中学。你们看是不是有点道理？

学生：我来自上海外国语大学附属外国语学校。我们是从小学六年级进去，一直到高三，是七年，都待在一起，所以一个年级的同学都很熟。我们中学有两大特点。第一个特点，我们一个年级一共只有两百六七十个人，上课基本是在一个楼层上，一个年级之内的同学基本都认识，跨年级之间很多活动。第二个特点，我们不太重视以前考试方面的教学，更多是一些素质教育。我们有很多活动。

钱颖一：那位同学是经管一学位的，他是民族大学附中的，对母校非常忠诚。我去看了后也懂了，他们面向少数民族全国招生，都是住校，所以感情非常深。你是什么学校？

学生：我是西工大附中的。

钱颖一：你们是陕西的超级中学，你们住校吗？

学生：我们不住校。

钱颖一：中学对你影响比清华要大？

学生：我觉得都挺大。

学生：我是来自南京外国语学校的。

钱颖一：我有一次路过你们学校，有人说这是南京外国语学校。我说我知道，听说这是你们南京最好的学校之一。他说不对，没有之一。

学生：不能这样说。我们在南京都说南师附中才是。

钱颖一：都很厉害。

学生：我是临川一中。

钱颖一：江西的超级中学。

学生：我是信阳高中。

钱颖一：你们河南有郑外。几所外国语学校都是比较特殊的，但是他们上清华的同学也郁闷，因为保送就不能换专业。

学生：我原来的专业是水利，后来学电子了，我不是保送的。

经济学视角下的选课机制

学生：我来自软件学院，现在上大三，我修的是经济学双学位。我刚才听您的讲话非常有感触。我们在本科阶段多做一些不同的尝试，找到自己想要的方向。现在我有一个小的想法，双学位选课余地不是很大，有时候想选一学位开的一些选修课，但是选课制度给经管学院一个优先权。现在换了系统以后选课的机会多了。

钱颖一：我很了解，今年换系统了，学习了外国先进经验。这是一个资源配置问题，一个配对问题。你们总是抱怨选课系统不好，你特别想选的选不上，不特别想选的却选上了，这不就是效率问题吗？芝加哥大学的选课系统是市场化的，比如给每个人一万点，用它去"买"课。北大也是这样吗？但是一个完全的自由市场经济可能也不行，如果有的课选不上就不能毕业，也是问题。所以要靠手动操作，光靠系统不行。

学生：我是机械系机械实验班的，我们是第三届。我们实验班的培养方案和传统的机械系培养方案完全不一样。我们选课有各种各样的坑，规定大一要学的东西我们放到大三学，规定大三要学的我们放到大二学，各种各样的选课导致我们最后选课时必须大面积的手动选课。

钱颖一：手动选课以后效率高吗？

学生：只能说对于我们实验班有一种类似于特权的东西在里面，因为我们班的性质导致机械系只要看到我们班的手动选都批，其他人手动选就不批。确实可以从另一方面说明，手动选课是我们可以考虑的一种方式。

钱颖一：阿尔文·罗斯（Alvin Roth）是 2012 年诺贝尔经济学奖获得者，研究人体器官的交换配对问题，比如肾脏和肝脏移植中的交换配对问题。人体器官不能买卖，里面有道德问题。乔布斯再有钱也不行，他要换肝，也要排队。他研究怎样配对可以提高效率，因为器官移植有许多生理方面的条件。关于选课问题，全世界的大学多了，都遇到这个问题，我们不是唯一的。你们学了经济学都知道，资源都稀缺，包括课程。那么如何配对提高效率，就是一个经济学问题。

本科“大类招生”试点

钱颖一：在座的没有一年级的学生。从今年的一年级开始清华变成大类招生了。你们机械学院去年是试点吗？你们的试点怎么样？

学生：我是机械大类的，我非常幸运，幸亏在学期初转系脱离了大类苦海，但我的室友都在苦海中。

钱颖一：这又是一个资源配置问题。

学生：他们当时进来的时候，就是没有优先志愿。大家想到的方法，就是在一周用两天时间，给每个系半天做大规模宣传，高强度下导致一个人上午参加机械系的介绍，下午参加精仪系的，晚上参加热能系的时候只剩睡觉了。

钱颖一：但是有一个意外的好处就是，每一个专业都派最好的老师给你们一年级同学教课，因为各系都想表示自己的专业特别好。本来教授不给本科生讲课，现在竞相派最大牌的教授给一年级学生讲课。

学生：这个情况变成了开一门课，叫热能科学与技术导论，然后就是各个系的系主任，包括一些院士、长江学者、优秀老师每个人做介绍。老师用90分钟介绍不了自己的学术方向，同学用90分钟也了解不到想了解的东西。信息供给为零，最后还要每天写一份笔记，大家变成抄，然后变成水课。

钱颖一：如何分配专业？按学分绩？

学生：要写一篇你对专业认识的文章。这就出现了各种各样的问题。我想写文章，想留在这个系，我就通过一些信息暗示我的身份，比如我会暗示我参加过哪些活动，大家就知道你是谁了，就可以留在这个系里。这是一种操作。

学生：当时说转系还有降转（降级转系）的。我记得我同学就是2016级学医的降转到软件学院2017级。

钱颖一：你说降转，我想到了一个时髦的词，叫间隔年（gap year）。今年是2017级开始全校分为16个大类，经济金融管理是一类，我们是这16类中唯一可以自由选专业的，没有名额限制。

学生：还有新雅。

钱颖一：他们本来就没有分类。你是新雅的？

学生：是。

钱颖一：你们那里可以随便选专业。别的专业都是要求每个专业的学生人数不能比计划数低15%，也不能高15%。这是资源配置问题，人是最重要的资源，是第一重要的资源。

我坚持我们学院的学生在选专业时不受任何限制。我的一个理由是，如果我们选专业的时候受限制，而我们隔壁的学校不受限制，好学生就不报我们了。这是一个博弈。你们机械专业怎么说？我们是最好的，是吗？

学生：机械现在排到全球第九。机械大面积转向电子和计算机。我们实验班是集优秀的资源于一体，我们班21个人转走了7个。

钱颖一：清华计算机现在全世界排第一，MIT、斯坦福、伯克利都排在后面。你们了解这个专业吗？这是怎么回事？

学生：那些排名的计算方式有问题。

钱颖一：那可是外国人排的。

学生：他们是按不同权重排名，可能是因为我们这边一些大的工程比较多，这样排名就能上去。

学生：可能跟中国人的性格有关。中国人立了一个目标，只要明确标准，我们就能在非常短的几年之内达到目标。所以我们非常快速地满足各种各样的目标，但是它不一定代表我们真正的质量。

钱颖一：所以需要另外的指标。商学院有各种排名，但是最说明问题的还是基于市场竞争的指标。商学院竞争最厉害的是学生对 MBA 项目的选择。哈佛商学院和斯坦福商学院这两家之间竞争看什么指标？不是看 MBA 排名。我曾经在哈佛商学院顾问委员会上，所以知道他们是看一个人如果同时被两家录取，选去哈佛商学院的比例。这就是我们“经济学原理”课里讲过的，叫作显示性偏好（revealed preferences）。如果只是被一家录取，没有被另一家录取，这个说明不了问题。这个指标在过去几年有变化。十年前，在被两家都录取的情况下有 90% 选择了哈佛，但现在有可能有 40% 去了斯坦福。同样，如果要看清华的真正水平，也不是看各种排名，而是在两个学校，比如斯坦福和清华都录取一个学生的情况下，这个学生选择去哪里。这才能说明问题。

经济学可以帮助我们分析资源配置问题。选课、选专业、选学校，都是资源配置问题。如何提高效率，就是要让更多的人得到满足或改进。教育资源永远是稀缺的，大家都想上的课永远是供给不足的。

学生：引入市场机制比较重要。

学生：以前选课，在交流群里大家会有私下贸易。可以专门建立一个平台，你在这个平台上所有换课都是官方进行的。

改百分制为等级制

钱颖一：还有一个问题就是分数从百分制改为了等级制。

学生：当时做这个调查时，没有人注意调查问卷，所以大家没有多少反应。

钱颖一：等级制和百分制是不是等价的？

学生：不等价。

钱颖一：这个改革过程我是知道的。因为杨斌副校长原来就是我们学院的。他是这么推理的：百分制时大家斤斤计较，每一分都计较，改成等级制ABCD以后，大家就不会斤斤计较了，因为91分和92分之间没有差别了。这个推理对不对？

学生：改革后更计较了。比如一个函数从连续的突然变成间断的了。以前89分到90分之间只差1分，现在要差很多了。

学生：这使得我们更难受，更有危机感。

学生：而且很多老师愿意卡分卡在那个位置上，比如老师相信这个学生值87分，但是为了成绩好，我给你打89分，但这是很难受的感觉。

学生：在减轻斤斤计较方面还是有些作用的。

学生：大家觉得不开心是因为这个等级制政策没有充分征求大家的意见，直接通过了。

学生退课问题

钱颖一：我感觉特别无奈的是发现经管学院在期中考试以后就有很多学生退课。你们那里也有吗？如果是在听了一两个星期后退课是可以理解的。但是期中考试后学期已经过半了，只是因为期中考试不理想，比如在70分左右，觉得会影响学分绩，就把这门课退了，而且都是很重要的基础课，比如微积分。退了之后下学期还要再重选一门，无论对学校和个人都是效率很低的一件事，是很不好的一件事。你们其他学院有这种情况吗？

学生：我们的“电路原理”期中挂了101个人，特别吓人。

钱颖一：然后呢？

学生：你再不退课就有挂科的风险，挂科后要等重修就更难受了。50分以下的有60多人。

钱颖一：一共多少人考试?

学生：260 人。

学生：但我们系有一个制度，如果想保本系研或保本系博的话，退课必须得填一张表，所以倒逼着这些人不能随便退课。

钱颖一：有道理。

学生：法学院也有这样的要求，但经管没有。

学生：现在体育课、数学公选课和外语公选课，都不能退了。

双学位本科生与院长共品下午茶

（2018 年 5 月 17 日）

主持人：欢迎大家来到经管学院第二学位“院长下午茶”。我是经管学院学生会学术部负责第二学位事务的部长，来自外国语言文学系英语专业，第二学位是经济学。今天我们有来自各个院系的同学。文科的同学有来自人文学院外文系、法学院等，理工科的同学有来自电子系、生物系、基科、航院、化工系等，“经双”“管双”人数比例大约是相同的。同时今天负责主持的还有学生会外联部的同学。大家以前参与过“下午茶”的话，就会知道这是非常欢乐的环节，能够畅所欲言。

经管学院双学位水吗？

钱颖一：现在双学位正在报名，经济学双学位要招 300 人，现在报金融方向的已经有 301 人了。清华 1/4 左右的本科生在念各种各样的双学位。在经管学院读双学位的占到全校读双学位的 2/3。所以校长说了，抓双学位教育，把经管学院抓好就行了。但是有一些人到校长那里反映，说经管的双学位很水。所以我就想听听你们的，是不是水？怎么个水法？当然参照系是不一样的，因为同学中有的是理科，有的是工科，有的是文科，不一样的背景，每个人的参照系也不一样，所以感觉到的软硬程度也不一样。然后再说怎么改进。

学生：我们建筑管理系是从土木系分出来的，所以我们学一些工科的课程。在学双学位的时候，觉得难度不会特别大。双学位本身只要能够及格就可以了，就不会影响你一学位的成绩。

钱颖一：是课程的内容比较少，教得比较浅，还是老师的要求比较少，给分比较松？还是都有？

学生：都有。考试也看老师。上学期的“运作管理”课特别难，因为有数学。听说大家给的评价不高，虽然我给的挺高的。

钱颖一：管理科学与工程系普遍要求高，因为数学性比较强。管理学相对于经济学更软一些，但是软和水是两回事。

学生：我是学“管双”的。管理学讲的东西，你感觉听的时候懂了，实际没有懂。不像经济学讲的，没听懂就是没听懂。

钱颖一：理工科同学当然是计算能力比较强，但写短文不一定写得好，这个训练是非常需要的。你们有要求写论文的课吗？

学生：“中国经济专题”要写论文。

钱颖一：其他课有写论文的吗？

学生：“管双”有好多写论文的，比如写创业的商业计划书。

学生：关于水可能有原因。学生对第二学位的投入相对来说普遍不如第一学位那么多。投入不高的原因并不是没有兴趣，主要原因是第一学位的课太多太难了。我的观察仅限于航天航空学院、电子系的同学。第一学位要求太高了，给第二学位学习留下的空间非常有限。

课堂规模多大合适？

钱颖一：我问你们一个问题，你们在学期之中或者暑假寒假期间实习吗？

学生：实习。

钱颖一：现在每个人脑子里都有一套算法：大四要找到工作的话，大三就要找实习；而大三要拿到实习的话，大二就要有实习经历；那么大一就要开始找实习。现在的学生有三拼：拼学分绩、拼实习、拼社工。现在发展到实习做一份不够，要做两份、三份。社工也要做好多份，一份都不够。结果忙得不得了。现在的问题不是机会少了，而是机会太多了，就出现了新问题。另一个问题是课堂的大小。你们觉得是不是过大了？

学生：120—150 人的课堂不错。

学生：“经济学原理”课 300 人的课堂，别的课都是 150 人。

钱颖一：你们的意见是 300 人的大课太大，150 人的可以接受？

学生：第二学位的课上和老师交流不充分。

钱颖一：你们对老师的挑战应该更大，你们有生命科学、外语、建管、电子、航天的，你们问出的问题可以是五花八门，非常不一样的。

学习第二学位的动力

钱颖一：学习动力的问题。在北大，一种情况是他想进北大，但第一专业不喜欢，比如某小语种，所以把精力都放在经济学第二学位上，把它当第一专业去读，非常认真。这种情况在清华不是太多。

学生：对，清华没有特别奇怪的专业。

钱颖一：北大像考古就是比较奇特的专业。其实考古挺有意思的。那些小语种的语言，就特别奇怪。

学生：我当时可以选择北大小语种，或者清华英语，我就选择了清华英语。

钱颖一：你为什么不选北大小语种呢？

学生：德语、法语，自己没有优势。

学生：我去华为面试的时候，他们对小语种挺看好的，拓展国外市场有需求。

钱颖一：西班牙语还算小语种？西班牙语应该是大语种了吧。华为的拉美市场开拓，找不到学西班牙语的人。

学生：“中国经济专题”上的论文，后 10% 和前 10% 要答辩。我听学经济学的同学说，为了不到最后和最前的 10%，故意做得很平庸，就不用答辩了。

钱颖一：看上去理性，但这是局部最优化，不是全局最优化，这是小聪明人的大问题。这是精致的利己主义者，专指清华北大的学生，别人还没有那么精致呢。要算好，不能上到前 10%，也不能下到后 10%，正好在中间。

双学位招生人数和要求

钱颖一：我今天和教师们交流的时候，反映说每年双学位经济学 300 人，管理学 300 人，里面各种各样的人都有，也包括一些来听一听、混一混这种的。能不能考虑经济学双学位每年只招 150 人，这样会怎么样？不是说我们的双学位水吗？我们砍掉一半怎么样？

学生：从选拔方式来说，前 150 人并不一定动机更强，可能是学分绩更高而已。

钱颖一：校长关心课程硬度，咱们不能光看硬度，要考虑整个的社会效应。北大经济学第二学位每年招 1 000 人。

学生：如果清华招太少我们就输了。

钱颖一：流量少了就输了？这是快手和抖音之间的那种竞争。我们现在整个思路都是看谁的流量少谁就输了。教育可不是这样的。北大的双学位中有 200 人是校外的，另外还有研究生，也读本科双学位。但清华不允许我们招研究生，所以清华研究生想念经济学本科第二学位就去北大念。

学生：还有一个想法，双学位准入时可以要求严格一点。

钱颖一：除了“经双”“管双”外，清华的哪个双学位含金量比较高？

学生：“数双”。

学生：“法双”。

钱颖一：经管学院的一些同学修“数双”“法双”。

学生：我室友选了数学系的双学位，和第一学位一块学，要求特别高。

学生：听说数学系要求第二学位和第一学位一起上，是为了照顾第一学位的人的心理状态。

钱颖一：怎么样照顾他们的心理状态？

学生：第二学位的普遍考不过第一学位的。第二学位不太在意成绩单，所以去给第一学位的同学垫底。

钱颖一：这有点道理。这次浙江的高考改革叫“3 + X”，X 就是在七门课中自选三。结果出现了一个问题，没有人选物理，没有人选历史，因为这两门难。浙江省想了一个招，把分母固定，不管有没有人选，分母都是固定的，比如一万人。这样你的排名不就排靠前了吗？这跟你说的把一学位和二学位放在一起排名的意思是一样的。

再议“超级中学”

钱颖一：去年 11 月我去衡水中学了。我是早上五点起来，看他们跑操，场面还是很震撼的。

学生：我们在里面没什么感觉，就是一直祈祷鞋带不要开，因为太近了，经常会踩踏。

钱颖一：后来我问他们跑操的原因。很简单，就是操场太小了，站着做操容易碰着别人，唯一的办法就是大家都跑起来。这样才能互相之间不碰。我还特别想去镇海中学。

学生：没什么，是很正常的一个学校。

学生：浙江省每年状元都是镇海中学的，但至少有一半是非宁波地区的。

钱颖一：现在的竞争很有意思。我在衡水火车站出来，就看到一个广告，我以为是衡水中学的，不是，是衡水二中的。这就是竞争。你们宁波也是这样吗?

学生：我们和他们完全不能比，不是一个量级的。浙江是杭二中和镇海中学之间的竞争。

钱颖一：杭二很厉害啊。你们印象中杭二和镇海怎么个比较法?

学生：镇海的生源可能略好一点，杭二的资源更加丰富，毕竟是在省会的学校。

钱颖一：浙江很有意思，好的初中都是私立的。

学生：有一部分。

毕业后的选择

钱颖一：你是衡水中学的，是工业工程系，现在还在念金融。为什么念经济学的都选金融方向？是你自己决定的，还是看到别人都这样？

学生：算是自己决定的。我总觉得金融方向后面的课会硬一些，包括公司金融什么的。

钱颖一：你们工业工程的课硬吗？

学生：有的课比较水，绝大多数课挺硬的，现在越来越多编程课。

钱颖一：你马上要去华盛顿圣路易斯大学念生命科学的博士了。你觉得念金融对你将来会有什么帮助？

学生：对研究没有什么帮助。我确实对政治金融挺感兴趣的。

钱颖一：但你仍然是要读生命科学的博士，这个没有改变？

学生：我觉得这是当下更合理的选择。

钱颖一：为什么是当下更合理的选择？

学生：一是我有兴趣，另外我申请这个方向，一定会比申请金融方向的学校更好。

钱颖一：你的这个学科算是脑科学的一部分？

学生：对，脑科学。

钱颖一：你为什么要去深圳北大汇丰商学院？

学生：因为当时清华没有保上研。我觉得对于外系同学来说，也可以在金融方向进行一些学习。

钱颖一：汇丰商学院是三年毕业，早上还有早操军训，以西点军校为榜样。你很喜欢那个地方？

学生：也不是，主要是适合，他们的就业数据还是不错的。

钱颖一：它的就业分布主要是深圳地区还是全国？

学生：有 1/3 回北京。

学生：我当时在上海交大高金和北大汇丰之间有考虑过。

钱颖一：纠结过？

学生：纠结过。因为汇丰是北大，高金是上海交大。可能在上海发展，本地的人脉是很重要的，所以我就回上海了。

钱颖一：你呢，当时考虑过其他的吗？

学生：当时报了清华经管还有复旦管院的金融硕士，清华经管给的回复特别晚，等我接收了那边，这边才回复。

钱颖一：你没报五道口金融学院？

学生：我是工科院系的。我了解到的信息是，五道口和经管不能同时报。然后我就报了经管。现在我已经接收复旦了。复旦也挺好。

钱颖一：三年级的同学现在想什么呢？

学生：迷茫纠结。本学位到底要不要继续学下去，或者完全放弃，这点有些纠结。毕竟进入建筑学院的时候是很有热情的。

钱颖一：建筑学院很牛啊。你是哪个专业？

学生：建筑学。

钱颖一：你是从小就想当林徽因？

学生：也不是。就是对建筑挺感兴趣的。

钱颖一：假定不学建筑了，学什么？

学生：我现在学的是管理学双学位。

钱颖一：你选的是财务管理方向。这两个专业可太不一样了，建筑设计是要有想象力，而财务管理那是要讲规矩。

学生：因为我觉得本人更偏理性一点。所以在设计方面，我会觉得有时候会让自己陷入一种无限的纠结之中。

钱颖一：你是在理性和感性之间的纠结。

清华的生命科学学院

学生：我是来自生命学院大四的，修的是经济学双学位金融方向。因为大四最后一次参加这个活动了，想听钱院长聊一聊政治经济方面的八卦。

钱颖一：施一公老师抱怨生命科学学院的人都到经管学院来学金融了。

学生：我们三个都是。

钱颖一：他在中央电视台的节目《开讲了》上批评我，说生命学院的学生都想去念经管。

学生：不，施老师虽然在很多公开场合批评过这种现象，但是他跟我们私下里聊天的时候，让我们多去看看钱老师的文章，他对您的评价是非常非常高的，还让我们多去看看您的《大学的改革》两本书，他对您的理念非常支持。

学生：我是要出国读博士，学神经科学。

钱颖一：神经科学？将来跟金融有关系吗？

学生：是神经经济学之类的。

钱颖一：脑科学现在是一个比较活跃的领域吧？做研究跟老板很有关系，跟运气也很有关系。学生命科学是非常辛苦的。

学生：很辛苦，有时候真的成了体力活。很多时候不停地重复，真正锻炼人的实验设计，往往一般是实验室主任在做，就是实验室的 PI（Principal Investigator）。自己能够参与并学到的东西还是比较少的，毕竟每天面对的是很繁重的实验。

钱颖一：你们班有多少同学继续念博士？

学生：我们班，现在全寝室四个人都转了，留下的一般是特别厉害的。

学生：我们宿舍有四个人，我去圣路易斯，一个去耶鲁，一个转了环境学院，一个读计算机。

钱颖一：去耶鲁的那个还是读生命科学。你们四个里至少有两个继续读生命科学，一个转环境，一个转计算机。四个里只有你一个学金融的双学位。

学生：读金融双学位就我一个人，读计算机硕士的是辅修了计算机。

学生：生命科学学院整个年级的大概情况就是，我们大概有 90 个人，出国读博士的大概有 20 人左右，本校保研的 30 ~ 40 人。

钱颖一：脑科学这块儿咱们这里不也有一个脑科学中心吗？和北大那个一起都是麦高文捐的。我们的脑科学跟国外比差距还很大吗？

学生：相当大。

钱颖一：咱们就是结构生物学好？

学生：结构生物学肯定是世界第一，其他方面免疫学好一点。

钱颖一：你们那里新分出来一个药学院，现在有了三个学院：生命科学学院、医学院、药学院。药学是不是和化学比较近？

学生：现在有很多是计算机药理筛选的。

钱颖一：生命科学本科一年毕业多少人？

学生：我们这届入学时 80 多人，现在只有 53 人毕业。

钱颖一：其他人都去哪里了？

学生：有的转系了，有的留级了。

钱颖一：清华的结构生物学很有优势，我们有冷冻电镜，有几台？

学生：四台。

钱颖一：耶鲁好像刚刚买了第一台。清华买冷冻电镜的故事我是知道的。当时施一公老师提出要买冷冻电镜，说有了冷冻电镜就可以在这个领域领先。这是很成功的一个例子。当然，买类似东西的全国高校也很多，但是不一定都能成功。

安下心来做研究

钱颖一：经管学院经常搞一些对话活动。两个星期前我和沈南鹏对话，之前和张一鸣对话，他们是在投资界和创业界非常活跃的人。他们如果在美国的话，也不会做得这么好，机会肯定还是在中国。沈南鹏今年被评为风险投资全球第一名，中国突出的互联网企业他基本都投了：腾讯、今日头条、滴滴、美团，就是小米没投，他很后悔。这种事不要说十年，五年前我都不能想象。五年前你跟我说，中国独角兽会有这么多，我都觉得不可能。当然你也不能线性外推，说五年以后会怎么样。

但是咱们比较急躁。我们不光是芯片做不出来，五年前我们连圆珠笔尖都做不出来。后来从瑞士进口了机器，能做出来了。现在中国的人均收入还在8 000美元左右，但是中国的互联网相关企业特别强，这里有一些特殊原因。中国不仅人口多，而且人口密度大。中国消费者喜欢新技术，黏性很强。中国人似乎不像西方人那么在乎隐私。所有这些因素加在一起，再加上我们的企业家没日没夜地干，就造就了这么多独角兽。去年 10 月 NBC 和环球影视的 CEO 来，他是我们学院顾问委员会委员，我星期天晚上跟他做对话。他说在美国哪有星期天晚上讲座来 500 人的？确实是，生活方式和工作方式是不一样的。美国人星期五下午就回家了，星期五晚上、星期六、星期天都不能安排讲座。这就说明我们这边的努力程度。

这有它的好处，但也有它的问题，就是大家都很急躁，都想赶快出成果，不能安安静静地做。我们还只是在个别方面有优势，整体来说与美国还有很大的差距。在生命科学领域，你可以说，我们在结构生物学方面优势比较大，但生命科学的细分领域太多了，整体来讲还是差距很大。

所以我觉得你选择去美国读博士这条路，是非常好的。在你打基础的时候，你到国外安下心来，把最基础、最根本的东西学好。

未来的新兴行业

学生：您觉得未来中国可能比较朝阳的行业有哪些？

钱颖一：每一个行业都有朝阳部分和夕阳部分。比如教育，这是现在投资比较火的一个领域。我前天去“今日头条”，他们也对教育非常有兴趣。

现在一个很火的教育企业是 VIPKID，创始人是一个女同学。当年她在念高中时被老师骂出教室，说她太笨了。她就是这么一个高中辍学生，没有念过大学，更不要说念“985”或“211”大学了。但是她英语特别好，结果搞了一个 VIPKID，还给美国创造了 500 万的就业。中国有好多小孩想学英语，她可以找美国各个角落里的人，不管在大城市还是乡村，只要下载一个软件，就可以和中国这边的小孩连上，教很初步的英语。但是人家是纯正的英语。这边有需求，那边还解决了就业问题，她在中间收钱。现在 VIPKID 是明星企业，她也是明星企业家。现在她又反过来做了，帮助美国人学中文。她还有大数据，她说自己是 AI 公司。

美国旧金山有一所新型大学，叫 Minerva 大学，完全是网上教学，学生来自世界各地，19 个人一个班。最近我在北京遇到了三个首期班的中国学生，中学分别是南京外国语学校、成都七中、上海中学的，现在是二年级。学生通过互联网，在全世界各地上课。关键是它比课堂上课还要活跃，老师根据你提问题的多少来决定下次是否问你问题，因为在电脑上老师能看到给你标上的不同颜色，就知道你是不是活跃。比如你老不说话，他就会把这个问题给你。计算机记得很清楚，包括你的发言是多少时间。老师还可以上完这堂课后回放，看你在课堂上的表现。你说现实的课堂怎么可能呢？

致 谢

首先感谢朱镕基老院长，是他推荐我担任清华大学经济管理学院院长，并从始至今都给予我巨大的支持、指导、鞭策、教诲。

感谢清华大学历任校长、书记和学校各位领导，特别是2002年聘任我为特聘教授时的王大中校长和2006年任命我为院长时的顾秉林校长和陈希书记。

感谢清华经管学院的教师、职员，尤其是各届院务会成员，特别是赵纯均院长、杨斌书记、高建书记、白重恩院长。

《大学的改革》“学子篇”的这两卷是我在“院长下午茶”系列活动中与学生的对谈，我要由衷感谢组织和参与这一系列活动的清华经管学院学生和选修经管双学位的清华学生。他们是中国高校中最优秀的学生，他们的提问、他们的谈吐、他们关注的问题，饱含了当代中国高校学生的学识、见识和智识，同时也反映了他们的困惑、焦虑和纠结。这些都是最真实、最真诚，也是最宝贵的信息。

不同于《大学的改革》前三卷，这两卷的内容是根据“院长下午茶”活动的现场录音或录像整理而成。为了收集和整理这些原始资料，清华经管学院多位老师为之辛勤付出。特别感谢教方兴、徐雪莹、刘惠心，没有她们的努力，这两卷成书是不可能的。

感谢中信出版集团，特别是肖梦、吴素萍、孟凡玲、包敏丹、肖新明、杜珂为编辑此书尽心尽力。